日本におけるバーナード理論研究

川端久夫 著

文眞堂

目　　次

序章　本書の構成 ……………………………………………………………… 1

第1章　"組織"定義の生成・確定の経緯 ……………………………… 5

　はじめに ……………………………………………………………………… 5
　Ⅰ．組織概念の生成・確定の経緯 ………………………………………… 6
　Ⅱ．主著での組織概念関連記述の検分 …………………………………… 9

第2章　対コープランド反論の再検討 …………………………………… 12

　はじめに ……………………………………………………………………… 12
　Ⅰ．対コープランド反論　1940 …………………………………………… 14
　Ⅱ．対コープランド反論の検討 …………………………………………… 18
　Ⅲ．側生組織概念の提示　1944 …………………………………………… 24
　おわりに ……………………………………………………………………… 29

第3章　加藤勝康。'3つの視点の出会い' ……………………………… 30

　はじめに ……………………………………………………………………… 30
　Ⅰ．組織の本質と組織そのもの …………………………………………… 31
　Ⅱ．バーナード理論研究の視点。その動揺 ……………………………… 32
　Ⅲ．非公式組織の性格と位置をめぐる諸論点 …………………………… 38
　Ⅳ．管理執行機能の構想転換をめぐる諸論点 …………………………… 43
　Ⅴ．バーナードの方法とヘンダーソンの方法 …………………………… 51
　おわりに ……………………………………………………………………… 60

第4章　北野利信。企業価値の創造 ……………………………………… 64

はじめに …………………………………………………………………… 64
　Ⅰ．組織の制度化 ………………………………………………………… 64
　Ⅱ．目的合意の形成 ……………………………………………………… 69
　Ⅲ．目的合意形成に関わる諸説 ………………………………………… 85
　Ⅳ．'企業価値'創造の経営学 …………………………………………… 90

第5章　飯野春樹。'責任と権威'の理論 ……………………………… 98

　はじめに …………………………………………………………………… 98
　Ⅰ．定点。「オーソリティ論の一考察」1972〜3 ……………………… 99
　Ⅱ．経緯。川端'73―飯野'74〜'75―川端'75 …………………………107
　Ⅲ．観測。飯野のバーナード解釈と論証 ………………………………111
　Ⅳ．解析。飯野見解の検討と批判 ………………………………………115
　Ⅴ．付録。飯野見解の継承・発展（？）………………………………122
　おわりに …………………………………………………………………131

第6章　庭本佳和。'バーナード経営学'の展開 ………………………133

　はじめに …………………………………………………………………133
　Ⅰ．2つの視点，そのせめぎ合い
　　　――「協働システムと組織概念」1977―― ………………………134
　Ⅱ．協働システムの実質的消失と'制度としての組織'
　　　――「組織把握の次元と視点」2003―― …………………………141
　Ⅲ．道徳性の機会主義的応用
　　　――「組織と管理」2004―― ………………………………………150
　おわりに …………………………………………………………………156

第7章　挿入。ルーマン-バーナード問題瞥見 …………………………158

　はじめに …………………………………………………………………158
　A．初見　2002
　Ⅰ．ルーマンの組織論（1）　オートポイエシス以前

──中條秀治による解説と批評── ……………………………159
　Ⅱ．ルーマンの組織論（2）　オートポイエシス以後
　　　──長岡克行による解説に拠って── …………………………167
　Ⅲ．バーナード理論とオートポイエシス ……………………………170
　　B．再見　2007
　Ⅰ．バーナードとルーマン。同一性と差異 …………………………177
　Ⅱ．組織のオートポイエシスと成員資格（という境界）…………180
　Ⅲ．バーナードの組織概念とオートポイエシス ……………………182
　Ⅳ．バーナード理論の祖述者による'組織の境界'の弁証とその批判…187
　おわりに …………………………………………………………………193

第8章　真野脩。組織経済論への挑戦 ……………………………197

　はじめに …………………………………………………………………197
　Ⅰ．平井経営学からバーナード理論へ ………………………………197
　Ⅱ．経営学としての組織経済論 ………………………………………200
　Ⅲ．組織経済論の検討と批判 …………………………………………207
　Ⅳ．意思決定の2つの型と側生組織・階層組織 ……………………221
　Ⅴ．'企業観'の紹介と敷衍 ……………………………………………229
　おわりに …………………………………………………………………233

第9章　小泉良夫。側生組織論との格闘 …………………………239

　はじめに …………………………………………………………………239
　Ⅰ．組織均衡と組織目的 ………………………………………………240
　Ⅱ．側生組織論と'協働の科学' ………………………………………255
　おわりに …………………………………………………………………270

第10章　渡瀬浩。HO-SO モデルの意義 …………………………275

　はじめに …………………………………………………………………275
　Ⅰ．「バーナード研究序章」1966 ……………………………………275

Ⅱ．『権力統制と合意形成』1981 …………………………………………280
　Ⅲ．「非統合の組織論」1986
　　　──バーナードだけが組織論ではない── …………………………291
　おわりに ……………………………………………………………………300

第11章　馬場敬治・岡本康雄・土屋守章。
　　　　　バーナード・サイモン理論の形成…………………………303

　Ⅰ．形成。馬場敬治の営為 …………………………………………………303
　Ⅱ．模索。岡本康雄のバーナード理論研究 ………………………………309
　Ⅲ．成形。土屋守章のバーナード・サイモン理論研究 …………………324

第12章　総括に代えて──バーナード理論の現在 ………………343

　はじめに──組織論の古典と近代を分かつ変革。その意味と要件 ……343
　Ⅰ．バーナードによる導入・展開・創造 …………………………………344
　Ⅱ．サイモンによる継承・発展。陰伏的補修と体系化 …………………347
　Ⅲ．ウィリアムソンによるバーナード理論の再生（？） ………………351

付録　経営学と経済学
　　　──学説史的素描── ……………………………………………358

　第1節　経営学と新古典派・制度派経済学 ………………………………358
　第2節　ドイツ経営学・批判経営学と経済学 ……………………………361
　第3節　近代組織論（→近代管理学）と経済学 …………………………365

参照文献 …………………………………………………………………………378
人名索引 …………………………………………………………………………382
初出一覧 …………………………………………………………………………384
あとがき …………………………………………………………………………385

序章　本書の構成

　本書は「バーナード理論の現在」（組織学会大会報告 1999）及び「バーナード組織概念の１詮議」（経営学史学会報告 2002）を基点として，2003～14 年にわたり『熊本学園商学論集』に断続掲載された「バーナード理論研究散策」13 篇のうち 10 篇について添削を施し，書き下ろし１篇を加えて配列したものである。
　第１章「"組織"定義の生成・確定の経緯」は筆者の基本的な論点──１）バーナードの組織定義が奇しくも M・ウェーバーの経営 Betrieb 概念と大同小異であることを確認すると共に，２）バーナードが組織の本質をもって組織そのものを定義する，という根本的誤謬を冒している事実を指摘し，その誤謬が如何にして生成し，是正の機会が生かされることなく確定に至ったか，その経緯を追跡している。
　第２章「対コープランド反論の再検討」は前章の組織定義問題との密接な関連において，バーナード理論に特徴的な'顧客をも企業組織の構成員とみなす'という誤謬の生成・確定の経緯を扱っている。

　以上は筆者の独自主張である。以下，筆者からみて研究史上重視すべき論者７人及び'日本におけるバーナード・サイモン理論'を体現する論者３人を取り上げ，その言説を全面的に，あるいは中心的主張に絞った範囲で，及ぶ限り忠実に紹介しつつ，筆者の視点による分析・批判を行なった[1]。
　第３章「加藤勝康。'３つの視点の出会い'」では，その不朽の営為（『経営者の役割』生成過程の考証）と併行してなされた独自のバーナード理論解釈について検討し，併せて'バーナードの方法'と'ヘンダーソンの方法'との異同・連関（をめぐる吉原正彦と庭本佳和の見解）に関説している。

第4章「北野利信。企業価値の創造」では大著『経営学原論』の中のバーナード関連部分を網羅的に追跡しつつ，難解なる力作「バーナードの挫折」読解に全力で挑んだ。併せて北野が熱烈に志向する'企業価値の創造'とは如何なる意義のものか，詮索を試みた。

第5章「飯野春樹。'責任と権威'の理論」は，名作『バーナード』の白眉をなす'責任と権威'の理論をめぐって筆者が仕掛けた批判，そして交わさるべくして交わされなかった論争（？）の経緯を辿った。それは飯野のこよなき人柄と彼から受けた学恩に対する筆者の敬愛と感謝の表白でもある。

第6章「庭本佳和。'バーナード経営学'の展開」は，地球環境問題や知識経営論など構想雄大な庭本経営学のごく一部，バーナード理論の基底に関わる重要かつ微妙な論点に限っての批判的考察である。飯野亡きあと，庭本は筆者の正面に立ち塞がる論敵であり，本章は言わば試合開始直後の軽いジャブ交換にすぎない。

第7章として「ルーマン－バーナード問題」を挿入したのも，この議論の主役を庭本が担っているからである。システム論的思考という点でバーナードはルーマンの先蹤に違いないが，肝腎の組織概念において両者は基本的にすれ違っており，両者の'密接な関連'について過剰な思い入れは禁物である。

第8・9章は相補的一体をなす。真野脩は平井泰太郎の経営学体系を継承・発展させる方途を探索する中でバーナード島を発見し，'組織経済論'を上陸地点＝橋頭堡としてバーナード理論の全容把握を志した。――難解を以て鳴る組織経済論の実相は，特異な組織定義に発する矛盾に協働体系概念の急拠導入にまつわる操作ミスが重合した混沌であり，それに素手で挑戦した真野の労多く孤独な営為が幾つかの錯誤を生んだのも不思議ではない。

小泉良夫は真野がバーナードにおける2種類の意思決定（組織的・個人的）の区別と，2種類の組織類型（階層・側生）とを対応づけて後者の重要性を強調したことを機因として，側生組織概念の彫琢に研究生涯後半の全力を傾けて格闘した。'顧客包摂'志向と分ち難く結びついた側生組織概念は，バーナード理論が内包する諸矛盾の凝集点とも言うべき特異範疇（カテゴリー）である。小泉は側生組織をバーナードが構想した'協働社会体制'の主役たる諸階層組織を繋ぐ連結

環と規定し，出来得れば組織の'編成原理'における対等の存在に位置づけようとして果たせぬまま，力尽きて世を去った。

　第10章で取り上げる渡瀬浩は，プロパーの社会学者としてキャリアを確立した後にバーナードに接した。終始醒めた他者としてバーナードに対峙し，巨細にわたる批判を通じてHO-SOモデルとして知られる自らの組織論体系を構築した——'バーナードだけが組織論ではない'（最終論文のサブタイトル）は傾聴すべき一言である。

　第11章は日本におけるバーナード・サイモン理論の創始と発展を担った馬場敬治・岡本康雄・土屋守章の営為を辿る。——馬場の功績は余りに周知，その早逝を歎くのみである。バーナード理論の捉え難き輪郭と内包をどう描き，肉付けるべきか，遺された岡本の敢闘と辛苦は敬服に価いする。——再建組織学会の初期段階における集団的理論学習の灼熱の中で，バーナード・サイモン理論の材料は練られ，成形は緒についた。新世代の主役を演じた土屋は，バーナードよりはサイモンに軸足を置いて組織を定義し，両者をつなぐ紐帯を共通の基本的公準——人間の欲求は多様だが，それを実現する能力には限界がある——に限定するに至った。

　土屋のこの言明は，ほぼそのまま第12章「バーナード理論の現在」の冒頭＝要旨につながっている。組織論の革命をバーナードが先導し，サイモンが成就した。——馬場に始まり，数多の論者の百家争鳴を経て，土屋の脱バーナード的組織概念の提示に至るこの基本線は，『学者人生のモデル』におけるサイモンの自己評価（あるいは自画自賛）と期せずして一致している。

　そしてバーナード理論の相続権をめぐるサイモンとウィリアムソンとの対立は，組織と市場を峻別するサイモンと意図的に両者を習合して憚からぬウィリアムソンとの対立——財貨交換を以て組織の成立と認め，顧客を企業組織の構成員とみなす，というバーナード理論が内包する致命的な問題をめぐる対立なのである。

　付録「経営学と経済学」はふとした機因で執筆したものである。その過半を

経済学として視たバーナード理論,サイモン理論,及びウィリアムソン理論の紹介と論評に当てており,本文の理解を補う意味で収録することにした。前半では新古典派,制度派,マルクス派に,ごく簡潔に言及している。経営学と経済学という,日頃あまり考えない問題を垣間見るとともに,本書における筆者の基本的な立ち位置を顕示する意味もある。

1) 村田晴夫,鈴木幸毅,稲村毅をはじめ,取り上げるべきバーナード研究者は数多いが,気力も尽きかけたので,この辺りで一旦打ち切ることにした。

第 1 章
"組織"定義の生成・確定の経緯

はじめに

　筆者は，長年にわたってバーナードの組織の概念を，部分的修正を試みつつ基本的に受容してきたが，1997年，中條秀治の所説に示唆を得て，ウエーバーの〈経営〉（及び経営団体）概念とバーナードの〈組織〉（及び協働体系）概念との間に基本的同一性を認める，という立場を表明した。

　ウエーバーにおいて〈経営〉は『ある種の永続的な目的的行為』と定義され「また目的合理的に行為を統制していく『技術的な内容をあらわす範疇』でもある。……要は与えられた仕事を合目的的にかつ持続的にこなすということである。」（中條 1998 : 160）これはバーナードの〈組織〉定義「2人以上の人々の意識的に調整された活動または諸力の体系」と大同小異，実質的に同一である。

　小異1……ウエーバーの経営は1人でも成り立つ。バーナードの組織は2人以上が協働しなければならない。

　小異2……経営は反復持続しなければならない。組織は瞬間的な協働でも成り立つ。

　両者は重点が異なる。プロテスタンテイズムの倫理が資本主義の精神を形成しつつあった時代には独立自営業者が支配的であり，目的合理的な労働エトス（を具えた個人）の形成に重点があった。20世紀資本主義の時代には大規模組織体が支配的で労働の目的合理性は機構的に確立し，組織体の構成員ないし貢献者の間の理念・利害の対立・抗争とその克服，即ち複数個人の『協働』に重点がある。このように小異はあるが，発達した経営は当然多人数であり，一回

かぎりの短命な組織は実際には組織として扱われない（とバーナードも認めている）。

多人数による経営は『行為』概念だけでは記述できず（『集団』概念をさらに条件づけた）『団体』概念を用いる必要がある。Verband は結合の動機（利害か一体感か）と性格（任意か強制か）を軸として四類型に分かれ，例えば企業は任意利益団体に属する。団体の次元では，①閉鎖的社会関係，即ち境界の存在　②『秩序の維持と実施』の担い手である管理スタッフの存在が前面に出てくる。（仝：144〜8）――現代の『経営』は，このような管理スタッフを具えた閉鎖的な利益社会関係の中で営まれる経営団体 Betriebsverband として存在している。――ハーバード・サークルの一員でバーナードと文通関係もあったパーソンズが "Wirtschaft und Geselschaft" の英訳において Betrieb を organization としているのは，このような事情の故であろう。

それにしても，バーナードの「組織」定義（あるいは組織という命名）は，いかにも特異であり，違和感を禁じえない。それ故，まず，（加藤勝康による文献考証に全面的に依拠しながら）バーナード組織概念の生成・確定の経緯を素描する。

I．組織概念の生成・確定の経緯

バーナードの組織観は夙に 1922 年に最初の表明『人間の諸力ないし活動の計画的な段取り』がある。それは伝統的な『機構』としての組織であったが，管理執行者としての厳しい協働体験を経て，1934 年論文では『個人と協働のインターフェイスとしての組織』とよぶべき構図に到達した。（加藤 1996：543）36 年後半〜37 年初め頃の執筆とされる「組織論草稿」では『一つまたは複数の目的によって統一された人間の相互作用の体系』とある。同年 4〜10 月の間に書かれたローウエル講義草稿では『二人以上の個人的な諸力の体系であり，目には見えず非個人的な何かであり，主として関係性の問題』及び『調整された人間努力の体系』と定義され，加えて「組織は人々から構成されると

通常考えられているが……それは真ではない」「組織を擬人化する通常の用語法は ① 組織の性質，② 個人の組織への関係性，の両者について重大な考え違いを生じることになる」と説明されていた。（仝：480）

この定義をみたヘンダーソンが「組織の概念枠組から人間を排除することは（通常の科学手続における）便宜性の観点からみて見当違いではないか」と次のような比喩を用いて疑念を表明した——「ケプラーの第一法則をバーナード流により厳密に述べるとすれば，太陽によって代表される一点が焦点を占有し，惑星を代表する他の一点が楕円軌道を描くと言わねばなるまい。」（仝：481）

バーナードは抵抗した——「（この枠組みは）システムとして短期間しか存続しない組織化された活動を，組織として認めたがらないという，世間に存在する強い偏見に対して，一種の平衡力として役立つ」「直接の便宜性のみに囚われて……外見上のリアリズムを得ようと試みたとしても，結局のところ，コペルニクス的な体系の代わりにプトレマイオス的な体系となってしまう恐れがありはせぬか。」もともとヘンダーソンの助言は，前記比喩の示すように，概念の内容よりは表現の説得性の問題で『真理の探究といった哲学的な問題』でも，「『血の通った慣い性となるほどの事物への直観的習熟』『事物の整然たる知識』そして『事物の有効な思考方法』の結合」といったヘンダーソンの科学方法論の核心に触れるものでもなかった。しかしバーナードは深刻に受けとめて「組織定義それ自体の問題にとどまることなく，『講義草稿』の構成全体を根本的に再検討する」作業を開始し，激務にさいなまれながら推敲を重ねて翌38年3月には講義草稿にかなりの追加・修正が施された新稿が成った。——ヘンダーソン助言の意図せざる結果として『経営者の役割』の枢軸ともいえる部分が産出された。その最も重大なメリットは第2章「個人と組織」が新たに書き下ろされたことである。組織の性格や機能を研究するには，まず人間すなわち『個人』や『人格』とその関連事項についての立場・理解・公準を明確にしておかねばならない。とりわけ第1節「個人の地位と人間の特性」に記された諸命題はバーナード・パラダイムの中核をなすもので，組織との関連における人間の二面性（あるいは二面的取り扱いの必要性）を説得的に論じている。

しかし，問題の組織定義について，バーナードは自説に固執しつづけた。──ヘンダーソンは前記書簡の最後を「結局のところ，組織を構成する人々の貢献以外の属性すべてを無視しても，経験に照らせば一般的には差し支えない，と貴方が言い続けるのなら，一方では言うべきことは言い得ており，他方では誰にとっても便宜性が大きい，そのようなトリックを仕掛けるべきだ」と結んだ。『人間含まず』へのこだわりに対するいらだちを婉曲にのべた，とも取れるきわどい示唆であるが，バーナードはこの書簡から着想を得て『人間含み』協働体系の概念を案出し，『人間含まず』組織をその下位体系に位置づけた。「方法問題についての貴方の結論との関連はともかく，この点は旧稿に比べてかなりの前進であり，以前には欠けていた本書全体にとっての重要な配慮を組み込んだもの」（全：508）と書き送ったバーナードは，ヘンダーソンから「貴方の組織と協働体系についての所説にはもはや反対すべきものはない，むしろ有用で明快だと思う」（全：515）との返答に接して歓喜の至情を味わった。

『トリックを仕掛けたら』という示唆を受けて，バーナードが着想したのは「Democracy 論考」に記述された『協働体系』の概念を再生して組織定義に連結することであった。「組織論草稿」と「講義草稿」との中間（1937 年 1 ～ 4 月頃）に執筆されたこの「論考」では，まず個人の行為を (a) 他人から隔絶した行為 (b) 他人の行為との相互作用を含む行為 (c) 意識的協働という意味で互いに結合され相互依存している行為に分類し，(b) が非公式組織の素材を，(c) は公式組織を構成する──「総計としての協同的行為が『組織』とよばれる全体システムを構成する」とされた。つまり，組織＝協働行為であり，「そのような行為自体は協働的に行動する個々人に属するのだから，組織は協働集団という考え方を導くであろうし，さらにその協働体系にとって基礎となる物的体系という考え方に導かれる。」こうして「協働体系は，組織，それに付随する物的体系（ないし環境の地理的隔絶），そして諸個人の協働集団とで構成される」というのである。つまり［組織＋物的体系＋諸個人≒協働体系］であり，これに社会的体系を加えれば主著でいう協働体系になる。

さて，物語のこの結末は，果たしてヘンダーソンが遂に「バーナードのコペ

ルニクス的体系としての組織概念について納得した」（仝：557）大団円であろうか？『人間含まず』組織に対するバーナードの執念に根負けし，『人間含み』協働体系の設定という'歩み寄り'の熱意に感じての握手ではなかったか？──ヘンダーソンは別の書簡でバーナードの努力と成果を讃えて，この著作が「遅々とではあれ，意味深長な結果を不可避的に生み出すであろう。多くの人々はそれを理解せず，理解していると考える人々でさえも実はその内容を誤解するであろうことは，まず疑いない。」と述べ，「この種の取り扱い方のもつ複雑さは，いつかは単純化されるであろう。しかし本書で扱っているような主題を最初にやり遂げようと努力する際には，この種の複雑さは避けて通れない──またそこには厳密な意味での誤謬といえるものや，その他の単なる偶然の結果生じた多くの過誤が存在するに違いないことも，言わずもがなである」という「主著の運命を予見し得た誠に適切にして的確な評言」を加えている（仝：602）。──厳密な意味での誤謬か，単なる偶然の結果生じた過誤かはともかく，『人間含まず』組織から発し，『人間含み』協働体系との二重構造に達したバーナードの思考経過とその帰結（としての主著当該個所の記述）は筆者にとって一層納得し難いものとなった。

Ⅱ．主著での組織概念関連記述の検分

　主著第1章には協働体系概念は未だ登場せず『公式組織』と『協働的努力』とが等置されている。「さし当たり厳密に定義しないで公式組織の比較的重要なものについて記述すると，それは協同的努力の結合体であって，……政府，政府の諸部局，教会，大学，事業所，産業会社，交響楽団，フットボール・チームなど。公式組織とは意識的・計画的・目的志向的な人々相互間の協働である。」（Barnard 1938：4）と記されているが，その前段は現象次元での組織の定義，後段は本質次元（近くにまで下向したレベル）の定義に当たる。そして前段は『経営団体』，後段は『経営』に照応している。第6章で協働体系概念を導入した際に，前記の現象次元（経営団体に当たる）の『組織』を『協

働体系』と名づけ，本質次元（経営に当たる）のそれのみを『組織』とよんで「協働体系のなかの一つの体系」に位置づけた。本質次元の存在に日常用語を当て，現象次元の事物に本質認識を含意した抽象語を当てる，という『ボタンの掛け違い』——ここから混線がはじまる。

　経験的実在の次元で定義された『協働体系』から，(1) 物的 (2) 社会的 (3) 個人的要因を捨象して抽象的次元の『組織』定義を導き出すのが主著第6章の行論であるが，問題は (3) に在る。その肝腎の個所——「組織についての最も普通の概念は，その活動が多少とも調整された人々の集団というものである。」しかし「集団の概念には，実効概念としては，確実に一般化して論じえない程に多くの変数が含まれていることが明らかであり，何かもっと限定した概念でないとうまく扱えない。したがって少なくとも私には，集団的協働についての論議からは，むしろ漠然，混乱，内的矛盾という印象しか得られない。——理由は明白である。集団は，明らかに多数の人々に何らかの相互関係や相互作用がプラスされたものである。これらの相互関係や相互作用の性質を記述・定義しようとすると，人間がきわめて可変的なものであるということが直ちに明らかになる。」（仝：68〜73）

　バーナードはまずこのような心証を披瀝したあとで，以下のように集団概念の意義を認める。——「社会的概念として集団が通用するのは，集団内の人々相互間の重要な関係が個人の体系的な相互作用の関係とみなされる，という事実に拠ってである。」「協働体系との関連ないしは社会的な意味で集団という言葉が用いられる場合に，集団概念の基礎となっているのは，実際には相互作用の体系なのである。集団という言葉が用いられる場合，殆ど常に前面にでてくるのは人々の方であるが，この概念（人々の協働的相互作用）も当然含まれている——集団という言葉は3人の人が互いに闘っていたり，何の関係も結ばないでいる場合には用いられない。」

　このように集団概念の含意を評価する言葉と消極的にそれを限定する言葉とが混じり合うが，結局は後者が優勢になって，誰もが知る（個人の組織に対する）部分的・断続的関与，重複参加・同時貢献，という事実の指摘と実例説明があり，「もし人間が『組織』という概念の中に含まれるべきだとしても，そ

Ⅱ．主著での組織概念関連記述の検分　11

の一般的意義は極めて限られたものである。」という結論に続いて，『人間含まず』の組織概念が提示される。

　以上の行論は行きつ戻りつで説得力に乏しい。最初のパラグラフに「パーソンズが述べているように，デュルケム，パレート，ウエーバーの概念図式においては少なくとも重点を行為に置いた体系が基本的であったが，社会学，人類学，社会心理学の文献では，集団の概念がしばしば協働体系の重要な特徴とされていることもまた確かである。」とあるが，この文章をどのように理解するか――上記の3巨人が『行為のみ・人間含まず』の立場をとっていたわけではなく『行為に重点を置いた』しかし『人間含み』の集団概念を用いていた筈である。3巨人に限らず，恐らく殆どの集団概念の使用例は，当該集団内の人間の行為に重点を置いたものであろう。バーナードの『人間含まず』の組織概念は念の入りすぎた思いこみというのが第一印象であり，以上に摘記した程度の論証では，その有用性まして理論的必然性を納得することは難しい。

　苦心の末に確立した『人間含まず』組織であったが，この概念を協働現象の分析にそのまま用いることはできない。端的にいえば，それは組織の本質の記述であって，さらに下向して，共通目的・貢献意欲・伝達という3要素に分割することはできる。しかし，裸の本質のままでは，組織現象を記述・分析する術がない。そこで，「実体ではなく主として種々の関係によって特徴づけられるような無形のものを実用的な意味で取り扱わねばならぬときは，何か具体的なもので象徴するか，擬人化するかせねばならない。」その通常唯一の方法は組織に関係する人々によって象徴することであり「意味の混同が生じない場合には，表現の便宜上，しばしば組織を人間の集団と考える通常の習慣に従う」（全：74～5）というのだから，先ほどの入念な論証は何のためだったか，と言いたくなる。第9章では非公式組織という社会的要因が付加されて協働体系に一層近づく。残る物的体系は第16章後半に登場して4要素が出揃う。そこで協働体系の四重経済，その構造と動態が論じられるのだが，記述は難解を極め，（後章で，多少の読解を試みるが）殆ど理解不能である。（全：240～57）筆者は，そこに，組織定義におけるボタンのかけ違いに発した迷走の究極を視る。

第 2 章
対コープランド反論の再検討

はじめに

　1940 年，HBR 誌上で交されたバーナード vs コープランド論争は，バーナード理論の画期的意義を劇的に顕示した（他方，コープランド自身にとっても HBS にとっても不幸な記憶となった）挿話として知られている。『経営者の役割』30 周年記念版序文においてK・アンドリウスは，コープランドが提示した経営政策の分析枠組――最高経営者の負うべき中心的な責任は '変化する情況への適応' であり，それは，情況判断，行動計画の策定，仕事の組織化，指示，処置の順序とタイミング，追跡調査へと展開する――に対して，「かなり効果的ではあるが，そこで用いられた用語（≒概念）は政策（の創出・実行に関わる）技能の（内容の明確かつ系統的な）表出に至らず，また当時進行中だった人間行動の新しい研究をとり入れる余地もないものだった」という '醒めた評価' を下し，対するに（当時点において）「バーナードの著作は，至る所で起っているのに殆ど理解されていない一連の現象を体系的に検討・解釈した殆ど唯一の例」であり，「研究と実践とは，目的―結果の関連において調和させ得るものであること，学問的裏付をもった解釈は組織の継続的な臨床的研究に適用しうること，概念的枠組というものは用いるに足る程単純でしかも錯綜した組織過程の作用に連続的な洞察を加えるに充分な程に正確かつ複雑でありうること」を我々に認識させた，と賞讃した。（B 1938, 邦訳：25〜6）

　コープランドは己れが提示した管理論の方法論的基礎について無関心であり，'事業状況'，'経営体'，'政治的，教育的，宗教的ないし社会的組織' といっ

た諸概念を用いながら「一体それらが何を意味するかを述べる必要がある，とは考えなかった。──特定の事物ないし出来事（またはその特定の側面），すなわち現象についての言明に終始し，現象から直接推論しえない事実，すなわち「一般的知識，理論，経験，事物の感じ，想像力の産物」であって「説明や理論化の手助けとなるような想念ないし概念を表す言明を遠ざけた」（B 1940：306）。それ故にコープランドの枠組は多少順序立てられてはいるものの基本的には雑然たる Kunst の羅列にとどまり，Lehle とはいえないものとなったのである。

バーナードは管理論の方法論的基礎を探求して「Executive 諸機能を十分に叙述するためには，組織自体の性質の問題として叙述されるべきである」との認識に達し，すすんで組織の概念，構造と動態の解明に打ちこんだが，コープランドにとってそうした「抽象的な社会学的類型の概念枠組」の構築努力は無用の営為に見えた。『経営者の役割』の最良の部分はバーナードの鋭い観察力と持前の思慮分別が抽象的枠組づくりの努力を鈍らせている個所であり，欠点とすべき部分は「主としてバーナードが無意識のうちに巻きこまれた一種の知的葛藤，すなわち，社会学的概念枠組を提示しようとする欲求か，ないしは彼の現実的直覚力に従おうとする衝動か，そのいずれに身を委ねるべきかという心の迷いに由来する」とコープランドは判定している。（Copeland 1940：154）

このように，コープランドの選好する言明は科学的論議よりもかなり低いレベル，'現実的' かつ実践的な言明に限られている──バーナードはコープランドの研究方法の '狭隘性' を的確に突き，HBS 関係者を顔色なからしめた。経営者が果たしている機能，案出・実践している政策，発揮している技術・技能を，社会学（を主要とする社会科学的諸理論）の裏付をもって体系化することが必要かつ可能であることを，バーナードは初めて顕示したのである。

以上がバーナード・コープランド論争の最重要・決定的な論点であるが，第2義的とはいえ重要かつ第1義のそれと不可分の論点が，'組織の境界' 問題であった。──「Ⅰ．顧客の購買行為は売手の組織の一部である。Ⅱ．従業員－雇用主関係に展示される誘因の経済は売手─買手関係にも同様に適用可能であ

る。」（B 1940 : 277）この 2 命題の論証において，バーナードの行論は執拗なまでに詳細，論調は異様なまでに激烈であった。殆ど全ての読者は一挙に折伏されたかのように，正面切って異を唱える論者は長らく――否，今日まで現われていない。

　筆者は対コープランド反論を読んで直ちに異和感を覚え，「バーナード組織論の再検討」（1971）において顧客包摂構想批判の声を上げ，「企業組織の境界」（1972）において対コープランド反論の詳細を検討し，幾つかの誤謬ないし疑問点を指摘したが，今ふり返ると，挑戦する姿勢は及び腰，批判する論拠も徹底を欠いており，誰からも無視されて当然であった。今回，あらためてバーナードの論旨を吟味し直すと共に，1938〜44年にわたるバーナードの顧客包摂問題についての判断ないし心証の推移を辿ることによって一歩前進を試みる次第である。

I．対コープランド反論　1940

　まず，バーナードの主張を必要・十分なだけ掲出しよう。

1．財貨交換＝組織

　「2 人ないしそれ以上の個人の行為が協働的である――体系的に調整されているとき，その行為は組織を構成する。」

　個人の行為が組織の行為になったところで個人の行為でなくなるわけではない。分析上の観点からみて，同一の行為が 2 重性をもつことになるのである。ということは，他方，そのおなじ行為が同時にいくつもの関連のある組織を構成する行為となりうる――多重性をもちうるという意味をも含んでいる。

　(1)　個人Aと個人Bとの間の財貨交換は，それ自体，もっとも単純な意味での組織である。A，Bの行為をそれぞれa，bとすれば，つぎのようにあらわすことができる。

　　　組織 AB＝(a ＋ b)

(2) Aが従業員Cの雇主であるとすれば，AとCとの間には，AB間交換よりもずっと多数の協働行為が含まれ，（とりわけC→Aについて。A→Cは報酬支払のみでありうる。）その結果，AC間に持続的・安定的な人間関係 personal relationship が生じる。しかし，組織ACの成立のためには，これらの人間関係の有無にかかわりなく，AB間と同様，契約関係（合意にもとづく協働）だけで十分である。

組織 $AC = (a_n + c_n)$

ただし，nは所与の期間中のaおよびcの数

(3) 組織ACと個人Bとの間に財貨交換がなされると，事態はつぎのようになる。

組織 $AC = a_{n+1} + c_n + b_1$

同時に新組織（AC）Bが成立する。

組織 $(AC)B = [(a_{n+1} + c_n) + b_1]$

ただし，「新組織（AC）Bは一時的なものにすぎないので，われわれは通常，無視する。」即ち，新組織の誕生として認知しない。

(4) Bもまた従業員Dの雇主だとすれば，組織 $BD = (b_n + d_n)$ と組織AC間の交換はつぎのようにあらわすことができる。

組織 $AC = (a_{n+1} + c_n + b_1)$

組織 $BD = (b_{n+1} + d_n + a_1)$

∴新組織 $(AC)(BD) = (a_{n+1} + b_{n+1} + c_n + d_n)$

ただし新組織は多くの理由によって通常，無視される。

2．顧客＝従業員

Ⅱ．の論旨は行論の便宜上，対従業員管理職能についての『経営者の役割』での記述とあわせて表の形にしてみた。

『経営者の役割』（以下主著とよぶ）p.227の記述によれば，「必要な活動の確保」の職能は，まず，この表の1と2に大別される。で，3以下は〔2．活動の抽出〕の細分類ということになるが，仔細にみれば，〔3．モラールの維持〕の内容は他項目の内容と重複していて独自性がない。むしろ3．は4．〜

表 2-1

職能分類		（従業員）	（顧客）
1. 協働関係への誘引		採用管理	広告技術・セールスマンシップの使用
2. 協働行為の抽出		サービス行為の抽出	購買行為の抽出
3. モラールの維持		態度，公正な処遇，作業条件，誘因，刺激など（の良好な維持）	goodwill とよばれる。誘因，販売員の質，接遇マナー，店舗設備など。
4. 誘因体系の維持	a. 物質的誘因	貨幣または物財（b. の手段となりうる）	商品・サービスそのもの（これは顧客の定義に含まれている）
	b. 個人的な非物質的誘因	優越，威信，個人的勢力，支配的地位（錯覚にもとづくものでもよい）	商品・サービスに付着したステイタス・シンボル（一流デパート・専門店から買うばあいなど）
	c. 好ましい物的作業条件	（自明なのであまり意識に上らない）	店舗の装飾，陳列棚，エアコンディショニングなど
	d. 理想の恩恵	職人気質，利他主義的奉仕，愛国心，美的・宗教的感情，憎悪・報復動機などの満足	買付の商人，いきつけの酒房などに対する信義を守ることから得られる満足
	e. 社会接触上の魅力	（社会的調和ともいう）人種，階級，慣習，地位，道徳，教育，野心などをおなじくする人々との結合。異分子との隔離	全左。この欲求に応ずるために，①セールスマンの種類・質に注意を払う。②顧客の個人的知合をセールスマンにする。
	f. 慣習	慣習化された作業方法やマナーを守ることから生じる満足。→よそもの，新入りの排除	取引慣習の遵守
	g. 広い参加の機会	事態の成行きに広く参加しているという感情をみたす機会。b，d と関連する。	地元企業の擁護，国産品愛用
	h. 心的交流状態	社会関係における人間的なやすらぎの感情。群居本能，連帯感，社会的統合感。	全左。（ホテル，バー，オペラ劇場，よろず食料品店などでは重要な誘因のひとつ）
5. 抑制体系の維持		強制的状態の創出 ｛排除…懲戒解雇など／緊縛…監禁労働など｝	好ましくない顧客を未然に排除する。価格差別，無愛想な接遇，品揃え拒否。
6. 監督と統制		課業の設定・実施，人事考課，昇進，降格，解雇，職場規律の維持	顧客の好ましくない行動を封じる方策。賦払の方法，万引監視，信用調査など
7. 検査		職務評価，適性検査など	①好ましくない顧客を排除する／②顧客に商品を有効に利用させる｝方策
8. 教育・訓練		｛能力向上のための教育訓練／協働意思向上のための訓練｝	①顧客に商品を有効に利用させる。②顧客の組織に対する協働心の確保。使用説明書，広告，消費者講習会など

8．の内容の総括であり，「活動の抽出」を「モラールの維持」といいかえることによって，対顧客職能を表わす「グッドウィルの維持」との同一性を強調しようとしたもののようである。〔4．誘因体系の維持〕については，その全細目について対顧客職能が対従業員職能に対比されている。5．～8．については，実は主著のなかに対従業員職能の記述がない。この部分についての「実施方法はすでに誘因およびオーソリティにかんする諸章において一般的に論述した」とはいうものの，項目別分類への明確な手がかりは示されていない。表示は，「誘因およびオーソリティにかんする諸章」での記述を考慮しつつ，直接的には，対顧客職能から類推して筆者が仮に挿入したものである。

　ともかくも表示のように「活動確保」のための管理職能の全項目を顧客に適用したのち，バーナードはつぎのように総括する。

　「この程度の簡潔な議論でも，"組織の実体をなす個人の活動 personal service を確保する"職能についての私の説明を顧客に適用するのに，ことさらな翻訳はほとんど不要だということ，パズルにぶつかっても日常見聞している明白な，あるいは少なくともありふれた事実に関連づければとけるのだ，ということを示すには十分だろうと確信する。

　われわれは，ここでは類推（analogy）にかかわっているのではないということに注意してもらいたい。顧客の取扱いは従業員の取扱いと似ている，というのではない。私が用いている組織の定義からすれば，どちらのばあいにも協働行為の本質は同一（same）だということ，そしてそのような行為を抽出するために要する行動の本質は，経験の示すように，同一だと言っているのである。このことを，私はずっと以前から確信していた。従業員とよぼうと顧客とよぼうと，人間としての本質には変りはない，といえば通俗的な云い方である。が，分析するにふさわしい形で提示されないかぎり，あまり意味のない一寸した警句という以上のものではなかろう。異なっていると考えられていた事物が実は同類のもの（similar）であること，おなじく，その取扱方法がしばしば異なるものとみなされていたのが，実は同類だ，ということを確定しうるとすれば，それは知性の支配（intellectual control）における偉大な成果（gain）である。私の定義した組織の概念によって，ここでそのことが達成さ

れたのである。そして，この概念は事実の認識にもとづいている。」

最後にバーナードは，おそらくⅠ・Ⅱに共通の結語をつぎのようにのべている。

「最大の知的困難は，われわれが経済学や経営理念のなかで，誘因というものに第一義的な関心をもつように慣らされていることである。協働をより根本的に研究すれば，行為の調整の過程こそが第一義的であって，誘因はその条件，協働の個人的目的，にすぎないにも拘らず。

くりかえして云う。この問題についての混乱は，一般的には，われわれが経済学的に思考していて，(economically minded) 組織論的に思考していない (not organizationally minded) ところから生じている。経営行動の諸問題についてのわれわれの見方は，不幸にも，あまりにしばしば経済学的な考え方に入りこんでしまって，社会学的な考え方に欠けている。経済学（および企業の商取引的な面）においては，交換されるもの，行為の物的誘因，諸誘因間の比率——価格のこと——に重点がおかれていて協働行為にはおかれていない。この点を識別することこそ，何よりもまず大切なのだ。この点は（主著の）第16章では十分には論じられていない。われわれが経営行動の理論を経済学に限定してしまうならば，われわれが現に行なっていることを十分に理解することはないであろう。もっとも，経済的な側面を考慮外においたならば，やはり十分な理解ができないであろうが。」

Ⅱ. 対コープランド反論の検討

1. 従業員＝顧客？

便宜上，順序を逆にして検討する。〔4. 誘因〕からはじめる。

(a) 物質的誘因の近似性は強い。同一性を称してもよかろう。一般に雇用関係は交換関係の特殊な形態と解されている。

(b) 非物質的誘因の近似性は(a)よりも弱い。顧客が追求しうるものは，商品・サービスに付着しうるものに限定される。雇用関係のばあいのような(a)

と (b) の相互依存的発展の動力に欠ける。

(c) 物的作業（購買行為）条件およびそれ以下の項目についての近似性はさらに弱く，ほとんど形だけの近似にすぎない。(d) や (g) についてはとくにその感が深い。顧客についての (d) と (g) の例示は有意の区別とはいい難い。

(h) 心的交流状態は「誘因のうちでもっとも漠として捕捉しがたく」(e) の「社会的調和と関連はあるが本質的に異なるもの」とされている。バーナードの云わんとする趣旨はまさに漠としているが，(e) のばあいには，おなじ仲間意識でも保守的現状維持の心情にもとづくもの，(h) の方は，バーナードの理想とするような，協働のなかに自己を実現・向上させようとする心情が多少とも醸酵している状態を指すもののごとくである。——このように従業員についてすでに大いに識別困難な (h) と (e) の分化を，顧客について識別することが，どの程度可能かつ有意味であろうか。

5．〜8．の各欄についてバーナードがあげた例示は，あまり整然としていない。「好ましからぬ顧客の排除」というおなじ効果をもつ職能が，5，6，と7の①に分散しており，分散させた根拠はさしあたり推測不能である。「顧客による商品・サービスの有効利用の促進」は，7の②と8．にまたがっている。このことの意義・機能は，結局，それを通じて組織に対する顧客の協働意志を助長することにあるとおもわれるが，そのような機能は，〔6．監督と統制〕に分類されている賦払方法のなかにも含まれているはずである。さらに，〔7．検査〕のごときは，① 顧客排除 ② 顧客誘引という正反対の機能を包括している。

以上，筆者の心証においては，顧客と従業員の同一性を主張しうる誘因は (a) のみである。

こういう次第で，筆者としては，5．〜8．各欄を，バーナードがもともと対従業員職能を念頭において行なった分類であって，顧客については本来なじまないものだと思うのである。

以上，バーナードの所説を逐条審議し，そのつど問題を指摘してきたが，総括的に，どう判定すべきか。

協働行為抽出職能（2〜8）における顧客と従業員の同一性を主張してバー

ナードはつぎのごとく云う——。

「従業員を採用することと，その従業員のサービスを獲得することは別の事柄だ，ということは，ほとんど説明を要すまい。それと同様に，顧客を店にひき入れることと，販売することとは別の事柄である。」

筆者は，この一文に，バーナードの従業員・顧客同一性の主張に含まれている混乱の露頭をみる。以下，詳論しよう。

バーナードは上記の一文に先立って「組織の実体を構成する個人の活動の確保」の職能をふたつの主要部分に分けている。上記一文は，この２部門分割を顧客に適用したものである。

(1) 人を組織との協働関係に誘引すること。

(2) この関係に誘引したのち，活動を引き出すこと。（Ｂ：227）

おなじ分割基準がのちのマーチ・サイモンの著作にも用いられている。かれらは従業員の意思決定を，組織における生産決定と組織への参加決定に分けて論じた。そのなかで，マーチ・サイモンは，従業員を主対象としてその動機づけの諸制約要因を論じたのち，そのなかで見出された諸関連の消費者等々への拡張適用を試みているが，そのばあいの適用領域は参加決定にかぎられており，生産決定については全くふれていないのでここでは参考にならない。

さて，バーナードの行論を逆にしてみると——顧客を店にひき入れること，と実際に売ること，との区別を従業員のばあいに適用すると，それはバーナードが前記(1)人を組織との協働関係に誘引すること，をさらに２分しているケースに該当することがわかる。「第１の部分に特徴的な事実は，組織がどのような意味からいっても組織の外にいる人々に働きかけているということである。このような働きかけは，新組織の人員を確保したり現存組織の成長のための素材を供給したりするのに必要であるばかりでなく，死亡，辞職，「背教」，移住，解職，破門，追放などによってたえず減少する人員を補充するためにも必要である。この貢献者の増員や補充といった要因は，組織への加入を誘引すべく，組織努力によって，諸誘因を入手可能なものとして考慮させうるような範囲内に人々を引きよせることを必要とする。したがってこの仕事には２つの部分がある。

(a) 活動を確保しようとする特定努力の及ぶ範囲内に人々をひきよせること。
　(b) 人々が近づいてきたとき，実際にその努力をすること。
この仕事はともに１つの組織内のおなじ人々によって，あるいはおなじ部門によって担当されていることが多いが，それらはあきらかに別個の要素であり，それぞれについてかなりの程度に専門化されているのである。」（B：227～8）
　(a)は組織が行なう一般的アピールであり，(b)はそれによって「組織と接触するようになった特定の人々を，現実に組織と一体化させようとする努力」であり，「貢献者確保のより規則的・日常的な活動である。この活動には，一般的な面ではすでに述べた説得の方法，誘因と刺激の設定，ならびに直接交渉が含まれる。これに必要な方法は無数かつ多種多様である。」（B：229）
　つまり，バーナードは，従業員についての（１a）と（１b）の区別を，顧客については(1)と(2)の区別に当たるものとして取り違えた（仮に意図的にだとすれば‘すりかえた’）のである。——これは形式的な錯誤として済む事柄ではない。なぜなら，売手—買手（顧客）間の契約は財貨交換（という協働行為）の終点であるのに，雇主—従業員間の雇用契約は両者の協働行為の出発点にすぎないからである。
　雇用関係の場合，a）会社説明会や求職者登録などで接近してきた人々に，b）労働条件・給与を提示しつつ選別・説得・交渉を重ねて契約に至る。しかる後，活動の抽出といういわば本番が始まる。他方，売買関係では，a）店に引き入れた客に，品質・価格を説明しつつ選別・説得・交渉して契約にこぎつけたとき，b）同時に活動の抽出（代金の獲得）もなされている——協働関係は結ばれると同時に解消してしまう。そのように短命な組織形成は無視されて当然であろう。
　レストランのように物品でなくサービスが売買される場合には，その生産と消費が同時に行われる。いわば商品そのものが契約・代金獲得と同時に消失してしまうので，アフター・サービスやトラブル処理といった余韻も乏しい。協働関係の解消という印象がより鮮明である。
　借地・借家・水道・電話のようなサービスは時日を区切って契約され，多く

は更新を重ねるので，上記2者とは異なり，密度は低いが'持続的'な協働関係となる。サービスの内容は概して定形的で，買手の嗜好・工夫による多様な展開の余地は乏しく，大抵は売手の裁量に委ねられる。雇用関係に特徴的にみられる協働外的な人間関係は希薄だが，持続性という点では雇用関係と同等あるいはそれ以上である。バーナードが顧客に従業員と同等の（売手との）協働関係を認めた心理的根拠は，恐らくここに在ろう。けだし，バーナードが主著で到達した組織の概念は，「時間的な連続性をもつ活動および相互作用の統合的集合体」（B 1948：112，傍点筆者）だった。

2．財貨交換＝組織？

買手＝顧客を従業員と同等の組織貢献者と認めることは，必然的に，財貨交換行為それ自体を組織（の実体（マテリアル））と認めることである。主著執筆当時のバーナードは，この点の鮮明な自覚を欠いていたように思われる。——従業員の活動を引き出す，という管理職能の在り様を顧客についてどのように適用できるのか，いささか謎めいている，というコープランドの揶揄めいた批判は，まさにバーナードの虚を突くものであったろう。

そこでバーナードは熟慮の末，前節Ⅰに要約したような，間然する所なき方程式論を展開して財貨交換それ自体が組織である（を構成する）ことを確認し，主著には2つの欠点があったとして，論旨を補修した。

1）'公式組織'という構造概念において，組織に対する顧客の関係の検討が含まれていないという大きな欠点があった。

2）動態概念の1つ'協働'において，その1類型としての単純な経済的交換のケースを含んでいない，という欠点があった。（B 1948：132～3）

これによって論旨の一貫性は得られたが，経済的交換の大半は短命，持続性をもつ協働は例外的である，という現実を偽ることはできない。バーナードは敢て，短命だから大抵は無視されているが売買がなされる所には必ず協働関係が発生している（一寸の虫に宿る五分の魂を重視せよ）と力説する——「利害の対立や敵対的な取引といった，交換に先行する状態が強調されすぎるので，多くの場合，交換は協働なのだとは考えにくい。しかし，ちょっと考えればわ

かることだが……交換は取引を成立させる合意 agreement，すなわち双方の行為の調整に基づいている。この特殊ケースの線香花火のような性格に惑わされてはならない。……イ）そのような協働によって交換されるものの総体は経済学の主題であり，さらにまた，ロ）そのような行為の総体は，少なくとも部分的には，安定した単位組織および複合組織を構成しており，協働についての研究の主題なのである。」（B 1948：116，傍点と記号は筆者）

　しかし私見によれば，イ）経済学の主題であることは，財貨交換という事象の重要性を示しはするが，それが組織であることの証明にはならない。むしろ，組織論の対象外としても差支えないことを傍証するものとすら云えよう。また，ロ）は総体として文意不分明——傍点個所がひょっとして前記した借家・電話サービスのような持続的売買契約を指すのだとすれば了解できるが——であり，少なくとも，売買行為が短命だからといって無視してはならないという論旨を補強するものとは思えない。

　他方，バーナードは前記方程式論に先立って，理想は堅持しつつも現実を受け入れる必要もある——という趣旨を述べてもいる。「我々は，ある程度まで明らかに必然的に，便宜上些細で取るに足りない相互関連を無視し，直接的で安定したシステムないし組織を構成しているような相互関連のみを識別する。……2つの安定した組織が協働する場合，双方の組織に共通の協働行為とみなすだけにして，新しい拡大された組織の創造としては扱わない方が便宜である。この点での例外は組織間協働がそれ自体安定したシステムとなって1つの複合組織（主著第8章）を構成する場合である。このような複合組織は通常，公式の伝達や権威システムによって特徴づけられる。」（B 1948：116，訳：117）——例外とは，複数の組織が特定目的のために契約に基づいて協働する場合（建築業における'共同企業体'などに多くみられる）を指し，そこには特定の名称や役員が存在せず，主として会議の形で伝達し合う，とされる。（B：115 note 17）つまり，通常の複合公式組織のような上位組織やリーダーを欠いていても，持続的に全体として協働が行われているなら，組織として認知される。短命では認知されない，というのである。

　要するに，40年論文におけるバーナードは財貨交換それ自体を組織（の1

類型, 最も単純な原型) と認定して顧客包摂構想との論理的整合を果たしたが, その論拠の適切な説明は果たし得なかった。説得力不足を半ば自覚したが故に, 管理職能の対象としての従業員と顧客との'同一性'の (バーナード自身による) 発見を, 知性の支配(コントロール)における偉大な成果だとまで大言壮語した――バーナードらしからぬ振舞と云わねばならない。

III. 側生組織概念の提示　1944

1. 共通目的 vs 私的目的

　財貨交換という協働行為を公式組織の一類型だとするバーナードの主張は, 前節で点検した従業員と顧客の類似・差異という問題とは別に, より重大な問題を実は含んでいた。――組織を構成する協働行為は共通の目的に導かれねばならないが, 財貨交換の場合, 取引成立の合意の瞬間, '契約する' という時間・空間的にごく限られた範囲の共通目的が存在するのみである。店への誘引に始まって説得, 交渉の過程全体を通観すれば, 双方の協働志向と抗争志向とのせめぎ合いであって共通目的など存在しない。双方それぞれの私的(プライベート)目的が過程全体を導いている, と考えた方がナチュラルである。合意→契約という1点の協働関係の故に公式組織を称するにしても, 完全な資格を具えてはいない。共通目的でなく私的目的によって調整されている, という1点において, '準' quasi 組織として扱わねばならぬ筈である。

　対コープランド反論の時点で, バーナードが, この問題を明確に意識していたかどうかは推測不能である。「世界政府の計画化について」(1944) において, この問題が正面切って論じられ, 上記 '準' 組織は '側生組織' と名づけられ, 公式組織の一種として認知された。

　破綻した国際連盟に代る新たな世界政府はどのように構成されるべきか, を主題とするシンポジウムへの出演が機因となって, バーナード自身の組織概念体系がほゞ最終的に整備されたというのが真野脩, 小泉良夫をはじめ側生組織に関説する人々の大方の合意であろう。

さて，44年論文におけるバーナードの基本的立場は，社会的，政治的計画化の限界を論じること，歴史上の計画化の失敗例に言及しつつ，主として「政治的・社会的計画の立案において考慮する必要がある種々の組織問題および種々の手段や障害を提示するために，組織の構造的側面について論じる」というものであった。(B 1948：134，訳：136) すなわち，大規模・階層的に組織され，権威的に調整されるような世界政府構想には反対する，「1905〜14年の世界的な政治組織」であった自由合意型組織を是とする（世界的経済組織は歴史上ずっと自由合意型であり続けている），つまり，世界政治の計画化なんて課題が超複雑でおよそ不可能だ，という卒直な意見表明である。その論理的裏付けとして提示されたのが，組織3分類という概念枠組［非公式組織を"社会"を構成する基本単位として意味づけ，公式組織の2類型として側生組織と階層組織を対照させる］であった。

① 非公式組織

一般的用語法では社会society，共同体communityとほぼ同義であるが，「社会集団に含まれる人々の具体的行動の相互依存性に力点を置いた」（B 1948：144，訳：145）概念である。「社会の成員間の相互作用の総体が非公式組織を構成」し，公式組織（を含む様々の'文化'）の生成・発展の基盤となる。「非公式組織における（人々の）具体的行動のなかには自発的，目的的，意図的なものもあるが，それら具体的活動の組織的（あるいは社会的）結果はどれひとつとして意志的でも意図的でもない」という意味で「組織として非公式組織は無意識的である。……にも拘らず，まさにそれ故に実在realなのだ。」（仝：145，訳：146，傍点は原文イタリック）

② 側生組織

公式組織の第1類型は側生組織lateral organizationと名づけられるもので，自由な協定agreement（相互理解，契約，条約）によって成立する。それは「命令の義務と服従の願望が本来的に欠けている……非権威主義的組織である。」通常は短期間・特定目的に限って設立される（最も単純なものは物々交換のケース）が，「これらの目的は協定の当事者たちに私的personalなものであって，協定によって設立された組織に固有のものではない。協定が目的

そのものになることはない。目的は組織自体のものとして存続するのではなく，協定の当事者たちによって別々に維持される。」（仝：150～1，訳：150）

③　階層組織

公式組織の第2類型は階層組織 scalar organization とよばれ，「'垂直的'，分節的，位階制的，階層的」で，「根本的に権威主義的」である。「個人の加入は協定によるが，その活動は契約に定められた要件よりは情況の必要に応じて'組織の利益のために'……すべての参加者は個人的 personal ではない共通の組織目的を達成すべく共に拘束されている。（仝：150～2，訳：150～1）

（ここで，急いで私見を表出しておきたい。側生組織は共通目的 common purpose をもたない。purpose は，合意の当事者双方が，それぞれの私的目的 private purpose として別々に維持される，——これが階層組織との基本的差異である。権威主義的調整か，自由な合意による調整か，という差異は第2義的である。なぜなら，この差異は形式の差異であって，内容的には不本意な合意や自発的な心服に基づく権威のようなケースが多々ありうるからだ。）

2．階層組織と側生組織の対比

さて，2つの公式組織を比較すると——階層組織は調整と業績達成能力にすぐれている。「ある情況，ある種の技術，ある種の目的のためには，階層組織が他のどんな組織よりもすぐれており，事実上，実行可能な唯一の協働形態である」。電話や鉄道のようなシステムの運営，軍隊の作戦行動などがその例であり，大規模・複雑な活動でも，場所的・時間的に比較的単純な形に分解できるなら，階層組織が効率を発揮できる。（仝：156～7，訳：155～6）

分解困難な場合には側生組織による調整の方が効率的であり，小麥の市場価格と需給調整がその好例である。とはいうものの，側生組織が効率的に機能しうるのは，それが「過度の競争や闘争 combativeness をもたらさない」（仝：154，訳：153）かぎりにおいてである。その柔軟性は，側生組織それ自体が短命な目標しかもたない暫定的な性格のものであって，「本来的に，摩擦・紛争・分裂行為を抑止する公式的手段を欠いている」（仝：157～8，訳：157）という欠点と背中合せなのである。したがって全体社会の道徳的・文化的抑止

力が充分に機能しているか否かが問題の鍵となる。「他方，階層組織の本質は中央集権的な権威による全体の調整にある。摩擦・紛争・分裂を抑止する公式手段（権威・規律・位階制・内部的政治活動）が肥大症，精力消耗，間接費増嵩，そして成員の自由・責任の過度な制限をもたらす。それは本来的に全体主義の哲学を生み出す。」このように，公式組織2類型は，ともに固有の自己破壊的傾向を内在させている，とバーナードは云う。（全：158，訳：157）

階層組織の自己破壊傾向については，年来，官僚制（の逆機能，悪循環など）の悪名と共に言い継がれ，語り尽されている，といってよい。他方，側生組織は1980～90年代に，新自由主義の旗の下，その「相対的自由，柔軟性，進歩性」という固有の属性がもてはやされ，「21世紀は側生組織の全盛期になる」（小泉 1995：136）と展望されさえしたが，10余年後の現在，おなじく固有の属性「競争，摩擦，闘争性」の臆面なき顕示によって世界経済の危機を続発させている。バーナードの言説は正に予言的だったと云ってよい。

3．側生組織概念は有用か

さて，組織3分類という概念枠組は正しいか？　主著の記述に溯って探索しよう。

(1)　側生組織でも階層組織でもない，第3の組織が存在する。──第7章冒頭に云う3要素を具えた公式組織が，自然発生または1個人のイニシャティブによって形成される際に現われる'小さな'組織で，単純組織または基本組織とよばれるものである。それは通常20人どまり，平均10人以下で容易に意思疎通でき，その中から共通目的が形成・受容されやすい規模に限られている。組織の規模拡大は，基本組織の細胞分裂あるいは既存の他組織との結合という形をとり，その場合，基本組織は複合組織の単位組織となる。「2つの単位組織が1つの複合組織に結合されるときには通常，3つ以上の単位組織の場合は常に，伝達の必要性から上位のリーダーが必要とされ，彼は一般に補助者を伴って'上位'単位組織となる。」（B：110～1，訳：116，傍点筆者）

(2)　基本組織でもリーダーないし管理者 Executive は必要だが，メンバー間の分担や交代で足りる。複合して上位組織に下属すると直ちに，'伝達の必

要性'の故に特定個人に固定することになる。そして複数の単位組織の管理者たちは，少なくとも1人の上位（組織の管理）者と共に，一団として（全体としての複合組織の）管理組織を形成する。——こうして，伝統的管理論が統制範囲という概念で説明した事象を '伝達の必要性' という非権威主義的なタームで説明し通した。つまり，権威主義的でない階層組織が形成可能である。いや（経営者の柔軟にして機会主義的な誘因操作と道徳的かつ芸術的なリーダーシップに導かれるならば）それこそ現実なのだ，とバーナードは主張したのである。44年論文とは大いに様子が違うではないか。

(3) 基本組織を出発点として，垂直・水平に複合して，階層組織と側生組織ができる，と考えてはどうか？——垂直的複合は累積的に進行して国家・教会のような最高位組織に到達する。水平的複合は複合する2つの組織それぞれの私的目的に導かれるので，第2次，第3次……と主体（と目的）が入れ変りながら八方に拡がっていく。共通目的が安定的に持続しないので，組織の累積的成長は不可能，行き着く先は無意識的に調整される非公式組織の世界，経済学に云う市場システムである。

(4) さらに，以下のような問題もある。かなりな規模にまで複合した階層組織が，何らかの社会的主体を対象として活動した場合，そこには必ず（少なくとも短命な）側生組織が成立している，といえる。企業が事故で災害を引き起こし，住民に補償金を払ったとする。この事態は ① 住民が補償金という誘因を受け，被害許容という貢献をする，企業（という階層組織）の規模が一時的に拡大した，とみなし得る。と同時に ② 企業と住民がそれぞれの私的目的に導かれて，補償金と被害許容（というサービス）を交換する，つまり側生組織の成立（と解消）だと捉えることもできる。——このややこしい事態をどう解くか？ 答は1つしかない。基本または階層組織が活動するということは，当該組織の周囲に側生組織を形成する，ということである。組織の活動範囲はその周囲に形成される側生組織の範囲と一致する。

要するに側生組織とは，含意曖昧な無用の概念であり，廃棄した方がよい。

1回毎に完結する財貨交換は，明らかに当事者双方の私的目的に導かれている。しかし，借家・電話サービス，資源商品の長期安定需給契約など，持続的

な財貨交換は，むしろ共通目的に導かれる正常な公式組織とみなしてよいのではなかろうか。契約を結ぶ動機は双方に私的な（異質の）ものであるが，協働行為の目的は共通かつ相互補完的——丁度経営者と従業員が参加動機は個人的（組織自体の成長や賃金の獲得）でも，共通の組織目的の下に協働するのと同様である。

　日韓協約や日米同盟などの国家間条約を含めて一般的に論じる場合でも，当事者双方が合意している限定された共通目的と協働意思に注目して，基本組織の成立とみなすことは可能である。階層，管理者，権威主義的規律を欠いても公式組織は成立・存続しうる，組織はそのように自由かつ責任的に機能しうる，ということこそ，バーナードが主著にこめたメッセージではなかったか？

おわりに

　『経営者の役割』においてバーナードが「意図したのは，管理者は何をしなければならないか，いかに，なぜ行動するのか，を叙述することであった。しかし間もなく，そのためには，彼らの活動の本質的用具である公式組織の本質を述べねばならぬことがわかった。」（B 1938，日本語版序文，1956：33〜4）そこでバーナードは政府，教会，会社，交響楽団のような日常的に組織とよばれているものから出発して公式組織の本質を探究し，「2人以上の人々の意識的に調整された活動または諸力のシステム」に到達した。しかし同時に，バーナードは，この'組織の本質'をそのまま組織そのものの定義とした。この錯誤（ボタンのかけ違え）によって，売買取引のような瞬間的な'協働現象'にさえ，組織の存在を認めねばならなくなった。本章は，この錯誤に発した瑕疵の修復努力——対コープランド反論に始まり，側生組織概念の提起に至るバーナードの七転八倒の経緯を追跡したのである。

（2014．7．14）

第 3 章

加藤勝康。'3つの視点の出会い'

はじめに

　バーナード理論研究史において，加藤勝康の業績は，飯野春樹のそれと共に不朽である。馬場敬治・田杉競と並ぶ開拓者，山本安次郎の親密な共働者かつ継承者として，1970年〜80年代，飯野と共に最盛期のバーナード理論研究を文字通り主導した。加藤・飯野共編『バーナード：現代社会と組織問題』（バーナード生誕百年記念論文集）は，その象徴である。

　加藤のバーナード理論研究は，1961年滋賀大学に赴任して山本に親炙する頃に始まり，当初は経営財務論の基礎づけのためであったが，70年代以降はむしろバーナード理論それ自体に向かった。就中，ハーバード大学所蔵のバーナード・ファイルを博捜して講演記録・ノート・書簡類を検索，広範・緻密な文献考証に基づいた『経営者の役割』形成過程解明という営為は，大著『バーナードとヘンダーソン』1996に結実し，バーナード研究者すべてが安んじて利用しうる共有財産，そして研究の新たな次元への出発点を提供した。その功は計り知れない。

　本章は，加藤が上記大著の制作に先行・併行する長い研究過程の幾つかの時点で披瀝してきたところの，主として視点・方法に関わる主張・所見の批判的'再'検討である。――10余年前，筆者は「バーナード理論研究散策2」において同趣旨の検討を行ったが，当時は筆者自身の視点不安定の故に論旨明晰を欠き，混乱に陥っている個所もあった（川端2003a とくに99〜101）ので，今回大幅に改稿することにした。

　（以下，『経営者の役割』・『バーナードとヘンダーソン』からの引用は（B：

29)（K：104）のように略記する。）

Ⅰ．組織の本質と組織そのもの

　ウェーバーの経営（Betrieb）及び経営団体（Betriebsverband）の概念とバーナードの組織及び協働体系の概念とは，内容的に殆ど同一である——という認識の下に，筆者は2002年「バーナード組織概念の一詮議」を発表した。加藤の大著『バーナードとヘンダーソン』に展開された詳密な文献考証に全面的に依拠しながら筆者流に読み直し，バーナードの組織概念（とそれに絡まる諸論議）の根本的難点——一言で云えば，組織の本質[1]（の記述）をそのまま組織の定義とする，という'具体性とりちがえ'の誤謬——を指摘したものである。

　十余年後の現在，その論旨を改める必要は全く感じない。ただ，この（加藤の立場と全く対立する）論点は本稿で取扱うすべての論点と密接に関連する，いわば大前提であり，以下，話の枕として手短かに敷衍しておくのが便宜だと考える。

　バーナードは公式組織を厳密に定義するに先立って，ａ．政府・教会・大学・企業・交響楽団，スポーツ・チーム等を例示し，ｂ．「人々相互間の，意識的，計画的，目的的な協働」だと記している。（Ｂ：４記号は筆者）

　ａは経験的実在（を示す日常語）であり，それらをひっくるめた総称（団体，組織体あるいは単に組織）もまた，普通の人々が充分理解できる準経験的実在（を示す日常語）で，マフィアの類を指す俗称に用いられている程である。このような'組織'から物的・社会的・個人的な様々な多様性を剥ぎとって厳密な定義「２人以上の人々の意識的に調整された活動や諸力のシステム」に到る（のが主著第６章の論述である）のだが，前記ｂ．はその殆ど完璧な先取りである。そのキーワード'協働'は'組織'の本質（を示す抽象語）であって経験的実在（を示す日常語）ではない。——だからこそ'人間協働，この未知なるものへの自覚'（K 1996, 第３章標題）という詠歎的形容句も発想され

るのである。

　学者の常識では，事物の本質は深層に隠れており，しばしば転倒した形で現象するものである。しかしバーナードの場合，積年の体験・思索が情熱的に化合して，組織の本質が行為的直観として把握され，現象と本質の区別を意識する必要がなかったのかも知れない。そこでいきなり組織＝協働だと把え，組織を主，協働を従として互換的に使用したところ，経験的実在≒現象次元の組織（体）には人間が含まれると定義した方が便宜（読者が混乱しないで済む）だとするヘンダーソンから注意を受けた。しかしバーナードは本質次元の組織に人間を含めることを断じて拒否，妥協として現象次元の組織を'協働システム'と名付けた。[2)]——という次第で，経験的実在に仮構された抽象概念から出発して，（組織の）本質という抽象概念に到達する，しかもそれを組織の本質でなく（主に現象次元の存在を指す）組織そのものの定義だと規定する，という，まさに転倒的事態が生じた。

II．バーナード理論研究の視点。その動揺

1．加藤 vs 飯野の真相

　このように事態の真相を把握すれば，バーナード理論全体の理解をめぐる加藤 vs 飯野の対立——公式組織レベルに視座を置く管理論 vs 協働体系レベルに視座を置く管理論——も実質些少でバーチャルな対立にみえてくる。

　本質のままでは説明するにも限度がある。とりあえずさらに下向して3要素に分解し，それぞれについてひととおりの説明はできるが，上向して経験的実在へと展開する術がない。そこで「実体ではなく，むしろ主として種々の関係によって特徴づけられるような無形のものを実際的な意味で取り扱わねばならないときは，何か具体的なもので象徴するか，あるいは擬人化しなければならない。……通常おこなわれる唯一の実際的方法は，関係する人々によって'組織'という体系を象徴することである。……意味の混同が生じない場合には，表現の便宜上，しばしば組織を人間の集団と考える通常の慣習に従う」（B：

75）ことになる。こうして組織は（人間を含まぬものとして定義された直後に）人間に担われ，協働体系（から物的体系を除いたもの）にほぼ近い存在へと具体化された。――実際問題として，定義どおりの組織「……意識的に調整された活動または諸力の体系」は「自らマネージするものであって，Executive によってマネージされるものでない。」（B : 216）Executive は現に存在している組織を維持する（正確には維持すべく努力する）だけであり，対象が協働体系へと具体化されてはじめて，その中の非協働・反協働部分を意識的に調整して協働状態に変える活動が可能になるのである。

このように，飯野の云う公式組織レベルに視座を置く管理論は成り立ちようがなく，加藤の云う協働体系レベルに視座を置く管理論に合流する他はない。両者の対立は仮想現実と云うべきである。

加藤の側でも，バーナードの組織を定義どおりに丸呑みしているので，その取扱いに神経を使わざるを得ない。さらに加藤はバーナーディアンであると同時に山本経営学の徒でもあり，山本経営学における経営・組織・管理の内面的関連，及び山本のバーナード理解（経営≒協働体系，組織，管理の三層構造的把握）との整合性を保たねばならない――狭隘な難コースをどうやって通り抜けるのか？

2．3つの視点の出会い

（A）初期の論稿「バーナード理解のための基本的視角をもとめて」（1974）において加藤はこう述べている。――バーナードの認識対象は「管理執行者の意識の野にある経験的実在としての'組織'……すなわち，自覚的かつ計画的にして目的をもった人々の，様々な態称のもとに展開される具体的な協働」であり，「これを対象化して捉えるならば，a）'対立する諸事実と人間の対立する思考および情感との具体的な統合物'である。逆にこれを行為の方向に捉えるならば，b）管理執行者の機能とは，まさしく'矛盾する諸力が具体的行動のなかで統合されていくことを推進し，葛藤する諸力，本能，利害，条件，立場，理想を調整すること'である。……バーナードは，一方では具体的人間協働を協働システムという対象化された分析概念として捉えつつ，他方では，そ

れを管理執行者の主体的行為の方向に転回することによって，管理執行者の機能との論理的統一を求めよう」と試みた。(全：4～5)

立証の根拠となっているのは，主著第2章「個人と組織」の結語ともいうべき有名なパラグラフの末尾に添えられた2つの文章（ただしパラグラフの中心論旨には直結しておらず，それぞれが独立して十分な含蓄をもつ）である。念の為に再掲すると，a「協働や組織は……対立している諸事実の具体的な統合（syntheses）であり，人間の対立している思考や感情の具体的な結合である。」b「具体的行動のなかで矛盾する諸力の統合を促進し，対立する諸力，本能，利害，条件，立場，理想を調和させることこそ，Excutive の機能である。」(B：21)

検討しよう——まず，a と b とは主語が異なる。述語は a・b とも主語が指示している事物の本質を喝破している。ただし，この場合の本質は通常の語法でいう本質，すなわち組織なら組織が組織として存在するのに必ず具えていなければならない最小限の性質（例えば組織の本質は意識的な協働である）を指すのではなく，そのような本質を具えた事物（＝組織）が（次元の異なる）より広い文脈において持っている意義ないし果たしている機能を指している。[3]

すなわち a と b とは，組織≒協働と Excutive という密接に関連するが明らかに異なる（Excutive は組織に内在する機能である）事物についての記述である。加藤が云うように，経験的実在としての組織ないし具体的協働という，同一の認識対象について，a は対象化して捉え，b は行為の方向に捉えたものである筈がない。——全く理解不能な空言と云わねばならない。

(B) 5年後，加藤は『バーナード経営者の役割』(飯野春樹編)の紹介文にこう記した。「私はこれまで人間に関する独自の公準を出発点とし，個人，組織を結合要因とする協働システム，そして管理執行者という3つの視点の出会いにおいて，人間協働の構造と過程を捉えることにこそ，バーナード理論のユニークさがあると考え続けてきた。」(加藤1979：79)

人間（≒個人）vs 組織（≒協働）の2項対立は，社会科学の枠組の基軸とも云うべきものであって何の変哲もない。これにもう1つ Excutive の視点が加わって3つの視点の出会い（≒結合？）となれば確かにユニークである。——

しかし，このユニークさは果たしてバーナード自身のものであろうか。前項でみたように，バーナードの認識対象を最初から'管理執行者の意識の野にある経験的実在'に限定している加藤自身のユニークさではないのか？

3つの視点の出会いにおいて捉えた人間協働の構造と過程というイメージは，後年の大著第17章に再現している。（K：542〜50）――加藤によれば，組織を機構として捉える伝統的組織観を克服し，厳しい協働体験によって感得された経験的実在としての組織現象を捉えようとするバーナードの最初の問題提起は「産業経営における集合主義と個人主義」（1934）においてなされ，図3-1のように表現可能な構図として提示された。それは「協働における個人の存在，すなわち社会における人間存在についての省察である。個々人の能力を越えた目標達成のためには，協働が必然的に要請される。個人の視点からすれば，協働は飽くまでも個人目的達成のための手段であり，道具的存在である。本来人間は，如何なる場合にも道具ではありえない。他方，協働の視点からすれば，個々人は逆に協働目的達成のための手段性，道具性において在る，と言わざるをえない。したがって……個々人の自由が制約されざるをえないことになる。両者の存在が，人間協働においては，このように相互に目的であり，道具性においてあることは否定しえない現実であろう。」（K：543）

ここまでは「社会における人間存在」についての，一般的・抽象的省察であるが，ここで卒然と管理執行者の視点が登場する――彼らも上記省察と同様の基本的認識に立っており，それに基づいて「人間協働を直視すれば，協働の根底にあるものとしての組織現象が問題の焦点として浮び上ってくる。そのような経験的実在における組織は，組織機構として捉えられたのでは，逆に見えてこなかったのであって，第17-2図（本稿では図3-2）に示すように，個々人と協働のインターフェイスとしての組織存在，すなわち，管理執行者の視点軸から見た場合，協働の核心に存在するものとしての組織現象の捉え方が改めて問われざるを得ないことになったであろう。……組織探求をめぐるバーナードの苦渋に満ちた長い旅がここから始まったのではなかろうか。」（仝：544）

さて，このような加藤の言説の素材とされる講演記録は飯野によって夙に翻訳・紹介され，バーナード研究者の間で広く知られており，確かに上掲［図3-1］

図 3-1 協働における個人の存在

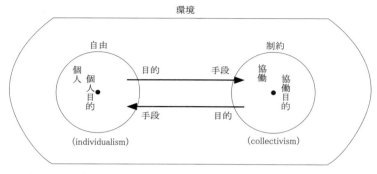

(加藤 1996：543)

図 3-2 個人と協働のインターフェースとしての組織

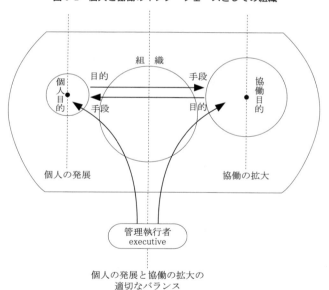

(加藤 1996：554)

のように表現可能な構図を含んでいる。しかし，加藤の云う管理執行者による構図の認識，ましてその認識に基づく人間協働の直視の裡からの'組織現象'の浮上や下掲［図3-2］のように表現可能な構図は全く含んでいない。──全く加藤の想像力の所産と云わざるをえない。

　この事態をどう理解すべきか。端的に云えば組織の本質と組織そのものの定義を取り違える，というバーナードの誤謬が，ここに来て加藤を七転八倒させているのである。

　図3-1の右円＝協働は正しくは組織（何らかの目的達成を志向している集団ないし団体）とよぶべきであり，組織と個人がインターフェイスすると敵対から協働まで様々の現象が生じる。敵対や無関心（を生む諸要因）を除去ないし緩和して協働を促進するのが管理執行者の役割であるが，彼は図3-2におけるような第3者ではなく，組織の核心に位置し，組織に一体化している存在である。

　図3-2に描かれた管理執行者は，実は個人vs組織という2項対立の局外に在って，両者が相互に道具性において在る事実を不可避と観じ，個人の発展と協働の拡大とを適切にバランスさせる方途について思案しつつある社会科学者──「産業経営における集合主義と個人主義」と題して講演しつつあるバーナードに他ならない。

　講演の中でバーナードが協働＝組織と個人の間に置いたのは，'集合的活動を管理している人々の主要な活動'であった。「集合的活動のすべての計画における基本的問題は，計画のなかに含まれる個人が，そのもとで機能しうるかどうか，如何に機能しうるかということ」である。ロシアやイタリア（のような極度の集合主義国家）においてさえ，下記のような「人々の個人的支持を獲得・維持するように意図された」諸努力がみられる。（Barnard 1934：13，邦訳：19)

　① 強制的方法。死刑や監禁などの恐怖を与えることで反抗を防止する。

　② 集合体の目的を理解し，それに賛同し，協働的行為を行なうように，人々の情熱を刺激する（ようなプロパガンダを行なう）。

　③ リーダーに対する崇拝と忠誠心を植えつけて，協働的努力の強化に導く。

④ 物質的報酬だけでなく，影響力や威信の源となる等級・地位などを与えて自発的協働心を培う。

これらは Executive 機能のなかの動機づけ機能（の一部）であり，主著第11章「誘因の経済」第13章「機能職能」の記述（の一部）に重ね合わせることができる。バーナードの定義した'組織'（＝協働）とは性質が異なる。'組織'（＝協働）それ自体は，図の右円それ自体の本質に他ならない。

Ⅲ. 非公式組織の性格と位置をめぐる諸論点

1. 社会的要因と非公式組織

主著第6章で公式組織を定義するに当って，バーナードは協働体系から物的要因，社会的要因，個人ないし集団を順次捨象していった。加藤によればそのうち社会的要因の捨象過程は「論述が極めて抽象的であり簡潔であるために，若干理解し難い感が残る」（加藤1996：519）。とりわけ'社会的要因が協働状況に入ってくる経路'の(5)'協働そのものに固有なものとして入り込む'社会的要因が経験的実在としての協働における何に対応するか，を明らかにするために，加藤は主著第4章「協働体系における心理的・社会的要因」を改めて参照している。(K：520〜2)

そこで論じられている社会的要因5つのうち組織の定義に直接の関わりをもつ(a)協働体系内の個人間の相互作用，と(b)個人と集団間の相互作用は「主として意識されない，非論理的なもので，協働体系との関係は非公式的」であり，全体として協働目的に基づいて作りだされたものではない。対照的に(c)協働的影響力の対象としての個人，については協働体系との関連性が意識的に作り出される。これには2つの側面ⅰ）協働体系内に個人を招き入れるための特定の行為過程，ⅱ）協働体系内における個人の行為を対象とする統制過程があり，両側面とも個人の心情 mind and sentiment に不可避的に影響を及ぼす。(B：42)

そして，この'協働の影響が及ぶ対象としての個人'が公式組織の定義を抽

Ⅲ．非公式組織の性格と位置をめぐる諸論点　39

出する際に捨象されたのか，それとも定義に含まれたのか？と設問して加藤は云う——前記ⅰ，ⅱのように「協働目的との関連性において考えられている限り，公式組織の定義それ自体の中に包含されているように思える。」（K：521）しかし，バーナードが当該個所に付した注記を考慮すると，「むしろ公式組織の要素として位置づけられるものであって，公式組織の定義それ自体からは捨象せらるべき性質のものである，と筆者は解釈したい。」（仝：522）

　検討しよう。——加藤の細かな目配りは敬服に価するが，緊要かつ解決困難な問題だとは思えない。私見によれば上記(c)に云う協働体系が個人に及ぼす影響は，引照のように，雇用関係への誘引および（雇入後の）活動の統制という協働目的に直結したもので，個人がそれを受容すれば即ち公式組織の定義に云う意識的に調整された活動（が行なわれていること）になる。しかし，'定義によって'個人の協働的活動は含まれるが個人そのものは含まれない，というだけのことである。また，定義からは外れるが要素には含まれる，というのも筋が通らない。——要するに，これは加藤が錯覚に基づいて設定し，それ故に解決に至らなかった，無用な問題である。

2．非公式組織の認知，その意義

　さて，前記(a)・(b)は，第6章で公式組織を定義する段階では協働体系のなかの社会的体系に含まれる1要因に位置づけられたが，第9章に至って「非公式組織として，公式組織とともに組織概念を構成する重要な構造概念的枠組の1つとして，すなわち，組織を構成する対概念の1つとして」提示された。加藤はこの点を'主著における極めて重要な論点'と考えて以下のように敷衍している。——「そもそも informal organization という考え方は，バーナードにあっては，'多分誰か他の人からの借りもの'であって，ローウェル講義草稿では必ずしも認識が明確ではなかった。」主著に至って「まずは formal organization が，次いで informal organization がというように2段階的に導出された1対の概念枠組によって……組織というもの（organizations）が捉えられた。」（K：557，傍点筆者）それはバーナードの「熟達した協働体験から，そしてまた主著第2章で明確に提示された組織における人間存在の二重

関連性からも当然に必要となる」（仝：559）行論であり，主著での組織概念を理解する上で極めて重要な意味をもつ。非公式組織を論じた第9章の最終段階でバーナードは「これで協働体系および組織の理論の困難な提示を完了した。(This completes the difficult presentation of the theory of cooperative systems and organizations.)」（Barnard：123）と述べたが，「ここでの 'organizations' がひとり formal organization のみを含意するものでないことは……余りにも明白であろう。」（K：559）

　以上の論旨を以下私見によって補足しよう。──公式・非公式という1対の概念枠組によって組織というもの（organizations）が捉えられた，とは，加藤の巧みな総括である。ただし，「個人的な接触や相互作用の集合，およびそれと関連した人々の編成（grouping）」と定義される非公式組織は明らかに，行為だけでなく人間そのものを含んでいる。それが人間を含まないと定義された公式組織と対をなす枠組みとされるためには，公式組織の側で予め，人間含みの状態にまで具体化されていなければならない。前節に記したようにこの手続きは，実は人間含まずと定義された直後に，'実用的な意味で取り扱う便宜上，それに関係する人々によって組織を象徴（擬人化）する' という形でなされている──ということに留意すべきである。この点を加藤は自覚していない。（ともに人間含みの）公式組織と非公式組織から成る組織というもの organizations──これが主著後半（第10章以后）におけるバーナードの認識対象である。その外延は協働体系から物的体系を除いたもの，すなわち［組織＋人間＋社会的体系］だと了解しうる。物的体系は所詮添え物であるから，組織というものと協働体系とは実質的に同一物と云えよう。

3．四重経済における非公式組織

　次は，非公式組織が，第16章「管理過程」の実質的中心主題である '協働体系の四重経済' においてどのように位置づけられているか，という問題である。

　第6章の段階（とくに78〜79ページ参照）では，協働体系内に在ってその活動が（組織目的に沿って）意識的に調整されていないa）個人および集団

III. 非公式組織の性格と位置をめぐる諸論点 41

と，b）彼らの間の接触や相互作用，――これが非公式組織の構成要素であり，協働体系の構成要素としてはaが個人，bは社会的体系に該当する，とひとまず了解しえた。（K：536）しかし，第16章では協働体系は組織という体系を中核として，物的体系，人的体系（個人および個人の集合），社会的体系（他の組織）で構成される，と記されている。（B：240）そして社会的体系に対応する「社会的経済は，ある組織と他の組織との関係，ならびにその組織とは協働的な関係をもたない個人との関係（すなわち効用を交換する力）から成り立つのであるが，この関係によって組織にとっての効用が生じるのである。それは協働体系外のものとの協働の可能性の総計である。」とされている。（B：241）

さて，社会的体系（他の組織）とは抑もどういうことか？――少なくとも筆者にとっては，ひどく不分明であり，暗中模索せざるをえない。そもそも他の組織（およびそれと関係をもったりもたなかったりする当該組織）とは，公式組織なのか，組織というもの（公式組織プラス非公式組織）なのか？――個人的体系が別に設定されているのだから，公式組織，それも人間を含まない，定義どおりの公式組織に違いない。すると非公式組織を構成する個人は個人的体系に属するとして'個人間の相互作用'の居場所はどこか？

組織と組織が関係をもつという場合，財やサービスを交換する，一方的に贈る，奪うなど，色々考えられる。そのうち交換は協働的関係であって，それ自体が組織であるから社会的体系ではない。一方的な贈与・剥奪の相手であるか，意図的に関係をもつことを忌避しているケース，さらに全くの無関心など，総じて当該組織とは協働関係を結んでいない組織及び個人・集団――このようなものが当該協働体系に属する下位体系である，と云うバーナードの言は全くの背理と云わざるを得ない。

とはいうものの，社会は常に変化している。いま協働関係になくても，将来（明日にでも）協働関係を結ぶ可能性はある。現に一部の組織・個人からは協働の相手として適切らしいという信頼・評判を得ている。だとすれば，その信頼・評判は当該組織にとって貴重な価値をもつ。別言すれば，そのような信頼を寄せ評判を立ててくれている'他の組織および個人・集団'は当該組織に

とっての効用を提供している。ここに社会的経済が成り立つ。——こんな強引な推察から得られる社会的体系及び社会的経済（の表象）に筆者は説得力を感じない。何のためにこんなことをいうのか，全くわからない。

　旧稿（2003）において筆者は，ローウェル講義における社会的経済が主著における個人的経済の導入によって（物的経済と対をなすに価する程の）内容を失ったにも拘らず，形式だけは存続させようとしたために生じた無用の言説だ，と主張した。この主張を堅持しつつ本稿ではその一部敷衍を試みたわけであるが，その結果，四重経済論の混迷度はさらに深まったように思われる。

　（相互作用の居住空間問題はさておき）もう1つ，第16章において非公式組織は個人的体系（→個人経済）に含まれる，とした場合，第9章において公式組織と対をなすものとして造形され，組織というものに統合された非公式組織が，再び公式組織と分離・対立することになる——ということの意味を，加藤はどう捉えているのか，訊いてみたい。

4．'個人の地位'規定と非公式組織，その対応関係？

　最大の問題は主著第2章にいう人間の2重性的把握（個人 vs 人格）と公式組織・非公式組織（という区別）との間の対応関係である。

　加藤によれば，バーナードは主著第6章で「協働における人（格）的側面に対応する公式組織概念を導出し」たのち，第9章において「協働における個人的側面に対応するものとして……協働それ自体において必然的に存在するものとしての社会的要因のうち (a) 協働システム内の諸個人における相互作用と (b) 個人と集団間の相互作用を取り出して，これらを非公式組織として……提示するに至った」。（加藤：536）それはバーナードの「熟達した協働体験から，そしてまた，主著第II章で明確に提示された組織における人間存在の二重関連性からも，当然に必要となる」（仝：559）論理経路であった。

　さて，このような対応づけは妥当だろうか？——公式組織の定義には（共通の）目的や活動（したがって，その背後にある心理的要因や一定の選択力も）が含まれていて，人格規定に対応していることは確かである。しかし非公式組織にも，それを構成している諸個人の（個人的な）目的（とその背後にある心

理的要因や選択力も）が群生・交絡し，その一部は公式組織としての活動と併行する組織目的外活動へと展開しているのだから，同様に人格規定に対応している，といわねばならぬ。決して「過去および現在の物的，生物的，社会的要因である無数の力や物を具体化する，単一の，独特な，独立の，孤立した全体」という規定から表象されがちな，環境に制約されッ放しの客体的存在に尽きるものではない。

公式組織と非公式組織という1対は，組織人格と個人人格という1対に対応している。加藤の対応づけは的外れであろう。

IV. 管理執行機能の構想転換をめぐる諸論点

1. 問題の概要——加藤の問題提起と論証

前述の3つの視点の出会いにも伺えるように，加藤には管理執行（者とその）機能を重視・強調する思考が著しい。

ローウェル講義草稿Ⅶ The Excutive Functions が主著では第15・16章，Excutive Functions と Excutive Process に分割・拡充され，内容もかなりの変化があり，バーナード自身も「完全に作り変えられ……非常に改善された」とヘンダーソンに告げている（K：649）ことに加藤は注目し，詳細に跡づけている。その際，次の2つの論点に絞るのが有効だと云う。（K：651〜2）

① どんな理由で2つの章に分離展開したのか，に関わるバーナードの管理執行機能についての構想をめぐって

② 草稿における三重経済から主著での四重経済へと展開された経緯について

論点②は誰しもが第16章最大のトピックとして注目するところ，しかし加藤によれば，この論点はヘンダーソン助言を契機とする協働体系概念の導入という，概念枠組の明確化に伴う付随的なものであり，論点① 管理執行機能の構想における根本的変化こそ最重要なのである。（K：687）

草稿では，伝達の維持，活動の確保，目的の定式化，有効性の促進，能率性

の促進，そして'これら諸機能の適切な組合せの確保'の 6 種が管理執行機能として同列に扱われていた。主著では前半 3 種のみが管理執行機能として説かれ，後半 3 種は管理執行過程として別章を立てて論じられ，分量的にも大幅に拡充された。そして，第 15 章と第 16 章とでは，その根底にある管理執行機能をめぐる構想が全く異なる，と加藤は云うのである。

　前半 3 種に絞られることによって，管理執行機能は組織成立の条件である 3 要素［目的・協働意志・伝達］との密接な対応関係（ひいて組織と管理執行との不可分性）を顕示するものになった。これは大きな改善である。

　後半 3 種のうち，有効性・能率性の促進は主著第 7 章にいう組織の存続条件に対応するものである。草稿では有効性促進についての記述はごく簡単，かつ能率性促進に関わる機能と不可分に組合せて遂行されるというのみである。対して能率性促進の部分では組織の三重経済論が展開される——能率性は組織貢献者の動機満足に関連する，という意味で経済の問題であり，絡み合う 2 つの局面から成る。組織は物的・社会的，2 つの環境それぞれから資源ないしエネルギーを入出力することで存続する。（社会的経済におけるエネルギーとは，組織が人々から受けとって再分配する犠牲，意欲，凝集力である。）すべての組織において三重の経済，a．物的経済，b．社会的経済，c．全体経済 (economy as a whole) が存在する。3 つの経済は釣り合いを保たねばならず，投入以上の産出は不可能である。しかし物的経済での不足を社会的経済での余剰で補う（その逆も）ことができる。物的効用と社会的効用とは変換可能であり，だからこそ宗教組織のように純粋な非物質的組織でも存続できるのである。

　協働は物質の創造者では決してないが，価値（＝効用）の創造者かつ変換者 creater and converter である。にも拘らず，あるいはまさにそれゆえに，協働（＝組織）が生産し消費するものはメンバーの貢献の総計よりも多くも少なくもあり，また産出と投入を細部にわたって釣り合わすことは不可能である。限界貢献者が動機不満足（→組織離脱）に陥れば崩壊する，それ程にも協働は不安定なものであるから，「組織の最終能率は全く異なる 2 つの要因，(1) 細部の経済 economy of detail と (2) 全体の創造的経済 creative economy of the

Ⅳ．管理執行機能の構想転換をめぐる諸論点　45

whole とに依存することになる。」(Rowell Lectures Ⅶ 25→K：663) 2つの要因の(1)は能率促進機能（の発現の場）として，(2)は6番目'管理執行諸機能の適切な組合せを確保する'機能に対応するものとして説かれている。

　また草稿には，組織の能率性が2種類の制御（two controls）の結果として生ずるとして次のような記述もある——「その1つは調整であり，組織の内部における生産的要因である。その2は細部にわたる支出と収入の交換点，組織の縁辺における制御である。第1の制御要因である調整は創造的要因であり，第2の制御である交換は分配的要因である。」(Lectures Ⅶ 27→K：664) 即ち，[細部の経済—組織の内部—生産—創造的要因] vs [全体経済—組織の縁辺—交換—分配的要因] という2項対立である。

　分配的要因においてどんなに能率的でも，殆どの場合，協働なしに個々に得られる満足以上には達し難い。協働生存のためには自ら余剰を創造しなければならない。ゆえに調整の質こそ組織生存のための最重要の要因である。そしてまた，分配的能率は高度の技術問題であるが，創造的能率は基本的に非技術的であり，必要なのは事物の全体感，多数の要因の中から戦略的要因を識別し，異質的な細部を全体に対して有意に関連づけることである。(Lecture Ⅶ 30〜1→K：667〜8)

　以上が，構想転換の重要性に関わる，バーナード自身による論証（だと加藤が云うもの）である。

2．論証の検証

　加藤によれば，管理執行機能にかかわる構想変化においてバーナードの意図は何であったか，を知る手掛りは主著第15章末尾および第16章冒頭部分から得られる（K：670）。草稿に云う6機能のうち前半3つは組織の成立条件（である組織の要素）を満たすことを，後半の有効性・能率性促進は（6番目の諸機能の適切な組合せも同じく）組織の存続条件を満たすことを意味する。前半3つは「ａ．全体としての組織過程の諸側面であるから，(後半3つ，即ち) 組織の存続条件である有効性と能率性の促進とか，組織諸要素の適切な組合せは，管理執行諸機能として扱うよりも，管理執行者の観点からは，むしろ過程

として，すなわち組織の形成と生成過程それ自体の問題として取り扱われる方が一層適切ではないかとバーナードは考えたのではなかろうか。b．何故ならば，そうすることによって……組織過程の解明にとって最も重要な認識である'全体感が意思決定の支配的基礎であるような組織行為全体の諸部面を提示'することが可能となると思われるからである。さらに，そのような組織の形成と生成の過程を，管理執行機能，したがってその主体である管理執行者の観点から捉えるための基本的な概念枠組こそが，有効性と能率性であり，対象的には四重経済としての組織均衡であると考えられたからに他ならない。」（K：673，記号，傍点及びカッコ内は筆者）

以上がバーナードの意図についての加藤の理解を示す文章である。一読平明なようで実は難解，端的に云えば文意すこぶる不透明なので，以下，きびしく検討せねばならない。

まず，a における から までは，前半3機能が組織の形成≒生成≒成立の過程，全体としての組織過程の諸側面である，と述べている。これはこれでよいが，から以降は後半3つが組織の（形成でなく）存続条件であって，管理執行機能として扱うのは不適切であり，組織の形成と生成過程それ自体として扱う方が，適切である，と述べている。──文章 a が文章 b の理由を明確に述べているとは云い難く，から でつなぐのは不適切であろう。

おなじ組織の形成と生成の過程の，a は諸側面であり，b はそれ自体の問題である，という差異が辛うじて理解のカギとなる。──諸側面というのだから，その1つ1つは部分（を担っている）であろう，さればそれ自体とは全体ということであろう，と推察しうるからだ。

主著第7章の最初の部分に「組織の存続はその体系の均衡を維持しうるか否かに依存する。この均衡は第1次的には内的なものであり，各要素間の釣合の問題であるが，究極的基本的には，この体系とそれに外的な全体状況との間の均衡の問題である」とあり，この外的均衡の第1条件が有効性，第2条件が能率だ，とされている。

組織の成立条件である3要素を生成させ，そのときの外部事情に適するように結合すること，これが管理執行者の果たすべき機能であり，組織3要素に対

応して3つの部分より成る（ものとして扱うことができる）。組織の存続条件である有効性と能率性は，そのどちらもが分割不能の全体であり，それらを促進する行為もまた管理執行機能であるには違いないが，一貫して全体的観点に立ったバランス感覚を必要とする（点で前記3機能と対照的である）。

　さて，一方は部分（として扱える場合もある），他方は終始全体（として扱わねばならぬ）――加藤の正しさはここまでである。抑も有効性・能率性の促進と全体的な組合せの確保という管理執行諸機能は，組織の形成と生成過程に直接関わるものではなく，組織の存続に関わる概念（として提示されているもの）である。私見をもって換言すれば，前半3つは管理執行機能の実体であ̇り̇，後半3つは前半3つの管理執行機能（が遂行されることで達成される）機̇能̇，いわば究極の存続理由に他ならない。[4]――平たく云えば，前者はそれ自体として遂行すべき，また遂行されている'仕事'であり，後者は前者の結果として間接的に達成される筈の目的ないし方向性とでも云うべきものである。

　もともと前半3つは組織の成立（＝生成と形成）条件に関わり，後半3つは存続条件に関わる，という意味で立ち位置が異なり，内容もかなり様相が異なることは，バーナードも先刻承知していた筈である。管理執行という大テーマを講義の最終1回分に圧縮せねばならぬ（という散文的理由の）故に，異質の管理執行機能をひと括りに説明してしまったが，著作として世に問うとなれば手直しして，より筋の通った分類・記述にするのが自然の成行である。――'重大な構想転換''決定的な差異'と称する程のことではない。

　加藤は1）後半3つ̇をも前半3つのみに適合するところの組織の成立（＝形成と生成）条件に関らしめ，2）'管理執行者'の観点を後半3つ̇のみに限定し，'前半3つは誰の観点で遂行されるのか'という疑問を生み出した。

3．'構想転換'の実体

　加藤が'構想転換'に関わるバーナードの意図を知る手掛りとなった主著15・16章の末尾・冒頭部分に立ち返ってみよう。

　a．「これらの管理執行機能は，単に有機的全体の要素にすぎない……組織を形成するのは，これら諸要素の生きた体系への結合である。」（B：

233)──これは全く正しい,自明の真理である。

　b．管理執行機能は,全体としての組織過程の部分あるいは側面であり,そして「用いられる手段は相当程度まで論理的に決定された具体的な行為であるが,この過程の本質的な側面は全体としての組織とそれに関連する全体情況を感得することである。……この理由により,それは記述されるよりむしろ感得されるものであり,分析によるよりもむしろ結果によって知られるものである。従って,ここで取扱いうるのは,管理執行過程が何から成っているかを詳細に規定することよりも,むしろなぜそうであるか why it is so を述べることのみである。」(B：235)

　バーナードは主著第15章で3つに大分類した管理執行機能それぞれについて,かなり詳細に内容を説明し,他の機能との結合の仕方・され方についてもかなり言及している。いよいよそれら諸要素の生きた体系への結合の仕方・され方を本格的に論述する段になった,と思いきや,「この過程の本質的な側面は全体としての組織とそれに関連する全体情況を感得することである」,だから'本質的でない'(?)側面である諸要素の様々なる結合過程の諸相,という途中経過は省略し,最上層の管理執行者のみが担い得るであろう'組織とそれに関連する全体情況'の把握(に基づく臨機応変的調整活動)という終着駅に絞って記述するにとどめ,その核心は感得(という科学的でなく芸術的,論理的でなく審美的なもの)だ,と云ってのけるのである。──まるでキセル乗車ではないか。主著第16章がバーナード自身の体験が凝結した実感の表明であって,それ自体として貴重な論述であることは確かであるが,'管理過程'という看板には偽りがある。

　思うに,'生きた体系への結合'過程は複雑多様であって,大ざっぱにではあれ論理的に記述するには膨大な例示,したがって多くの時間と紙数を要する筈である。当時のバーナードにははじめから不可能なことであって,筆者もないものねだりするつもりはない。主著第16章第1段落末尾に云う,「何から成っているかを特定するよりは,むしろ何故そうであるのか why it is so を述べる」は,管理執行諸職能の'生きた体系への結合'過程を全面的に展開できないことについてバーナードの一抹の'忸怩'感の表明というべきである。[5)]加

藤が云うような，管理執行諸職能に関わる構想転換，その画期的意義の告知とみなすのは大仰に過ぎよう。

4．組織の均衡，その全体構造

'構想転換' に関わる上記の認識に基づいて，加藤は「これまでの諸論議においては，必ずしも触れられなかった論点の１つ」協働体系の四重経済の均衡と，主著第７章・第９章それぞれの冒頭に記された組織の内的均衡・外的均衡との関連を探る総合的考察を試みている。

加藤によれば，内的均衡・外的均衡ともに講義草稿にはなく主著において付加された——ということと，管理執行機能に関わる構想転換との間には重要な関連がある。「思うに，協働体系の動態に関わる均衡概念の枠組みとしては……管理執行機能の展開としての組織的意思決定という主体的形成作用に関わる組織の主体的均衡，すなわち，外的均衡および内的均衡という概念枠組と，その作用対象である組織の客体的均衡としての組織効用の創造・変形・交換過程，すなわち，四重経済の均衡維持・発展過程という組織経済の概念枠組とによって構成されている」（K：642，傍点筆者）。しかし主著第16章の論述それ自体においては，この枠組構成が明示されておらず，「この点で，講義草稿Ⅶを'全く新しく書き直した'というバーナードの作業は，残念ながら極めて不十分なものにとどまっている」として加藤は［図3-3］を提示して概略説明を施した。（K：693〜6）

残念ながら，加藤の論述は図からも想像できるように複雑・多彩をきわめ，到底理解できない。それゆえ，辛うじて得た印象１点をのみ記す——。

組織の外的・内的均衡と協働体系の四重経済の均衡とを同次元に対峙させて主体的均衡と客体的均衡と名づけること，理解できない。私見によれば，（第１次的）な内的均衡は組織の成立条件に関わる３要素の適切なバランスであり，有効性・能率性との直接の関係はない。（究極的）な外的均衡は組織の存続条件に関わる有効性と能率性の達成度（が要求水準以上であること）を意味する。この外的均衡を，経済的および社会的効用（の発生と消失）の循環すなわち経済現象の側面から捉えたのが組織経済（協働体系ならば四重経済）の均

図 3-3 協働システムの動態にかかわる概念枠組み

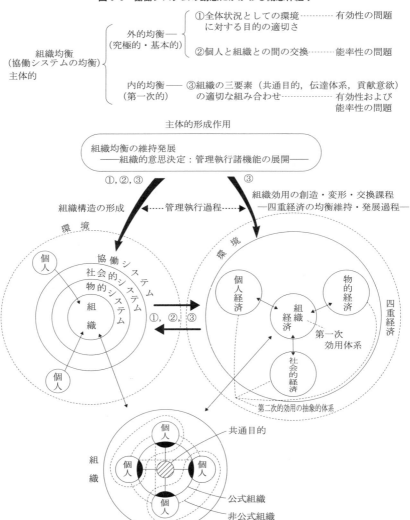

(加藤 1996：543)

衡である。つまり，外的均衡と四重経済の均衡は視点が異なるだけで同じ組織活動の途中経過点である。四重経済は決して組織活動の対象（だと捉えるから客体的均衡と名づけられたのであろうが）ではない。

V. バーナードの方法とヘンダーソンの方法

1. 発端

　加藤によれば，組織定義に関わるヘンダーソンの助言が契機となって，バーナードは（ローウェル講義→）主著草稿における方法論的裏付の欠如を深刻に自覚し，超人的な研鑽によって短期間のうちに，単なる補修の域をこえて自らの積極的な方法論（とりわけ第2章の個人及び人格規定や個人主義・集合主義の双方の立場を受入れ使い分けるという態度表明など）を構築し終せた。

　さて，こうして提示された主著を貫くバーナードの方法と，助言者ヘンダーソンの方法との関係如何――ほぼ同一か，無視できない対立を含んでいるか？

　この問題提起は，実は吉原正彦の大著『経営学の新紀元を拓いた思想家たち』（2006）の中心論旨に対して庭本佳和が放った批判に触発されたものである。吉原は1930年代のハーバード・ビジネス・スクール（以下HBSと記す）を彩った科学者集団（W・ドナム，L・ヘンダーソン，E・メイヨー，F・レスリスバーガー，P・キャボット，T・ホワイトヘッド，C・バーナードに代表される）の営為を物語風に追跡し，彼らが'人間協働の科学'を創始し，もって経営学の新紀元を拓いた，と主張した。ここに人間協働の科学としての経営学とは，端的にいえば［人間関係論＋バーナード理論］に他ならない。バーナード理論を人間関係論と同じ方法論に立脚するとして，その延長線上に位置づける――これが吉原構想の基本である。

　科学者集団のNo.1はヘンダーソンであった。HBSの3頭体制においてキャボット（経営教育）メイヨー（臨床）とならんで人間生物学（つまり自然科学と同等の科学性をもつ社会科学）という，経営学の新紀元の基礎となる方法の構築に当たった。その糸口をパレートの社会学に見出し，その紹介と彫琢のた

めのセミナーを開設・推進し，さらにヒポクラテスに発する臨床医学の方法をとり込んで，'具体社会学' 講座を開設・推進した。バーナードのローウェル講義を斡旋し，その草稿を『経営者の役割』に仕上げる過程では綿密な指導・助言を行なった。——その「息詰まるような議論の遣り取りの中から，主著の骨組は生れ出たのである。それを生み出すための導きの糸こそが，ヘンダーソンの科学方法論のバーナードによる共有であった。」(K：756，傍点筆者)

この加藤の判断に全面的に依拠して，吉原の構想は立てられている。そして庭本の異議申立てはこの点に向けられている——筆者もまた庭本に便乗して加藤の［バーナードの方法＝ヘンダーソンの方法］説を検討したい。

2．近代科学の方法とヒポクラテスの方法

HBS 疲労研究所に在って人間生物学を基礎づけるに際し，ヘンダーソンはその '最も強力な道具，進歩の源泉' が「精確で数量的で実験による調査」である，と主張した。それは近代物理学，近代化学そして近代産業を生み出したが，今や（病んでいない）'正常な人間'，（部分でなく）'全体としての人間' の研究（に用いて科学たらしめる）可能性が生まれた。「この人間生物学を基礎科学として……事業経営に関する応用科学が構築される」(吉原：86) と云うのである。

このように，ヘンダーソンの方法は徹頭徹尾，（ニュートンの『プリンキピア』を範型とする）近代科学の方法である。パレートの『一般社会学』を高く評価し，その社会システムという枠組（多数の変数の相互依存と同時変化，変数間の均衡，その形成と崩壊）の受容と洗練に努めたのも，それに（相対的に粗雑ではあれ）物理学などと同様の近代科学的方法の適用を見出したからである。

『一般社会学』を '具体社会学' に発展させるのに，ヘンダーソンは自身の臨床医学体験（を通しての視点修正）を踏まえ，「おなじく人間研究を主題とする……医学と社会科学とに共通する科学方法論の基盤」として「臨床医学におけるヒポクラテスの方法」を提示した。(K：416〜7)

① 事物への習い性となる程の直観的習熟
② 事物についての整然たる知識
③ 事物の有効な思考の仕方

①は賢明かつ持続的で責任を担った骨の折れる労働によって得られる。②は正確な観察・顕著で反復的な事象の体験から生ずる判断・選択・分類・記述である。③は賢明な理論構成とその使用であり，有用な概念枠組を構成する問題である。

　さて，②・③が近代科学の方法の特徴そのものであること，一見して明らかである。①も，事象を広く深く知ることが必須だ，という点では近代科学と共通であり，大抵の事は直感で処理できる程の習熟を要求する点のみが'ヒポクラテスの方法'たる所以である――と筆者は判断する。ところで，直観的習熟の内容は，対象（何についての習熟か）によって多様・異質であってその間の共通性は存在しないというのが庭本の見解である。庭本からすれば［ヘンダーソンの方法＝ヒポクラテスの方法］という立場は，ヘンダーソン自身が「'物事に対する直観的習熟'を備えており，教えられた側も直ちに習得し実践できるという'ありえない仮定'」に立っている。「ヘンダーソンは知識としてヒポクラテスの方法を理解しただけで……近代科学の方法と対極にある第1の要素'物事への直観的習熟'による対象把握を受け入れられないし，受け入れてもいない」。従って「実際のヘンダーソンの方法はヒポクラテスの方法になっていなかったと考えるのが，最も現実的である。」というのである。（庭本 2008 b：110～1）

　しかし，直観的習熟の内容は研究，教育，診療，（組織における）管理執行，（議会における）政治など対象領域によって異質・多様であるが，'習熟一般'ともいうべき共通性もある。従って筆者は以下のような加藤の見解に与したい。「ヘンダーソンによれば，論理的原則，方法，観点は，それがいかなる科学において現われてこようが，すべてのシステムにおいて大筋では共通である。……パレートは若い頃よりこれらすべてに習熟していたのであり，すべて習慣的なものになっていたに相違ないし，無自覚的な振舞いとなっていたであろう。……この点は，後になってヘンダーソンの科学方法論を特徴づける直観的習熟の重要性の主張となって一層明確に述べられることになる。」（K：409～10）[6]

　直観的習熟の域に達する程に事実を知ることなく，唯の言葉や観念で物事を

考えることは忌避すべし──第1要素は第3要素 '有効な思考方法≒概念枠組づくりにも強く影響する。ひとは日常の思考においても '共通感覚 common-sense の世界' という概念枠組を用いている。この最初の概念枠組によって導きだされた知識（＝'私的知識'）は人々の間に異同がある。というのも，共通感覚には（'火傷の痛み' のような）直接の観察によって獲得されるものと（'美しさ' のような）そうでないものとがあり，また，それらを表現する言語（の持つ曖昧さとそこから来る誤解）という問題があるからだ。これらの問題に応えて '公的知識' へと進化するためには，共通感覚の世界を超えた科学的思考に立つことが求められる。

　われわれは科学者として厳密な概念枠組みを用いて事実を記述して新たな斉一性を発見する。そのことが概念枠組の修正ないし新たな枠組の構築をもたらす。──このスパイラルを通して，総ての概念枠組は不断に進化している。ヒポクラテスもまた次々と進化していく概念枠組を用いて研究を発展させ，最高度に抽象的な一般化である自然治癒力 vismedicatrix natural ［人が健康な状態に在ること］に到達した。そしてヘンダーソンは，この自然治癒力をパレート社会学における '均衡' 概念と実質的に同一であると把握し，そうすることで，医学と社会学双方の概念枠組をつないでみせた。方法の共通性を主張したのである。

3．直観的習熟と行為的直観

　A．庭本の理解では，「ヒポクラテスの方法に典型的に現われる直観的習熟とは，五感の宿る身体に基礎をおく認識方法で……永年の厳しい修練を経て身についた物事（現象）を把握する技（アート）ないし能力である。そのアートに把握された知識が臨床知であり，その構造は永年の実務経験で磨かれたバーナードの行為的直観が捉えた行動知，身体知とほぼ同型……少なくとも極めて近い構造をもっている」が，「両者の現象把握の視点の位置が微妙に違う。」──病める人にギリギリまで接近して得た '臨床知' は，「近代科学知の普遍主義，論理主義，客観主義を和らげ，時に近代科学に対する批判的立場を築き得ても，主体と客体の分離，対象の論理を超えきれず，完全な対抗知にはなり得な

い。」(庭本2006b：112〜3，傍点筆者──行動知の誤植だろうか。)

　対するバーナードの現象把握の方法＝行為的直観は，もともと西田哲学の用語であり，'行為が直観であり直観が行為である'──「行為によって物事を見る（認識する）のであり，行為することで見分けた直観（見るに象徴される五感が捉えた感覚＝知識）である。」それは，経営者としてのバーナード自身が，経営の現場で責任を負って意思決定（→行為）し，「自らもその形成に参画した経営現象・組織現象を，その現象の内から，つまり行為点（＝内的視点）で実感・体得した感覚・認識能力」であり，'行為と現象と認識の同時存在性' とでも表現すべき情況を指している。

　行為的直観は暗黙の技ないし能力である。行為を通じて得られる知識であると同時に行為するための知識，つまり行動知であり，身体に宿された知識という意味で身体知であり，その大部分は言葉で語れない暗黙知である。──これが経営技能の特性なのだ。(仝：113〜4)

　経営行為の対象は経営現象であるが，経営現象の構成要素は経営行為に他ならない。つまり経営行為（経営現象）＝経営現象（経営行為）。バーナードが行為的直観を駆使して把んだ感覚・認識能力は経営現象（経営行為）内に視点を置いた身体知・行動知であり，「そこでは認識する行為（自己）と認識対象の現象（行為）が分節不可能で，主客未分離のまま一体となって，近代科学の対象の論理を超えてゆくのである。」(仝：114〜5)

　B．以上で庭本見解の要点を尽していると仮定して，直ちに思い浮かぶことがある。──昔々筆者は西田哲学を読みかけて歯が立たず，早々に投げだしてしまったのだが，'純粋経験' という言葉が記憶に残った。それは認識というものの最初のステップで，主客未分離，'行為と現象と認識の同時存在性' の境地を指すものだった（と記憶している）。経営行為で把んだ身体知が，研究行為や診療行為で把んだ身体知よりも，多くの場合，'現象の奥深く入り込み，幅広く捉えている' ことは大いにあり得る。しかし，経営ないし組織行為の認識対象（＝経営現象）は，それを構成している変数が多数かつ複雑・変動的な上に時間的制約が甚だ厳しいので，多くの場合，現象の表層のみを把えた幅狭い認識にとどまり，実践的に失敗，理論的に誤謬に陥ることも大いにあり得る

（と筆者は思う）。むろん，バーナードのような才能が長年の組織行為体験を積むことで，多くの失敗・誤謬は淘汰され，実践的に有効，理論的に真実な組織行動知へと洗練されていくことは間違いない。主著の随所に組織行動知の真髄を把んだ命題群が見出せる。——「経営上の意思決定の真髄は，現在適切でない問題を決定しないこと，機熟せずして決定しないこと，実行しえない決定をしないこと，他の人がなすべき決定をしないことである」。この「消極的意思決定は多くの場合概して無意識で，相対的に非論理的，'本能的' であり，'良識' である。……行為の誤りは良い消極的意思決定の欠如を意味することが多いようだ。」（B：194）

いま引いたのは実質的には指示命題であって，その内容が誤りであれば実践的に無効，組織の失敗を招くだけのことであるが，実質的にも記述命題である場合には理論的誤謬ということになる。私見によれば，権威の理論の中心をなす次の命題はその一例である。

「ひとつの命令が権威をもつかどうかを決定する（決め手となる——筆者）のは命令者の側であって'権威者'すなわち発令者の側に在るのではない。」（B：163）——これは現実＝真実を記述する命題として提示されたものであり，それゆえに，上位権威という仮構が機能することによって大抵の命令が受容され，組織における持続的協働が確保される，とバーナードはいう。仮構とは外面的な行為を説明しているだけの，論理的に筋の通らない認識，ということである。（B：170）どう動かしようもなく錯綜かつ固定した状況の中でたえず時間的に追いたてられる個々人にとっては，その場限りの感覚・認識にたよって行動する他はない。それは内的視点に立つ行動知のネガティブな側面を示す'仮構'である。対照的に下位権威という'現実'は，バーナードが体得した組織観や行為的直観はそれとして生かしつつ，その妥当範囲を限定し，主としてE・エールリッヒに学んだ近代科学的認識の産物であり，それゆえに普遍的妥当性を主張しうるとされるのである。

企業という組織において，顧客は従業員と同じく組織のメンバーないし貢献者である，というのも同質の記述命題（実践的仮構としては有効，科学的理論としては誤謬）ではあるまいか。

販売業務に従事する従業員とくに大口商談をまとめ上げた上級職員にとっては，まさに実感であろう。電話加入者のような安定顧客は出入常なき非正規従業員よりずっと身近な存在であろう。まして命令実行に消極的で重要職務を任せられない部下や，外部の扇動者に操られてAT＆Tの従業員代表プランの活動を妨害し，独立組合への組織化を画策している活動家なんぞが組織メンバーなものか！——これはご尤もな組織感である。なぜなら彼らは組織目的に向って意識的に調整された活動を一片も提供せず，非協働・反協働に明け暮れているからだ。

しかし，客観的に実在する企業では，（とくに日本の場合）現実問題として少々非効率・勤労意欲薄弱でも正規雇用従業員の解雇は簡単ではない。まして組合結成を企んだ従業員を不用意に解雇すれば，不当労働行為として処罰される恐れがある。だからある程度までは非協働・反協働分子を従業員として抱え続けざるを得ない——こうして客観的・科学的認識と行動知・組織感の凝縮としての認識とは，時折くいちがうのである。'顧客は組織メンバー'，'非協働な従業員は組織メンバーに非ず'というバーナードの組織行動知は，それが普遍的な記述命題として提示される限り，時として近代科学知に道を譲らねばならない。

4．ヘンダーソンの方法とバーナードの方法

要するに，①活動の種類（研究・診療・経営ないし組織）によって大幅な違いはあれ，直観的習熟がもたらす知識・技能には一脈の共通性があり，これが（近代的）科学知・臨床知・（組織）行動知の間の差異を絶対的でなく相対的なものとし，相互の交流を可能にしている。②バーナード『経営者の役割』は直観的習熟に基づく組織行動知のみで充溢しているのではなく，ヒポクラテスを媒介環とするヘンダーソン＆パレートの方法（近代科学知＋臨床知）を随所にとり込んで，融合とは云わずとも，シーフード・サラダ程度には混和・調合されており，かなりの科学性を具えた理論と実践指針を提供した。——行動知の内容については批評不能だが，理論部分での誤謬は指摘せねばならない。

有力な科学者コミュニティに招き入れ，ローウェル講義への出講を慫慂し，主著の執筆過程では綿密に指導し——バーナードにとってヘンダーソンは大恩

人であり，彼の方法を真剣に学んだに違いない。とはいうものの，ヘンダーソンの方法が全面的とはいわずバーナードの主要な方法的基礎であったとは思えない。この点では庭本見解に与したい。

① 主著の主要な素材はバーナード個人の体験と観察から生れた組織行動知である。ヘンダーソンとはかなり異質の直観的習熟に基づいた，バーナード独自の方法を用いている。

② 組織行動体験と併行して，長期にわたる大量の読書と思索によって，膨大な近代科学知を蓄積していた。ヘンダーソンやパレートの著作から得たものはその一部にすぎない。

③ 体験・観察と読書・思索とをある程度統合したといえる習作を，ヘンダーソンとの出会い以前に発表している。――「人間関係の曖昧な諸側面に関する覚書」(1937)「日常の営みにおける心理」(1936) など。

④ パレート社会学に対してヘンダーソンは傾倒し，バーナードは冷静を保った。パレートが大きな集合体（＝全体社会）にのみ関心し，組織への関心を欠いていることを，致命的な欠陥とみていた。――この点に関連してバーナードはヘンダーソンによるパレートの残基（の分類と優先順位の）理解に異を唱えた。ヘンダーソンはパレート同様，結合を第１，集合体の持続を第２とし，'個人の保全'を最後尾に置いた。対するにバーナードは'人格の全一性を第１，行為による感情表出'を第２とし，結合や集合体の持続を最後尾に置いた。けだし前記の（パレートとヘンダーソンが挙げた）２つは大きな集合体ないし全体社会の構造を扱う際には重要視すべきだが，小さな集合体ないし組織を扱うには適切ではないからである。（吉原：418～22）

⑤ ヘンダーソンの助言を受けたのち，３ヶ月の集中的研鑽によって主著を仕上げたのだが，講義草稿に比しての最重要な追加部分は第２章「個人と組織」とりわけ個人及び人格規定であった。これは個人が個人行為にとどまらず組織を形成する必然的理由を明らかにしたものであり，④でみたヘンダーソンのそれと異なるパレート理解をさらに突きつめたわけである。――助言を機に自らの方法論的基礎の欠如を自覚して急拠ヘンダーソンの方法を修得した，というストーリーは時間的にも無理で，到底同調できない。[7]

以上，要約すれば，主著は主としてバーナード自身の方法に拠っており，ヘンダーソンの寄与はマイナーだった，と云わざるを得ない。とはいうものの，ヘンダーソンの指導意欲はすさまじく，次々と送られてくる素稿を査読して細かな添削を施し，バーナードもまた恭々しく教えを乞う態度に終始した。従ってある程度の収斂作用が生じたように思われる。――主著最終章「結論」第2節前半部分には「組織の本質である行為，あるいは管理執行者の機能である行為の調整は，物的，生物的，社会的諸要因の総合に関わる」（B：293）という文章がある。これはヘンダーソンの助言の趣旨が（恐らく無意識的に）まぎれこんだのではなかろうか。

　要するに筆者は，庭本・加藤どちらにも批判的な立場である。――庭本は3種の知の異質性を強調し，臨床知と組織行動知とはかなり近いが（対象把握の視点が異なるので）遠い，と云う。筆者は，異質だが1脈も2脈もつながっているから遠いけれど近い，と思う。（主著の結論Ⅱ前半に明示された）バーナードの科学方法論はヘンダーソン自身の科学方法論に他ならず，両者は方法論を共有している，と加藤は云う。バーナードの独自の開発の部分が主要で，ヘンダーソンに学んだ部分は無視できないがマイナーだと，筆者は考える。

　筆者は両者の中間に立って折衷している訳ではない。――庭本は内的視点・行為的直観によって得られた行動知がひとたび（バーナードのような練達を通じて）明確に提示されたならば，当然に真実として受容すべきだ，と云う。しかし内部観察による行動知には外部観察による対象的認識を欠くが故に当然に限界があり，後者による補正を経なければ実践的に無効，理論的には誤謬に陥る場合がある。組織の定義がまさにそれだ。庭本は行動知至上主義に陥っている。

　加藤は，1937年1月22日のバーナードとヘンダーソンの邂逅，とそれが『経営者の役割』の誕生に結果したことへの感動の余り（？）バーナードがヘンダーソンの方法に学んで共有するに至った，と断定した。邂逅以前の長期にわたるバーナードの（組織行動体験に基づく行動知と絡み合った）理論的研鑽の大きさを軽視する誤りである。この間に執筆あるいは公表され，主著形成の素材となった諸論稿の丹念きわまる紹介・検討を行なっているだけに，一層，加藤の判断の失当が惜しまれる。

加藤・庭本，両者ともバーナード理論に（加藤はヘンダーソンにも）傾倒し，それが画期的に価値ある，誤りなき理論体系だと信じている。この希有な達成に導いた決定的要因を，庭本はバーナード自身が体得・表現しえた組織行動知に，加藤はヘンダーソンとの希有な師弟関係に求めた。どちらもそれだけでは力不足であり，'近代科学の対象の論理を超える'という過大な形容（庭本），臨床知と組織行動知の間の微妙な差異や，パレート理解における師弟間対立への無頓着（加藤）が派生することになった。――如何に画期的な労作でも全く無謬では恐らくあり得ないであろう，という研究者なら当然抱くべき懐疑を，彼らは欠いているようにみえる。「本書で扱っているような主題を最初にやってのけようと努力する際……そこには厳密な意味での誤謬といえるものや，その他の単なる偶然の結果生じた多くの過誤が存在するに違いない」（K：602）というヘンダーソンの言に彼らは留意すべきである。

　いわゆる'組織定義'は'厳密な意味での誤謬'というよりはむしろ'偶然の結果生じた過誤'に近いものであったろう。しかし，それが多数のバーナード傾倒者によって弁証・擁護・賞揚され続け，抜き難いものとなったことが（とりわけ日本の）組織学界にもたらしている混乱は言語に絶する。――加藤（と庭本）の咎は大きい，と云わねばならない。

おわりに

　曲りなりに'再'検討を終えた今，筆者は不思議な気分に陥っている。バーナードの日々の精力的な組織活動とたゆみない読書・思索の積み重ねの中から生成した諸想念がローウェル講義・主著へと熟成していく過程を，あれ程にも周到・精細に追跡・分析・編集してみせた加藤が，どうしてこれ程にも不可解な問題提起や論理操作を敢てするのか，納得できないのである。――'3つの視点の出会い'という独自の着想は，人間協働の渦中で実践しつつあるバーナードと外部観察者として思索しつつあるバーナードとを取り違えた錯覚としか思えない。公式組織・非公式組織を，主著第2章に云う人格規定と'個人の

地位'規定とに振り分けて対応させる，という議論は，それ自体が誤りというよりはむしろ，始めから無用・無意味という他ない。

　振り返ればこの再検討もまた，その殆どが身も蓋もない全面的批判に終始した。重ねての非礼，深く遺憾の意を表したい。

(2014．3．15)

注
1) 日本語版序文に曰く「私の意図したのは，管理者は何をしなければならないか，いかに，なにゆえ行動するのか，を敍述することであった。しかしまもなく，そのためには，彼らの活動の本質的用具である公式組織の本質を述べねばならぬことがわかった。ところが私の目的に適当な著書が何もないところから，私はどうしても正確にいうなら'公式組織の社会学'とでも呼ぶべきものを書かねばならなかった。」(B 1938, 邦訳34, 傍点筆者)
2) 協働システムという接尾語を付加すると，持続・定型化といったニュアンスが生じて組織（体）イメージが漂うかにみえるが，単なる風味であって実体はない。本質次元の組織もまたシステムである。
3) 本質というコトバないし概念の，このように特異な用法は，弁証法的唯物論者武谷三男が物理学の領域で未知の法則を探求する過程を導く論理として着想し，のちに技術論論争における'意識的適用説'提唱の際に依拠した（認識ないし概念発展の）'3段階認識論'を適用したものである。「武谷説では技術事象は，基本的には'本質'と'現象形態'との2段階で，より詳細には'現象''実体''本質'の3段階の階層構造で把握される」(宗像1989: 202) ──「客観的法則性の意識的適用」という本質（論的段階の概念）規定は，目的達成のための'客観的な方法に関わる知識'という，「当該事象とされているものの間の共通分母をとり出すことによって把握」された本質とは次元が異なり，事象そのものからははみ出した，広く人間実践における技術事象関連行為の特徴を表示する'本質（論的規定）'である。(仝: 43)

　筆者は50年来，この3段階認識論の有用性を認めており，組織及び（マルクス経済学における）価値の概念に適用して，[表1] のような理解に立っている。

表1　3段階論（的概念化）の適用例

認識段階	現象	実体	本質
（生産）技術	生産様式（の諸要素）	（目的達成のための）方法の知識	客観的法則性の意識的適用
組織	各種組織体（企業，教会，NPOなど）Betriebsverband	複数個人の意識的に調整された活動 Betrieb	個人の限界をこえての環境制御力の拡張（とその疎外態）
（商品の）価値	市場価格 交換の（質的・量的）可能性	抽象的人間労働	生産手段の私的所有の下での労働の（分権的な）社会的配分

(川端2003: 95)

4） 組織3要素を調達または創出して適切に組み合せる。——これで管理執行機能として必要かつ十分であり，通常の用語法では，これを管理執行機能の本質とよぶ。ただし，注3）に略述した3段階認識論を適用して，管理機能が何のために遂行され，その結果何がもたらされるか，と問えば，有効性・能率性の達成である，という本質論的段階の認識が得られる。この点に焦点づけた議論をする場合には，通常語法で本質に当るものを実体とよぶのである。

5） 1986年，バーナード生誕100年記念大会において，「ファヨールとバーナード」を報告した佐々木恒男は主著第16章が管理過程と題しながら，管理諸機能が相互に作用し合い交織する動的な過程を扱わずに，効用の創造，変形，変換という組織経済の問題を論じている，という問題を提起し，「主著第16章は単に説明不足というよりはむしろ失敗ではなかったか」と述べて注目された。間もなく高橋公夫，藤井一弘が相次いで，この問題に取り組んだが解決を得なかった。加藤の'構想転換'論は，この問題に対する包括的視角からする新たな挑戦でもあった訳だが，やはり稔らなかった。さらに2004年，庭本佳和がこの問題に関わる数多の議論を紹介・検討した（部分を含む）論稿をものした——「主著第16章は管理諸職能の遂行過程との認識のもとに，それら諸職能を機能させる本質，つまり管理過程の支配原理である'全体感'を抉り出そうとした章である。……全体感の描写は組織の能率の描写，組織経済の描写で代位される」（庭本：295）けだし，「管理諸職能が相互に作用し合い交織する動的な過程は（管理3職能のレベルでの——筆者）諸職能の単なる遂行過程を描けば済むものではない。」第16章は「その基底に流れて管理職能を動かす本質を説明する章であった。その本質が'全体としての組織とそれに関連する全体情況を感得する'全体感にほかならず……（この）説明し難い全体感を捉える基準が組織の有効性と能率であり，そこに組織経済が展開されることになる。ここに管理過程の問題が組織経済の問題になる理由もある」（全：262〜3）

以上のように庭本は「組織経済を描かなければ，管理過程の説明にならない」（全：284）所以を力説する。論旨ごもっともであるが，一言付け加えたい。——これが管理3職能レベルでの'相互に作用し合い交織する動的な過程'を描かずに済ませるに充分な理由であろうか。'描けばすむものではない'とは'描いた'あるいは'描かれたものを見た'後に発すべき台詞ではなかろうか。

6） 庭本自身も，吉原が人間関係論とバーナード理論を'人間協働の科学'として一括りに捉えることに違和感を覚えたことについて，「それこそ直視的習熟とでも言えそうな勘が教える違和感であった」と回想している。これは，研究活動に関わる直観的習熟の例ではなかろうか。（庭本208ｂ：109）

7） 庭本はヘンダーソンの助言の理解に苦しみ，当惑の情を表出している。概念枠組の要件は理論の内容を手際よく，わかりやすく（誤解の余地を残さず）説明するのに便利であることであって，経験的事実と合致しなくとも差支えない，というのがヘンダーソンの考えである。庭本の考えではそもそも「経験的事実と合致しない概念枠組が便利なのだろうか」疑わしい。（全：107）「人間そのものではなく，人間の活動から成るとバーナードが実感した経験的実在としての組織現象を認めた上で，それを分析するのに'人間を排除した組織概念'は見当違いではないか，それより'人間を含めた組織概念'の方が便利ではないか，とヘンダーソンは本当に考えていたのだろうか。常識的にはあり得ない提言のように思う。ひょっとすると，概念枠組の便宜性ではなく，バーナードの経験的実在に対する疑念の表明ではなかったのか。」（全：108）

この庭本の突きつめた思考は敬服に価するが，筆者は戦闘的唯物論者ではないので，経験的事実に合致しない概念枠組であっても認識用具として有用であれば，何時でも受容するつもりであり，ヘンダーソンの助言は適切であった，と思う。思うにヘンダーソンにとって，組織という名詞を，TVAやNYヤンキースのような（目的をもった）集団・団体という経験的実在でなく，'目的に向っての協働そのもの'という抽象的概念の名称に用いることは，違和感の極みであった

に違いない。
　誰もが知る経験的実在で社会科学がそのまま基礎概念としているものに逆らってまで，なぜ内的視点に立って得た組織感・行動知の表明そのものをもって組織の定義としなければならないのか。そんなに力まずとも，組織は人間の集団である。しかし肝腎なのは，人でなく，人の活動であるとした方が，はるかに説明しやすく，理解されやすいし，バーナードが云いたいことを云う上で，何の不都合も生じないではないか。──筆者はバーナードの抵抗に手こずったヘンダーソンに同情する。

第4章

北野利信。企業価値の創造

はじめに

「バーナード理論研究散策（1）」において北野利信「バーナードの挫折」の行論を辿り，批判的考察を試みた。その論旨が基本的に誤りであったとは思わないが，視野は狭小，内容は不十分かつ皮相的であった，と反省している。本章では，『経営学原論』の全体構想———一般的には企業統治の理論の構築，特定的には企業価値≒経営理念（の創造・変革）の意義宣揚———に留意しつつ，バーナードの'挫折'確認に発し，ウェーバーの試行を経てシュッツによる（構造からの）溯及路線を可とする行論を（我流解釈を重ねつつ）なぞることによって，北野のバーナード理論把握の基本問題を追ってゆきたい。なお，読解作業に当って，北野に親炙した小林敏男の見解を補助線とした。以下『原論』からの引用ページは（K：148）のように，Barnard 'The Functions……'からのそれは（B：98）のように記す。

I. 組織の制度化

1. セルズニックの構想

北野構想の原点は P. Selznick, Leadership in Administration 1957（邦訳『組織とリーダーシップ』1963）に在る。これは TVA やボルシェビキ党の研究（での成功）を足場に公私経営の診断を手掛けるようになったセルズニックが，「一連の実態研究から得た理論的成果を現場の管理担当者の実践的視点

Ⅰ．組織の制度化　65

から展望し直した」（K：64）もので，制度派社会学の礎石とされる著作である。

そのキーワードは，'組織の制度化'である——経営とは目的志向的活動を行っている人間集団（≒社会体）であり，活動を目的合理的に調整するために「組織が編成される。組織は'人間エネルギーを動員し，定まった目標へ向けていくための技術的器械……使い捨て可能な道具である」。この組織が社会体を組み込んで稼動するとき，制度化が進行し始める。「制度とは'社会の諸欲求および諸圧力の自然的産物，即ち応答的，適応的な有機体'である。」（Selznick：5→K：66，傍点筆者）

使い捨て可能な道具，つまり，ある特定の仕事をするために特別に考案された合理的器械——と聞けば，誰しも（管理機構とか権限ラインとも別称される）伝統的な組織概念を思い浮べるであろう。しかるにセルズニックは，バーナードの'組織'概念「意識的に調整された活動の体系」をそのように特徴づけ，「社会の必要や圧力から生れた自然発生的所産——反応性・順応性をもった有機体」である'制度'と対照させた。

セルズニックによれば'組織とは生ける人間の集団'であり，フォーマルな仕組だけで活動しているのではなく必ずインフォーマルな構造によって補強されている。人間は多くの側面をもつ独立の人格であり，如何なる組織もフォーマルに設定された役割に縛りつけておくことはできない。必ずや役割をはみ出した（己れの役割・地位の利用を含む）様々の仕方で自分の心理的欲求を満たそうとする。このことは，もし本人が組織に一体化して，組織と共に自己実現を志すのであれば組織の利益となるが，通常はその代償として（最良の条件の下でも）ある程度組織が硬直化することになる。

同様にして，技術的に考案された組織単位が１つの社会集団（独立の人格から成る統一体）になるときは，利用可能な新しいエネルギーが創造される一方，内部分裂や欲求不満を生じる。集団の一貫性を守ろうとする衝動が，権限委譲や統制のために存在している規則や方式に絶えず影響を及ぼす。

大規模・持続的な組織では，１）内部の士気高揚，意思決定基準の伝達，外部からの要求・批判からの防衛などのための意識的・無意識的手段としての管

理イデオロギーが発達し，2）組織特有の価値を創造・保持する役割を担うエリートが形成・維持され，3）互いに競合する複数の利害集団が出現する。

そして，これら自然発生的諸傾向が交錯することの統一的効果として，1つの社会集団に特有の価値が形成され，内外の圧力に対する独自の反応様式が反復されて一定の型に結晶するとき，1つの社会構造が出現する。――社会構造が発達するにつれて，組織は単なる道具でなくなり，集団の一貫性とその志向を表現する1つの制度として，それ自体価値をもつ。

制度化の最大の意義は，'当面の課題が要求する技術的条件を超越した・価・値・の・注・入' に在る。価値を受容したメンバーの観点からすれば，組織は使い捨て可能な用具から個人的満足を与える貴重な源泉に転化する。組織との情緒的な一体化によって日常の努力が一層強化され，非常事態におけるエネルギー結集の源泉となる。しかし他方，組織が特殊な目標と手続に束縛され，資源活用に際してリーダーシップの自由が制約され，環境変化に対する組織の適応能力を減退させる。(Selznick 1957，邦訳：25～7)

2．リーダーシップと Executive

バーナードの定義した組織は '活動または諸力の体系' であって機構や器械ではない。セルズニックの見解は的外れも甚しい――と云いたくなるが，そう云い切れない事情もある。

活動としての組織は流動的で渦流に例えられる程だが，活動が反復・持続・定形化すると '構造化' し，使い捨て可能か否かはともかく，（目標実現という結果を創出する限り）1種の道具と云えなくもない状態となる。現にバーナードは論文「リーダーシップの本質」(1940) の中で，リーダーシップ行動の4つの領域の1つとして，'行為の道具（の統制）' を挙げているが，そこで云う道具とは明らかに組織を指している。「リーダーシップは明らかに人々の特定の努力を調整することに関わりがある。……'調整された努力が組織を構成する'。組織とは，リーダーの立場からみる限り行為の道具である。それも絶対不可欠な道具である。」(Barnard 1948：89, 訳：88)

バーナードによれば「リーダーたる者は何よりも先ず，活動の総合体系とし

ての組織の維持と先導に努めなければならない」のだが，このことは殆ど理解されていないし，リーダーたちも（大抵は直観的に実践しているものの）気付いてはいない。その理由——「組織を構成する行為の大部分は，外見上は組織の維持とは無関係な特殊な機能，例えば組織の特定課業の達成，を担っているので，そうした行為が同時に組織を構成しているということ，そしてそのような技術的ではなく道具的な行為こそが，リーダーシップの観点からすれば極めて重要なのだ，ということを見過させているのかも知れない。」[1]（B 1948 : 89, 邦訳 : 88, 傍点筆者）

組織を維持する機能をもつ点でリーダーと Executive は共通する。ではどこで異なるか？Executive は組織に内在し，リーダーは（内在するだけでなく）超越しうる，ということだろうか。——組織は自ら manage するのであって，Executive 職能が組織を manage するのではない，とされる限り，Executive が組織を己れが統制しうる道具とみなすことはありえない。リーダーは組織を維持するだけでなく先導もする。リーダーが Executive の地位を占め，両者の機能が重合するケースは多々あろうが，概念としてリーダーの方がより普遍的な存在とされている。したがって自分が Executive として維持している組織であっても，それを己れの行動の道具と観ることができる，ということであろう。——目的をその達成に必要な具体的行為（何を，何時どこでするか）に翻訳する特定の伝達経路としてのリーダーが存在しなければ，そもそも組織は成立しない。成立した後に Executive が組織を維持するのだ。以上，少々釈然としない点もあるが，リーダーと Executive の間での同一性と差異の確認を通じて，セルズニックのバーナード理解に一応の納得性を見出すことができる。

3．組織の制度化

さてセルズニックの議論に立ち戻る。組織の制度化の進行につれて，（社会体への）外部圧力に対する自衛行動，エリートの発生や内部紛争の惹起など，利害・理念の対立に関わる応急的反応が続発し，当該社会体独自の'社会構造'が出現する。——社会構造の発達につれて「組織は単なる道具ではなくなり，

社会体の自完性と志望を表現する象徴的存在としてそれ自体，価値をもつようになる……客観的に目的合理性を意図して設計された組織が，その稼動過程でそこに組み込まれた社会体により，主観的に価値合理的意味を付与される」。そして「制度化が最終段階に到達するとき，臨界経験 critical experience として'組織性格' organizational character が社会構造を媒体とする意識現象として創発する。」（K：67）

組織性格は，内外圧力の葛藤を調停する'自己組織形成的 auto－plastic'機制の機能を果たすことで，組織の環境適応を助ける一方，適応の範囲や形態を'性格'の枠内に限定することによって組織の進化に制約をもたらす。（K：69）

バーナードもまた'組織の制度化'について語った。──「あらゆる公式組織は社会システムであり，単なる経済的ないし政治的な用具とか，会社法が含意している擬制的な法人格とかよりも，遙かに幅広い何物かである。社会システムとして，組織は慣習，文化様式，世界観，深い信念，無意識の信仰を表現あるいは反映しており，そのことが組織を高度に自律的な道徳的制度たらしめ，そしてその上に用具的な政治的，経済的，宗教的その他の機能が積み重なり，あるいは，発展していくのである。」（B 1948：62, 邦訳：233～4）

'人々の間の協働が公式組織を通じて道徳性を創造する'という事実の認識は1938年当時のバーナードにとって'驚くべき想念'だった（だから，その意義を充分に理解できないでいた）という回想を文字どおりに受けとることはできない。

バーナードは主著第17章において道徳的リーダーシップの意義を宣揚した。──道徳とは積極的あるいは消極的指示から成る私的行動準則であって，合理的思考よりはむしろ感情や内的強制によって守られるもの。そして逆境の下でもそれを貫徹しうる一般的能力を責任という。大規模組織の経営者は遵守すべき道徳＝行動準則が複数・多様なので，準則間の対立を克服（して如何なる準則にも違反せずに組織目的を達成しうる代替策を案出・実行）する能力＝責任が要求される。加えて他人（＝組織貢献者）が遵守すべき道徳を創造する（組織から課せられた職務を己れの行動準則として価値合理的に遂行する意

欲・能力を植えつける）能力＝責任をも要求される。これが道徳的リーダーシップ――'組織目的の達成こそ至上のもの，それを通じて個人動機も充足されるに違いない'という信念を創造することによって協働的な個人的意思決定を鼓舞する，「協働諸力に不可欠の起爆剤」である。（B：259）

道徳的リーダーシップが有効に発揮され，組織メンバーが目的達成に向って燃えている状態，それはセルズニックのいう制度化（され，組織性格が創発している組織）に他ならない。組織目的によって調整された活動というだけでなく，当該組織特有の慣習，行動様式，世界観，信念，等々に染められた人間集団≒社会体が出現し（その機能として調整された活動が行われ）ている，そういう事態なのである。

制度化の推進力をセルズニックは経営者の（臨界的）リーダーシップに在りとした。恐らくバーナードはここにヒントを得て，組織が'自律的な道徳的制度である'という想念に達したのであろう。[2]

Ⅱ．目的合意の形成

1．'活動'概念の独自規定

「バーナードの革命的役割は，地位と関係の整然とした構造がはじめから実在しているかのようなそれまでの記述的組織研究を排除して，接近してみれば組織とは燃えたぎる人間エネルギーの塊であると指摘したことに集約されよう。」（K：126）北野がこのように喝破したバーナードの組織は，無論'使い捨て可能な道具'としてのそれではなく，制度化がすすんで組織性格が創発し，客観的に'目的合理性を意図して設計された組織が，その稼動過程でそこに組み込まれた社会体により，主観的に価値合理的意味を付与される'ことで燃えたぎっている状態のそれである。（K：66）以下，バーナードが組織の容姿を傍観者的に描写するのでなく，その表面の内に潜むマグマの実態を捉えるべく，組織の内部に踏み込んで，（組織を構成している）諸力の種類と性質，さらにすすんでその構造化の過程を解明しようとして挫折した（と北野が云

う）その顛末をなぞるとしよう。

　北野によればバーナードの組織定義に'意識的に調整された活動や力'とあるように，力≒活動であり，活動はactivity−action−actという3段階の位相をもつ。activityは力の潜伏段階であって直接には観察できないが，やがてactionとして具体化され，actとなって完了する。[3]この観察可能な側面をバーナードは行動behaviorとよんでいる。行動は過去の経歴と現在の環境に規定された物的・生物的・社会的要因の結合・合成・残基としての心理的諸要因から不断に発生してくる能動的な活動的意識が，自由意志に基づく選択力の行使によって（現実にはエグゼクティブによる選択条件の限定に誘導されて）設定される目的にまで焦点化したときに発生する。行動は目的的及び目的外的な種々の結果を生み，心理的諸要因に様々の影響を及ぼす。また，心理的要因のなかに活性化しない部分があって，目的の形成を妨害したり，目的行動が始ったときはその強度を抑制したりする。

　目的外的結果が生じる原因は2つある。1つは目的行動に関わる環境的諸要因の予測外の作用。もう1つは'目的（の構造化）からはみ出した活動の存在。別言すれば，行動に向って能動化した心理的諸要因のなかに目的的行動に焦点化ないし集約されなかった（動機のうち，組織目的にならなかった）部分があり，その一部が目的行動と併行的に目的外行動として具体化されるのである。――この事態をバーナードは目的と動機の区別，有効性と能率の乖離の問題として捉えている。（B：18～21）

　さて北野の云う'活動'は，実はa）活性化した状態の心理的諸要因，即ちバーナードのいう動機（≒欲求，衝動，欲望）であり，b）活動の3段階の位相のなかの――観察不可能な潜在的段階である。そして北野が潜在的活動activityを顕在的な行動behavior（action→act）よりも重視している（activityがきまればあとは一本道だ）ことはバーナードが「活動という意識の力をあえて組織の質料として措定した」（仝：128）という言辞からも明らかである。ちなみに北野の弟子小林敏男は「組織とは活動ないし諸力の体系であって，決して観察可能な行動の体系ではない。」（小林 1986：120）「組織は諸個人の意識のなかにあり，決して実体ではなく，極論すれば諸個人の意識体系な

のである。」（全：121）と断じている。[4]

　ここまでくると，'組織感'を伝えたいというバーナードの意図に沿いたい余りの読み込み過剰ではないか，という気がしてくる。──けだし目的だけでなく，選択（力行使）以前の動機までもが組織を構成するという構想は，
　1）バーナードの組織の定義に違反し，
　2）目的と動機，有効性と能率の区別を抹消してしまうからである。

2．活動の構造化

　北野によれば，バーナードは組織の質料である活動という力が作用する態様（それは活動が構造化される過程である）を解明しようと（主に主著第16章において）努めたが，「活動についての基礎分析が不十分なために，活動のなかから構造化の契機を引き出せなかった」。構造化の過程を記述しようとすれば，諸個人の活動（≒動機）の集合を組織目的の合意にまで誘導する過程から出発しなければならない筈なのに，彼は「出来上った構造の維持運営へと分析を飛躍させ」た。（K：126～7）

　ここで若干の私見を夾みたい──敢て言葉尻を捉えるのだが，力（≒活動）が'作用する態容'と'活動が構造化される過程'との間に'それは'でつなげてよい程の同一性はない。たしかに類似な態容の作用が反復される状態が持続すると，態容は次第に定形化し，遂には固定して，'構造'となる。しかし，それは長い道程であり，早々に構造化を云うべきではなかろう。ここに筆者は少なからず違和感を覚える。この違和感を解消するために，北野がバーナードに代って試みた'力の作用態容≒活動の構造化過程'の描写を，我流解釈を交えつつなぞってみたい。

　北野はまず，バーナードの人格モデルの4元素の相互関係を，［図4-1］のような'活動の循環過程'として描き出す。──確固たる心理的諸要因が措定され，それらの結合的効果に反応して個人の意識に活動的領域が発生する。それは反応の焦点を能動的に探求するが，他方で目的とよばれる選択機会の制限範囲が設定される。反応の焦点となった特定の心理的諸要因に選択力が行使されて行動となり，何らかの結果が生じることで活動の循環過程は原点に戻る。

72　第 4 章　北野利信。企業価値の創造

図 4-1　活動の循環過程

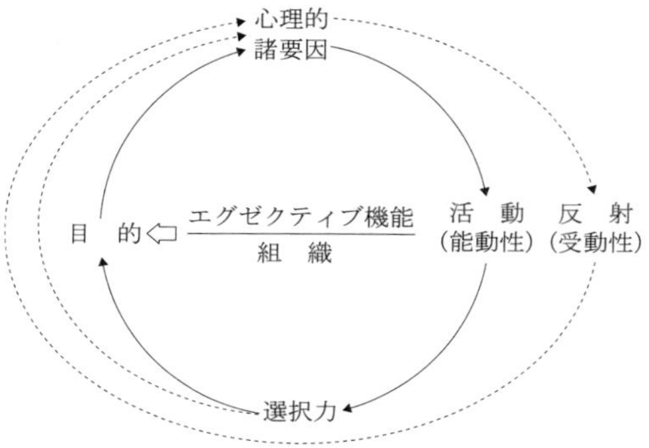

```
              心理的
              諸要因
   目　的 ⇐ ┌エグゼクティブ機能┐  活　動　反　射
            └　　組　織　　　┘ （能動性）（受動性）
              選択力
```

（北野 1996：131）

（K：129〜32）

　この図では，目的≒選択力制限範囲を設定するのは「組織を通じて活動を構造化するというエグゼクティブ機能」だと最初から決っている。つまり個人の活動でなく組織（として）の活動の循環過程の図なのである。

　図 4-1 に似せて個人の活動の循環図を描いてみよう。（図 4-2）

　過去及び現在の物理的・生物的・社会的環境諸要因に関わる体験が個人の意識に再現され，結合され，保持されることで形成された，'環境の主観的マップ' が心理的諸要因である。（活性化した認識力・意志力から成る）心理的諸要因から発した意識活動が，自由意思の発現である選択力（それは環境諸要因に由来する種々の選択機会制限作用を不断に受けている）の行使によって方向づけられ，目的（という二次的な心理的諸要因）へと焦点化される。目的設定（≒意思決定）の時点から行動 action が始まり，何がしかの結果 act（物理的・生物的・社会的諸要因，および心理的諸要因の何程かの変化）をもたらす。

　活動の焦点化は完全ではありえないので，何がしかの目的外的行動が併行的になされ，おなじく何程かの環境諸要因の変化をもたらす。同時に活動と併行して受動的な反射作用が発生・持続して，活動→行動の全過程に抑制効果を及ぼす。

II. 目的合意の形成　73

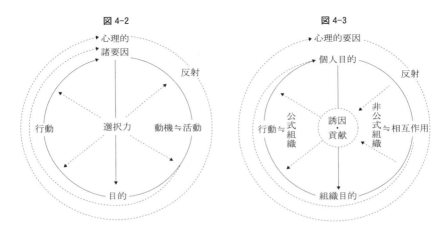

図 4-2　　　　　　　　図 4-3

　つぎに，複数個人が組織として活動する（組織という活動を形成する）場合の循環図を考えよう。そこでは，［図 4-3］のような循環が［図 4-2］にかぶさって複雑な様相を呈する。

　以下，イラスト風に描けば——各個人はそれぞれの動機を不完全にではあれ反映した'個人目的'あるいはそれに近いところまで絞りこまれた実践的関心を既にもっている。そして多少とも似通った関心を持っている他人の存在に気付き，「複数人が目的範囲を重ね合わせ，かれらの認識能力をそこに集中させれば，能力が格段に増すことは疑いない」（K：220）と期待して，互いにコミュニケーションを交わし，目的ないし関心をぶっつけ合い，擦り合わせ始める。

　各個人の目的ないし実践的関心の源泉である認識力・意志力とそれを支える動機（の強弱）には多少とも差異・格差がある。それは擦り合せの過程で解消ないし縮小することもあるが，概して増幅・拡大する作用が強く働く。実践的関心を共有する同志の中で，問題意識・意欲・能力の最もすぐれた個人Aの目的aがB・C・D……の目的b・c・d……を吸収して共通目的となり，すべての個人目的は消失——これが組織の誕生である。[4]

　組織目的の構想者ないし形成過程主導者が必ず目的達成行動のリーダー（組

織伝達の主導者≒管理者）となるとは限らないが，自然発生的な組織の場合は大抵，目的構想者がリーダーになるだろう。フォロアーBCDらはリーダーAに管理されて行動する。その過程（とくに役割分担の局面）においてフォロワーの主体性は一層制限され，リーダーの主体性は一層拡大するが，その恣意的発揮は憚られ，フォロワー同様に客観的合理性を具えた管理行動を期待されることで一面限定される。

　行動の結果，組織目的が達成されたとして，フォロアーが当初の個人目的にこめた動機の満足度と組織目的達成度とのズレは，個人行動の場合のズレよりも概して（組織が拡大して行動のスケールが大きくなれば一層）大きい。とはいうもののリーダーにとっては，もともと目的と動機のズレが小さい上に動機満足の絶対量が個人行動の場合より大きいことによって，管理労働の負荷を割引いても目的達成度と動機満足度とのズレは（フォロアーと対照的に）組織（→行動）が拡大すればする程小さくなり，彼らは組織に一体化していく。

　組織が存続する――成立当初の行動とほぼ同様の行動がくりかえされると，リーダーとフォロアーの間の前記のズレの量的な差異は拡大して質的な転換をもたらす。――フォロアーの側は組織目的の達成それ自体から自らの動機満足を得ることを断念し，個人目的を可及的に組織目的に反映させて両者のズレを縮める努力を怠るようになる。もはや組織目的は共通目的でなくなる。むしろ，1）主としてリーダーの管理の下で組織行動を遂行する代償として組織行動の成果からの分配を期待し，2）副次的に組織目的とは無縁の個人目的を（目的達成）行動の中で併行的に追求するようになる。この目的外行動は組織の統制の下では個人行動の場合よりも限定されるが，リーダーとフォロアーの利害対立が存在する限り絶無とはなり得ず，状況次第では組織を衰滅に導くこともあり得る。

　以上は組織が自然発生的に成立する場合の経過である。個人の計画的努力の直接の結果として成立する――彼が目的を想い浮べ，定式化し，他人に伝え，自分と協働するように仕向ける場合には，図の右半が差当り不要でいきなり公式組織が機能し始めるが，すぐさま（個人目的≒動機の充足の方法・程度を廻っての）フォロワー間の相互作用が発生する。即ち公式組織による非公式組

織の創造である。

　外部からの圧力や内部抗争による分裂・分離のケースでは，組織目的が動揺・重層化し，それに連動してメンバーの個人目的が変動するので，誘因・貢献の内容・形態も千変万化，複雑をきわめるであろう。

　こうしたヴァリエーションもあると承知した上で，話を初回の組織行動に戻す（図4-3）――個人目的の擦り合せ過程は参加者相互のコミュニケーション（という対人行為の）集合であり，組織行動はまだ始っておらず，いわば組織行動の'動機'の段階に相当する非公式組織である。組織目的が定まって行動が始まる時点で（公式）組織が成立する。行動が相応の結果を生み，参加者（リーダー・フォロアー）の動機満足度（≒個人目的達成度）が定まって一段落。ここまでは北野のいう人間エネルギーの燃焼としての組織行動そのものであって，（意識の）活動が構造化される過程ではない――ということを確認したい。

　構造化は，ほぼ同じメンバーによって類似の組織行動が，そのつど多少の変容を伴いつつくりかえされることで作動し始める。行動の反復，定型化，習熟（による効率向上），意識的分析を介しての効率化，管理'技術'の形成，管理機構によるその洗練……この辺りで初めて'構造化'を語りうるのではないか。

3．目的合意形成の場

　先述のように，北野は活動というコトバを広義（activity－action－actの連続体）に解し，可視的な行動よりも不可視の（狭義かつ北野独特の）活　動（アクティビティ）（実は心理的諸要因が活性化して，その発現＝行動の形態を模索しつつある状態）を重視して組織の核心（的内容）とみなす。そこでは「協働する人々の間で経験が照合され，目的領域について合意が成立するかどうか」が焦点であるから，組織の理論は当然，目的の合意が成立する過程の分析から出発しなければならない。しかるにバーナードは「既に目的の合意が成立し，それが個人の主観を超越した組織目的として客観的に存在しているとの前提から出発する」途を選んでしまった。（K：220～1）

このバーナードの挫折を承けて，北野は目的合意形成過程の究明に着手した。まず組織目的の構成要因を（バーナードの示唆に拠って）道徳的要因〔最終的目的≒理想〕と機会主義的要因〔その手段ないし部分目的〕とに分ける。この区別をエグゼクティブ機能に投射して道徳的機能と機会主義的機能に分ける。「道徳的機能はエグゼクティブが個人的リーダーシップを発揮して協働する人々の間に存在する道徳を綜合し，公式の組織目的を構成する。……機会主義的機能はフォーマルに構成された組織目的を達成するのに必要な部分目的や手段を決定し，公式の権威を行使して関係者に割り当てていく……それぞれの機能を遂行するのに用いられる組織が，コミュニケーション経路が公式に設定されているかどうかにより，インフォーマル組織とフォーマル組織と名づけられる。」（K：222）

バーナードはエグゼクティブ機能において「論理的であるよりもむしろ審美的」な'全体感覚'が要求される，としたが，「バーナードが展開してきたフォーマル組織の理論からは，こうした芸術的要素を抽出することはできない」と北野は云う。その理由を述べているらしい文章は次の如くである。

　a．「エグゼクティブ機能は究極的に芸術である——これがバーナードの持論であったと思われる。芸術家は主観的な構想を音や色という自然界の素材を使って表現する。エグゼクティブは一般目的という構想を状況を媒体に用いて表現する。なぜそのようなことをするのかと芸術家に尋ねれば，頭に浮んでくる構想，すなわち整った構造をもった主観の世界を表出せざるを得ない内面の衝動を訴えるであろう。組織もまた究極的にはそうした理想的世界を表出する媒体であり，その意味で芸術作品である，とバーナードは考えていたようである。」（K：225～6）

　b．「フォーマル組織の主観的基盤ともいうべき構想はどこから生れてくるのか。これまでの議論では，それは芸術家としてのエグゼクティブの頭から生れてくるかのように思われる。しかしバーナードは，そのようなワンマン的見解を退け，それがインフォーマル組織における協働する人々の合意過程から成立してくるものであり，そうした合意のうちから一般的な組織目的を構成してくるカタルシス的機能を，道徳的エグゼクティブ機能とみていたのである」

(K：226，傍点筆者）ここまでの論旨，既に大いに問題含みであり，急いで検討する必要がある。

(1) 組織の「一般目的という構想を状況を媒体に用いて表現する」のは主としてエグゼクティブの道徳的機能である。一般目的＝構想を'状況を媒体に用いて'適切な部分目的の集合として表現する（そして個人・集団に割り付け，その達成に向けて動機づける）のがエグゼクティブの機会主義的機能であろう。──構想がどこから生れ，どのように成形されるのか，バーナードはその過程を明示しなかった。それがインフォーマル組織における協働する人々の合意形成過程から生れ，その過程から道徳的エグゼクティブ機能が組織の一般目的を構成していくのだ，というのは北野自身の（ただし，バーナードが彼の人間観からすれば当然そうすべきだったと思われる論理経路を辿って到達したところの）主張なのである。

(2) 中心問題の検討に入る前に，北野の行論の中の小さな乱れ，些細なノイズのような部分を摘出・除去しておく。──私見によればインフォーマル組織における合意形成過程＝一般目的構想過程と，エグゼクティブ機能は究極的に芸術であるというバーナードの持論との間に，北野が示唆するような格別の関係はない。おもうに，エグゼクティブ機能の芸術性は，道徳的・機会主義的の両面を貫く全般的特性であろう。他人の為の道徳の創造という機能も芸術的なら，物的誘因と非物質的誘因の最適ミックスの追求も芸術的であろう。強いてどちらかに属させたければ，道徳的よりはむしろ機会主義的側面の方がふさわしかろう。けだし芸術はもともと技術と同義であり，技術の（科学化とは別方向での）練磨・洗練の究極の姿というべきものだからである。エグゼクティブ機能（の機会主義的側面）は，概して論理的分析過程と戦略的要因の識別として特徴づけられるが，その本質的な側面は「全体としての組織とそれに関連する全体状況」（B：234〜5）の感得にあり，'科学よりも芸術'，'論理的であるよりもむしろ審美的'だとバーナードが記した理由もここに在る。

(3) 論ずべき中心問題とは北野の行論全体を貫いている'フォーマル組織とインフォーマル組織の不可分一体的把握'，そして'インフォーマル組織の優位性の強調'ということの是非である。

バーナードは主著を「正確にいうなら'公式組織の社会学'とでもよぶべきもの」（邦訳34, 日本語版序文）と称したが，北野が示した構想はどうみても（インフォーマルを主要な側面，フォーマルを従属的側面とする）'組織'の理論である。バーナードが抱いていた人間観を貫けば当然このような理論を築くべきだったのに（力及ばず？）挫折したのだ，と北野は断定した。とすれば，北野の立場がバーナードの真意に反するか否かは差当り問題ではない。北野構想そのものが正しいか否かが問われるべきである。

4. 非公式組織の独自定義とその帰結

バーナードは公式組織を「2人以上の人々の意識的に調整された活動や諸力のシステム」と定義した。おなじく非公式組織の定義は「個人的な接触や相互作用の結合，およびそれに関連した人々の集団化（grouping）」であり，「定義上，共通ないし共同の目的は除外されている，にもかかわらず重要な性格をもつ共通ないし共同の結果がそのような組織から生じる」。（B：115）ここに云う結果とは，上記のような個人的接触，相互作用あるいは集団化の影響によって個人の経験，知識，態度，情緒が変化するということである。この点について北野は「いわば心の交流が起り，心の合流が生じる」（K：229）と敷衍する一方，「このような定義に組織という名をつけることができるであろうか。組織というからには，内部的に整合された何らかの体系が認められなければならない。……接触，相互作用，あるいは集団化は社会的諸要因であり，その多様性のゆえに，エグゼクティブ機能の普遍的対象としての組織の概念構成から，バーナード自身によって既に外された諸要因である。それをあらためて組織の構成要因と規定するのは，その組織がフォーマルであろうとインフォーマルであろうと，自己矛盾といわざるを得ない。」と論難しつつ，'人格に関するバーナード自身の概念に立ち戻って'，インフォーマル組織の再定義を敢行する――「2人以上の人々の無意識的に整合された心理的要因の体系」（K：229～30, 傍点筆者)。

北野は云う――フォーマル組織の構成要素である活動[5]は，心理的諸要因から発生する。それは「道徳律によって目的志向性を帯びている。」こうした

心理的諸要因こそがインフォーマル組織を構成している。「協働を通じて生まれてくる個人的接触，相互作用，それに集団化は……インフォーマル組織が成立するための必要十分条件であるとみなすべきである。」（K：230）それらは同時に，成立後の組織に構造を与える整合軸として機能し，この（フォーマル組織における上下軸整合と対照的な）いわば横軸整合によってインフォーマル組織は有機的に構成される。そしてこの整合軸を維持・安定させるのが，エグゼクティブの道徳的リーダーシップである。（K：230〜1）

以上の行論を辿って直ちに疑念が湧く――個人的接触，相互作用，集団化は，インフォーマル組織を構成する社会的諸要因であり，それが共通の目的を欠く行為の集合であるが故に，（公式・非公式を包括した'組織'ではない）フォーマル組織の概念から外された筈のものである。

バーナードの記すところでは「非公式組織は不明確で，構造を欠き，明確な下部単位をもっていない。いわば，さまざまに密度の異なる不定形な集合体（mass.）である」。密度の差はa）居場所の近接・拡散というような外的要因や，b）公式組織の貢献者になっているか否かといったことから生じる。「近接・所属によって生じたこれらの特殊な密度をもった領域を非公式組織と呼ぶ」。（B：115，記号は筆者）

密度が度を越して小さければ，そもそも識別困難・問題外であり，問題はbのように公式組織によって調整されていないのに，集合体内での接触・相互作用によって，経験・知識・態度・情緒に共通ないし共同の変化が生じる場合である。地理的近接などによって特定の公式組織の貢献者と大いに重複していようとも，それは当該公式組織とは無関係な，単なる接触・相互作用の集合としての，非公式組織である。

もともと非公式組織という名称は，人間関係論の創始者たちが，ホーソン工場の職場集団に対して，それが発揮している特異・強力な機能に感動して奉った尊称であった。忽ちに彫琢を加えられて社会学に汎用の基本概念になっていくが，その最終完成者こそバーナードであり，非公式組織があらゆる集団・団体に偏在し「地域社会や国家にも非公式組織が存在する」ことになった。

このように，非公式組織という概念について決してバーナードは創造者ではなく，人間関係論者の命名に便乗して普遍化・体系化した継承者であり，社会学的概念の枠を破る意図はなかった筈である。公式組織の構成要因である'目的志向的活動'も社会学の概念であって心理学のそれではない。

バーナードは政府・教会・産業会社・交響楽団など，通常然るべき存在理由や名称，役員ないしリーダーを具えた協働的努力の結合体，という厳密でない定義から出発し，物的・社会的・個人的なあらゆる多様性を捨象していった最終的な抽象物をもって公式組織を定義した。物的要因は別として，その過程で捨象されたすべての社会的・個人的要因が（個人的接触・相互作用・集団化という表現によって）非公式組織の構成要因とされたのである。北野の云う'内部的に整合された何らかの体系'は公式組織そのものであり，そうした体系を欠くからこそ非公式組織と名付けられたのである。

「組織というからには……」と北野が云う組織は，バーナードが'差当り厳密に定義しないで'挙例した種々の'協働的努力の結合体'即ち〔公式組織＋非公式組織〕としての組織，ウェーバーでいえば（強制または諒解に基づく）閉鎖的経営団体に当たるものである。

公式組織は活動または諸力（という社会的要因）の体系，非公式組織は心理的要因の体系――北野は，この不整合を以下のように無意識的に（？）整合しようとした。

　a．「バーナードの挫折」（1983）では「個人の活動がそこから発生してくる心理的諸要因」（K：216，傍点筆者）についてのバーナードの説明を独自解釈して「現在の行動を条件づける効果をもった過去の記憶」，すなわち「経験……そこでは人間行動が現在の環境に対する直接的反応ではなく，現在の環境によって刺激されて再生された経験という過去の記憶に対する反応である」（K：217）と敷衍している。

　b．「組織と理念」（1984）では「（バーナードが）活動という意識の力をあえて組織の質料として措定した」（K：128）と云い，「バーナードのいう力とは心理的力である。彼はその原初的位相であるactivityに焦点を合せて観察しようとするのであるが，それはまだ力の潜伏段階であり，直接観察すること

は不可能である。activity はやがて action として具体化し，act となって完了する」としている。(K：149)

aにおいても心理的諸要因の意義を強調する意図は明らかであるが，ここでいう活動は'心理的諸要因から発生してくる'行動に焦点づけられている（ようにも読みとれる）。

bでいう活動は明らかに心理的な'意識の力'に（それはまだ潜伏段階に在って直接には観察できないにもかかわらず，）焦点づけられている。activity－action－act という意識能動性の位相 3 段階のうち未だ行動として具体化していない段階に限って活動とよぶ——バーナードの公式組織定義とは異なる，独自かつ狭義の'活動'概念を北野は採用した。活動の主要部分は活性化した心理的諸要因であり，行動として具体化した部分は従属的だとみなすことで，組織の理論を心理学として首尾一貫させた（？）とも云えよう。

ここで一応整理しておくと

(1) バーナードの公式組織には目的が不可欠である。組織目的が成立し，達成のための行動が展開している状態，それが公式組織である。目的成立以前，複数個人の相互作用の中で種々の目的志向的に活性化した心理的諸要因が高踏乱舞している状態は，公式組織のいわば動機であり，それが非目的志向的に活性化していたり，不活性な心理的諸要因と共存・結合していたりする状況全体を指して非公式組織と呼んでいる。

(2) 北野の場合，まず組織があって公式と非公式に分れる。分ける基準は組織目的。その構成（＝形成）過程が非公式組織，達成過程が公式組織である。

(3) 小林の場合，公式組織とは「活動ないし諸力の体系」のうち，「観察可能な行動の体系」を除いたもの，極論すれば「諸個人の意識（ただし個人意識を超越した共同意識）の体系」である。非公式組織はその前段階，即ち諸個人が「結合のなかから自らの活動を方向づけるべく共通目的を見出す」（小林 1986：121）過程の集合である。公式・非公式の区別は重要でない。

無意識的整合の結果は，バーナードの組織定義にいう（いわば広義の）活動

と，その3段階の位相の原初段階のみを指す（いわば狭義の）活動とが併存する，という何とも煩わしい事態である。煩わしさの超克を目指すとなると広義の活動の中心部分を採って付随部分を除去するのが自然の成行であろう——「組織とは活動ないし諸力の体系であって，決して観察可能な行動の体系ではない」，それ故に「活動の体系としての組織と行動の体系としての協働体系という区別が生じることになる」（小林：120～1）という小林の主張が，北野路線の真髄を表現している。観察可能な行動は付け足りで，観察不能な共同心理（的状態）こそ組織の中心的部分なのだ。公式組織よりも，非公式組織の方が，より'組織らしい'存在なのだ。——こうして，北野が敢行したバーナードの非公式組織定義の改訂は，独自解釈の埒を越えた，バーナード組織論の全体枠組の（社会的要因を心理的要因に取り替える，という）改築を含意しているように思われる。

5．目的合意形成の実相把握への途

接触・相互作用・集団化は，関与する諸個人の心理的諸要因を活性化する。その中で彼らが体得している諸道徳から発した種々の目的志向が交流し，一方では衝突・中和・消失しつつ，他方では合従・連衡して増長・具体化し，種々の個人目的を生み，個人活動の始動に結びつく。個人活動では不可能ないし非効率だと予想される場合，協働を通しての目的達成を志向して種々の構想が交流し，ある一点で合流したとき，組織目的が生れ，公式組織の（観察可能な）活動（＝行動）が始まる。

公式組織の（広義の）活動は個人活動の一部を吸収し消失させ，一部に重大あるいは軽微な影響を与える。しかし公式組織は根底的に，（とくに生活に密着した）個人活動の存続に依存しており，個人活動の必要・変動から重大な影響を受け，その間の調整に腐心せざるを得ない。このような個々の公式組織の活動に密接な関連をもつ個人活動（とその源泉である心理的諸要因）に限定して，北野は非公式組織を捉えるのである。

「……人々の無意識的に整合された心理的諸要因の体系」という北野の非公式組織定義は，「組織というからには，内部的に整合された何らかの体系が認

められなければならない」という北野の独断的主張を基に，バーナードの公式組織定義になぞらえた苦心作である。「ここで'無意識的に'とは……既定の公式目的を前提にしないでという意味である」（K：230）と北野は苦しい説明をしている。──けだし，'無意識的に調整される'とは絶対不可能ではないとしても異常な事態である。現実にはエグゼクティブが道徳的リーダーシップの限りを尽してほぼ既定の組織目的を（途中で障害があれば適宜に妥協・修正しつつ）貢献者の心に刻みつけるので，実は充分に意識的な調整である。公式組織成立以前・組織目的未定の場合はどうか。エグゼクティブは未だ不在，活性化した複数個人の心理的諸要因の噴出・乱舞，「愚者の話のように騒ぎと怒りに溢れ，全然意味が把めない」（K：231）マクベス的混沌の中で，諸多の心理的諸要因にどのような変化が起きて協働への信念が呼びさまされるのか，についてバーナードは分析を断念した。「この混沌の中にこそ，エグゼクティブの権威を正当化する道徳の根源が潜んでいる」のに──と北野は残念がる。（K：231）

なぜ断念せざるを得なかったのか。'公式組織の理論'（そこでは個人の主観を超越した客観的事実としての組織目的が物象化され，その論理的細分化による機能的構造の分析が試みられる）という方法が，そこでは役に立たなかったからだ，と北野は云う。

「組織目的は組織の'利益good'に基づいて明確な形をとるようになる……それは常に未来に関係し，望ましさについての何らかの標準ないし規範からみた見通しを意味する。組織の目的または目標のこの側面は理想である。それを道徳的要素とよぶことにする。公式組織が道徳的要素なしに行為することは定義上不可能なことである。」（B：200〜1）しかも「エグゼクティブ機能における重点は目的の定義に置かれる。他の諸機能においては環境の識別に重点が置かれる」（B：210〜11）それゆえ「エグゼクティブの道徳的機能とは協働する人々の内に存在する私的道徳律を合流させ，組織の共同道徳律を引き出してくることに他ならない。こうした共同道徳律の志向対象が目的である。」（K：229）

「こうした道徳的機能は非公式組織のなかで遂行されるべきものと思われる」

のに，バーナードは見当違いにも'公式組織とエグゼクティブ諸機能の遂行に関連させて詳述しようと試みた。（主著第 16 章）共通目的が既に公式に構成されていては，エグゼクティブが道徳的機能を発揮する余地はない。せいぜい，非物質的諸要因の意義を重視した組織経済の均衡と発展（これとて機会主義的機能の芸術的洗練を要するが）を論ずる辺りに道徳的機能との接点を感得しうるのみである。

　道徳的機能を正面から取扱った主著第 17 章では専らエグゼクティブの道徳的リーダーシップの意義＝偉大さが，'責任'概念の彫琢・敷衍を伴ないつつ語られる。「しかし，このリーダーシップが個人間の有機的関係にどのように作用し，それによって個人の心理的諸要因にどのような変化が起きて，協働への信念が呼びさまされるか」を論理的に解明することは，（抑も〈個人的卓越性〉というリーダーシップの定義からして）不可能である。──「こうして協働する人々の間では，目に見えるものが目に見えないものによって動かされる。空虚 void から人々の目的 end を形成する精神が生まれてくる」（B：284）としか云い様がない。

　エグゼクティブが組織道徳を創造し，人々がそれを受容（または否認）して協働への信念を体得（または喪失）する──それら目にみえない過程の機微・詳細を経験主義的実証主義の方法によって発見・分析することはできない。「個人の主観に立入ろうとすれば……客観と主観の対立を，主観を切捨てるのではなく，逆に主観に客観を包摂し，主観を通して客観をみること」（K：235）が必要になる。

　北野は，バーナードがそのような新しい方法を模索していた形跡を「日常の営みにおける心理」（初出，1936．→『経営者の役割』1938 付録.）に見出している。──我々の日常の営みは専ら'仮構'fictions'に依拠する没論理的思考によって支配されている。仮構とは「理論的推理によっても実験的証拠によってもその真実性が証明されえないことが認識されているにもかかわらず，ある基本的な命題を真実であるとする主張」（公理・仮説・'自明の理''人民の意志'・法人格・判決以前の被告の無罪推定 etc）である。バーナードは「全体は時として部分の総和より多かったり少なかったりする。人間が関わっている

場合には（全体と部分とは）別物であることが多い」(B:316〜7) という仮構に依拠して，エグゼクティブだけでなくヒラの人々もが，部分の総和を超越したゲシュタルト（としての組織）を彼らの主観の上に形象化することによって組織が実在のものとなる次第を認識し始めた。個人間の「対人関係を主観対主観，即ち間主観関係と理解し，主観の交流，合流によって組織が形象化される過程を解明する」(K:236) 手掛りを，バーナードは我々に遺した，というのである。[6]

Ⅲ. 目的合意形成に関わる諸説

1. M・ウェーバー

　北野はバーナードの'挫折'の経緯・意味の解明を承けて，組織目的についての合意の成立過程の探索・分析作業を本格的に遂行したわけではない。組織概念を修正して，心理的諸要因の活性化→その交流・合流→目的形成の場を非公式組織に求め，エグゼクティブの道徳的機能に主導的役割を認める——という枠組を設定した（そして門弟小林が若干の敷衍を施した）にとどまる。遺れた手掛りだという'仮構'（や'反作用'）についても，その実態分析や方法的意義の究明に立入って取り組んだ形跡はない。

　北野が取り組んだのは，第1にバーナードが立ちすくんで取り組めなかった「活動の中から構造化の契機を引き出」す作業に取り組んだ先人の所説の検証である。まずM・ウェーバー——果して彼は「実証主義の罠にはまることなく，しかも観念論の手前に踏み止まること」が出来ただろうか。(K:134〜5)

　ウェーバーは主観的意味と結びついてなされる人間行動を行為 Handeln と呼ぶ。まず行為の過程と結果の観察からその主観的意味を探り，ついで個人が抱いている動機に照した意味連関の説明的理解に至る。直接観察及び感情移入的追体験に基づく意味解釈によって，主観的意味の適合性と客観的な因果適合性の双方が満たされるとき，社会的行為の理解の明証性が確かめられる。

　行為は「意味的に理解できる方向づけ」によって，目的合理的・価値合理

的・感情的・伝統的という4種に類別される。なかでも目的合理的行為は意味解釈の明証性が最も得られやすく，「(他の3つの)行為に影響を及ぼしている感情的な意味連関を，すべて概念構成された純粋に目的合理的な過程からの逸脱として検討・記述すると最も明瞭に観察される」。(K：137)

このようにウェーバーが目的合理的行為を「すぐれて研究に値するものとして抜擢」したことを，北野は，意味・方向の解釈を経験法則との照合に還元してしまい，「そのような還元が不可能な行為はすべて関心の外に放り出」すものと難じている。──確かに行為の一般理論としては視野狭窄であろうが，組織活動の解明に特定化した言明と受けとれば差当り受容可能ではないか。けだしバーナードのいう組織とは複数個人による目的合理的行為そのものなのだから。北野によればこの原初的組織が構造化──反復・定形化，複合・大規模化していく過程のどこかで，おそくとも「規則性の段階を過ぎ，秩序形成の手前まで来ると」非合理的要素が死活的に関与してくる（目的行為の［純粋類型］のみでは突破できない）瞬間がやって来る。けだし「目的合理的な動機によってのみに守られている秩序は，一般的にただ慣習によってある行動に馴染んでいる，ということだけで生じている秩序（や）……規範や義務，われわれが'合法性'とよぶもの，の威信を帯びて現われる秩序に比べて遥かに不安定である」ことにウェーバーは気付いていた筈だからである。(K：140)

ウェーバーのこのような行為理論を，組織活動の基礎分析として北野が受容できない理由は，ウェーバーが個人のみを行為の相手と認め，'集合観念'を徹底的に排斥したことに在る。(K：141)「日常的思考や法律的（ないしその他の専門領域における）思考に付属する'集合構成体'」が表象として行為者の頭脳に内在し，行為の方向づけに決定的な因果的意味をもっていることを確認しながら，それが検証可能な物理的存在でないが故に'虚構'として研究対象から排除してしまう。「もし彼が個人の意識の中で縁取りされた'表象'を分析する手法を身につけていたら，個人主義的方法によって構造化の決定的段階を解明できたであろう。なぜなら，構造とは人びとの個人的意識の間で，存在し効力をもつべきものが表象として立ち現われて，模範として行為を義務的に方向づけ，それによって行為が目的性をもつときに成立するものだからであ

る。……もし彼が目的合理性を物理的法則による検証と結びつけていなければ，このことに気づいた筈である。」（K：142）しかしウェーバーは表象という心理的存在も物理的存在と全く同様の存在基盤に立っていることを見逃した。

ウェーバーは'心理学に対する偏見と哲学に対する無関心'の故に自然と社会の二元論に縛られており，今日の認知科学が解明しているように'両世界とも実は行為者の意識によって意味づけられ，構成されている'ことを認識していなかった，と北野は云う。

周知の社会科学方法論文『客観性』1904においてウェーバーは，科学的営為・日常的営為を問わず「個人によって抱かれる意味＝方向が最終的に現実を形成する」（K：144）ことを認めていた。彼の方法論の核心をなす'理念型'は，実のところ，（一般人の行為を方向づける要因としては認められず）科学的営為にのみ許されるものとした'集合概念'に他ならない。しかも「他方彼は，文化を'世界の出来事の無意味な無限のなかで人間の立場から意味と意義を付与された有限の部分'と定義し，科学的営みと日常的営みの区別を問わず，個人によって抱かれる意味＝方向が最終的に現実を形成することを認めている。」（K：144）この自己矛盾に気付いてその解消に努めることなく「一方で理念型の権威を肯定し，他方で集合観念に，現実を無視して権威を否認する」ウェーバーに対して，'癒し難いエリーティズム'に由る'傲慢と偏見以外の何物でもない'と北野は俄かに非難の言葉を投げつける。――彼が謙虚に自己反省しておれば，'公衆が集合概念に実在をみる'無知を笑うことなく，却って'自分を窮地から放り出してくれる英知を発見できた筈'なのに。（K：144）

ここまで来るとウェーバーに同情したくなる。要するに彼は次々と遭遇する難問の解決に疲れ果てて立往生したのであり，我々としては今日の認知科学の知見に立って彼の陥った矛盾を解消すればよいのではなかろうか。

2．A・シュッツ

つづいて北野はA・シュッツを取り上げる。彼は以下のようにウェーバーの基本姿勢（個人主義的方法）を生かし，時代遅れの要素（技術的合理性と経験主義的実証主義）を取り除いて，行為の'構造化'の理論を再構築しようと試

みた。

　ウェーバーは行為を行為者が主観的意味を結びつけている行動と定義している。しかし彼の提唱する現場的理解と説明的理解の方法では行為の構成要素（行動・主観的意味・意味づけ）に迫ることは不可能である。――そもそも行為者自身にとって行為の意味は'疑う余地なく与えられている'のであって，感情移入も内的直観も無用，彼はそれを意識する必要もない。むしろ行為者ではない観察者が，行為の対象である「相手の身体という'体験表現の場'に起きる変化や結果を標識として（行為者にとっての）主観的意味を読み取るのである。この現場的理解によって把握されるのは行為結果の客観的対象性，いわば客観的意味連関である。

　他方，行為者は行為終了後のある時点において，殊更に自己の行為の動機を調べる気になったとき，初めて行為の意味とそれに関連する過去の経験や予想される未来について想いを廻らすのである。そのとき，「行為は既に行為者を離れて客観化している。即ち，観察者と行為者は認識論的に同じ立場にあって互いに説明し，質問することになる。このような過程の積み重ねの中から，シュッツが解釈スキーマとよぶ意味連関の一般的図式がプラグマティックに協定されることになる。」（K：147）ここに，間主観的に理解された'社会世界の意味構造'が成立する。――社会世界の意味構造とは，個別組織にあてはめれば広い意味の'理念'（狭い意味では，その中からエグゼクティブによって投企される部分）に他ならない。

　こうしてシュッツは，既に出来上がっている構造から遡ることで行為の主観的意味を探るという方法を提起した。これは操作性の点でバーナード・ウェーバーよりも有望な試みのように思われる，現にこの方向に沿った多くの研究成果――C・ギアーツの'濃厚記述 thick description'，K・ワイクの'行為演出 enactment'や岩田龍子『日本的経営の組織原理』における同様の試みなど――が現われている，と北野は云う。（K：148）

　北野の紹介に拠る限りシュッツの主張は理解しやすい。対象観察者が実際に行為した経過を観察し，それが表出している客観的意味連関を読み取って現場

III. 目的合意形成に関わる諸説　89

的理解を得る，さらに行為者と対話して，彼自身が事後的に推理した行為の意味を互いに認識し合う。これで足りるのであれば，一挙に難題解決だが，一沫気になることがある。――これはバーナード以前から，多数の組織論・経営学研究者が不完全にではあれ，実行してきた方法手続きと殆ど同一，つまり元の木阿弥ではないか？

3．セルズニックとドゥオーキン――リーダーシップからフォーラムへ――

　北野が取り組んだことの第2は，組織目的形成におけるリーダーシップ（の役割強調）との訣別である。北野によればバーナードとセルズニックは，組織の制度化の推進力として，エグゼクティブないし少数エリートのリーダーシップに決め手を託した。「通常は構造的特徴が曖昧で作用要因の把握が困難だから……リーダーシップに頼る」（B：258）と云ったままバーナードは世を去った。その後のセルズニックもリーダーシップに執着し続けた。

　目的合理的器械として設計された組織に活力源となるべき社会体が組み込まれると，組織の業務遂行過程に様々の当初の目的とは異質な社会的価値が持ち込まれる。やがて複数価値観の相互作用に支えられて独自の価値を体現した社会構造が形成され，それに伴って組織成員の価値合理的行為が生起し始める。これを目的合理性に叶った方向に誘導するのが，1957年当時の彼が期待したリーダーシップであった。（K：156）

　その後セルズニックは（権力紛争を通じて政治が生み出す社会的価値の客観化としての）法の生成過程を媒体として制度化の過程を追跡することで制度統治解明の手掛りを得ようと試みた。制度化した組織への外部価値の浸透は繰り返し社会構造の自完性を脅かす。セルズニックは応答性を具えた選択的適応によって自完性を維持できると云う。ここに応答性とは，「社会的圧力を自己修正のための知識ならびに機会の源泉として知覚する」ことである。（K：99～100）選択的適応に当っては，「法基準の何世紀にもわたる沈澱から進化の方向を推定し，その究極に社会的理想（セルズニックの場合，それは古代ギリシアの市民社会である）をいわば未来完了的に見定め，そこから現在を振り返って目的論的に応答的選択を行うべきだ」。（K：167）とはいえ，応答的選択の過

程では紛争を避け難く、首尾よく調整して適応し遂げるには結局のところ個人ないし少数エリートのリーダーシップに期待せざるを得ない――1979年に至ってもセルズニックは制度（の創出・維持）におけるリーダーシップの必須性を認容しつづけた。

　北野は「同じく目的論的立場を堅持しながらも、応答性の実現について……究極目標を政治的現実の外に設定する外在的方法を避け、目的の生成を政治的現実そのもののなかに期待する」、すなわち価値の調整による目的の生成の場を、リーダーシップでなくフォーラムに託することによって青天白日の下におくR・ドゥオーキンに左袒する。

　ドゥオーキンの提示するフォーラムの構造原理もまた応答性（原則ないし政策に関する諸決定は、相互に応答し合って何らかの政治理論を形成すべく志向しなければならない）である。応答性の原理が構造化されるには、'フォーラムの参加者が自省と無矛盾の規律に服従する' こと、そして原則や政策の決定に当って、その影響を受ける者すべてが、権力の大小にかかわりなく平等者として扱われること（形式合理性の遵守というメタ原則）が要求される。'平等者としての扱い' という「正義を手続的に遵守して相互応答が行われる」場＝フォーラムが成立するとき、経営はいわば自己統治能力を保持することになり、もはやリーダーシップという暗箱に運命を託さなくて済むことになる」。（K：168）こうして北野はリーダーシップ概念と完全に訣別し、責任意識に貫かれた民主主義的討議を主張するに至った。

Ⅳ．'企業価値' 創造の経営学

　漸く『経営学原論』のうちバーナード理論に関わりある部分を読解し終えた。含意豊饒なれども難解を極め、多数の不分明箇所では推察を重ねて何とか我流解釈を施す――まさに格闘であった。論点は広大・多岐にわたり、一貫性を保って手際よく総括することは難しい。

　ひとつの論点は北野のバーナード理解についてである。――組織概念の実質

IV. '企業価値' 創造の経営学　91

的改訂をはじめ，北野は幾つもの独自解釈を施している。独自解釈に至る行論・手続の是非（恣意に過ぎはせぬか），解釈自体の当否（それによって何が見えてくるか），そして全体としてのバーナード理論に対する北野の評価（とその当否）など。

　もう1つは北野の構想する'企業価値の創造'を中心に据えた経営学の可能性ないし意義について——それがバーナードを原点とした，それ自体バーナード理論の一展開というべきものであるか否か，も問われよう。

1. バーナード理論の独自解釈

　北野は'活動'概念を activity－action－act という3段階の位相より成るものと規定し，これをバーナードの人格規定に投射して，観察不能な潜在的段階の（狭義の）活動を主要な解明の対象と定めた。これが既に重大な独自解釈である。——目的が定まって初めて行動が可能になる。目的決定以前つまり動機の段階の方がより重要な活動だ，という判断を組織のレベルに投射すると，既定目的の達成行動に焦点づけられる公式組織よりも，目的の構成を志向して活性化した心理的諸要因の相互作用（結合と反発の交錯）である非公式組織の方が優越することになる。

　バーナードは，それぞれが複雑多様な欲求を抱いている無数の個人・集団の集合のなかから湧出・凝結してくる，特定の目的志向的協働行為を抽出して組織と名づけた。しかる後，特定組織の活動を囲繞して支持的または妨害的に作用している心理的・社会的諸要因の総体を，それを担っている諸個人の'接触・相互作用・集団化'という現象形で表現し，（人間関係論者の肩に乗って）非公式組織と名づけた。その跳ね返りで，本来の組織に公式という形容詞がついた——主従関係は明白である。

　初めに組織があり，それが公・非に分れたのではない。この点で北野のバーナード解釈は本末転倒である。——北野がバーナードの公式組織の定義を認容していることは，それに似せた非公式組織の定義を見ても明らかであり，自己矛盾といわざるを得ないのは北野であってバーナードではない。

　'組織というからには'という修辞から伺える北野本来（？）の'組織'は，

厳密に定義しないでも表象し得る,いわば現象次元で捉えられた'協働的努力の結合体',日常語でいう組織である。バーナードはそこから次々に非本質的部分を捨象して'2人以上の人々の意識的に調整された活動や諸力の体系'という本質に達し,それをそのまま組織の定義とした。——このふとした錯誤によって,分析手続の上で一旦捨象された非本質的部分はすべて組織外に放逐され,諸個人の'接触・相互作用・集団化'現象一般に還元された。しかる後,そのなかから(いわば裸の)協働的努力の結合体＝組織の全生涯(発生・成長・変転・衰滅)にわたって活力源かつ傷病源として直接作用を及ぼす社会的・心理的要因を分離抽出し,(それがもたらす重要な共同結果のゆえに)資格を欠くにも拘らず,非公式組織だと認知した。——こうした経緯を熟知しているにも拘らず,なぜ北野は誤判したのか？

　肉体→精神,資源→情報という関心重点の移行は社会進化の大勢であり,経営学のキーワードも作業→管理(指揮→意思決定)→知識と変遷しつつある,と云われて久しい。『原論』所収論文が書かれた1980年代は組織文化論やコーポレイト・アイデンティ論など,組織に対する文化的アプローチが繁栄し,『エクセレント・カンパニー』がベストセラーになった。日本的経営の素晴らしさが世界中に喧伝され,悲観論者として知られるセルズニックでさえ,(制度化した組織の)統治に関する彼自身の「構想が文化的伝統を通じて日本の企業経営に実現しているとの判断を下し」アメリカの企業経営に欠けている「自己規律と集団連帯を重んじる文化」の導入を提言,しかもそのための理論的基礎がバーナードの協働理論に見出せるのではないかとの意見を添えた程である。(K:174)北野もまた,そのような風潮に棹したのであろうか。

　そうだとしても,北野は決してナイーブな日本的経営礼讃者ではない。日本の大企業の大半を覆っているかに見える日本的経営の大半は目下の風潮に棹している模倣者であり,逆境にもたじろがぬ本物は数少ない,とする当時すでに有力だった主張(津田1982,他)を北野も傾聴した筈である。

　外部価値の不断の浸透を,過度な遮断や漫然放置でなく(業務遂行に対する阻害を抑止しつつ)バランスよく開放して組織成員間の接触・相互作用を活性化し,組織の価値体系・目的の適応的変革につなげていく——ワンマン支配の

リスクを最小化し，民主主義的な目的合意の形成を至上の策とする北野の構想は，本物の日本的経営に対しては基盤強化，大多数の模倣者に対しては体質改革への助言（もしくは真偽識別の基準提供）という意義を担っていた。――非公式組織（における目的合意形成）の重視，活動の第1段階（観察不能な潜在的で）への焦点づけ，ひいては独自解釈の城を超えて組織概念の実質的変更の提案に至らしめた推進力はここに在るのではなかろうか。

2．企業価値創造の経営学

　現代政治の機構・運営を，古代ギリシアの古典的民主制を範として変革しようというのが，現代の政治（及び法）哲学の基本的風潮である。北野はそれをセルズニックやドゥオーキンを介して経営学に取り込んだのだが，そのような試みの可能性はセルズニックによって予め開かれていた。

　H・ハートの法理論によれば，法体系とは'権威づけられた準則'に他ならない。「準則それ自体は社会集団に共有されている，行動の適切性についての'内的視点'……以外の何物をも根拠にしていない」（K：91）。経営理論の領域におけるバーナードの権威認容説も同趣旨のものである。それゆえセルズニックは「ハートによる法の類的把握に従えば，経営研究への法理論の援用を妨げるものには何一つない」「法と国家を等式化するのは社会科学的分析を不毛化する……政治全体に蓄積された統治に関する事柄についての経験を私的場面に生かすのを敢て引き止めることになる」（K：91）とし，法概念をもって個別経営内部の統治の本質を見極めようと試みた。しかし，経営者が選択した「社会的理想を究極目標として措定し，そこへ向けて社会体を強引に誘導しようとする直線的思考」（K：116）に拠ったが故に，リーダーシップへの依存を脱し得なかった。

　この帰結を承けて北野は，'制度的変化がどのように日常状況における個人たちの相互作用によって生み出され，また逆にそれを形づくるか'，この'巨視と微視の媒介構造'を，（全員が平等者として扱われる）正義と応答性（を遵守した討論）を具えたフォーラムに見出したドゥオーキンに追従することで，'企業価値創造'の経営学の基盤を固めた。

筆者はこのような北野の論旨の一貫性を認める。また，セルズニックのいう経営研究への法理論の援用可能性の主張自体を否認する心算もない。（例によって暗黙裡にではあれ）1980年代の日本経営学界に対して，このような北野の構想はかなりのインパクトを与えたに違いあるまい。

　にも拘わらず，敢て超越的批判を呈したい。私企業一般，とりわけ現代日本企業の場合，ドゥオーキンが提示したようなフォーラムにおける目的合意ないし経営理念の創出・変更の可能性（その範囲・程度）はきわめて限定的であり，実効性をもつ提案とは云えないのではないか。——一般的には経済体制的・法体系的要因，特殊的には労使関係の伝統と現状に照らして，およそ現実性を欠くのではないか。以後4半世紀をこえる日本企業の有為転変は，その端的な証明である。

　国際政治は別として，一国あるいは一地域の政治・行政という領域では，現行制度でも様々の舞台・場面が設定されており，ありとあらゆる問題が討議・決定の対象となり得る。（但し現実の討議・決定は，主要登場人物の多くが正義と応答性に欠けているので，古代民主制的実質から遠いことが残念であるが。）従って，制度・機構の大幅変革は当面不要，内容の充実が専ら課題である。

　私企業の領域では，個々の企業の活動範囲が狭く限定されている。巨大コングロマリットが興隆し推奨された時期もあるが，その趨勢は既に反転した。零細企業は別として，一旦活動範囲（≒製品構成）が定まると急速な大幅変更は難しく，小幅変更の長期積み重ねが進化の常態となる。その過程で累積する諸矛盾を劇的に解決するような‘臨界的決定’の機会に恵まれ，大幅変革を果せるか否かが当該企業の致命的課題である。活動範囲の変更の難易は業種によって異なり，製造—サービス—商業—金融の順に易しくなるが，それでも行政組織や各種ボランティア組織（例外はあるが）とは比すべくもない。

　また，私企業は資本制的市場競争の規律に服さねばならない。‘社会の豊饒な含意’に応えて有用良品の廉価提供を志しても，業界標準の利益率を大幅あるいは長期にわたって下廻る訳にはいかない。赤字となれば総てを犠牲にして黒字に転じなければならない。加えて，いま支配的なビジネス・イデオロギー

は極端な利益至上主義であり，最大の利益と最大の名誉が直結している。——多少とも著名な私企業経営者が取り得る'選択的適応'の範囲は二重の意味で狭くなる。リーダーシップを発揮しようにも隘路だらけ，フォーラムに提示すべきテーマ（と討議誘導の方向性）も限られている。

　私有財産と株式会社を基軸とする現代のビジネス関連法体系は北野が期待するようなフォーラム（の設置自体を含めて）の機能発揮を厳重といってよい程に防除しており，先進国ではドイツ経営体制法においてのみ，小さな風穴が開いているにすぎない。

　労使関係の領域に限れば，経営協議会，労使協議制，経営参加……様々の論議と制度が発生・展開・定着し，その多くは今なお存続している。しかしその内容をなす'産業民主主義'の理念と現実は，往年と比すべくもなく形骸化している。正義や応答性の生息する余地は乏しい。

　ここまで述べてきた状況の殆ど総てが，（先進国間で比較した場合）現代日本において抜群とは云わぬまでも甚だ顕著なことは説明するまでもなく明らかである。——現在地の標高がいかに低くとも目指すべきは頂上に他ならぬという意味では，フォーラム提唱の意義は確かにあろう。特殊な条件の下にある企業やその下部単位，企業社会の周縁に在るNPOやNGOなど，試行可能性を期待しうる組織も多少は存在するであろう。しかし，全体的判断としてはフォーラム構想の非現実性を云わざるを得ない。

　バーナードの組織定義およびエグゼクティブの道徳的機能（の強調）を重く受けとめたことを原点として，セルズニックによる制度の動態把握方法の進展を追跡し，その果てに見出された難点克服の方向として選択されたフォーラム——それ自体，バーナード理論の具体化の有力事例と云うべきものに対して，このような批判を呈するのは遺憾の極みである。しかも，その理由説明の尽くが，いちいち並べたてること自体，気恥ずかしくなるような常識（的事実・見解）ばかり——重ねて遺憾の意を表したい。

（2013. 10. 17）

注
1) 道具の原語は instrumentality で，邦訳書『組織と管理』では，道具性となっている。道具性では日本語として意味不明であり，（広義の）手段としようにも，第2領域「手段 means の操作」とかち合うので，敢て道具とした。バーナードがなぜ instrument でなく instrumentality としたのか，全くわからない。
　　もう1つ「そのような技術的でなく道具的な行為」について——原書では not the technical and instrumental とあり，邦訳は「技術的で道具的でない，こうした行為」となっているが文意不明である。どう考えても，not the technical but instrumental の誤植としか思えない。敢て訂した。
2) 'Leadership in Administration' の刊行は 1957 年。バーナードの講演 Elementary Conditions of Business Morals は 1958 年。経営者のリーダーシップが浸透し，組織メンバーが組織行動＝目的合理的協働行為を価値合理性行為として遂行する，という事態の認識において，両者は同一である。実質内容の認識としては，セルズニックがバーナードの主著第 17 章に学んだのであろうが，少なくとも，組織が'制度'になる，という命名権はセルズニックに在ろう。
3) 意識の能動性が発揮される3段階の位相は「挫折」に既に記されており，activity－action－act にそれぞれ，活性，活動，行為という訳語が当てられている。『バーナード』1986 に再録されたとき，それぞれ活動，行為，所行に改められ，『経営学原論』1996 では「現在のところ，活動，行為，単位行為が術語として定着しているようで……混乱を招きかねないので，やはり慣例に従うことにしたい」と注記されている。（K：149）このような変転の機微や学界での慣例（？）について筆者は全く通じておらず，そのまま受容する他はない。ただ，バーナードの組織定義にいう（いわば広義の）活動と，その3段階の位相の中の原初的段階のみを指す（いわば狭義の）活動とが併列する事態は何とも煩わしい。
4) このパラグラフは渡瀬浩「組織目的論」の所説に倣っている。
5) この'活動'は，バーナードのいう（いわば広義の）活動である。北野のいう潜在行為としての（いわば狭義の）活動ではない。
6) バーナードの'仮構'という概念に，筆者は釈然としないでいる。学問上の公理や仮説と'裁判中の被告人の無罪推定'や'法人格'のような日常生活ないし実務手続上の仮定とを，'事実証拠や論理的推論によって真実性が証明されていない'点で共通だからとして，ひとしなみに'仮構'とよぶのは乱暴ではあるまいか。バーナードは「仮構の範囲，有用性及びその真実性，すなわち仮構の権威にはかなりの差異がある」と云い，それによって通常の事柄における仮構と科学の偉大な仮構との差異を説明してはいる。バーナードが組織を形象する支えとなった（と北野が云う）「全体は部分の総和と等しくなく，人間が関わる場合は大抵別物だ」という'仮構'は，幾何学の公理ほどではないにせよ，きわめて真実性の強い命題である。これをしも'仮構'とよぶなら，多少とも有意味な社会科学的命題はすべて仮構であろう。
　　主著第 12 章第1節第4項「権威と組織の維持」（C）に出てくる'上位権威という仮構'は，バーナードが仮構という概念を，主著中に明示的に適用した恐らく唯一の例である。小林の解釈によれば，経営者は「諸個人の権威に対する無関心図を意識的に維持することによって，彼らとの間に優越的権威の存在についての'仮構'を間主観的に造り上げていく。すなわち，諸個人の意識のうちに客観的実在ではない現実——仮構——を造り上げていくのである。こうした'仮構によって，そこにかかわっているのが組織の利益だという非人格的な見方が生じる'（B：171，傍点小林）。／このような仮構に接するときの感覚こそ，バーナード自らが論証を狙っていた'組織の感覚'ではなかったか。」そして，「こうした非人格的な'仮構'，すなわち個人意識を超越する共同意識が創出されればこそ，諸個人を誘因に関して'説得'することも可能となれば，彼らが誘因を感じることができるような目的設定も可能になる。」と云うのである。（小林：124）

バーナードにおいて'客観的実在である'権威は，諸個人が上司の命令（的伝達）を認容する（命令されたことを実行する）ことによって発生する。ゆえに権威の源泉は下位者にある，というのが'現実'であるのに，それが上位者に発するものだと'仮構'される，というのである。一抹にもせよ，客観的実在と方向性が一致する可能性を残している諸多の仮構（仮説・人民の意志，etc）とは異なり，'上位権威'という現実を'仮構'とよぶことは，現実を完全に逆立ちさせた'虚偽意識'に他ならない。——
　これは，組織がメンバーを欺いている，あるいは，メンバーが自己欺瞞に陥っていることを意味する。これもまた'組織の感覚'の重要な一属性なのであろうか。
　ついでに——年来の私見によれば，'上位権威'を仮構とみなすことは，バーナードが冒した誤謬の1つであり，'上位権威'こそ真実そのものである。特定の指示命題（とその言表者）に対して自発的に服従する（指示通りに行為する）ことで権威の源泉は下位者（服従者）に在る，——これが史的唯物論の解釈図式における，権威の一般的規定であって，超歴史的真実性をもつ。しかし，階級社会（サイモンの云うハイアラーキカルな社会）においては，概して支配階級（とそれに連なる人々）が指示命題の発信機会を占有し，権力を背景として自発的服従を獲得する。ここにおいて権威の源泉は上位者に在り，権威は権力の一形態となる。これが権威の歴史的規定であって当該社会にのみ通用する歴史的真実性をもつ。一般的規定は，いわば仮死状態として潜在化する。社会体制の動揺期においては歴史的規定の自明の真実性が怪しくなり，一般的規定の形影が心ある人々の眼にちらつくようになる。——これがバーナードの権威認容説生成の背景であろう。

第 5 章

飯野春樹。'責任と権威'の理論

はじめに

　バーナード理論研究史において，飯野春樹の声価は不朽である。『経営者の役割』翻訳への参加を皮切りに，バーナードの著作および関連文献の収集・翻訳・紹介，日本バーナード協会の設立と運営，全協会を拠点に広く組織学会・日本経営学会を舞台とした学界活動，バーナード生誕100年記念事業の遂行，……それらすべての中心的存在として献身する一方，バーナード理論に基づく組織と管理の一般理論の構築に精魂を傾け，'いわゆる飯野バーナード学として周知される'成果を上げた。主著『バーナード研究』(1978)は「内外バーナード研究の頂点をきわめ，20年近くを経た現在でも越えることが難しい」（庭本1996：81）基本文献とされたが，30余年を経た今日も同様とおもわれる。本稿はこうした周知の評価に異を唱えるものではない。ただ，飯野がとりわけ心血を注いで取り組んだバーナードの'責任と権威の理論'（権限受容説から責任優先説への展開）に関連して，筆者と飯野の間に交されるべくして交されなかった論争（の仮想現実）を，回想を交えながら及ぶ限り詳細に辿ってみたい。——そうすることが，直接には飯野から蒙った多大の学恩に謝意を表し，ひいてはバーナード理論研究史の一隅を照らすことにもなろう，とおもうのである。

I．定点。「オーソリティ論の一考察」1972〜3

1970〜71年にかけて筆者はバーナード＝サイモン理論学習の初級例題の1つとして，オーソリティ論に取り組んだ。オーソリティ論についてバーナードとサイモンとの間にかなりのニュアンスや重点の差異があることは諸先学の解説を通して承知しており，その実相を見極めることが当面の関心事であったが，手近の文献をひととおり読んだだけで，両者の差異が多少どころか殆ど対極的というべきものであることに気づいて愕然とした。――とりあえずその経緯と当時点での感想を活字にし，さらに推敲を重ねて要旨を翌年の日本経営学会で発表した。簡にして要を得ているとおもうので以後の行論の便宜の為に再録する。

オーソリティ論の一考察
―バーナード vs サイモン―

本稿は近代組織理論の原型をなすバーナード＝サイモン理論の批判的検討の一齣として，それぞれのオーソリティ概念の基礎的問題点を探り，両者が通説的理解のごとく'本質的に等しい'というよりはむしろ基本的に対立するものであることを明らかにし，すすんで両者の理論体系それぞれの基本的性格の差異について若干の示唆を得ようとするものである。

1．バーナード

「オーソリティとは公式組織における伝達（命令）がもつところの性格であって，それによって組織の貢献者ないし'構成員'が伝達を自己の貢献行為を支配するものとして，すなわち，組織にかんしてその人がなすこと，あるいはなすべからざることを支配ないし決定するものとして，受容するのである。この定義によればオーソリティには2つの側面がある。第1は主観的・人格的なものであり，伝達をオーソリティをもつものとして受容すること……第2は

客観的側面——それによって伝達が受容されるところの，伝達そのものの性格である。」(Barnard 1938：163)

この定義はオーソリティの抽象的・本質的規定である。ひきつづく論述から判断して，主観的・人格的側面の方が主要な側面である。受令者の伝達受容行為は発令者の伝達の内容（個人目的）を発令者・受令者の共通目的（組織目的）たらしめる鍵であり，この意味においてオーソリティは組織の成立・存続を根底的に制約している。

以上の本質把握に立って，バーナードはオーソリティ現象の構造説明に移る。即ち，本質レベルでは従属的である客観的側面が現象レベルでは主要な側面として現われる次第，その論理的必然を示そうとする。先ず，伝達が受容されるための4条件を挙げる。(ibid.:165)

a．受令者が伝達（の内容）を理解できること。
b．伝達が組織目的と両立しうること。
c．伝達が受令者の個人的利害全体と両立しうること。
d．受令者が伝達を実行しうること。

a・dを自明の蛇足とすれば，bは組織にとっての有効性，cは同じく能率に照応する。ここではまだ，最も抽象的な，端初としての組織が想定されている。

次に，重要かつ持続的な協働——大規模な複合組織における伝達（命令）が受容されて組織が安定的に機能しうるための条件3ヶ条を指摘する。(ibid.:167～71)

1．命令が慎重に発せられると，通常は前記4条件を充たす。
2．各受令者には'無関心圏'が存在し，圏内の命令は無意識的に受容される。
3．組織貢献者たちの利害が個々人の主観・態度に影響し，無関心圏の安定性を維持する。

実在する大規模複合組織は，貢献者の大多数が協働・凝集志向と対立・離脱志向とを様々の比率で併せもつ集団であり，伝達の受容を阻害する要因が多々ある。諸阻害要件を克服して協働を維持する条件の形成は容易でない。——私見によれば，前記3条件は併列でなく，持続的協働を可能ならしめる'上位

オーソリティ'の形成過程，その3段階として把握すべきものである。
(a) 大部分の伝達が組織の目的と貢献者の個人的利害に反しないものと信じられ，主体的に受容される。
(b) そのような受容の反復と持続によって，大部分の伝達が習慣的・無意識的に受容されるようになる。
(c) この過程がさらにすすむと，上位者＝管理組織からの伝達は受容すべきものだという集団意識が生じ，大多数の貢献者を捉える。伝達の受容それ自体が個人的・集団的欲求となり，不受容者は'敵'ないし脅威として疎外され，制裁を受ける。

(b)は習俗，(c)は習律を意味する。習律が成文化・制度化されれば法律である。──かくしてバーナードは'受容'を土台として'法定'に至るオーソリティの発展構造を説得的に展開している。それは（私見によれば）本質が逆立ちして現象しているところの，実在のオーソリティの記述であるが，バーナードの主観においては，実在するものは本質（＝受容）だけで現象レベルの上位オーソリティは仮構なのである。(ibid.:170〜1) 実はこの点に，バーナードのオーソリティ論の最大の問題が胚胎するのである。

2．サイモン

「バーナードのそれと本質的に等しい定義を用いる」と明言するサイモンには，一見異質的な2つの定義がある。
(1) 「部下が上役の決定のメリットを殊更検討することなしに，彼の行動を上役の決定によって左右されるに任せているときには，常にその部下はオーソリティを受容しているといってよい。」(Simon 1945：11，邦訳：15，傍点筆者)
(2) 「オーソリティは他人の行為を左右するような意思決定をする権力として定義される。それは1人は上役，もう1人は部下という2人の個人の間の関係である。上役は部下によって受容されるという期待をもって意思決定を行い，それを伝達する。部下はそのような意思決定が行われることを期待しており，彼の行為はそれによって決定される。」(ibid.:125，訳：162，傍点筆

者）

　両定義の指示する現象は同一だが，(1)は受令者側，(2)は発令者側から見ている。この差異は実は重大である。主語の違いはオーソリティの源泉（究極の所在）の違いに通じるからだ。バーナードは明確に受令者を源泉と見た。サイモンの定義では差当り不明確であるが，私見では発令者を源泉と見ていると解する。いいかえれば，(1)は傍点部分を手がかりとして，定義(2)に合体・統一しうる。

　サイモンは『行政学』のなかで，命令受容の3つの状況を区別している。(Simon et al. 1951 : 182, 訳 : 170)

(イ) 他人の提案のメリットを吟味し，これでよい，と確信して受容する。
(ロ) 提案のメリットを全然または不十分にしか吟味しないで受容する。
(ハ) 提案を吟味し，その内容が自分の抱いている価値や当該組織の志向する価値の観点からみて好ましくない，と確信するにも拘らず受容する。

　(イ)はいわば主体的受容であるが，サイモンはこれを'説得'だとしてオーソリティ概念から排除する。(ロ)無関心的受容(ハ)恐らく制裁を避けようと意識した受容，ひっくるめて非主体的受容に限ってオーソリティとよぶ。即ちオーソリティは'最後の言葉'であり，部下の納得でなく黙従を求めるものなのである。

　ところで，この(イ)(ロ)(ハ)は前項で論及したバーナードのオーソリティ概念の上向（本質→現象）過程の3段階(a)(b)(c)とぴったり対応している。サイモンは，複合組織において上位からの伝達を下位者が受容する事実が反復・慣習化し，そうした状況を維持するための制裁が制度化され，客観的オーソリティが確立した段階を踏まえて定義しているのだが，その際，その第1段階，即ち受令者が伝達を主体的に受容する，オーソリティの端初的・基底的類型を除外しているのである。いいかえれば，サイモンはバーナードのオーソリティ論の土台としての主体的受容を捨て，上層建築だけを継承した――受容説を形の上で維持しつつ，実質的には発令者に源泉をもつ上位オーソリティ説に復帰したのである。そのようなオーソリティ概念の中核こそ'他人の行為を左右するような意思決定を行う権力'に他ならない。この点でサイモンは透徹した把握を示

している。——「影響力，権力，オーソリティは，すべて'非対称的'な関係として示される。AはBに対する権力をもつというとき，BがAに対する権力をもつわけではない。この非対称的な関係に数学的に対応するものは独立変数と従属変数の区別であろう。……それは2つの変数間の'因果関係'を定める一般的な問題と同じである。……即ち'AはBに対する権力をもつ'という命題は'Aの行動はBの行動の原因である'という命題で代用することができる。因果関係を定義できれば，影響力，権力あるいはオーソリティを定義することができ，またその逆も可能である。(Simon 1957：5，訳：10～1）即ちオーソリティは［Aの命令→Bの実行］という因果関係なのである。

したがって，この把握は伝統的組織理論の説く'上位説'への単なる復帰ではない。バーナードの'受容説'の衝撃を消化・吸収しただけのメリットが確かに付加されている。'AがBに及ぼす権力'として抽象的に把握されたオーソリティは，階層的組織構造の中で'下へ'と同じく'上へ'も'横へ'も作用しうるものであることは当然で，本源的に'上→下'の一方交通ではありえない。もし一方交通が現実の姿であるとすれば，下位者が伝達を受容しない場合に発動される制裁（力）が階層的に編成されているからであり，また，そうした階層的組織（体）が全社会的な規範に支持されているからである。物理的・経済的な制裁力と，その露骨な行使を規制しつつより効果的・安定的な支配たらしめる役割を果たす諸規範とが，いかなる内容と構造をもつかは，大きくは'体制'の問題であり，したがってまた，歴史的に変化するものである。サイモンは，このようなオーソリティの抽象的・超歴史的実体と，その具体的・歴史的な存在様式とを確かに捉えている。『行政学』では，下位者による伝達受容動機の最大のものとして'正当性'意識が指摘され，その生成根拠は「我々の世界が極度に階層的である」(Simon et al., 1951：213，訳：190）が故に，上位者の命令に従うことが特別の訓練を要しない制度化された行動様式となっている点に求められた。後年の論文では，そうした合法的・階層的オーソリティの弱体化と労働組合等に代表される逆制裁力の出現・強化が指摘され，下位者の準拠集団への一体化，上位者への個人的信頼，といった他の受容動機を強める必要が説かれている。(Simon 1957：113～4）この点，制裁力の一方交通

を自明の前提として'オーソリティと責任の対応'といった組織原則論議に陥った伝統的組織理論とは明らかに次元を異にする。

3．責任概念との関連

　もともと，オーソリティ（権限）と責任とを表裏一体（正確には職務・権限・責任の三位一体）のものとして概念することは伝統的組織理論に共通の特徴である。論者によって職務が権限と合体されたり，責任と名づけられたりする。その最終的に整備された見解においては「権限と責任とは職務を介して照応する。」（高宮 1961）一定の職務を割当てられた者が直属上司に対して職務遂行の責任（遂行しえなかった場合に制裁を受ける）を負い，直属部下に対して権限（職務遂行に必要な範囲内の命令権）を行使する。厳密にいえば，権限はさらに2つに分れる。

(a)　物的処理権（自ら行動する）
(b)　対人命令権（部下に行動させる）

　部下をもたぬ者の権限は(a)のみであって，権限≒職務である。管理者は(a)(b)双方をもち，(b)＝狭義の権限のみをとれば責任と量的には対応しない。こうして伝統理論では，初発から3人の登場人物（上司・本人・部下）から成る組織構造を前提している。

　近代理論では前記(b)に純化して捉えるので，初発の登場人物は2人で足りる。サイモン流にいえば意思決定前提の提供者と受容者の関係であり，組織構造上の職位の如何を問わない。受容者の責任は不受容の場合の制裁としてオーソリティ概念自体の中にセットされており，殊更な対応を要しない。

　サイモンの責任論は，オーソリティとの直接の関連を脱した一般的な形で，組織における役割遂行の問題として包括的に展開され，

(イ)　responsiveness……組織参加者がその達成を期待されている諸価値（諸目標，諸職務）に対して払う忠誠心・努力
(ロ)　accountability……組織が参加者に役割を遂行させるための方法・手続・強制力

という2つの局面に分れる。（Simon et al., 1951：513〜4，訳：457〜8）組

織参加者は，自分自身を含む組織内外からさまざまのルートで流入するところの，組織目的以外の諸価値・諸問題に直面している。ともすれば組織から課された役割に加えて，あるいは反して，それら組織外的諸価値に一体化し，それを実現しようとする。したがって組織は，組織目的の達成努力を確保すべく，さまざまの形で参加者の意思と行動を統制する。指示，命令（≒オーソリティ），監査，報告義務，制裁（の実施）等々の公式統制が accountability の内容であり，それは教育・訓練，その他組織価値を参加者の内面に植えつけるための非公式統制によって補完される。即ち accountability は responsiveness 形成過程の主要な側面をなす。

バーナードにおいては，ほぼサイモンの responsiveness に当るものがさらに二分され，かつ組織行動に限らず純個人的な行動にも妥当する一般的・抽象的な概念となっており，定義だけみれば'責任'は'意志の強さ'に等しいものとなっている。（Barnard 1938：261～3）

　a）道徳……個人の（もつさまざまの）私的行動準則
　b）責任……障害を越えて行動準則を貫く力（いいかえれば道徳の強さ，安定度）

無論，主たる課題は組織行動における責任の問題である。組織行動とりわけ管理者職能においては，個人人格と組織人格が分裂・対立する。組織の成長・複雑化につれて，両人格が自らに課する行動準則の数が増し，その1つ1つが高度化し，相互に矛盾し合う。そこから，一方では諸準則間の対立を調整・統合して新たな無矛盾的準則の創造が要求される。他方，そうした努力にも拘らず残存または新発生するところの，諸準則相互間および諸準則とその実現をめぐる具体的状況との対立に耐えて，当面の主要準則の遵守および長期にわたる諸準則体系の一貫性を確保することが，組織存続の最後の拠り所となる。——このようなものとしての'管理責任'の高揚こそ，バーナードの最後の言葉であった。

したがってバーナードの責任論では，制裁（≒サイモンにおける accountability）は軽視される——というよりはむしろ，責任を曖昧ならしめるものとして排除される。「……ある種の準則は公式組織との接触や経験から生じて

くるために，それと関係のある行為の細目に関してしばしば特別の制裁が伴なう。……産業組織に関する準則は解雇などの可能性によって多少強化されている。これらの制裁は準則の確立には役立つが，責任の確立には役立たないといってよい。このように刑罰の恐れがあるために準則が遵守されている場合に作用しているのは，ここで用いた意味の道徳的要因ではなく，単に消極的な誘因であるにすぎない。……特別の刑罰とも特別の報酬とも無関係に作用する深い確信のみが，高い責任の素因なのである。」(Barnard 1938 : 269)——このような純主体的，制裁無関連的な責任概念は，組織伝達の純主体的受容に限定されたバーナードのオーソリティ本質把握と見事に照応している。

4．一応の結び

バーナードとサイモンと，どちらのオーソリティ概念が正しいか？

筆者はサイモンに与みする。現代の組織体を特徴づける階層的構造を分析対象とすれば，我々は，基本的に一方交通的な伝達体系，そしてそれと逆方向の，物理的・経済的制裁を中核とし諸々の制度・理念を外被とする責任——制裁関連的責任体系との不可分の対応関係を認識せざるを得ない。基本的に，組織のなかの大多数の人々は，打擲を恐れ餌に釣られて意思決定し行動している。決して主体的に尻尾を振っているのではない。

バーナードが提起した'組織'概念は，端初的には共通目的に向っての自発的・主体的な協働であった。目前現実の組織体は，非自発的・客体的な契機との共存・対立・融合の産物である。そこでは'他人の意思決定を左右する権力'が触媒とならねばならぬ。それがオーソリティである。

伝統的組織理論は，この権力現象を自明のこととして，その本質凝視に至らなかった。バーナードは，アンチテーゼを立てて権力存立の最深基盤に達したが，彼自身の個人至上主義的価値理念（および，恐らくは宿命的に免れえなかった管理者的思考）にバイヤスされて，オーソリティの本質を，権力に左右されたのちに形成される'協働体系の要求に服従しようとする個人の意欲と能力に与えられた別名'(Barnard 1938 : 184)として，超歴史的かつ一面的に把握した。したがって，この本質把握が具体的なオーソリティ現象の説明にもち

こまれるとき，誤れる理論，硬直せる規範と化する必然性をもつ。それは組織上層に向っては管理責任の，下層に向っては貢献意欲の，異様なまでの強調として現われている。

サイモンのオーソリティ論は，いわば'否定の否定'である。即ち，バーナードの深部認識を確かに継承すると共に，彼が見逃したオーソリティ現象における権力の本質的意義を確認し，その基礎に立ってオーソリティ・ラインの設計・運用の理論を構築し，多大の成果を上げた。他方，その際，バーナードによる深部認識を決定的に媒介したところの個人至上主義的価値理念は事実上放棄され，伝統理論が暗黙の前提としたところの組織至上主義的価値理念に復帰することになった。この意味において，前記'否定の否定'は二重の意義をもつ。

長年月を距てて再読すると，気負いすぎた的外れの修辞や筆の滑りが随所に目につくが，ともかく筆者の当時点における立地点を明示していることは確かである。特定的には責任及びオーソリティの理論，大きくはバーナード＝サイモン理論の全体構造についての筆者の基本姿勢は，この時点で定着した。以後30余年，微動は重ねたが大きく動揺した記憶はない。

II．経緯。川端'73—飯野'74〜'75—川端'75

1．一応視座が定まると，学習作業中の時折りに気になっていたバーナード自身の（日本語版序文にいう）オーソリティ論'反省'の含意解明が次の課題として浮上してきた。——「非常に重大な欠陥の1つは，そのときもいまも，責任の問題を扱わなかったことである。権威を論ずれば，当然，はるかに重要な，しかしあまり理解されていない委任，それの責任の問題，責任が重くなるにつれて委任と矛盾すること，権限と責任の従属関係や，責任の分散，伸縮性および釣合いのとれた創意を促進することの重要性などを明瞭に論議すべきであった。」（邦訳『経営者の役割』36，傍点筆者）[1]

この想いは，同趣旨の反省が 1962 年バーナードの死の直前のインタヴューでも語られたことを知って一層強まった。(Wolf 1973：15, 訳：21) 反省の内実を探るに適切とおもわれた文献 2 篇を熟読して主著第 12・17 章の論述と対比し，ほぼ納得しうる心証を得て習作（川端 1973）をものした。その一応の結論らしきものは下記の如くであった。

　1．主著に展開されたオーソリティ概念は，従前の公式権限説に対する最大限の批判——その存立の基盤・限界を問うことによって，——としては大きな意義がある。が，そこから発してオーソリティ現象全体の一貫的な説明が可能であるような，最終的規定ではなかった。むしろその中心をなす部分は実質的には「責任」を定義したものである。「協働体系の要求に服従しようとする個人の意欲と能力に与えられた別名」という，周知の特徴づけは，オーソリティよりは責任にふさわしい。

　このように取違えられた本質規定と上位オーソリティの現実に立ったオーソリティ・ラインの設計・運用の理論が「命令受容の 4 条件」や「オーソリティ安定の 3 条件」といった巧妙で説得的な行論と接合されることによって，きわどくバランスを保っているものの，所詮究極的には成立しがたい異種交配といってよい。

　2．組織行為にかんする諸伝達が貢献者によって自由に受容され，それ自体が道徳準則として履行・遵守されるところに諸責任のシステムとしての組織が成立する。組織の目標達成と参加者の動機満足を決定的に保障するものはこの諸責任＝組織道徳の体系であり，オーソリティはせいぜい第二義的な補強である，とバーナードはいう。ここに至って主著のオーソリティ概念は修正されねばならない。その中心部分（＝主観的側面）を責任概念の側に割譲して，代りにサイモンが定式化したところの'他人の意思決定を左右する権力'を導入し，そのような権力を帯びることによって受容される組織内伝達として再定義されねばならない。この定義の下では，ひとつの伝達がオーソリティをもつかどうかは受令者ではなく発令者（のもつ権力）によって決定される。この定義は古典的上位権限説への基本的復帰を意味するが，オーソリティ概念自体としては一貫性を高め，かつ，こう考えることによってのみ，責任優先説との両立が可

3．この論理必然を後年のバーナード自身は明確には自覚せず，主著でのオーソリティ概念の修正の必要を感じていない。むしろその古典的オーソリティ論批判の意義を自讃しつづけている。この事態は，基本的には，バーナード理論の体系が「協働」を基調としており，権力ないし強制力を，基本的な概念枠組として装入することになじまない，と想定することによって説明されよう。ここに，オーソリティ論の反省がオーソリティ論にとどまらず，バーナード全体系の反省→再編成の1つの糸口である所以を見出すことができる。（川端1975：73）

2．この意外な帰結に達して当時の筆者はしばし感動の日々を過した。しかし，今にして想えば，亡君の遺言の真意を確かめるという神聖な儀式に，バーナード家譜代の人々を差し置いて外様の浪人風情が介入し，証拠資料の網羅的な収集・批判を略して（重要文書には違いないが）文献2篇の検討のみで論断を下すとは，極めたる不遜の所業と受けとられたに違いない。──1年有半の後，博捜をきわめた解釈論文が'忠義一徹の下級武士'（飯野1978：188）によって公にされた。

それは(a)「筆者自身の明確な結論を提示することを目ざすよりは，たとえ論文としての体裁を犠牲にしても，バーナード自身の記述をできるだけ忠実に紹介し，大方の教示を得るとともに，この問題についての論議を惹き起す」ことを目指す一方で，(b)「バーナードは責任と権限の問題に焦点を合わせているけれども，その背後において彼は，人間理解の必要性と人間行動の道徳的要因をよりいっそう重視した組織理論を提示している」点を強調する趣旨であり，「したがってただ単に責任・権限・委任だけを伝統的組織構造論の次元でいかほど論理的に考察しても──かえってそうすれば余計に──，その意味するところを理解しそこなう危険がある。それは，バーナード理論の'血と肉'を見ずして，いたずらに'骨格'のみを論じていることになる……'骨格'としての組織構造論では，権限と責任の公式的，法律的解釈が支配的となり，'血と肉'を含んだ組織の全体的理解においては，権限中心的思考を越える組織の道徳的

要因の重視,したがって責任優先論が理解可能になる」というのであった。(飯野 1978：191,記号 a, b は筆者挿入,傍点も筆者)

(a) の作業は「産業経営における集合主義と個人主義」(1934) から逝去直前の対談記録 (1962) まで,筆者が用いた2つの文献のほか十指に上る論文・書評・書信に基づく入念な紹介によって責任優先思考の成熟過程を追求し,ほぼ決定版といえるだろう。

(b) の主張自体は自明ともステロタイプともいえようが,

イ) それによって克服されるべき伝統的組織論 (の権限・責任論) とそれに批判的な (バーナード以前の) 諸説 (マグレガー・ヘアー・セイルズなど) の走査は詳細をきわめ,「権限と責任に対する見解の……いずれをとるかは,その根底にある組織観,より基本的には人間観に依存する」所以をくりかえし説いている。わけてもM・ヘアーによる「自己への責任 responsibility to oneself (道徳的責任) の強調を高く評価していることは印象深い。

ロ) 筆者がさきに依拠した「ハイネマンへの書評」(1950) と「企業モラルの基本的条件」(1955) が (b) 主張においても,主たる論証材料として用いられている。筆者は主題に関連する部分の紹介と筆者自身の解釈・主張とを明確に分けて記述したが,飯野は責任優先・道徳性優越思考の発展過程というダイナミックな流れを辿るという筋立ての下にバーナードの引用・紹介と自身の主張とを渾然一体的に展開している。'客観的,批判的態度を維持' しつつも結果的にバーナードの理論と思想に一体化するに至った研究者として当然の成行であろう。

もともと,バーナードの反省の含意を解明して責任と権威の十全な理論を構築するという課題は,恐らく飯野がずっと以前から着手・遂行しつつあったものと思われる。たまたま筆者が先んじて習作を発表し,その内容が意に染まぬものであったことが,飯野論文の質量・筆勢に些少の影響を及ぼした可能性はあろう。上記引用文の直前に筆者の習作への批判的言及「これらの反省は '必然的にバーナードの全体系の反省→再編成を要求するものとなる' ものであろうか,それともバーナード理論の一層の展開,主著の補強と完成への道とみなしうるであろうか」があり,文中の傍点部分も筆者の主張に対する批判的評価

を暗示したものかと思われる。(ただし,筆者が'反省'後に新たに形成された組織理論の全容には立入らず,責任・権限・委任の問題に絞って論じたことは確かであるが,'伝統的組織構造論の次元でいかほど論理的に考察しても……'という謗りには当たらない筈である。)

それはともかく,飯野論文のおよそ1年後,筆者は「バーナードにおける責任とオーソリティ——飯野春樹氏の見解に寄せて——」という批判論文を呈した。折り返し受けた礼状(1976,4,22付)の一節に「小生がご批判にお答えするのがエチケットとは思いますが,多分第三者が'川端—飯野論争'?として採り上げてくれることを期待しています。」と記されていたが,(当時の筆者には)'バーナード研究促進の裏方'棟梁として多端をきわめている人の当然の応答と思われた。——2年後,飯野論文はなんら修正を加えることなく『バーナード研究』に第8章「主著への自己批判と責任優先説」として収録・刊行された。(仝書:189,注参照)その迫力に充ちた論述の蕪雑な要約は省略し,直ちに結論(とそれに直結する論証)部分の紹介と検討に入るとしよう。

III. 観測。飯野のバーナード解釈と論証

1. 飯野のバーナード解釈

1. 飯野の見解では,主著においてバーナードは新しい組織概念に由来する権威理論を提示したにも拘らず,権限優先の思考をとっており,組織レベルにおける権限・責任の対応関係を直接的には殆ど論じていない。主著以後,もともとバーナード理論の基調であるヒューマニズムの精神が組織理論のなかにより強烈に組込まれていく中で,後年になるほど道徳的要因が強調されてゆくことと呼応するかのように「責任が第1で権限は従属的である」と主張するに至る。(仝上:192)——「主著に対するバーナードの反省は,一般的には組織における道徳,責任の重要性を後年に至ってより明確に認識したこと。権威との関連では,権限受容説をとって権威の主観的側面を強調する方向をたどれば,当然に権威よりは責任の問題に到達せざるをえず,したがって,責任概念に

よって彼の組織理論をいっそう深化させるべきであったということであろう。……個人レベルで見るかぎり，外的な権限の内面化よりは，個人に内的である責任のほうがより重要であるはずだからである。」（仝上：195，傍点筆者）

責任優先説の根拠は結論的に主として1955年論文に基づいて，次のように要約される。（仝：223）

(1) 増大する専門化の結果，相互依存関係が強化され，信頼性，つまり自律的な責任ある行動が要求されるようになったこと。
(2) 公式組織は社会的システムであり，自律的な道徳的制度であること。
(3) 組織の法律的，公式的要因への依存，つまり組織の道徳的要因の無視が，権限を中心的地位にすえ，責任の主題を排除してしまうこと。
(4) 経営実践における経験と観察がそれを示していること。

2．飯野の論証

(1) さて検証の第1歩として，まず責任の概念を整理しなければならない。組織論では，ほぼ4つの用語法を識別できる。（仝：224〜5）

① なすべき職務そのもの（I・ブラウンの用法）
② 職務を遂行する義務 obligation。これが一般的用法である。responsibility for a special or general task であり，あることに対するかかわりを指摘されて（責任を追求されて）それに応答する能力 ability to response である。④の語義との混同を避けるために accountability という語を当てることが少なくない。
③ 責任を付託した人または機関（委任者）への責任。その人からかかわりを指摘されて応答すること。②の responsible for に対して responsible to である。
④ 他者への責任とは別に，自分自身への責任 responsibility to oneself。自由意志に対応する（道徳的）責任で，一般に責任感と名づけられる個人の資質である。バーナードは主著では殆どの場合に，この意味に用いている。

組織において各人は割当てられた職務の遂行に対する義務（＝職責）を負う。職責の主たる内容は組織的意思決定である。各人は通常，職責を受容して

Ⅲ. 観測。飯野のバーナード解釈と論証　113

責任ある意思決定を行なうが，それには複雑な道徳性の対立解決過程が含まれている。それには道徳性を意識し，それに支配される個人の資質，つまり責任の感覚が必要不可欠である。他方，組織は全体的調整の必要上，（意思決定に当って考慮すべき道徳性の種類と程度を含む）様々な限定を加えるが，あまりに限定しすぎると，必要な自律性と責任感を抑圧してしまう。「個人と組織のバランスが重要であり，個人の発展を通じて組織の発展が期待されるものとすれば，当然に責任＞権限の思考に根ざした組織構造の動態化とリーダーシップ・パターンの変更とを行なわねばならないだろう。バーナードの主張の中心点の１つはまさにここにあるのではないかと思われる。」（仝：229～30）

(2) つぎに，責任と権限ないし権威との関係を論ずるには，責任の概念をオーソリティ概念と同様に主・客両面にわたって明確に定義しておく必要がある。この件について飯野は，バーナードの意図を推測しつつ，次のような仮定義を与えている。「責任とは公式組織における意思決定と行動に対する義務 obligation の性格であり，それは個人のもつ責任能力に依存して受容され，遂行される……この定義によれば，責任には２つの側面がある。１つは主観的，人格的なものであり，道徳性を遵守することである。他は客観的，組織的な側面であり，そのなかには個人が行なう意思決定の環境としての公式組織の道徳性が含まれている。」（仝：230）

(3) 責任と権限とが明確に定義されれば，両者の関係も自づと明らかになる筈である。飯野は３つの図を示して伝統理論，バーナードの主著及び‘反省’後の対応関係を説明している。（仝：231～3）

１）伝統理論では両者が組織の内部構造の問題として技術的・客観的に扱われるが，程度の差はあれ権限中心的思考に支配され，「権限と責任は均等化されている。」（仝：231）

２）「これに対してバーナードは，主著において従来の権限概念から，受容を含む権威概念へと展開をみせ……主観的，道徳的な命令の受容の側面を統合した，組織要素としての権威理論を構築した。」「責任については……個人の自由に対応した意味での個人の責任，つまり道徳準則を遵守する個人の資質とみなし，それを組織要素としてでなく，管理論の一部として論じている。」（仝：

責任と権限との関係図

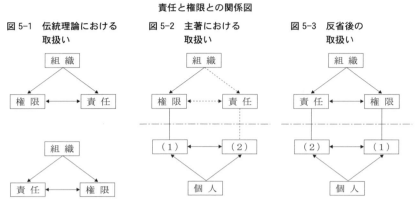

図 5-2, 図 5-3 において, (1)は「命令の受容」, (2)は「道徳性の遵守」を意味する。
(飯野 1978 : 231〜3。3つの図を統合し, 標記を少し変えた。)

231〜2)

3) 主著に対するバーナードの反省の含意を推測して主著における取扱いを補完した図 5-3 では「責任が優先して画かれている。組織要素としての両概念とも, 組織的・個人的, 非人格的・人格的, 客観的・主観的, 技術的・道徳的な対応において考えられている。……責任は, 一面において職責として組織的意思決定の性格をもち, 委任可能である。権威は一面において命令する権限としてコミュニケーションの性格をもち, これまた委任可能である。両者とも個人によって受容されることが必要である。受容に当っては, 個人の自由と責任感が強調されねばならない」「権限の受容は, 主として命令の自律的な受容による実行であり, ……強制にもとづく受容は, 自由と責任感の放棄を意味することになるだろう。」(それゆえに?──筆者)「責任の受容があって権限は効果的に機能しうるのであり, 責任の委任は権限の委任よりも重要である。責任は権限の交換条件ではない。責任の受容が責任ある行動 responsible behavior に至るのに対し, 権限の受容は比較的に反応的な行動 responsive behavior を導くとででもいえようか。」(仝：232〜3, 傍点筆者)「バーナードが責任を重視する背後には, 彼の社会観, 組織観がある。社会も公式組織も, それ

それの構成員の信頼性の伴なった責任ある行動によって自律的に運営されている道徳的制度とみなされる。そこにおいてリーダーは，権力や強制力によるよりは諸個人の自律性と責任感に信頼性を置き，かつそれらに依存してはじめて，全体としての調整が可能になるとともに諸個人の発展をも期待することができる。このような彼の信念と経験を説明しうる概念的枠組を構成する過程において，バーナードは主著における組織理論に加えて，さらに道徳的要因を強調し，道徳性と責任の概念をより強く組み込んだのである。管理と組織における彼の経験のすべてを解釈しうる，一般的な諸概念のより包括的なシステムを構成する努力の結果として，このような組織理論が提示されたのである。」「したがって責任や道徳性を権威ないし権限との関連においてのみ論じるのは不適切」（仝：233）であり，道徳的制度としての組織における基礎的概念の地位にすえて論じるべきである，──というのが飯野の強調するところである。

IV. 解析。飯野見解の検討と批判

1. 私見によれば，まず，飯野による責任の'両面的定義'は，責任優先説ひいては道徳的制度としての組織理論を担保するに充分な明晰さを具えていない。第1に'義務'という法律的用語の不必要な使用。第2に'道徳性'という，不必要にぼかした用語法。よって次のように修正すべきであろう──責任とは公式組織における意思決定と行動にかかわる道徳（私的行動準則）の性格であり，個人のもつ責任能力に依存して受容（→遵守）される。この定義によれば，責任には2つの側面がある。1つは主観的，人格的なものであり，組織道徳を遵守することである。他は客観的な側面であり，個人が行なう組織的意思決定と行動にかかわる道徳（準則）そのものの性格である。

公式組織で問題となる道徳準則は，① 組織が全体社会の法及び道徳から選択したもの，② 組織の貢献者とくに管理者たちが創造したもの，より成る。その内容は多様だが結局のところ組織が環境に適応しつつ組織目的を達成するための行動プログラム（個人レベルで見るかぎり，各自が担っている職務とほ

ぼ一致する）の内容全体に，精粗の差はあれ浸透している。つまり，組織の行動プログラム（≒職務）はそれ自体，事実的・機会主義的側面と価値的・道徳的側面との統合物であり，それが個人の直接的利害と無関係あるいは対立的でさえある状況に抗して所期のとおりに遂行される場合，さらにはそうした行動が理性・熟慮の枠をこえて情緒・内的強制の域にまで内面化される場合には，それら職務ないし行動プログラム自体が組織道徳または責任とよばれることになる。[2]

そんな訳で，第1に'義務'という法律学出身の用語は，生得的に不履行の場合の制裁を含意しており，制裁無関連を旨とするバーナード的責任概念の説明にふさわしくない。第2に'個人が行なう意思決定の環境として公式組織の道徳性が含まれている'という文章は対応するオーソリティ定義の客観的側面［伝達そのものの性格］に比して甚だ漠然としており，オーソリティに優越すべき責任の定義にふさわしくない。

2．責任が明瞭に定義されれば，責任とオーソリティとの関係も自ずと明らかになる。個人が遵守する組織道徳の一部は，組織参加以前に既得あるいは組織行動を通じて自ら感得ないし創造したものであるが，恐らく大半は組織の貢献者とりわけ管理者からの諸々の伝達（の内容）を受容し内面化したものであろう。──だとすれば，その外延も内包も主著で定義されたオーソリティ（の客観的側面）に殆ど等しい。差異は，① オーソリティでは伝達内容の事実的・価値的側面が一括無差別であるが，責任では価値的＝道徳的側面に焦点がある，② オーソリティでは個人の組織行動を支配するのは伝達された行動指針のみであるが，責任では上記のように組織参加以前の既得の道徳や自ら創造した道徳も含まれる，という2点のみである。どちらの場合も組織伝達という事象そのものでなく，その内容（組織行動指針）が受容の対象である。そして受容によってオーソリティは伝達者（発令者）に付与され，責任は受容者（受令者）に委譲（→内面化）される。伝達を媒介軸として両者は逆方向（下→上，上→下）に移動する。こうして，仔細に吟味すれば，バーナードが主著で定義したオーソリティと，おなじく主著で論述した責任とは，表裏一体のも

の，同一物の異なる画像（ポジとネガ）というべき関係に在る。──組織を'血肉を具えた'人々の道徳的制度と見る立場からすれば，この表裏一体を'責任'の一語で表現するのがふさわしかろう。ここに至って，主著で定義された（真実の）オーソリティ概念は，その任務を終了した。──決して死ぬことはないとしても，消え去らねばならない。

　3．伝統的組織構造論の次元に通有の'上位オーソリティ'を，主著でのバーナードは'仮構'（外面的な行為を説明するにすぎない）とみなした。真実のオーソリティならば，伝達の受容は即責任の受容であり，組織の上部で案出された行動プログラムを下方（の貢献者）がそれ自体を道徳準則として実行するので，責任は上→下に確実に委譲される。現実世界では，伝達を一応は受容するがその内容を責任をもって（道徳準則であるかのように）遂行する覚悟はない，というケースが多い。彼らはオーソリティを，自分が発令者に付与するのでなく最初から発令者（および彼の上位者）に付与されているものと観念しており，（責任は受容しないで）そのようなオーソリティ（＝権限）を受容する。組織目的達成に必要・有効な行動プログラムを思いついても積極的には実行せず，伝達（命令）を受けてからにする。この場合は責任が下から上へ委譲されることになる。

　現実世界では，物事の始まりとして組織行動の責任とオーソリティの全ては最高管理者（ないし機関）の手中にあり，行動プログラムの合理的分割を軸として順次下層貢献者に委譲される。オーソリティは形式的に末端まで委譲されうるが，実質的な責任の委譲は随所で停滞・逆流し，組織行動の効率的達成を阻害する。この事態を克服（行動プログラムの道徳準則的達成は無理でも機会主義的達成を確保）すべく，組織構造の諸単位・諸職位に対し，達成度合に焦点づけた種々の（プラスの制裁を含む広義の）制裁力が配分・運用され，貢献者大多数の関心を集める結果，この制裁力（の大小・明細）が権限（というコトバ）の主要なイメージを構成するようになる。それに伴なって，責任の観念も道徳的実質を失い，制裁力に左右される accountability, バーナードの主旨からすれば似而非なる'仮構'責任と化する。──実はこれが'現実'の責

任であり，（もと仮構だったがいまや現実の）オーソリティ（＝権限）と対等の関係に在る。この現実に即して，権限と責任のどちらが優先するか，両者対等であるべきか否か，といった組織構造の設計・運用問題が論じられるのである。

バーナードの責任優先説にいう［権限＝オーソリティ］は，この次元の権限であって主著で定義したオーソリティではない。責任の方は主著で示唆され以後も堅持・高唱された'真実'責任であり，権限とは次元が異なる。そのような低次元の権限に責任が優先すべきことは何ら比較分析を要しない自明の（理論的主張でなく）規範的言明であった。この説の評価もまた，理論ではなく規範選択の問題であろう。

4．おもわず自説再演に奔ったが，飯野のバーナード解釈および彼自身のオーソリティ理解の双方において，問題含みなことが明らかになった。以下，要約的に述べる。

A．解釈

飯野は'反省'論議の出発点として次のような解釈を記している。──「(a) バーナードは，狭義には権限を上位者のもつ命令権 the right to command とみなしていたと解釈しうる。それゆえに，(b) 客観的側面において，権限は'公式組織におけるコミュニケーション（命令）の性格'と定義される。(c) バーナードが伝統理論の権限に言及するときにも，彼は伝統理論における権限がこのような命令権を意味するものと前提していることに注意する必要がある。」（仝：194，記号・傍点は筆者）

まず，文章 (a)・(b) がそれゆえにで連結される論理が分明でない。ここでの「バーナードは命令のもつ性格について語っているのであり，個人の権力ないし職位の権利について語っているのではない，ということが強調されねばならない」（Wolf, 1974, 訳：157）という見方からすれば，(a) と (b) は端的な矛盾であり，他方，(c) 中の傍点個所から察するところ，飯野は (a)＝(c) つまりバーナードと伝統理論とがオーソリティ概念において狭義には一致している，と主張していることになる。

ひきつづいて飯野が展開している行論——組織をコミュニケーションのシステムとみなし，その観点から組織構造や組織原則を考察することは，それ自体すでに人間的要素が考慮されていることであり，加えて「人間に選択力や自由意志を付与し，組織を人間行動のシステムと見る以上，組織的側面である客観的権威に対する個人の受容の側面（主観的権威）が導入されるのは当然である」——は前記ウォルフの論旨に連なるもので，(a)＝(c)にはなじまない。

狭義というコトバは，厳密，基本的，中心的，主要な側面のみ抽出すれば，といった意味に使われることが多いが，前記(a)にいう狭義は逆に，限られた意味では，本質的でない側面のみ抽出すれば，という意味に用いられている。けだし'権威は本質的に主観的なもの'という把握は個人の受容を主導的な側面とみなすことであり，上位者のもつ命令権やその発現としての命令（コミュニケーション）は従属的な側面とされるからである。いずれにせよ，適切な修辞ではない。

最初の出で立ちは伝統的組織論と共通の命令権，つぎにその発動たる命令，単なる情報提供や説得，懇願等々とならんで命令もその一種として含まれるコミュニケーション……という順序で権力イメージを薄めていき，最後に受令者による受容の意義を強調して主客を逆転させ，オーソリティの源泉を上位者でなく受令者の側に在りと認定する……狭義にはに始まるこの一文はそのようなバーナードによる伝統的オーソリティ概念批判の思考経過を精一杯推測して画いたものともいえよう。筆者が補足・強調したいのは，そうした思考経過の一応の終着において，出発点では実在した（上位者の）命令権（という権力）が本質次元では全く否定され仮構とみなされるに至った（ということの確認を飯野が怠った，したがって命令権力という臍帯を切断したか否か，曖昧のままに終った）ということである。

B．飯野自身のオーソリティ理解

問題含みのバーナード解釈は，飯野自身のオーソリティ理解がそもそも問題含みであることに由来する。

「権威の客観的側面を権限，主観的な側面を権限の受容としていた筆者の慣例に従い，本稿でも必要に応じて，権威と権限とを使い分ける。**公式組織の職**

能ないし職位に配分されているある種の '法的' '制度的' な権利が権限であり，その権限が現実に受容されている状態が権威である。公式組織の関連がなくても，社会的に '権威あり' と受容されている状態であってもよい。権威のない権限（あるいは権限保有者），権限をもたぬ権威（あるいは権威者）という表現は日常用語としても理解できる。やがて明らかになるように，責任についてもなんらかの用語上の区別が必要となるであろうことをあらかじめ指摘しておきたい。」（仝上：190：注1）

　権限と権威のこのような使い分けは，飯野に限らず日本の実務界・学界全般に通用する慣例となっており，日本語の便利さを実感できる好事例といえる。しかし，バーナードのオーソリティ論の解釈にこの慣例を適用するのは適切とはいえない――英語では authority 一本である。なるほどバーナードはオーソリティの様々の類型を提示し，本質・仮構など多次元の位置づけを試みているが，そうであれば尚更，日本的使い分けを禁欲し（オーソリティ1語のみを用い）てバーナードの複雑多岐な論旨を走査し，慎重に分析・総合の手続を積み重ねるべきであろう。

　さて，上記注記のゴチ部分は，ウェーバー以来広く社会科学界に通用しているオーソリティ概念［支配する権力に対して被支配者が闇雲に抵抗せず，服従すべきものとして受容（＝正当化）している，そのような権力］とほぼ同一であり，たとえば，サイモンもK・アローもこの見解に立っている。（権力は広義のもので，法的な形をとれば権利，特定組織に限定されれば権限とよばれる。）

　だが，バーナードにはこの常識的理解からはみ出すものがある筈だ。――私見をもって推定すれば，彼が '仮構' と名づけた上位オーソリティは恐らく飯野注記にいう権限に該当するであろう。「上位オーソリティという仮構を支えるのに適し，無関心圏を実効あらしめるような客観的オーソリティ」（Barnard：174〜5）が，'権限が現実に受容されている状態' としての権威に該当する。どちらも仮構レベルの範疇であり，本質レベルのオーソリティをカバーしてはいない。「権威の客観的側面を権限，主観的な側面を権限の受容」とする飯野の慣例もまた仮構レベルの認識である。本質レベルでは権限が受容されるので

IV. 解析。飯野見解の検討と批判　121

はなく，コ　ミュニケーションが受容されることによってオーソリティが発生するのである。客観的側面たるコミュニケーションに何らかの組織行動プログラムが載ってさえおれば，公式・非公式どこから来てもかまわない。──飯野の使い分け方式はバーナードの責任・オーソリティ論における本質と仮構を明確に識別するのに不便なだけでなく有害といってよい。

　バーナードに殆ど一体化したにも拘らず，飯野のオーソリティ観には‘命令権’という（日常実務に根ざした）伝統理論の臍の緒が保存されていた。管理する権力が管理される人々を一応は平和裡に服従させている──この客観的に正しく社会科学の正統に立つオーソリティ理解，それは「本質的にバーナードのそれと等しい定義を用いる」と称しつつサイモンが採用したものである。このバーナードの真意に反する理解を飯野も採用しているのであり，しかもそれを主著におけるオーソリティ定義の正しい理解だと信じて疑わない，という信じ難い事態。飯野は，意識の深層において伝統理論のオーソリティ観に染まっており，バーナードの異端的見解に魅せられて受容する一方，知らず知らず伝統的見解を混和することで異端性を中和している。そうすることで，自他ともに安心してバーナードを受容できる，という心理作用（？）から，組織理論の伝統と近代が習合された。

　前節末尾に長々と引用したように，反省後の‘意図を推測して’飯野が再構成したバーナードの‘責任と権威の理論’では，両者とも個人の自由意志による自律的受容を通して委任可能とされている。ならば両者対等であるべきなのに，バーナードの言そのままに「責任の委任は権限の委任よりも重要である。」と断定する。ひきつづいて「責任の受容が責任ある行動 responsible behavior に至るのに対し，権限の受容は比較的に反応的な行動 responsive behavior を導くとでもいえようか。」とあるのが飯野による責任＞権限の理由づけであるが，その論証は困難であろう。けだし「権限の受容は主として命令の自律的な受容による実行」であるからには，命令の内容（＝組織的意思決定）は責任感をもって道徳準則のごとく遵守されるであろう。主としてでなくときどき（？）起る‘強制にもとづく受容’の場合にのみ‘反応的な行動’が導かれる筈である。権限の受容が一般的ないし多くの場合に‘反応的な行動’を導くと

は到底いえまい。

　オーソリティが責任と同様に委任可能だということは，（階層的組織構造を所与とすれば）オーソリティが当初は組織上層に所在することを意味する。即ち，バーナードが主著で仮構とみなした'上位権威'が，いまや現実と化して責任と平行しているのである。'責任の委任は権限の委任よりも重要'とバーナードがいうのは，主著での上位権威がそうであったように，公式・非公式の制裁や共同体意識（→集団圧力）に媒介されることで，受容の自律性が何程か割引きされる，という事態を，いまや仮構でない現実として認めていることを意味する。——主著での（本質レベルの，受令者に源泉をもつ）オーソリティ概念は黙示的に放棄されているのである。[3]）バーナードの'反省'の含意探索においてまず確認すべきは，この事実である。飯野がこの確認に至らなかったこと，その結果，多大の精力を注いで構成された血肉豊かな責任優先説が，その論理的骨格においていささか薄弱となってしまったことが惜しまれる。

V. 付録。飯野見解の継承・発展（？）

　前々節に記した経緯から，筆者は飯野自身からの反論は期待せず，有縁の人々による筆者批判・飯野擁護ないし敷衍の論稿の出現を心待ちにしていたが，一向に現われなかった。——『バーナード研究』の声価は'バーナード理解を促進すると同時に，現代社会に対する新しい見方を提示する挑戦の書'として刊行直後から高く，わけても'主著への自己批判と責任優先説'を論じた第8・第9章は「論証は詳細周到であってバーナード研究の展開にたいする輝かしい貢献の一つ」（加藤1978：84）「本書全体の中でもまさに圧巻……'個人と組織の同時的発展'を実現する理論展開」（庭本1980：139）と評価・讃歎された。是非もない一件落着といえよう。

1. 庭本佳和　1980

　さりながら，時の流れが見解の対立を自然に解消させるものではない。飯野

V. 付録。飯野見解の継承・発展（？）

によって責任優先の思想は比類なく明示されたが，その論理は，側近の研究者にとっても，必ずしも明快を得がたいものであった。庭本佳和は次のように記している。

「責任優先説とはどのような論理構造をもつものなのかを，飯野研究の中に追ってみよう。

バーナードは狭義には，① 権限を命令権 the right to command (p.194)，つまり職位の権限 authority of position (p.196) とみなしていた。この権限に対して伝統理論 ②（上司）への責任 responsibility to あるいは（職能）に対する責任 responsibility for (p.224) が均等すると主張した。形式的均等である。飯野教授はこれをバーナードに即し，責任の客観的側面と捉えられる (p.230)。となると，責任も主観的側面が問われねばならない。既に主著において，バーナードは authority of position に加え，③ authority of leadership によって責任が果たされていることを認識しており，④ responsibility＝authority of position＋authority of leadership となっている。責任の主観的側面の考察はそれにとどまらず，当然にもっと徹底した人格的責任をひきだすことになる。バーナードも多くの場合，責任を ⑤ 自己への責任 responsibility to oneself を含めて考えており，主著出版以降，特にその傾向を強めた。もっとも，そのような責任の受容に対しては権限による保護があるという。飯野教授はこれを「権限保護説」(p.198) と名づけられた。いわば ⑥ 行為権 authority to act である。太平洋戦争の戦犯を裁いた東京国際裁判は，まさにこの行為する権限に対する自己の責任を問うたものであろう。

さて，バーナードが激しく批判した伝統理論の権限・責任均等原則は ①＝② である。主著でのバーナードは ①＜④ であり，主著以降では ①＜④＋⑤ で，明らかに責任が優先している。ただその場合，比較される権限は常に ① である。翻って，バーナード自身の責任と権限の関係をみると，権限は ①＋③＋⑥ であり，形式的には均等している。川端教授が「かれ（バーナード）自身のオーソリティ・責任概念を用いるのなら，両者均等と解しうる」（川端 1975：82）と言われるのも，恐らくこのような状態をさしておられるのだろう。

これからみると，権限は ①＋③＋⑥ であるのに，伝統理論の主張する責任

は②でしかなく，バーナードは自らの権限概念に対応する責任論を展開するに際し，通念の権限観に合わせ，「責任優先論」として逆説的に主張したとも解し得る。形式的厳密性からいえば，それは責任優先説といえないかもしれないが，通念の責任観よりはるかに広く，内容においても，責任を主に思考していたことは間違いない。それ故，飯野教授の'責任優先説'はいささかも損なわれることなく，無責任が横行する現代社会，とりわけわが国において，ますます重要な主張となるであろう。」(庭本1980：148～50)

これが飯野の言説の正確な要約かどうか一沫釈然とせず，とりわけ'権限保護説'と⑥行為権とを関連させる点は理解に苦しむが，全体を凝視すると図5-4のような構造が浮んでくる。

この図は飯野構想のほぼ忠実な模写と思われる。バーナードは'道徳ないし責任中心の組織'観という同じ思想を，主著ではオーソリティ概念の根底的批判→変革の主張として，'反省'以後は責任概念の至上性の主張として展開したのであり，責任優先説は，その逆説的啓蒙手段であった。──主著で主観的側面が本質的だとしてオーソリティ概念を拡充したことを忘れたかのように，伝統的オーソリティに対するバーナード的責任の優先を説いた。この事態を'通常の権限観に合わせ……逆説的に主張した'と見るか，主著で打ち出したオー

図5-4 庭本が画いた責任優先説の論理構造

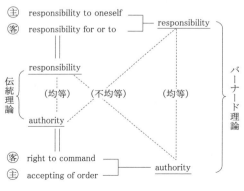

＊㊉は主観的側面，㊷は客観的側面

ソリティ概念を撤回し，伝統的概念に立ち戻った（のにそのことの明示を怠った，または忘却した）と見るか，は論者の趣味次第（筆者の趣味からすれば，飯野の責任優先説の論理構造はこの点で大いに損なわれたのだが）――ともかくここに，庭本と筆者との間に状況認識の実質的な一致が見出せることはせめてもの慰めである。

2．磯村和人　1993～2000

1993年秋，『経済論叢』飯野教授退職記念号に磯村和人「権威の理論の要点」が掲載された。バーナードの権威の理論を手がかりに，次の2点に留意しつつ権威とは何かをあらためて問い直していくという――その実態如何？

　a．バーナードは命令受容の重要性を指摘したが，命令がなぜ受容されるのか，関連して，なぜ無関心圏が発生するのか，が解明できていない。

　b．権威と権威以外のもの（例えば素朴な権力）や派生的な権威を選り分けて権威そのものに接近していく。

　1．命令が受容されるかどうかは組織への貢献意欲に関係している。飯野が「権限の源泉は協働自体のなかに存在するといえるだろう」と言い，「協働の成果を得るには各人の活動が全体として調整されねばならない。個人単独の場合と比較して協働からの利益を期待する各人は，組織における調整力をあらかじめ承認する……それゆえに公式組織に公式的権限が存在し，上位者は調整のために命令を発することができる」（飯野1992：56〈初出1975〉）とするのもこの点に関わっている。持続的協働確保の3条件（命令の適切性，無関心圏，共同体意識など）が揃っておれば'上位権威の仮構'が機能し，命令は安定的に受容される。

　権威の客観的側面は命令を伝えていく側面，命令と命令を出す人に権威を与える側面で，「そこにかかわるのは，公的な命令と職位を受け入れた個人である。」（磯村1993：96～8）

　2．権威とは，発令者と受令者との相互行為である。命令が受容されれば権威をもつ。権威は命令の内容，発令者個人，彼が占める職位に関係なく発生す

る。逆にいえば，命令がその内容の適切性，発令者の能力・人柄，職位の威力によって受容された場合，権威は発生しない。つまり「命令の受容に際して，権威の外的な根拠が求められたとき，権威は否定される。……命令があくまで自発的に個人によって，他のどんな力も借りずに受容されたとき，権威が認められるのである。……要するに，訳もわからずに命令に従ってしまうのが，権威なのである。」（仝：98〜100，傍点筆者）——「これが権威について押さえておかなければならない要点であると思われる。」

3．命令受容の根拠を外部に求めない（求めてはならない）としても，個人が自動的に従うような状態を支えている背景は必要である。この問題は，実は，組織がなぜ成立するかに関わる問題であり，飯野＝バーナードはそれを協働自体（→協働意欲）に求め，「最終的には個人の利得の計算に還元している。小林（敏男）はこれに対して，組織成立以前の権力関係からそれを説明しようとしている。ルーマンは，システムへの参加が動機づけられている（利益を期待できる）ことから説明している。」しかし磯村は「金銭的，非金銭的な利得の計算だけでは，個人の組織への参加は説明できない……個人にとって何が利益で何が不利益なのか，どのようにして誰が決めることができるのかがわからない……計算以前にすでに打ち消しがたい状況が常に存在しているのではないか……否応なく何らかの組織に参加せざるをえないならば，利得を云々する以前に問題はすでに一つ進んでいるのではないか」と考えている——このあたり，組織社会の現状に対する磯村の認識にはなかなか鋭いものがある。

4．命令受容の派生的影響も重要だ。——命令自体やその受容がどんなに不明確・問題含みでも，一旦受容されてしまえば結果だけに関心が集中し，問題の存在が隠されてしまう。「何が組織の利益になるのか，何が組織に関係する公的なことなのかを，誰が，どのようにして決めるのかという問題」だが，「結果としてどうなるかといえば，誰も決めることができないから，誰かが決めてしまう……命令を出す人と命令を受容する人が決めてしまう。そして，組織においては，誰もが命令を出す人になったり，命令を受容する人になったりする。」「結局，命令は，内部に根拠をもつという形で受容されていくのだが，何らかの正当な方法でそれを確認し決めたわけではない。したがって，外的な

V. 付録。飯野見解の継承・発展（？）　127

根拠をもたないということが，実は無根拠であることに等しいことになる。」
「組織における命令は，このような恣意性，偶然性を常にもっているので，いつでも，組織の名のもとに暴走する危険をはらんでいる。」（仝：104～6）
　要するに，命令の受容は実は重大な問題を隠してしまうという機能をもっている。だから，「人は訳もわからずに進んで命令を受け入れてしまう」というのである。

　以上，バーナード・飯野の基本姿勢とはかなり異質，というよりはむしろ対極的な問題意識に磯村は立っている。
　1）命令の受容ということを，（後にどう変貌するにせよ，端初としては）受令者が命令の内容を己れの意思決定の指針として恰かも道徳準則のように責任をもって遂行する，という厳粛な意味をもつものとは見ず，徹底して現象次元のものと捉える。当初から上位権限の存在を認める一方，命令の内容，発令者個人（の人格や能力），発令者の占める職位，のどれにも権威の源泉（としての資格）を認めない。──権威の存在根拠はどこにもない，となると，たとえ純粋に自発的にもせよ，そもそも命令受容という現象を説明しようがない。そこで根拠の代りに背景を探索する→協働それ自体，協働する人々の貢献意欲，その根源をなすICバランス，という具合に遡及しても納得のいく答えは得られず，とどのつまり，'何らかの組織に否応なく参加せざるを得ず'，'訳もわからずに命令を受容する'，木偶のような個人（絵に画いたような組織人）を磯村は発見するのである。
　磯村はまた，2年後に発表された別稿において，「組織における権威を構造的なものとして捉える観点」から，「命令の発令者と受容者との間の相互行為」という二者関係でなく「命令を出す人，命令を受容する人，命令の受け渡しを眺めている人の三者関係」に焦点づけた考察を行なっている。
　「権威は命令を聞き入れた本人よりもそれを見ている第三者への影響が大きい」（磯村，1995：29）。比較的重要度が低くて受容されやすい命令が受入れられていくメカニズムを考えると，受容者は自動機械のように受容している状態だが，それを眺めている第三者にとっては一種の信念の表出として受けとられ

る。──「第三者こそが命令受け渡しの当事者による行動の意味を分析する立場にある」（仝：30〜1）「権威とは，それゆえ，命令が受容される事実を体験していることによって，命令が当然受容されるもののように思わせる働き……命令は受け入れられるものとして出されているという信念を創出し，当事者になって命令を受容する際にはそのことを忘れさせてしまう働きである。」「それは，習慣を守るということと形式的には同じような状態」であり，「他の人が行なっていることを自らが行なうことで，組織で行なわれることは誰が行なっても同じことであるようになっていく。それは個人の行動が組織の機能の一部になっていくプロセスでもある。」（仝：32）

こうして'権威が働くポイント'は組織における個人が命令を受け入れる習慣を獲得すること，組織の構成員として社会化されることに在る。このような権威の働きによって，組織の中で合意や調整によっては解決できない問題が難なく解決されてしまう。組織における権威の有効性はここに在る。（仝：32〜3）

こうした別稿の論述をも併せ考えると，磯村が最初に示した2つの留意点がほぼ解決されていることがわかる。即ち，（a'）無関心圏の形成と命令受容のメカニズムが詳細に論じられ，（b'）権威と権威以外のものとが峻別され，いわば権威の純粋型（恐らく本質とみなしてもよかろう）['訳もわからずに命令に従ってしまう'ことが習慣となっている状態］が析出された。バーナードのいう命令（コミュニケーション）の内容，リーダーシップ，職位，の3つとも権威の源泉（≒命令受容の根拠）たる資格を奪われ，「バーナードに即していうなら，無関心圏にある命令が，上位権威というフィクションも機能した上で，自動的に受容された場合」（1993：100，注10）にのみ権威の資格が与えられる。──ここにはバーナードが権限受容説の原点にすえた［コミュニケーション（命令）の主体的かつ合理的受容］とそれに照応する人間中心的思考，まして道徳的制度や責任の形影はない。

以上の2論文に引き続き，磯村は三者関係の視点からの権威の分析に精進し，『組織と権威』の上梓に至った。そこでは，第1部・第2部の標題が示すように，組織は構造（的側面）に焦点づけて扱われ，権威は（組織の）動態の主要な担手として（組織と）対等に扱われている。

磯村において，バーナードのオーソリティ論は尊重すべき古典ではあっても議論の枠組としては無用と化しており，S・ジジェクをはじめとするポスト・モダン，恐らくは現象学的社会理論の諸著作に軸足を置いている。その変幻自在な行論の随時・随所に，バーナードの様々なる論述の大塊・小塊が充填され，そのあまりの自在さに筆者はこれ以上跟いていけない。

3．藤井一弘　1995〜2009

　藤井一弘の言説の全てについて印象的なことは，バーナード（理論）の全て，とりわけ責任中心主義の思想（及びそれに関連して道徳，権威の理論におけるその具現）に対する傾倒ということである。

　A．藤井の師，飯野春樹がバーナードの責任優先説を唱えた1970年代はコンティンジェンシイ理論の興隆期で，'組織と環境'問題が関心を集め，「権限と責任の問題はもはや陳腐化してしまったような」雰囲気が漲っていた。その中で飯野は来るべき組織変革の方向を，ますます流動化・混沌化する環境における企業の道徳性・責任性の高揚に在りと見定め，主張した。そして1990年代，'見る前に跳べ'という行為優先・責任欠如の風潮が組織論世界を横行する中で，藤井は敢然とこう述べた。

　「省みるに，この20年前の問いかけは，それ以後の組織論の展開の中で十分な答を得たと言えるだろうか。……否と言わざるを得ない。これは，組織論に関わる者がこのような組織と管理に関する最も基本的な問題を考えることに対して，いかに怠惰であったかの証左でもある。」（藤井1995：51）

　この反省を発条として，藤井はバーナードの責任優先説をラジカルに読み込んで不満を表明する。権限受容説といえども「権限がなぜ生じるのか説明するというスタンスをとっている点で，権限ないし権威を主にしたアプローチ」であり，伝統理論と同様に責任と権限は職務（ないし個人が行う組織的意思決定）を軸として結びついている。職務が流動化して経営理念≒文化が代りを務めるとなると，管理者に要求される責任能力は限りなく複雑高度化し，意思決定の1つ1つが実践理性的決断ないし'二重の偶発性'（の逆説的解決）となる。いまやバーナードのいう'責任というものに含まれる道徳的コミットメン

ト'，それに基づく相互信頼のみが組織存続の基底的要因である。「つまるところ，自分の外に行為の担保を確保することはできない……自己の自由意思に基づいて行為する自己に対して責任を負わねばならないと言う他ない。」従って「このような事情を言い表わすには……権限に対する'責任優先説'という命名よりも'自由・責任均等の法則'というネーミングの方がよいのではないか」。（全：53〜4）

こうして藤井は責任中心主義を高唱するあまり，組織論の埒外に飛び出してしまった。

B．10余年の後，再び藤井は経営学における権限と責任（についての考え方）の'特異性'を論じ，その中でバーナードのauthority定義の中の1つの訳語の改訂を提案した。──

「権威とは，公式組織における伝達（命令）の性格であって，それによって，組織の貢献者ないし'構成員'が，伝達を，自己の貢献する行為を支配するものとして……受容するのである。」（B：163，訳：170）

性格の原語characterを'比喩的'な意味でなく'文字どおり'に訳してみたらどうなるか？

オックスフォード辞典を繙くと，性格という比喩的用例が16世紀までしか遡れないのに対し，'A distinctive mark impressed, engraved, or otherwise formed; a brand, stamp'という用例は14世紀に遡れる。その'刻み込まれた印'という意味のまま用いると「authorityとは，公式組織における伝達（命令）に刻み込まれた印であって……」となる。

伝達（命令）の性格でなく刻印と訳すべし──かねて筆者も性格に違和感を抱いてきた。伝達の性格とは何の事かピンと来ないので，取り敢えず伝達の内容（である情報），例えば'当社製造の健康食品を訪問販売せよ'を指しているものと解釈してきたが，釈然としなかった。刻印という原義の発見（！）に我意を得た想いがする。

'伝達（命令）の刻印'であれば，命令の内容というより，命令であることの証し＝シンボルというニュアンスが強い。この方が正解に近いのではあるまいか。

おわりに

　以上，バーナードの'責任と権威'の理論をめぐって，飯野春樹が提示した見解の構造と特質，内在する誤謬とその根源について，私見との差異を鮮明にしつつ，かなり詳細に論じた。一言に尽せば，飯野は意識の深部に伝統理論のオーソリティ観を保持しつづけており，バーナードの異端的見解に魅せられる過程で，知らず知らず伝統的見解を混和させることで異端性を中和しつつ受容していった。組織理解の伝統と近代を無意識的に習合させたのである。その結果，主著での権限受容説，'反省'後の責任優先説を一貫しているバーナードの異端性が大いに薄められ，穏健にして通俗的な解釈・解説となってしまった――『バーナード研究』の声価が長期持続し，「なかでも'責任優先思考'の主張は光っている」（庭本 1996：81）とされるだけに，その咎は大きい。

　付録として直系の研究者による飯野説の理解と継承・発展の軌跡探索を試みたが，刮目すべきものは見当らなかった。――バーナード的責任優先思考にとって，時勢は非といわざるを得ないので，見るべき継承・発展の乏しいのも当然といえば当然であり，それをしも飯野の咎に帰することはできない。

　さはさりながら，飯野自身，ないし飯野説擁護者からの反論に接する機会なく過ぎたことが残念でならない。筆者が飯野に負う学恩，彼の人柄の良さは筆者にとってかけがえのないものと感じられるだけに，一層思いが募る。

（2004．8．6）

注
1) 引用した序文の中の，傍点を付した委任と責任が入れかわっているように思えたので，原文コピーをおねだりしたところ，折り返し，飯野から'原文が紛失していて確かめようがない'との返信があった。併せて'責任に関してはリスト番号 94（後出，ハイネマンへの書評…筆者）の論文に相当詳しく出ています。『経営学の役割』以降でバーナードが責任 or 委任を論じている場合，伝統的にいう「権限と責任」と同じように用いられることが多いと思います。『序文』についても，同じことでしょう'との教示を受けた。(1973：2, 15 付)
2) 職務そのものを責任とよぶ，I・ブラウンの責任概念は，この点を捉えたものである。
3) 「主著への反省を述べている同じ個所で，その権威理論の正しさを再確認している」（日本語版

への序文『新訳』34〜5）。したがって「バーナードの反省は，権威理論そのものに欠陥を認めたことにあるのではない」，（飯野 1978：194）という判断は誤っている。主著の権威概念が保存されているなら，責任・権威は対等であって，責任優先説は成立しない。したがって，主著の権威概念を放棄したにも拘らず，バーナードが，そのことを自覚しなかった，と考える他はない。――主著刊行の時点では，その権威概念は斬新で誇るに足るものだった，という意味に，日本語版序文は理解すべきである。またバーナードが主著刊行後，あまり読みかえしておらず，精確には記憶していない，という事態も考えられる。

第 6 章
庭本佳和。'バーナード経営学' の展開

はじめに

　庭本佳和『バーナード経営学の展開――意味と生命を求めて――』(2006) は 1977 年以降 30 年間の主要論文 14 篇を集成した大著である。著者はバーナード研究の泰斗・飯野春樹の高弟にして自他ともに許す後継者であり，仮にこのような形で集成されぬままに過ぎたならば，後世のバーナード理論研究者は少なからず文献探査の不便を託つことになったであろう。刊行を心から慶びたい。

　本書の狙いの 1 つは「バーナード理論が経営学でなければ，何を経営学というのか」という思いに貫かれた「現代経営学を基礎づけるバーナード理論の解明」である。[1] 著者の基本姿勢は「バーナード理論そのものを明らかにしようとしたバーナード研究ではない。……どこまでも，自己の問題意識というボールをバーナード理論という壁にぶっつけて，その跳ね返りを手がかりに考えようとするもので，バーナード理論は思考の道具にすぎない。」とはいえ，「バーナード理論を使いこなすには，未だ完全に解明されていないバーナード理論を読み解く作業が必要であった。」そしてこの作業は，数多のバーナード理論（の批判的）研究――不当な過少評価や大きな誤読――に対して '反批判を覚悟してかなりハッキリと批判' しつつ遂行された。「やや論争的なところが，本書の第 2 の特徴かも知れない」と著者は自負している。（庭本 2006：iii）

　筆者は，そのような批判や反論の対象者の 1 人である。実のところ，バーナード理論の理解をめぐっての著者と筆者の対立点は数多いが，本書で取上げられたテーマはそのごく一部にすぎず，徹底論争というには程遠い。筆者が仕掛けた庭本（のバーナード理論解釈）批判の多くは未だ反論に接していないの

である。——それは今後に期待するとして，本章では，本書に展開されたバーナード読解作業に即して，いくつかの新たな批判を提起する。了とされたい。

I．2つの視点，そのせめぎ合い
——「協働システムと組織概念」1977——

1．組織論的管理論 vs 経営学

　バーナード理論を把握するのに，どちらの視点を重視すべきか。
　飯野はバーナード理論を'組織論的管理論'だと把えた。——バーナードは「人間行動のシステムを組織と定義し，組織というシステムの次元から管理を説明」している。「管理論的思考とは，モノ・カネ・ヒトから成る協働システムそのものにとらわれることなく，それらを動かす人間行動のシステムたる組織の視点からものごとを見ることである。'はじめに企業ありき'的発想から，企業そのものをいくら研究してもマネジメントは出てこないのではないか。」(飯野 1982：293) 実務家バーナードが体得し，読者に伝えたかったものは，'組織のセンス'に基づく管理論であった。そもそも〈協働システム〉概念は，「彼自身にとっては自明な'組織'を，それがいかなるものかを一般読者に説明する必要上」，ローウェル講義を主著にまとめるごとく短期間に導入したもので，「協働システムの枠にとらわれすぎては，管理の動態は理解しがたい」。(仝：295)

　とはいえ，バーナードの意図とは別に，協働システム概念の導入がバーナード理論の解釈に複雑な影響を与えることになったことを飯野も以下のように認めている。

　マネジメント論＝経営学という理解が通例であるアメリカではそもそも協働システムと組織を区別する必要が感じられなかったようであるが，日本での通例のように「経営学を，マネジメントが作用するとともに作用されるものとしての'経営学'（広義には協働システム一般，特定的には企業という協働システムに該当する）の構造と過程との統一的把握を求めるものとみなせば，協働シ

ステム概念はいっそう重要である。バーナード理論を高く評価し，これによりつつ，このような経営学体系を構築された馬場敬治（組織――協働システムを広義の組織，中核としての組織を狭義の組織として――の学としての経営学），山本安次郎（経営〔協働〕―組織―管理の三層構造論としての経営学），占部都美（経営システム論としての経営学）らの諸教授は，協働システム概念の重要性を強調されている。その意味で，バーナード理論は，管理論を越える経営学体系をなすものと評価しうる」。従って「もし筆者が，マネジメント論とは区別された意味での〈経営学〉を求められるならば，協働システムの諸サブシステムを分類し，それらの間の相互依存性を究明するであろう。……筆者のいうマネジメント論ならば，協働システムの，公式組織以外の諸要素は，公式組織の環境に，より具体的には意思決定の環境に配列されているはずである。」（仝 1978：76～7）「もしバーナードが，当初から協働システムという，より大きいシステムでの考察を試みようとしたのならば，個人も組織――おそらくは一定の構造をもった人間の集まりとみなされよう――も，協働システムのサブシステムとして並列に置かれただけであろう。その場合には，管理論のための組織論なるがゆえに問題となる，組織と個人の対応，人間の二面的取扱いなど，バーナードのあのような苦心は必ずしも必要ではなかった……協働システムそのものの考察，あるいは協働システムのレベルでの考察は，バーナードの意図にはなかったはずである。

組織論＝管理論のレベルに焦点を合わせるがゆえに，そのなかでバーナードの基本問題――全体主義と個人主義との統合――がもろに生きてくるのである。」（仝：77）

協働システムでなく公式組織のレベルに焦点をしぼった，バーナード理論をあくまで（経営体≒企業の全体を対象とする）経営学とは区別された管理論として把握する――飯野のこの点へのこだわりは尋常でない。

バーナードに出会う以前に，'自己の経営学体系を確立'していた（バーナード研究の）第1世代はもとより，'経営学をマネジメント論とみなすことにそれほどの抵抗を感じない'第2世代であっても，これほどの〈協働システム〉レベルへの忌避感表明には違和感を覚えて当然である。第2世代の雄，岡本康

雄は，こう述べている。——当初の草稿にはなくヘンダーソンの助言を機に導入されたという経緯はともあれ，主著の枠組の基軸概念として提示された以上，「客観的成果としてそれ自体の論理構造を問われるべきことも当然であろう。」（岡本 1986 : 67）

山本三層構造論を継承する加藤勝康は，直ちに飯野に疑義を呈した。——「協働システムのレベルを視座に据えた場合に，それが何故に組織論的管理論ではなくなって，むしろ管理論と区別された経営学とならざるをえなくなるのであろうか」「主体的行為性という視点からの管理職能は，その客体としての協働システムにおける諸サブシステムと相即應して展開される筈」である。例えば主著第16章〈管理過程〉の主要な内容をなす〈四重経済〉はまさに協働システムに対応するもので，能率性の観点からする組織的均衡の実現過程を論じている。「管理の具体的視座は，公式組織のレベルよりも，むしろ，それをサブシステムとして含む協働システムのレベルにおかれていると考えざるをえない」のであり，このように'人間協働の具体的構造と過程'を把握してこそ……ユニークな組織論的管理論たりうるのではなかろうか。」（加藤 1978 : 86〜7）

2．'バーナード理論における概念的次元'

庭本の学界デビュー報告「協働システムと組織概念」（1977）は，この'協働システム視点か公式組織視点か'をめぐる加藤 vs 飯野の対立（それはやがて公式組織の定義，その解釈と訳語をめぐる対立に発展した）がまさに顕在化する直前に打出され，内容的には，2つの視点の二者択一でなく併用，加藤・飯野の対立でなく両立を志向した野心的言説であった。——その故かどうか，『バーナード・経営者の役割』（1979，有斐閣新書）に収録されてその枢要部分を構成し，以後長きにわたって多くのバーナード理論学習者の指針となった。わけても，その苦心作'バーナード理論における概念的次元'（図6-1）は，大げさにいえば，現時点における標準的な〈協働システム・公式組織〉像を提供している。

庭本はまず基本的な研究態度として3点を確認する。

I．2つの視点，そのせめぎ合い ――「協働システムと組織概念」1977―― 137

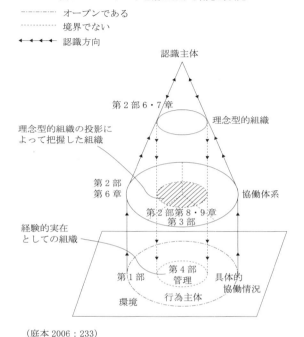

図6-1　バーナード理論における概念的次元

(庭本 2006：233)

1）バーナードの主観的意図からではなく，客観的に提示された著作の内容から接近する。
2）主著『経営者の役割』を中心に置く。
3）主著は抽象的かつ難解，同じ言葉でも用いられる場所によって抽象度が異なり，構成部分の間に亀裂・断層がある――という困難を，先学が切り開いた'行為主体的理解'によって乗り越える。別言すれば，バーナード理論を行為主体理論として把握する。（仝：225～6）

　行為主体的理解とは山本安次郎の主張する方法である。この姿勢と1）の選択が結びついて（飯野とは対照的に）協働システム概念の意義を重視する――単に組織概念を浮彫りにするための概念装置としてだけでなく，主著全体に占める位置と役割を強調することになる。わけても「人間を，組織には環境であ

るが，協働システムの構成要素としたことから新しく書き加えられた第2章［個人と組織］……は主著全体を貫く人間論を展開しており，それがバーナード理論を行為主体理論としていっそう鮮明に基礎づけている。」(仝：228)

　図の底辺はバーナードが投げこまれた具体的協働情況であり，その中でバーナードは行為的直観によって経験的実在としての組織現象（≒組織感）を認識した。具体的な協働情況の場は，日常語では会社・大学・軍隊等々と呼ばれているのだが，バーナードはそれらに共通してみられる協働一般に着目して協働システム概念（中段の円）を導入した。それは「一般的な形ではあるが，いまだ具体的規定要因（≒物的，生物的，社会的，個人的差異？──川端）を含んだ第一次（'私たちにも理解しやすいように'個別性・特殊性と一般性・普遍性とを結びつけた，いわば中間に成り立つ，'実在型'の）抽象概念である。

　次に，協働システムの具体的規定要因（の大部分を）を捨象し，本質的要因のみを一面的に昇華して，'2人以上の人々の意識的に調整された活動のシステム'という組織概念を得る。これが上段の第二次（'理念型'＝）抽象概念であり，共通目的・コミュニケーション・協働意志の3要素が相互依存的に交叉する場として把握される。

　さて，理念型組織＝純粋組織は透視眼鏡であり，これを通して中段の協働システムを覗けば，そのサブシステムとしての（'実在型'の）組織が他のサブシステムを結合させる中核に位置しているのが見える。それをバーナードは単位組織・複合組織とよんでいる。──（理念型組織と単位組織との関係を両者の概念的次元の差異と絡めて把握したことは，庭本の自負するとおり独自の主張である。）次の補足説明に注目したい。──図中の点線は「'境界ではない'という意味であり，それぞれのシステムは協働システムの時空と一致している。言い換えれば，組織は協働システムの一部を領域にするのではなく，協働システムの隅々にまで行き渡っている。」(仝：232)（ついでながら，協働システムを3分している点線は組織以外の3つのサブシステム［物的・社会的・個人的］の存在を示すものであろうが，それら3システムもまた協働システムの一部を領域にするのでなく，協働システムの隅々にまで行き渡っていると解釈できよう。）さらに，底辺の小円は「経験的実在としての組織，その作用として

の管理」を説明するためのもので,「これも点線で書かれているのは,経験的実在としての組織と具体的協働状況とは領域を異にしないという意味である。つまり,組織は具体的協働情況を現出させるのであり,両者は同時同領域的存在である。主著第Ⅳ部'協働システムにおける組織の機能'はこの部分を扱っている。」(仝:232〜3)

3．検討と批判

以上の説明の中で気がかりな点を指摘しておこう。

1つは'同時同領域的存在'の強調である。

① 協働システムのサブシステムである(単位ないし複合)組織は協働システムと時間・空間を共有し,協働システムの隅々にまで行き渡っている。つまり,(時間的・空間的には)組織の境界は即協働システムの境界であり,バーナードが個人・物的システム・社会的システムを組織の環境だとして外側に協働システムの境界を設定したのは純粋に分析的な意味合いにおいてである,ということ。

② 経験的実在としての組織と具体的協働情況との区別もまた,純粋に分析的意味のものであること。

図示しようとすれば異なる位置に線を引かねばならないが,現実の時間・空間では同時一体的存在である——ことは概念論議においてはざらにあることで,むしろ殊更に強調することの含意を忖度したくなる。

2つは,'具体的協働を包括的に捉えるための概念的工夫'とされる〈協働システム〉概念の,いわば'抽象性の乏しさ'である。それは「個別的協働状況である会社,大学,教会,軍隊などにみられる協働一般に着目し」ただけの「一般的な形ではあるが,いまだ(物的・社会的・個人的など)具体的規定要因を含んだ」もの,その意味で協働的現実に近い〈実在型〉の概念構成である——と庭本も弁じているのだが,筆者からすれば,あまりに抽象度が低く'科学的概念構成'とは称し難い。

日常的思考における概念構成として,まずは〇〇会社,××大学,△△組などと表現され,つぎにそれらにみられる(2人以上の人々が共同して何事かを

行っているという意味での）'協働一般'に着目して組織あるいは団体，機関などとよばれる。──日常的思考は個別的協働状況だけでなくより包括的な（特殊的）協働状況をも充分に概念構成しうるのである。〈組織〉という日常的思惟概念とほゞ等しい概念を，殊更に〈協働システム〉と別称して教示される必要はない。バーナード自身も，その行為的'直観で得た組織観を直接取り上げて抽象的に概念化'したのであり，'実在型的な協働システム概念'のような中間項が必要だとは思ってもいなかった筈である。

　組織の定義から人間を排除したことは見当違いではないか，というヘンダーソンの問いかけにバーナードは動揺し，抵抗した。とどのつまりの妥協的解決として〈協働システム〉概念を設定したが，その実体は自らの〈組織〉概念を無傷で守るための防壁，抽象的組織概念から出発して具体的協働状況（≒日常的組織概念）への論理的下向過程（その距離は短く，いきなり飛び降りても大事なかった。いきなり飛び上ったときと同じように）を大げさに荘厳するための仮構にすぎない。

　要するに，庭本の説明の限りでは協働システム概念の論理的必然性は希薄であり，図 6-1 中段に円盤を画くに価しない。底辺＝具体的協働状況に合体させるのが簡明である。

　'2 人以上の人々の人格的諸力のシステム'または'調整された人間努力のシステム'というローウェル講義草稿における組織概念が，もし，日常的概念でいう組織の〈本質〉規定として提示されていたならば，何の問題も生じなかったであろう。──それが組織の唯一の〈定義〉とされたために，現象次元の組織の居場所がなくなり，組織を構成する人々は（目的実現に向けて調整された行為以外は）組織の境界外に追放された。逆に本質次元の組織は，本来無用な筈の時間的持続性や空間的境界（の在り様）の説明に苦しむことになった。'実体でなく関係によって特徴づけられる'という特性をいくら強調しても，'組織を実用的な意味で取扱う'（組織現象を説明する）となると忽ちなんらかの具体的なもので象徴するか，擬人化しなければならない。'組織の定義の中に人間を含めるべきだ'というヘンダーソンの助言は，このようなバーナードの'具体性取り違え'の誤謬（による不具合）を修復するためであった。

Ⅱ. 協働システムの実質的消失と'制度としての組織'
――「組織把握の次元と視点」2003――

26年の後，庭本は再び「組織把握の次元と視点」をやや別の角度から論じ直した。77年論文との異同に注意しつつ検分しよう。

1．論旨要約
旧論では主著での記述の順序に沿って経験的実在（としての組織）→協働システム（第1次抽象）→公式組織（第2次抽象）という行論であった。新論文では'バーナードの認識順序'に従って ① 経験的実在の次元，② 制度の次元，③ 概念構成の次元という順になっている。

(1) 経験的実在としての組織

言語を介したコミュニケーションは協働の潜在的基盤にしてかつ原始的形態であり，それが多少の具体的行為を伴ったとしても，それ自体としては相互作用にすぎない。（図6-2）コミュニケーションを通じて共通目的が形成・認識・受容され，それによって協働意思に由来する人間活動（精神的・心理的エ

図6-2　相互作用と未組織

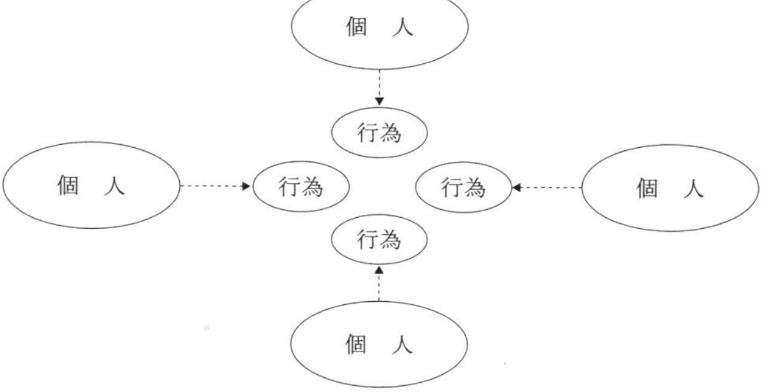

（庭本 2006：151）

ネルギー）が秩序づけられるとき，組織が成立する。この場合，共通目的が客観的実在として機能しながら実は'信じ込まれている'仮構であるという逆説（的なバーナードの説明）に注意せよ——歴史的に形成された「社会価値を独特に内在化した個人価値の中に共通目的の存在性の信念を内包する組織イメージ」（仝：153）が織り込まれているからこそ，そうした逆説的事態が生じ，組織が経験的実在となりうるのである。（図 6-3）

　人々の抱く組織イメージは，それが形成された文化空間や個々の貢献者が担っている組織的役割の差異によって必然的に多様性をもつ。組織の境界についての理解も，例えば株主を企業組織の構成員とみなすか否かをめぐって（近年は接近してきたが）日米のイメージは大きく異なっていたし，おなじ日本企業でも経営者と従業員では組織境界イメージはかなり違うであろう。むろん個人差も大きい。——「バーナードの組織感は取引業者や債権者どころか，顧客を組織構成員と捉えた。それが彼の組織イメージに現れる経験的実在としての組織の姿であったからだ。」セールスマンの販売活動は顧客の購買活動があってはじめて成立する組織活動である。「このようにみてくると〈組織構成員〉という概念や〈組織境界〉という概念は，絶対的な真理だという判別基準はな

図 6-3　組織イメージと経験的実在としての組織

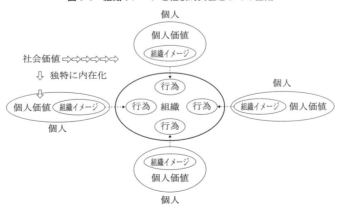

（庭本 2006：153）

い。それを意味あるものとみる行為者の組織イメージ（＝行為者の内的視点）と，それを基礎に現出した経験的実在としての組織現象が構成員と境界を定めるのである。（仝：154〜5）

(2) 制度としての組織

長期にわたって「存続する組織は，貢献する人々の（共通の目的や構造をもたない）人格的接触や相互作用（＝非公式組織）から生まれる組織価値を内包することによって，道徳的制度になる。」（図6-4）制度化した組織は「自ら（組織価値）が自ら（組織行為）を創り出す再帰性の強い組織」である。組織価値（≒組織文化）は貢献者が共有する認識枠組の基礎となり，組織行為の強力な推進力として作用する一方，変化に抵抗する慣性力ともなる。従って，組織が環境変化に適應するには組織価値の変革，つまり‘価値創造’が必要になる。――「この制度化した組織こそが，多くの人々にとって経験的実在に違いなく，‘経験的実在としての組織’の第2ステージなのである。」（仝：157〜9）

(3) 概念構成としての組織

〈経験的実在としての組織〉も，日常の組織行為の場で人々が構成した概念以外のものではない。この行為者レベルで〈概念構成された組織〉を研究者が

図6-4 制度としての組織と組織イメージ

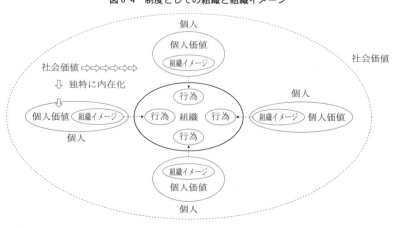

（庭本2006：158）

科学的な手続に従って観察し，経験的実在としての組織を分析・記述するための道具として再構成（A・シュッツのいう概念構成についての概念構成）したものがここでいう〈概念構成としての組織〉である。バーナードの組織定義もこのレベルでの概念構成であるが，「記述レベルではともかく認識レベルでは，どこまでも内的視点（行為者の視点）を貫き，「行為的直観で捉えた組織感を，そのまま組織観（科学的な概念構成）に昇華しようとした」点に（シュッツとは異なる）特徴がある。

2．庭本による解析

庭本の推測によれば，バーナードは永年の体験からの直観によって〈経験的実在としての組織〉を捉え，管理階層が上昇するにつれて価値・道徳・文化に浸透されていく〈制度としての組織〉をもいちはやく認識した。しかし，それを行為者のレベルを超えて説明する概念（協働システムおよび組織）の構築には相当の苦闘を要した。

さて，主著での記述順序は①→③→②となっている。第Ⅰ部では「一般的協働論に落とし込んで〈経験的実在としての組織〉を語」り，第Ⅱ部で〈概念構成としての組織〉を明らかにしたのち，対概念としての非公式組織の性質とその機能を論じた。これを武器にして第Ⅲ部で公式組織の諸要素を析出し，第Ⅳ部で〈制度としての組織〉と取組み，管理とリーダーシップを論じている。（仝：162～3）

このように，具体→抽象→具体，「別の視点からは（人間論）→協働論→組織論→管理論と3層構造（ないし4層構造）になっている。」一見こうした説明は'次元が一貫しておらず動揺しているようにも見える'が，注意深く見ると組織現象の行為主体的理解を貫いて'整然と展開されている'と庭本はいう。（仝：165～6）

庭本によればバーナードの組織把握の特徴は徹底して行為者＝当事者の視点に立つ'内部観察'に在る。内部観察と外部観察とを分かつものは，〈時間感覚〉とそこに具現する〈行為の位相〉である。外部観察（研究者の視点）では「完了した行為や出来事を全体的視野から捉え，とりわけ過去と現在の真理を

Ⅱ．協働システムの実質的消失と'制度としての組織'——「組織把握の次元と視点」2003—— 145

えぐり出す。」これに対してバーナードのような実務家が引受ける経営行為は……未来を限られた視野に見据えて，経営成果をいかにあげるかという現在行為に注意の焦点」があり，「論理的過程でなく，決定にかかわる感覚によって識別される漠然とした抽象の中にいる」現在行為（進行行為）ないしは潜在行為の世界である。「そこで重要なのは，瞬間的な'具体的行為での真実'，行為の視点に立つときはじめて捉えられる世界」である。バーナードはこの世界を描こうと挑戦したのであり，「そこでは，とりわけ人間を排除して，その活動だけから成る組織定義が先兵となった。」（仝：167〜8）

確かに内的視点に立って組織現象を捉えてはいたが，バーナードの時代にはそれにふさわしい記述方法が未だ熟していなかった。「しかし，すぐれた著作家は，時代的制約に縛られた言葉や方法を使って，しばしば時代を超えた問いと思考を表明」する。'2人以上の人々の意識的に調整された活動ないし諸力のシステム'という循環的記述には'構成要素が構成要素を産出する'というオートポイエティックな記述の萌芽をみることができる。

オートポイエシス論の決定的特徴をなす「行為（対象）＝観察（行為）という内的視点」に立つとき，「人間を排除した組織定義と顧客活動もまた組織活動だというバーナードの主張の意味が，目が節穴だったバーナード論者（私）にもはっきりする。」（仝：170〜1）

3．検討と批判

77年論文と対照して最も目立つのは，協働システム概念の実質的消失と〈制度としての組織〉概念による代位である。[2]

協働システムはどこに行ったのか？——「主著第Ⅰ部……一見，抽象的なこの部分が，一般的協働論に落とし込んで'経験的実在としての組織'を語っている。」（仝：162〜3，傍点筆者）協働システム概念は一般的協働論となって〔経験的実在としての組織〕と同次元に'落とし込'まれ，もはや前節図6-1のような中段レベルに描かれる必要はなくなった。

代わりに〈制度としての組織〉が大写しされる。（社会価値を独特に内在化した）個人価値に加えて，1）組織の活動そのものが貢献者間の濃密なコミュ

ニケーションを通して（貢献者個々人の）組織イメージを発展させる。2）彼らの組織としての活動に随伴する（組織外的な）人格的接触や相互作用（バーナードはこれを〈非公式組織〉とよんだ）も組織イメージに影響を及ぼす。そして1）と2）が絡み合うことで，組織それぞれに独特の雰囲気が醸し出される。それらの感覚，理解，態度，習慣，規範，信念の総体（いわゆる組織文化）をバーナードは組織道徳，庭本は組織価値と呼んでいる。後年「セルズニックは，このような価値が注入された組織を制度と捉えたが，バーナードもまた公式組織と非公式組織が分かち難く結びついて価値をおびる（つまり組織道徳をもつ）にいたった組織を制度化した組織（道徳的制度）と理解していた。」（仝：156）──庭本曰く「この制度化した組織こそが，多くの人々にとって経験的実在に違いなく，'経験的実在としての組織'の第2ステージなのである。バーナードの管理責任論やリーダーシップ論は，制度化された組織を前提にして展開されている。」（仝：158〜9）

　ここで問題──〈制度としての組織〉はバーナードの概念枠組のどこに位置するのか？基本的には組織なのか，協働システムなのか，どちらでもない第3カテゴリーなのか？

　再び庭本作の図解に絡めて考察しよう。

　［図6-2］は未組織を示すに充分だが，相互作用を示すには不充分である。［図6-2′］のように4つの行為を点線でつなぎ，個人と行為を実線でつなぐべきであろう。

　［図6-3］では組織を示す行為を相互作用の点線と対照的に実線でつなぐとよい。4つの行為を囲む太線は（ルーマンの組織概念における〈成員資格〉のように）明確な標識がある場合には適切だが，バーナードのように時間的・空間的に不安定で「そこで交わされるコミュニケーションの量の多さと密度の濃さが，他との質の違いとなって，組織の境界を定めるともいえる」（仝：155）ような場合には不適切であり，沫消すべきである。（→図6-3′）ついでながら［図6-2］相互作用の主体たる個人も，（図示されてはいないが）社会価値を独特に内在化した個人価値に裏付けられた〈社会〉や〈人間〉イメージに基づいて行為していることを弁えておく必要があろう。

Ⅱ．協働システムの実質的消失と'制度としての組織'——「組織把握の次元と視点」2003—— 147

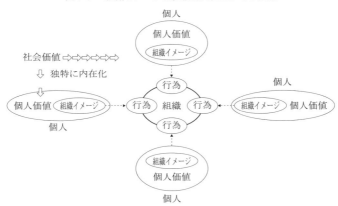

図 6-2′　相互作用と未組織

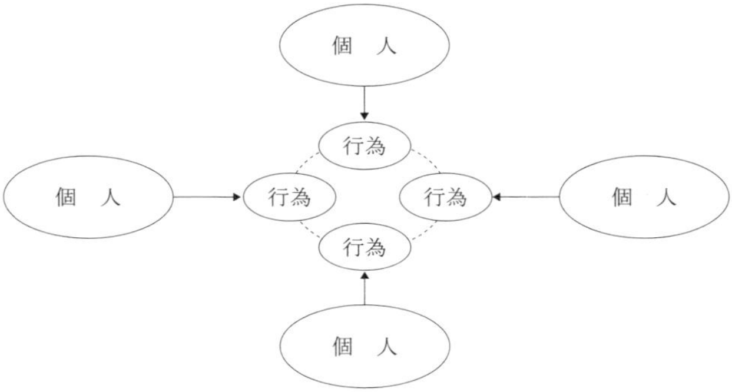

図 6-3′　組織イメージと経験的実在としての組織

　さて，制度としての組織を示す［図 6-4］は，組織・個人をひっくるめた全体を囲む点線とその外側に（個人価値及び組織価値に内在化していない？）社会価値の存在が示されている以外は［図 6-3］とおなじであって，少々物足りない。試みに全体を囲む点線を実線に変えると，奇しくも協働システムの境界にふさわしいイメージになる。物的システムは捨象して大過ない。社会的システムを図示したければ，組織の外側に相互作用を構成する行為を描いて点線でつなげばよい。つまり［図 6-4′］である。前節で庭本は組織が協働システムの一部を占めるのでなく隅々まで行き渡っていることを強調したが，その趣旨

図6-4′　制度としての組織と組織イメージ

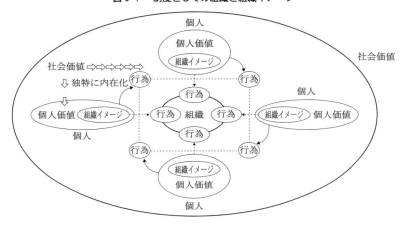

とも両立する筈である。

　制度としての組織と協働システムとの時空が一致するということは何を意味するか？——両者の差異は，前者＝制度が後者＝協働システムを構成する２つの側面のうち，（事実的・機会主義的側面を排除するわけではないが）価値的・道徳的側面に焦点づけた概念だという点に在る。

　どんな社会システムにも上記２つの側面があるが，システムの諸要素とその相互関係の分析において，両者を同時的かつ密接な関連の下に取扱うことは難しい。大体において，事実的・機会主義的側面に比重をかけた分析・記述になりがちであるが，この側面の方が論理的に筋の通った説明に適しているのだから，何とも仕様がない。バーナードも「公式組織が道徳的要因をもたずに行為しうるということは定義上不可能である」（主著：201）といいながら主著第16章までは「組織の構造ならびに過程の原理について共通の理解を得るために，協働の道徳的側面をできるだけ避けてきた。」（仝：258）そこに必然的に生じた歪みを一挙に解消すべく第17章ではリーダーシップと管理責任の道徳的側面に論点を集中したのである。——要するに〈制度としての組織〉は，具体的協働情況，すなわち協働システム（実は日常概念にいう組織）の道徳的側

面に焦点づけた概念であることを忘れてはならない。この点に関連して，バーナードとセルズニックの同一性と差異を確かめておこう。

セルズニックは〈組織〉を'客観的に目的合理性を意図して設計された''使い捨て可能な道具'とみなし，'その稼働過程でそこに組みこまれた社会体により，主観的に価値合理的意味を付与される'とした。「組織は価値を注入されたときに制度となり，単に道具としてばかりでなく，直接的な個人欲求充足の源泉として，また集団的自完性の媒体として貴重視されるようになる。」「制度化がかなり進行しているところでは……公式の調整や命令の範囲をはるかに越えた社会的統合が達成され」「制度化が最終段階に到達するとき，臨界体験として'組織性格'organization character が社会構造を媒体とする意識現象として創発する。ここに至って組織のオープンエンド性は閉じられる。」（北野1996：66〜7）ここでは，組織は道具，つまり純粋に機会主義的な存在と考えられており，それが社会体，（≒人間集団）のなかで稼働することで価値に浸され，制度，つまり機会主義的かつ道徳的な存在となる。社会的に実在するのは後者＝制度のみ，前者＝組織は分析的に制度を構成する一側面でしかない。

だとすれば，［組織→制度］関係についてのセルズニックとバーナードの言説は同質ではない。セルズニックの組織は伝統的管理論のそれ（＝管理機構）に近いが，バーナードの組織は人間エネルギーの力動する行為，事実・価値の両面をもつ経験的実在である。非公式組織も（公式）組織と同型であり，（共通目的と構造はもたないが）両者が絡み合うことで（多くの人々にとって）一層具体的な'経験的実在'となる。

非公式組織を構成する人格的接触や相互作用には，事実情報の伝達や技術的な知識・技能の伝播が含まれている。非公式組織のそのような機会主義的側面との絡み合いを通して，非公式組織に内在する価値や道徳は，公式組織を'制度化'しうるのである。

この〈制度〉と〈協働システム〉とが全く相等かどうかは，また別の問題である。ルーマン流に考えれば，相互作用≒非公式組織もまた行為のみから成る。行為する個人（≒心的システム）はその環境であり，［公式組織×非公式組織≒制度］となっても'人間含み'にはなりえない。他方バーナードの〈協

働システム〉はそもそもが'人間含み'に主眼を置いた論理的トリックであり，物的システム（を含むこと）は道連れにすぎない。社会的システムの大半は個人的システムに吸収され，形骸化した状態で協働システム外に待避させられた。[3]

こうした経緯からすれば，協働システムに含まれる〈人間〉は非公式組織の中で生きている，とみるのがナチュラルなようである。個人的な接触や相互作用の集合，およびそれと関連した人々の編成 'grouping'（主著：115）という非公式組織の定義とも整合的であろう。

セルズニックの言説をバーナードの継承・発展と把握して，〈制度〉を端的に〈経験的実在としての組織〉の第2ステージに位置づけるなら，機会主義的側面の無視，道徳的側面の一面的強調という誤りを冒すことになろう。

III. 道徳性の機会主義的應用
―― 「組織と管理」 2004 ――

1. 論旨

大著第9章「組織と管理――三次元（有効性・能率・道徳性）統合理論」は，バーナード理論の中で最も難解とされる主著第16章「管理過程」に関わる数多の論議を紹介・検討しつつ，庭本独自の'統合理論'を主張している。その基調論旨は以下の如くである。

主著第16章は「管理諸職能の遂行過程との認識のもとに，それら諸職能を機能させる本質，つまり管理過程の支配原理である'全体感を抉りだそうとした章である。管理過程の審美的で説明し難い'全体感'を捉える基準が有効性と能率である。しかし，究極的には，有効性は能率に含まれるがゆえに，全体感の描写は組織の能率の描写，組織経済の描写で代位される。そして組織の能率が部分能率と創造能率からなるとき，創造能率に深く関連するのが道徳的創造性であることは容易に想像できる。その意味では，道徳性は能率に含まれている。だが，組織行為の非有効性と不能率は，結局，組織と個人の対立・葛藤

を招き，全体感の発露である道徳的創造性が管理過程で機能する契機となって，有効性基準や能率基準の再創造をもたらすのである。このように管理過程論は，有効性，能率，道徳性が有機的に結合して展開する三次元統合理論なのである。」（仝：295）

筆者も第16章の整合的理解を志して何度か挑戦したことがあるが，庭本の主張は第16章自体よりも一層難解であり，いまここで詳しく検討する能力と意欲を筆者は持ち合わせていない。ただ1つ異見を述べたいのは，論旨全体を基礎づけている認識，「管理過程は有効性と能率だけが展開する場ではなく，道徳性（道徳的創造機能）が働く場でもある。管理過程は管理諸職能の遂行過程であると同時に道徳的創造機能の遂行過程でもある。」（仝：292）という認識についてである。──前節末尾に記した道徳性偏重の誤謬の1例として，指摘に価すると思うからである。

2．檢討基準

バーナードは有効性（目的達成度）と能率（動機満足度）を人間行動解明の枢軸とみなし，組織行動を分析する枠組に仕立てた。──心理学（的行動科学）は動機≒欲求の充足・不充足という枠組で主として個人行動を分析してきた。諸多の社会科学は目的の実現・不実現という枠組を用い，主として諸組織間の相互作用（およびそれが形成する全体社会秩序）を解明してきた。組織それ自体に焦点を合わせた分析は，2つの枠組の総合，2本の軸を用いた複眼的観察もしくは適時適切な使い分けを必要とする。有効性＆能率は正に適切な枠組であり，わけても個人行動における目的と動機の乖離・結合を，組織レベルでの組織目的と個人目的の乖離・結合の論理に転用できる点で，'個人と組織'の対立と統合，という現代社会の基本問題の解明に絶好である。個人－協働システム－組織－管理，主著全体を貫く枢軸として，この二項対立はバーナード理論において他に並ぶものなき絶対的存在である。

有効性の追求（＝組織目的の実現）過程は「行為の適切さと環境条件の双方に依存する……主として技術的過程の問題」だと考えられやすいが，たとえば

歴史的景観の保全や過大広告の自粛など価値（≒道徳）的配慮を欠くことはできない。能率の追求（貢献者に対する誘因提供能力の確保）過程も，組織価値の注入による精神的動機づけだけでなく，物質的報酬や作業環境など事実（≒機会主義）的裏付けを要する。有効性・能率ともに事実・価値の2側面をもつ。どちらか一方を割譲（して自らは欠落状態で我慢）することはできない。ましてどちらかを分離して（自らと同格の）組織現象解明の基軸に仕立てることはできない。

3．検討

主著第16章においてバーナードは「管理の諸機能が相互に作用し合い交織する，その動的な過程」（佐々木1988：141）を細かく規定するよりは，「全体としての組織とそれに関連する全体状況の感得」という「過程の本質的側面」に焦点を絞り，「全体感が意思決定の支配的な基準となるような全般的な組織行動の部面を概説」（Barnard：235）することにした。そこで2つの要因，行為の有効性と能率を考察するのだが，有効性については'選択された手段が適切であるかどうか'を検討する（これとて「局部的な考慮と全体的な考慮，一般的な要求と特殊的な要求との間に効果的なバランスを見出す過程（ibid.:238）であるが）だけでよい。「全体という観点がつねに支配的であるのは能率——究極的には有効性を包括する——との関連においてである。」そして組織の能率とは「組織活動を引き出すに十分なほど個人の動機を満足させて，組織活動の均衡を維持することである。」（ibid.:240）というわけで，組織経済の描写に移るが，それは概説どころか'薪集め組織'の例解を含む原文13ページに及ぶ詳説である。

さて組織の究極の能率はａ．部分の能率（交換点すなわち組織の周辺での収支の細部にわたる統制によって得られる，分配要因）とｂ．全体の創造的な経済（組織に内的で，生産的要因たる調整によって得られる創造要因）とに依存する。（全：253～4，傍点筆者）そして，ａよりもｂ，分配要因よりも創造要因の方が重要である。組織の諸要素の適切な組合せを確保して生存のための余剰を生み出す「〈調整〉の質こそ，組織の存続における決定的要因である。」（全：256）

Ⅲ. 道徳性の機会主義的應用――「組織と管理」2004―― 153

図 6-5 主要基準の転移 （出所：1982 年飯野論文）

（庭本 2006：293）

　分配要因としての統制は高度の技術的問題である。他方，創造要因としての調整はもともと非技術的で，全体感，部分の全体への永続的従属，諸多の諸要因からの戦略的要因の識別を必要とする。「この全般的管理過程は，その重要な面において知的ではなく，審美的，道徳的である」から，その遂行には適切性の感覚と責任能力が必要であり，（組織が存続・発展している限り）現に発揮されているに違いない。（全：256～ 7）

　こうして管理過程とりわけ能率確保の部面において，管理者の責任能力とりわけ道徳創造能力の発揮が期待され，実現しているということは明らかである。しかし同時に，たとえ比重は小さくとも，随時随所における戦略的要因の識別に当たって知的あるいは技術的（したがって機会主義的）能力が（とくに基盤的能力として）必要とされ発揮もされていることもまた明らかであろう。――バーナードは確かに管理過程における‘全体感’の意義を強調し，有効性は能率に包括されると極言し，‘効用を生産するために組織の諸要素の適切な組合せを確保’する‘全体の創造的な経済’と，そこで要求される審美的なバランス感覚と道徳創造機能を含む責任能力の必要を指摘しただけでは足りず，敢て章を改めて詳説することにした――という意味では「道徳性は能率に含まれている」（庭本：295）という指摘は当たっているが，程度の差はあれ道徳性は有効性にも含まれている。どちらの場合でも，道徳性は，有効性・能率それぞれに関わる意思決定を構成する１つの側面として両者に内在しているのであり，独立のカテゴリーとして有効性および能率と有機的に結合してはいない。いうところの‘三次元統合理論’は，主著第 16 章を構成する複雑多岐なバーナードの言説のあちこちから採集した片言隻句を恣意的に編集して成った庭本の‘創造’に他ならない。

4．3次元遺伝子とその変異（?）

　道徳性を有効性・能率と並ぶ第3範疇に仕立てるという発想は，庭本独自のものではなく，夙に飯野春樹が1982年時点で打出している。当時流行していた（バーナードとは無縁の）〈組織有効性〉論議[4]にかこつけて，飯野は［組織がなすべきことの達成度，達成能力］として〈組織有効性〉の独自な定義を立て，それが（バーナードの意味での）有効性・能率・道徳性という3つの基準の達成能力で構成される，と主張した。さらに「それらが同時に同等のウエイトをもって重要となるわけではない……いずれかが戦略的で主たる基準となり，他二者は補完的で従たる基準となる。図6-5のように三角システムはコロコロころげて，主要基準は順次移転する。したがって組織有効性は協働システムの種類（目的）に應じて，時代の要請に応じて，最重要とみなされる基準に照らして評価されるべきであり，他二者は補助的に参照されることになろう。」「バーナードは能率基準を主にしつつ，道徳性基準の重要性を示唆した。有効性から能率への移転にくらべると，道徳性への移転は質的な問題を含んでいる。……企業にかぎらず，これからの組織有効性においては，道徳性ないし社会的責任能力が問われねばならない。道徳性を基礎にして，はじめて有効性と能率の実現が可能になるといい換えてもよいだろう。」（飯野 1992：98〜9，庭本 2006：293〜4）

　これはまた何とも独創的な主張であるが，庭本は我が師の説をこう評している。──「飯野の主張は，有効性を合理性に，能率を人間性に，道徳性を社会性に置き換えてみると，[5]中心となった経営基準の歴史的変遷としてよく理解でき……バーナード理論解釈からみても興味深い。……ただ，啓蒙上の必要性のためか，あるいはバーナード理論を基礎としつつも飯野独自の主張として展開したためか，有効性と能率および道徳性の位置づけはやや正確さを欠いている。」（仝：294，傍点筆者）

　飯野から庭本へ，三次元統合理論はどう変異したか？曰く，'コロコロ説' と庭本の三次元統合理論とでは「道徳性の位置づけと解釈が大きく異なっている。a）道徳性を道徳準則と理解すれば，一應，有効性と能率と並ぶ基準となるが，むしろ，有効性や能率の手段的基準や達成基準としてそれらを構成し，

そこに内属する。b）道徳性を道徳的創造性と理解すれば，質的には異なるが，管理職能の一つとして，有効性基準や能率基準の質と水準を再創造する役割を負っている。」（仝：294〜5，記号挿入は筆者）

　私見を加えれば――ａ）′道徳性を道徳準則（の体系的集合？）と理解すれば，管理過程論の文脈では有効性や能率の達成基準（の一部分）として両者に内属するのみ。一應にもせよ有効性と能率と並ぶ基準とはなりえない筈である。いやしくも重要な概念（を担っている言葉）の取扱いが安直すぎる。

　ｂ）′道徳性を，その存在の一部面に顕示される一属性（たる創造性）と同一視すること自体，初歩的な論理操作の誤りであり，庭本が何故このように発想できたのか不思議でならない。第２に，道徳的創造性によって有効性基準や能率基準の質と水準を再創造できるとしても，それはあくまで有効性・能率というカテゴリーに内属してのみ可能な業である。独立自営する術はない。

　合理性・人間性・社会性が基本的な経営基準であり，かつ３者が常に平等に機能するのではなく，どれか１つが主要基準となり他の２つが補助基準となって支える。合理性→人間性→社会性の順に主要基準の担手が歴史的に変遷する。――という飯野の言説それ自体は，常識的ではあるがほぼ適切な時代認識に立った，すぐれて啓蒙的な一家言と評価できる。誤りは，それをバーナードの概念枠組に安直に結びつけ，恰もバーナード理論の現代的意義の好個の発現であるかのように主張した点に在る。有効性→合理性，能率→人間性の言替えも無造作すぎるが，道徳性→社会性に至っては無茶である。組織価値≒組織道徳（組織の道徳準則）は，公的（に認められた）準則に合致するもの，相反するもの，無関係なもの，など様々複雑に構成されており，なればこそ準則間の対立を回避・超克しうる'他人のための道徳創造'能力が管理者責任の本質として期待されるのである。いわゆる'組織不祥事'は（バーナードのいう）道徳性と（通常用語としての）社会性との対立の可能性・現実性を顕示している。――この程度のことに飯野が気づかなかった筈はないが，要するに思いつきの面白さにかまけて，立論・論証の手続きが安直に流れたのであろう。

　庭本はといえば，一面では我が師の誤謬をさりげなく是正すべく努めた（か

にみえる)が，他面では我が師の誤謬(を誰も指摘していないこと)に便乗して〈三次元統合理論〉を創造し，敢て難解なる主著第16章の整勢・敷衍に用いることにした。その結果，管理過程論→組織経済論（の読解）はさらに混迷することになった。——安直の遺伝子の再現というべきであろう。

おわりに

1．当初は'調整された共同行為'という〈組織〉概念だけがあり，ヘンダーソンの助言が機因となって〈協働システム〉概念が追加された——という経緯は，飯野の簡にして要を得た解明，ついで加藤の博捜きわまる考証によって，今や充分明らかになっている。加藤の協働システム重視の姿勢と対峙するなかで，飯野は年々，協働システム概念の評価を低め，無視してもよい，といわんばかりの態度を示すようになっていった。

庭本も，最初は協働システム概念を額面どおりに受容してその説得力を讃えたが，ひとたびバーナードの'認識の順序'に即した論述となると，組織価値の浸透を介しての'組織の制度化'を力説して止まず，行論途中に協働システムの姿が見えぬことなど気にも止めず，まして〈制度〉と〈協働システム〉との異同・関連を問うことはなかった。

この問題は，筆者も今回はじめて気づいた。一方では協働システム概念の無用性，他方ではバーナードの組織定義の倒錯性を暗示する，新たな状況証拠かも知れない。[6]

2．'道徳性の機会主義的應用'とは突飛な表現であるが，言いたいことはただ1つ，（飯野・庭本に共通の）バーナード理論の主要な筋骨・脈管を構成している諸概念・諸命題に対する使い勝手本位のいささか安直な取扱いを指摘し，その姿勢を批判することである。およそ原理・学説を論ずるには，ひとまず，忠実な理解に徹することが大前提である。面白く便利だからといって明らかに背理を含む論理操作や無造作な改変，諸カテゴリーの勝手な配列変更など，すべきではない。——自他ともに許すバーナード理論の徒であれば尚更の

ことである。

(2007. 8. 9)

注
1) いま1つの秘かな狙いは「経営学を自然ないし生命から立論すること,あるいは生命の意味から経営学を書き直すこと」であったが,本書全体としては断片的な素描に終わっている。(庭本 2006：i) とはいえ,序章「意味と生命システム」終章「意味と生命の経営学」をはじめ,著者の思いは,近代科学知を超える暗黙知やオートポイエシスの視点と方法をバーナードの方法を重ね合せた第II部,バーナードの自由概念を自然と関連させつつ論じた第I部にも色濃く流れ,まさに通奏低音をなしている。残念ながら,この,庭本の本来の面目ともいうべき現時的にして興味深い問題群について,いまのところ筆者は論及する用意がない。
2) もう1つの重要論点は前項末尾に言及した'内的視点に立つオートポイエティックな記述方法'と組織定義との(必然的な?)関連である。この問題については第7章で詳論する。
3)「協働体系にはさらに,その構成要因として物的体系,人的体系(個人および個人の集合)および社会的体系(他の組織)がある。」「社会的経済は,ある組織と他の組織との関係,ならびにその組織とは協働的な関係をもたない個人との関係(すなわち効用を交換する力)から成り立つ……それは協働体系外のものとの協働の可能性の総計である。」(Barnard 240, 241)
　「社会的体系(他の組織),とはどういう意味か? 1つの協働システムの境界内に,複数の組織が存在しうる,——と解する他はないが,そのような事態をどうイメージしたらよいのか,筆者には見当もつかない。「協働体系外のものとの協働の可能性の総計」とともに,バーナードの仕掛けたトリックの破綻,その露頭がここにある。
4) どういうわけか,当時の組織学界では,(むろんアメリカでの議論に触発されてのことであろうが,)組織有効性,その本性,構成要因,計測方法などの議論が盛り上り,『組織科学』第16巻第2号の特集テーマとなった。バーナードのような二項対立でなく,といってサイモンのような組織目的の効率的達成志向だけ,というのでもない,——いうなれば,バーナードのいう能率(構成員の欲求満足度)や,ようやく市民権を得つつあった企業の社会的責任の達成度(つまり社会性)をも加味した一元的な経営基準を求めてのことであったろう。寄稿を求められた飯野は,そうした趣旨に沿う形で,バーナード理論の新たな形での宣揚を試みたわけである。
5) この言い替えは飯野自身のしたことである。「組織の業績判定基準として,われわれは,バーナードの有効性,能率,道徳性を,一般的な用語としては,合理性,人間性,社会性をあげる。バーナード理論を統合的であるとみなすゆえんである。」(飯野「現代における組織と管理を考える」→飯野 1992：75)
6)「あらゆる公式組織は,社会的システムであり,単なる経済的あるいは政治的な手段的存在とか,会社法のなかに暗に含まれた擬制的法的存在よりもはるかに広い何物かである……社会的システムとして,組織は,慣習,文化様式,世界についての暗黙の仮設,深い信念,無意識の信仰を表現し,あるいは反映する。そしてそれらは,組織を充分に自律的な道徳的制度たらしめ,その上に,手段的な政治的,経済的,宗教的あるいはその他の機能が積重ねられ,あるいはこの制度からそれらの機能が発展してくるのである。」(Barnard 1958→1986：162,邦訳：233～4,傍点筆者) この周知の文章のなかの公式組織・組織は,'2人以上の人々の意識的に調整された活動または諸力のシステム'という定義よりは,むしろ,'擬人化された'組織や'協働システム'に近い,日常概念としての組織を指しているのではなかろうか。

第7章
挿入。ルーマン‐バーナード問題瞥見

はじめに

　バーナード理論研究散策を始めて間もなくの頃，それまで全く無知だったN・ルーマンの社会システム理論とバーナード理論との関連があれこれ取り沙汰されていることが気にかかって仕様がなくなったので，とりあえず大著『社会システム理論』を通読し，併せて中條秀治，長岡克行，藤井一弘，庭本佳和（いずれも経営学界在籍の組織論研究者）のルーマン解説・論評やバーナードとの関連についての発言を学習した。大著通読の成果は乏しかった（1度読んだ位でルーマン理論の自分なりの全体像を得ようとしても無理だと思い知らされた）が，"ルーマン‐バーナード問題"状況の一端に触れ，自分なりの心証を得ることができたし，その際不遜にも諸先達の見解を学ぶなかで感じた幾つかの不審について素朴な疑義を呈しもした。
　この一刻の道草の後，本道の散策を続けて3年余，どの方角に終着点を求めるか，そろそろ決断しなければと思いはじめた丁度その頃，長岡克行『ルーマン：社会の理論の革命』の刊行を知り，俄かに思い立って再度のルーマン学習に取り組んだ。'社会の理論'の基礎部分に力点を置いた大著の通読に3ヶ月を要したが，お蔭様でルーマンの営為の意義と全貌について朧気にイメージできるようになった。懸案の'ルーマン‐バーナード問題'についても，両者の同一性と差異（むしろ対照性というべきか）のきわどい共存，その含意の深刻さに気付かされた。その感動を噛み締めつつ，何とか目鼻をつけて「バーナード組織概念の再詮議」（経営学史学会第15回大会，2007年5月）を発表した後，あらためて4年前の学習論文を読み返したとき，この間における若干の学力向

上と問題認識の深化を自覚し、一沫の充足感を味わうことができた。

上記散策行の最中、庭本佳和の30年に及ぶ研究の集大成『バーナード経営学の展開』(2006) に接した。その中で展開されている'ルーマン–バーナード問題'に関わる論議を取上げようと思う。その1つの理由は、前記学習論文の中で庭本に呈した疑義について、以後何の反応にも接することなく、かつ、ほぼ原論文そのままの形で上記著作に収録されている、と知ったからである。

A. 初見　2002

I. ルーマンの組織論（1）　オートポイエシス以前
―――中條秀治による解説と批評―――

標題のような大問題に正面から挑む用意はない。（幸いにも数少ない）日本の研究者による解説や論評、それも経営学界在籍の組織論研究者に限っての言説の幾つかを取り上げ、その間の異同をあげつらうことで、現下の問題状況の一端を垣間見ようとおもう――まず中條秀治の言説に学ぶとしよう。（中條 1998）

組織概念の構築に当たって、ルーマンとバーナードはどちらも'真正の'システム論の立場――組織を人間でなく人間の行為（の連関）から成るシステムとして把握する――に立っている。バーナードの組織は「協力関係の中に概念的にその存在を感得されうる目的合理的な機能システム」として概念され、その境界は「機能関係にあるかどうかで揺れ動くもの」、いわば「境界をどこまでも拡大することでシステム思考の優位性を主張するようなところがあった。」（仝：177）つまり、バーナードにおいては、組織の境界は意味ある概念とはされていない。

対するにルーマンはむしろシステム概念を境界の存在によって定義づける――「境界が越えがたい秩序の範囲として存在することがシステムたるの要

件だ，とするシステム観をもって社会システムを論じ'公式組織'を構想する。最終的にルーマンは'目的'や'支配'といった概念と必然的に結びついているような組織理論を'存在論的なシステム観に基づく伝統的組織理論'として批判する。」──「ルーマンの主張は組織理論の本流の研究課題と考えられてきた'目的'や'支配'を脇役とするような革命的主張である。」（仝：178）

　存在論的思考方法に立つと，システムは全体，部分および関係という概念によって定義される。ルーマンの「システムを作用連関として捉える」立場に立つと「変化する環境の中にあってシステムの存在とは常に問題を孕んだ現象」であり，システムが「自らを不変に保とうとするならば，システム維持の作用をもつ内的な秩序が必要である」ことが見えてくる。──この見地からルーマンが定義する'社会システム'とは，諸個人の行為が織りなす作用連関（＝行為システム）であり，家族，官庁，旅行団体，部族社会，労働組合等々，'すべての社会秩序'を覆っている。行為システムは，主観的意味ないし潜在的な意味によって結びつけられた複数の行為が，類型的に繰返されうるものであり，かつ環境の変化によって直ちに打撃をうけることなく一定の持続性をもつ場合，他の行為連関から境界によって区別することができる。ルーマンによれば，境界によって「内と外の区別ができるものはすべてシステムとよぶことができる。というのも秩序が次第に形をとり始め固まってくると外の境界が引かれねばならないし，また反対に，その境界を維持するためには，それを目指す内的秩序が存在しなければならないからである。」（Luhmann 1964, 訳〈上〉：27）このようなルーマンの社会システム定義のポイントは，それが人間そのものでなく人間の行為を構成要素としていることに在る。「個人というシステムはその行為を通じて，社会システムの一部となるが，人間存在というシステムは常に社会システムの外部の環境として存在するものとして位置づけられている……諸個人は社会システムの構成要素である行為の提供者として社会システムの一部でありながら，依然として常に独立したシステムとしてそれと対峙する。それゆえ，社会システムにとっては'環境'とも表現されているものである。要するに，個人存在と諸個人間の相互行為により形成される社会システムは必ずしも全面的に一致しないということである。」（中條：181，傍点筆者）

ルーマンの中心的な問題意識は「社会システムの'内的秩序'がなぜに成立しているか」にある。それは変化する環境に対するシステムの相対的な恒常性（を維持する要因）の問題であり，ルーマンによれば「行為システムはシステム連関を定義する行動期待の秩序からその恒常性を得る。行動期待がすべての行為システムを秩序づける要因である。」そして「行為の主観的意味（行為の経過を未来に投影し，未来の状況を思い浮べたもの）はすべてこれを期待とよぶことができ……すべてのシステム問題は期待の安定化という問題に還元される」（前出訳：29～30）のである。

そして「システム連関を形成する行動期待のなかには，不可侵の公式的な妥当性が主張される一連の特別な期待も含まれる。そのような期待が社会システムを規定する程度が高いとき，そのシステムは組織化されている」（仝：30）──というのがルーマンの'公式組織'定義である。システム維持機能を果たす行動期待には規範やシンボルなども含まれるが，「すべての期待のなかで公式化された期待は特別の位置を占めている。このシステムの部分構造にすぎない公式組織（＝公式化された期待）を行為システム全体と区別することによって，一方では（公式化された期待以外の）潜在的で行為者の意識に浮かばない役割や意味連関にまで考察範囲を拡大して「システムへの加入や脱退の可能性，計画的な誘因や制裁には還元できないような秩序形成への動機，無意識になされる方向づけの形式，期待に対する実際の合意の程度，個々の役割定義の間の一貫性や矛盾の程度，システムの目的や指導者に対する情緒的無関心の程度，逸脱行動や失敗に対する寛容の範囲など」（全訳：32）一連の経験的要因の変化とその影響を取扱うことができる。他方では公式化によって解決される特殊な問題や派生的な問題を突きとめることができ，同時に社会学的考察方法による合理化の問題の取扱いの手がかりも得られる」（全訳：31～2）とルーマンはいう。

仕事の計画的な調整，定式化された規則（とその没人格性）など古典的組織論によって与えられた諸定義では，公式組織の諸特徴についての「記述的な統一性は得られるが理論的一貫性が欠けている」。その代表例であるミヘルスとウェーバーは「官僚制の問題を……支配と服従ならびに目的と手段という2つ

の概念群を同時に用いることによって解明したが，この両者の関係を明らかにすることはなかった。」最近の組織論においては，1）「目的志向の限界……システム内のすべての行為を組織目的から導き出すことは，可能でもなければ有意義でもない」2）支配による定義も不充分であって，公式的な権威と実際の権力との間の食い違いや上司の部下にたいする期待の正当性の限界を説明できないことが認識されるようになった。——要するに「公式組織を目的と支配のいずれか一方もしくは両方によって定義することは，組織それ自体を矛盾のない合理的な構成物として研究しようとするもので，不正や誤った構成を取除くことを目標とし……初めから組織を合理的なものと想定しているのである。」（仝訳：38）

では如何にして公式組織に理論的統一性を与え得るか？——ルーマンは「公式組織と非公式組織の共通の基盤である，人間の共同生活の原初的秩序形態」（訳：39）に遡る。そこでは，相対的に安定した相互的行動期待が一定の信頼の下に満たされることで「相性もしくは共感による集団形成のメカニズム」（一度ある行動期待が選択されると，その期待が強化されるという傾向）が作用している。この'原初的集団'において，成員資格として要求される様々な規準の間に矛盾が存在することから，集団成員と逸脱者との間に緊張や対立が発生する。そこから'成員であること'と'集団の期待の承認'とを一致させるべく成員資格を修正可能なものに作り上げることになり，ひいて「成員資格そのものが，一定の権利と義務を伴なう特別な役割のシンボル，すなわち一定の制約下におくことのできる，分離された行動期待の複合体として捉えられるようになる。」（訳：40）こうして，成員であるかどうかの基準が'一緒に居る頻度や継続性'のような曖昧なものでなく，明確な二者択一のもとにおかれる。——このように「成員資格の意識された社会システム'においては'社会的方向づけがある程度希薄化され一定の抽象性をもつ'に至り，'巨大な社会システムが構築されるための1つの前提条件'が整うたことになる。」（訳：41）

このような推移は，システム内で体験される行動期待の分化をもたらす。「システム内の行動期待の一部が成員役割となり，それを承認することが成員であるための条件となるが，その他の期待は，それが極めて重要で強烈に体験

される期待であっても，成員役割とよばれることはない。……期待のこのような分化過程こそが，行動期待の公式化を担う，それゆえにまた公式組織の形成を担う社会過程である。」（訳：41）

以上のような論理展開を経て中條が引き出した結論——結局のところ，ルーマンにおいて「公式組織という概念で意味されることは'成員資格'に関わる'一定の行動期待'を'公式化'することでしかない。」「要するに，メンバーであるためには何をしなければならないかが明確になされ……逆に言えば，成員資格の条件としての'一定の期待'さえ果たしていればメンバーであり続けられるということでもある。」それというのも「社会システムを行為システムとしてルーマンがイメージしているため，システム維持に必要な行為を特定化し引き出しさえすればよいと考えているからである。」（中條：187，傍点筆者）

このようなルーマンの（公式）組織概念の特質把握に立って，中條は批判の矢を放つ。——「組織という概念で意味される特別の行為と言うものは，ルーマンの論理からはでてこない……これがまず最大の難点」であり，「'公式的な期待の複合体'を'公式組織'と表現するとき，組織という概念は無限定であり，その意味で無内容な概念となっている。」組織化自体の意味内容が特定化されておらず，結果的にシステム維持という方向性を与えているのみで……社会システムの維持という側面以外には発想が広がらないのである。」（仝：188〜9，傍点筆者）

無限定・無内容となった原因を，中條は「ルーマンにはウェーバーが構想したような'団体'という概念が欠落している」点に求める。ルーマンは「個を超える全体性を主張する拘束性をもった団体概念とその団体の運営を担う概念としての組織概念が識別でき」ていない——「私は，運営に関らぬ行為を組織という概念で言及することには反対である。そのような発想では組織という現象の本質を理解できないと考えている。」（仝：189）さらに中條は次のように敷衍している——「ルーマンが社会システムとしてその実在を想定しているのは具体的な行為の相互連関であり，相互行為における一定の秩序である。……個を超える全体性は仮定されていない。」（仝：190）だから組織は当然システムの目的とは結びつかず，システムの存続と結びつけられる。同様にして，対

等な個人行為の相互連関というシステム観は支配という概念とは直接的に結びつかない。このように目的とも支配とも直結しないルーマンの'革命的な'組織概念は，彼の社会システム論の枠組の必然的な論理的帰結とはいえ，「組織論としては後退と言わざるを得ない。」なぜなら「組織理論は団体目的の達成に関わる手段性の局面，ないし団体維持に関わる拘束性の局面として目的や支配といった概念と分かち難く結びついてきた」（仝：191～2）からである。

　具体的な行為の相互連関（＝相互行為における一定の秩序）の実在を想定するのみの社会システム観のゆえに，ルーマンの公式組織概念は無限定・無内容（組織化自体の意味内容が特定化されていない）である——中條のルーマン批判はこの１点に尽きており，その余の詮議は無用ともいえよう。しかし，当面はこの点をカッコに入れて，中條が求める'組織という概念で意味される特別の行為'がルーマンの組織概念に欠けているか否か，確かめておこう。
　中條のルーマン組織論検討は明示的には『公式組織の機能とその派生的諸問題』の第１部「基本概念」に限って行われている。第２～４部の目次に明らかなように，ルーマンは公式組織の形成（＝行動期待の公式化）の過程，形成後における成員の動機づけ，組織影響力の態様，組織の対外適応行為（＝非成員に対するシステムの自己表現）などの基本問題，さらに責任と責任事項，リーダーシップ，コンフリクト，非公式役割，同僚関係など様々の派生的諸問題を詳細に論じており，前記の批判はやや奇異に聞こえる。しかし中條の主眼は，組織概念の定義に直結してなさるべき基本的な組織行為の特定，つまりは目的や支配といった基本問題を'公式化現象の研究に際して好んで取り上げられるテーマにすぎない'などと（恐らく意図的に）軽く扱うルーマンの基本姿勢に対する強烈な批判に在る，と思われる。
　バーナードの組織概念は'無境界'的であったが，その要素（かつ成立条件）として，目的・協働意志・コミュニケーションの３つを特定化しており，とりわけ目的は'定義に含まれている'としている。（'支配'の方は注意深く陰蔽し，協働意志ないし貢献意欲によって代位させたが）
　ルーマンの場合，組織行動特定化の問題は'成員資格'（の公式化）に吸収さ

れている。中條も注目しているように，成員資格が意識可能な形態（加入・脱退の手続や会員証の発行など）をとる際に「システムには最低限の内的組織が必要である。少なくとも，成員資格の有無を決定する権限を与えられた集団が存在しなければならない。つまり支配構造の萌芽がなければならない。」（訳：41）とルーマンは指摘している。――この支配構造が，公式組織の成立後も機能し続ける（とルーマンが含意している）であろうことは容易に推察できる。

　さらに次のような記述もある。（訳：42～3）――「すべての公式的に組織化されたシステムに特徴的なことは，その成員が，一定のはっきりと示された期待に対し，自分の成員資格を危険にさらすことなしにはその承認を拒むことができない，ということである。それはとりわけ組織目的にかかわる期待にあてはまる。人々が集まることになった当の目的に賛成しないでおいて，なおかつその成員であり続けたいと望む者は矛盾していることになる。……同じことは組織の目的に沿って正当化されている上層部の職務上の期待についても，またシステムが既に決定した'政策'や管理職のヒエラルヒー構造についてもあてはまる。人は組織の成員として組織の行う指揮監督に対して，自らの指揮権を主張することなくしては，それを拒否することはできない。」（訳：42～3，傍点筆者）

　つまり，ルーマンは'目的'と'支配'を公式組織の概念の核心に在るものと認識しており，ただそれ自体として直截にでなく，成員資格（の公式化）の核心に在るものとして示しているのである。

　ルーマンは先述のように，古典的組織論が'公式組織を目的と支配のいずれか一方もしくは両方によって定義'してきたこと，そこに含まれる問題性が最近の組織論のなかで明らかになってきており，1）目的志向の限界が認識され，すべての組織行為を組織目的から導き出すことは可能でも有意義でもなく，目的と並んで他の観点，たとえばシステムの存続といった観点をも考案に入れるべきこと，2）支配による定義も十分ではなく，公式的な権威と実際の権力との間の食い違いや，上司の部下に対する期待が必ずしも正当化され得ないことなどを説明できない（ので修正すべきこと），が要請されている，とした。（訳：38）ここでいう'最近の組織論'とは，人間関係論に始まって一方で

はバーナード，サイモン，マーチ，サイアート，に及ぶ流れ，他方ではリーダーシップ論を含む行動諸科学，バーンズ・ストーカーやクロジェを含む組織社会学など，1960年頃までの組織研究を指している。そのすべてが，（バーナードのような意図的な権力隠蔽者を含めて）目的と支配とを，組織概念の中核的構成要素と認めた上で，その限界を正しく認識して相応の修正や適応策の探求に努めてきたのである。ルーマンとて例外ではなく，むしろ，そうした'最近の組織論'が推進している方向を極限まで延長した地点で，ウェーバー（やミヘルス）とは対極的な雰囲気を漂わせた組織論を構築しようとした。その際'人々が集まることになった当の目的'や'組織の行う指揮監督……を拒否することはできない'ことは，概念構成の大前提として余りに自明であって口にするまでもない（あとで'何故黙っていたか'と問われてもたやすく弁明可能な）いわば'父母未生以前本来の面目'と観念されていたに違いない——というのが筆者の心証である。

　'何をしなければならないかが明確'で'一定の期待さえ果たしていればメンバーであり続けられる'——'成員資格'のそのような性質がルーマンの'公式化＝組織化の説明ではたしかに強調されている。成員の立場から言えば，どこまで怠けたり反抗したり逸脱したりできるのか？支配集団からすれば，どこまで大目にみたり救済したりするか，どのように脅したりすかしたり，手なづけたり欺したりして大過なく目的を達し組織を存続させるか？ルーマンの組織論の関心重点の少なくとも1つは，既に確立済みの公式組織＝巨大社会システムの維持をめぐって日々くり拡げられているダイナミズム（あるいは手練手管）の種々相の解明に在り，その意味でルーマンの著作が「実務経験を背景にした組織の世界への深い洞察と鋭い観察」（長岡1988b：88）に満ちていることは確かである。

　だが，それだけではない。パーソンズから受け継いだ機能分析の方法を駆使すれば「現代に特有な現象である組織化された社会システムにおける人間の共同生活についての特徴ある洞察——組織とは異なる他の共同生活の可能性を常に考慮に入れることによって，組織という条件下での共同生活の形態がより一般的な問題に対する特殊な解決策である，ということを明らかにする——が

得られる。ただし具体的な記述を完成させるには高度に抽象的な理論の助けを借りねばならず，そのためには長い回り道を辿らざるを得ない」（訳：21，傍点ルーマン）とルーマンは序章で自負している。その言のとおり長大な抽象的・具体的記述を通して，組織というものにまつわりついている様々のイメージを剥ぎとって深層を穿ち，以下に引用するF・マルクスの序文が示唆しているような，組織の本質的機能に迫り得ている——というのが筆者のいま1つの心証である。「組織が最終的にはただ成員の行為だけからリアリティを得ているということをはっきりと見抜けば，組織のなかで人間がどの程度自由であるのかも同時に認識することができる。この自由は組織にとって常に2つの側面を有している。第1にこの自由は成員が組織に抵抗するという形で行使される側面，第2にこの抵抗は組織に依存してはじめて可能になるという側面である。……人間は組織内でも自己存在を守り通すことができ，逆に組織の側からみれば，それを組織の活力の源泉とすることができるのである。」（訳：15～6）

II．ルーマンの組織論（2）　オートポイエシス以後
　　——長岡克行による解説に拠って——

　1984年，ルーマンの大著『社会システム理論』が出た。それはマトゥラーナ＆ヴァレラ（1980）の主張する'オートポイエシス'概念を社会システム分析の基礎概念として採用した画期的なもので，'社会システム理論のオートポイエシス的転回'とよばれている。

　オートポイエシスとは生命＝生体システムの特性〔システムがその構成要素の相互作用を通じて，それら構成要素を回帰的に生産・再生産する〕を表現したマトゥラーナの造語であり，マトゥラーナ自身はこの概念の社会現象への適用に否定的であった。しかしルーマンは社会システムの構成要素（以下，単に要素という）は人間でなくコミュニケーションだとする立場から，コミュニケーションを回帰的に再生産している社会システムにオートポイエシス概念を適用することは可能だとした。同様にして心理システムも，思考を再生産する

オートポイエシスの性格を持つことになる。

さて、このパラダイム転換によってルーマンの組織論はどうなったか？——全面解体→再構築と言いたい程の変革か，それとも形だけの'構造改革'，多少の手直しを施しただけで使い廻すのか？

'84大著ではこの問題は殆ど扱われていない。[1] その第10章は「社会システム概念の基本的特性を実現している異なる2つの可能性」つまり'社会'と'相互作用'の差異を論じているが，その冒頭に'社会システム形成の第3の形態'である'組織'を取り上げない旨の注記がある。——曰く「組織は例外なく，社会と相互作用の差異ほどには，差異として重要にはならない……すべての社会のなかに組織という社会システムが存するわけではない。」だから，社会システムの一般理論の水準では扱わないが，「社会システム理論の内実を明確化するという理論構築の次の水準では」社会・組織・相互作用という3つのシステムを区別して「それぞれに対応する理論を別々に展開しなければならないであろう。というのも，社会システム形成のこれら3つの特殊形態は相互に還元されえないからである。」(Luhmann 1984, 訳：910)

その後のルーマンの著作は夥しく，ずばり「組織」という標題の論文もあるが，ドイツ語盲の筆者は読むことができない。日本の研究者による紹介も皆無にちかく，唯一例外と思われる長岡克行の言説に拠る他はない。(長岡 1998, a．b．) 以下，しばらく長岡に学ぶとしよう。

(1) ルーマンによれば，組織は'意思決定'を要素とし，コミュニケーションを操作（オペレーション）とするオートポイエティックな社会システムである。

(2) 組織を他の社会システムから区別している本質的な指標は成員資格（の存在）である。人は意思決定によって組織の成員になり，組織は意思決定によって応募者を成員にする。

(3) 組織は成員の行為として存在するのだが，行為もまた意思決定として扱われる。ただし，普通に考えられているような心理的な出来事でなく社会的な出来事，つまりコミュニケーションとして（の意思決定として）扱われる。

(4) 「行為は，その行為に向けられた期待に反応するときには，常に意思決

定として現われる。」期待が行為あるいは無行為に向け返されるとき（期待そのものが期待されるとき），はじめて意思決定状況が生れ，そのとき人は期待に対する順応あるいは逸脱という意思決定を迫られる。けだし「組織ではどの行為も無行為も期待に照らして観察されるからである。組織の成員もそのことを知って行動している。」

　(5)　組織は上記のような意思決定のネットワークを通して意思決定を生産するシステムであり，「このネットワークは，成員資格（とその変更）に関する意思決定と組織への成員の所属に関する意思決定が組織の公式の意思決定の産物となるときに閉じられる（操作的閉じの成立)。」

　(6)　意思決定の内容については組織はその環境に照準しうる。にも拘らず，意思決定とみなされるもの，したがって他の意思決定の生産に寄与するものとしては，自律的である。組織は，意思決定の自己帰属化の手続を通して自己自身を環境から区別することができ，それゆえに外部からも境界をもつシステムとして観察され，取り扱われる。

　(7)　成員でない者の意思決定は，組織の意思決定生産ネットワークには属さない。非成員からのコミュニケーションは（政府の決定のように）どのみち組織が従わなければならない場合でもそれ自体としては組織の意思決定生産ネットワークの要素ではない。それが組織内の意思決定によって引用されることによってはじめて，組織自身の意思決定生産ネットワークに入っていく。
(Luhmann 1988: 166，傍点筆者)

　(8)　組織がその環境内のシステム（＝非成員の意思決定から成るネットワーク）とコミュニケーションできるという事態も，組織の操作的な閉じを前提としている。閉じておればこそ環境内のシステムとのコミュニケーションも，それ自体が同時に組織内の意思決定とみなされ，組織内で接続する次の操作（＝意思決定）の前提となる。

　(9)　組織は，ありうる意思決定の接続関係を限定するために，構造を形成する。組織は自身の意思決定を通してのみ構造を特定化し，また構造を変えることができる。

　(10)　組織の構造は期待の構造である。組織の構造としての期待は，組織にお

ける行為と無行為を意思決定に変換するだけでなく，成員によって行われる意思決定を限定する働きをする。

　以上の次第で，どうやらルーマンの選択は基本的に変更なしの使い廻しといってよい。けだし，ルーマンにとって社会システムは具体的な人間ではなく具体的な行為から成り立っており，「それゆえ，すべての人間は，たとえある社会システムの成員であっても，その社会システムにとっては環境なのである。」(Luhmann 1964，訳：28) 思考，意思決定，行為など，意味システムの構成要素が円環的に自己再生産する，というオートポイエシスの発想は'行動期待の公式化'という組織概念に変更を迫るどころか，人間（の集団）という発想に固執する在来の組織論と対峙する身には頼もしい援軍と見えても不思議はない。
　上記引用文に示されたルーマンの立場は，バーナードの言説に直接に依拠したものである。（仝上，訳：34）さればオートポイエシスの福音は，バーナードの組織概念の忠実な祖述者にとって一段と大きかったといえよう。

III. バーナード理論とオートポイエシス

1. ルーマン vs バーナード

　庭本佳和（1994）によれば，1960～70年代，コンティンジェンシー理論の隆盛期に，バーナードの動的組織観は絶滅の渕に追いやられたが，80～90年代，自己組織パラダイムの浸透と共にバーナード理論の理解が深まり，確実に浸透し始めた。ただし，その勢いにはかなりの日米差（アメリカで顕著，日本で貧弱）があり，その底には日本の「経営学における自己組織論者の自己組織理論理解にかかわる，より本質的な問題」がある，という。研究者倫理といった深刻な問題は措くとして，当面のバーナード理解に直接かかわる論点として，プリゴジーンの散逸構造論に代表される第2世代システム論に拠って'ゆらぎ'（を通しての秩序形成）を強調する自己組織性論とマトゥラーナ・ヴァ

レラのオートポイエシス論（＝第3世代システム論）との根本的な差異，そして日本の組織論者の多くがそのことを理解せず，結果として安直な'ゆらぎ'偏重に終始している，ということがあげられる——と庭本はいう。

　オートポイエシス論は生命システムをモデルに社会システムにまで一般化した，自己組織性論の新たな展開である。その特徴は① 自律性，② 個体性，③ 境界の自己決定性，④ 入出力の不在性，であり，④ の視点が①・②・③ のすべてを理解する基底に働いている。入出力不在とは閉鎖系を意味するが，これはシステムそれ自体に視点を据えた記述方法の帰結である。「'円環的な産出的作動システム'……に内的な視点をとる限り，入力も出力も見えてこないし，また見る必要もない。」（仝：44）'システムの特性をどこまでもシステムそのものにとって意味づける'論理を構築するために，'入出力がない'と修辞学的便法を使いつつ「語られている事柄は明らかに開放性の新たな意味である」（河本 1991：258）とされるように，「この自己産出プロセス自体が，絶えず同一の構成要素をつくりだして個体性を保証する一方，その自己産出のなかで自らの境界を決定するのである。」（庭本，仝：44）——要は一貫してシステム内的視点から捉えることである。

　ところで'開放性の新たな意味づけ'とはどういうことか？——ひきつづいて庭本がバーナード組織論の先駆性を宣揚する行論のなかに若干の言及がある。「バーナードは，有機体的システム論が漸く胎動し始めた1930年代に既にオートポイエシス論の視点と記述方法を確立していたともいえる。」（仝：46）バーナードは'組織感'（≒組織に内的な視点）に拠って組織をコミュニケーションと活動のシステムとして捉えた。「コミュニケーションと活動を引き起すものがコミュニケーションと活動であり，それによって組織境界が決定される」。ここから'顧客を含むバーナードの組織概念は広すぎる'とか'境界が曖昧だ'との批判が生じる。しかし「顧客のコミュニケーションと活動が組織のコミュニケーションと活動に連結すれば，それはもう組織なのである。そのように捉えられた組織は，内的な眼からは閉じていても，観察者の眼からは外部を内部化しており，組織と環境の関係を，組織システム内に取り込んでいる。行為者の視点が，解放性の新たな意味づけを可能にした。」（仝：46）

庭本はまたオートポイエシス（としての社会システム）における'ゆらぎ'を次のように位置づけている。——社会システムの構成要素である「コミュニケーションとは伝達（活動），情報（内容），理解（意味）の統一体である。それぞれを対話，言語化，概念化，暗然知が支えている。……語られたものであれ，語り得ないものであれ，情報や知識がそのまま理解され共有されるのではなく，微妙なズレを伴ないながら，拡大したり縮小したりする。その微妙な意味のズレが'ゆらぎ'にほかならない。……意味のズレがさまざまなコミュニケーションを誘発して新たな意味で埋められ……コミュニケーションの連結のなかから情報が共有され理解が成立したとき，コミュニケーションは異なったレベルに移行している。これが社会や組織に変動をもたらす。（庭本 1996：59）」

 このようにオートポイエシス論は自己恒常性の維持のみでなく，'ゆらぎ'がシステムの構造変動に帰結するメカニズムをも包含している。それゆえに「'コミュニケーションによって社会として再生産される'社会は（社会＝社会）に違いないが，それによって形式論理的に前項と後項の同一性（自己維持）を保持することを示すと同時に，位置の違いが内実の違い（社会≠社会）を表す循環的自己創造システムなのである。」（仝：59）

 以上の摘記にみるように，庭本は ① バーナードのルーマンに対する直結的な先蹤性，② 分析水準の抽象度の差異を超えて貫かれている，論理と記述方法における両者の同一性を強調した。「オートポイエシス論を現代の組織論に生かそうとすれば，バーナード理論の再解釈が１つの手掛かりを与えるであろう」。（仝：60）

 このような庭本の見地からすれば，先に要約した（転回後のルーマンに拠る）長岡が提示した組織概念（とその敷衍）は，大いに不満足なものであった。コミュニケーション（ないしは意思決定あるいは行為）が構成要素で，個人＝人間（という心理・生理システム）は境界外（つまり環境）だ，という基本的な立場は直結・一体であるが，用いられる具体的な論理と記述方法には些少とはいえない差異がある。——組織を他の社会システムから区別する指標である'成員資格'の存在（ルーマン）vs 不在（バーナード）という差異。つま

り，ルーマンの組織は，人間を含まないだけでなく，意思決定の担い手のレベルで'非成員'（が行う意思決定）を排除する。対してバーナードの組織は，成員・非成員の別なく組織目的の達成にかかわるすべての意思決定（≒コミュニケーション≒行為）を含む。ルーマンの公式組織は「複数の環境とそれぞれ異なった関係を結び，それによって安定性を得る」。例えば「製造やサービスに携わる組織化された企業は，その意味で少なくとも5つの環境と関わりをもたなければならない。すなわち労働者や従業員（成員），所有者や出資者（成員あるいは非成員），納入業者（非成員），顧客（非成員），競争相手（非成員）である。企業にとってこれらの環境は'市場'として存在する」。(Luhmann 1964, 訳：187) このようにルーマンの組織は，バーナードと異なって，組織という言葉の日常的な用法に近い次元で概念化されている。

2．庭本の長岡批判とその実体

これに対し庭本は，成員資格に焦点づけて次のように長岡を批判した。

「経営組織と社会や相互作用といった他の社会システムとの違いは，極論すれば，一般的な意味での公式組織と非公式組織の違いと同型である。厳密ではないかも知れないが，非公式組織や社会にも，緩やかではあれ成員資格はある。組織価値や社会価値を含めた文化の受容はその典型に違いない。……そうであれば，公式組織と成員資格の内容が異なるだけだともいえる。また公式組織が持続すると非公式組織を生成することは早くにバーナードが指摘したが，両者が一体として現れる価値を帯びた組織，つまり制度化された組織の成員資格が複雑になることは，周知の事実であろう。」──結論として「長岡の組織認識は中條のそれと何ら変らない。そうであれば，組織の構成要素としての意思決定を持ち出すまでもなく，組織は成員資格によって既に区切られており，組織の境界は明らかである。経営組織に敢えてオートポイエシス論を適用する必要はないだろう。オートポイエシス論は，運動が境界を区切る円環運動論であり，成員資格で区切るという発想にはもともと馴染まない。」こうして庭本はルーマン vs バーナードの差異を，抜き差しならぬまでに突きつめた。[2]

さて，同じ論文の中で庭本は，既に紹介した先行2論文での'オートポイエ

シス論とバーナード組織概念の接合の試み'を簡単に再説している。「人間相互作用それ自体が既に社会の一部といえるが、これに諸組織を加えた相互作用の総体が社会を構成している。……とはいえ、人間が即相互作用ではない。同様に、相互作用自体もまた即人間ではない。相互作用は、そしてそれと同じ性質をもつ社会は、コミュニケーションによって相互作用や社会として再生産されるのであり、それ自体の主体性をもたない。」(仝：174)

これに対して、バーナードの組織定義〔2人以上の人々の意識的に調整された活動ないし諸力のシステム〕は、'組織（コミュニケーションを通して調整された活動）＝（コミュニケーションを通して調整された活動）組織'のように、活動を調整する主体が組織それ自体というオートポイエシス論的な循環的定義であるが、明らかにそこには主体性を滑り込ませている。」(仝：174～5．)

何故に、また如何にして組織には相互作用や社会（＝世界社会）には無い主体性が具わるのか？——曰く「繰り返して説明すれば、(a) 'コミュニケーションを通して認識された共通目的に方向づけられて調整された協働意思からなる活動'と定義されてもよい組織は、相互作用や社会と同様に再帰的に'コミュニケーションを通して調整された活動'を生み出すが、産出された活動も'コミュニケーションを通して調整された活動'を通して'調整された活動'によって共通目的に向けて調整されており、'調整された活動'としての組織自体が、コミュニケーションを通した調整主体として、主体性を獲得しているのである。つまり、(b) 人間の心理的・精神的エネルギー（協働意思）から成る活動 (activity) が、具体的には身体的・生理的動作を含む行為 (action) として現れ、調整された集合的行為主体による連続的な組織行為 (acts of orgainization) となって作動するとき、組織は調整主体として自己決定的に境界を区切るのである。」(仝：174～5, 傍点・記号は筆者)

さて、何が説明されているか？

(a) ではバーナードの定義する組織が、相互作用や社会と同じく'コミュニケーションを通して調整された活動'を再帰的に生み出すオートポイエシス・システムであること、ただし'調整'が共通目的に向けて行われるということが、組織自体をして主体たらしめる、——つまり調整＝目的≒主体性という等

置。

(b) は組織にかかわる activity, action, act, という3つのタームの使い分けを述べたのち,「組織は調整主体として自己決定的に境界を区切る」と断定している。

つまり,どこにも説明はなく,バーナードの定義する組織は他の社会システムとちがって主体性をもつ,と繰り返しただけで何の論拠も示されていない——という事態は何を意味するか？

そもそもオートポイエシス的システムの特徴は,① 自律性,② 個体性,③ 境界の自己決定性,④ 入出力の不在性,にある。'天上天下唯我独尊' という言葉を連想したくなるほどの,主体性の塊,といってよい。社会システムの種類によって,あっちは 'それ自体の主体性をもたない' こっちは '主体性を滑り込ませている' などというのは,全く理解に苦しむ言説であり,オートポイエシス論の折角の発想を台無しにするものではないか？〔以下の議論では,単純化のために,小異は承知で大同を仮定し（ルーマン）相互作用≒非公式組織（バーナード）,コミュニケーション≒意思決定≒行為として互換的に用いる。〕

（公式）組織を相互作用ないし非公式組織から区別する指標をルーマン・長岡は成員資格の有無,庭本は主体性の有無に求めた。バーナードは何に求めたかと問えば,'共通目的' の有無ということになる。成員資格と比べると,（硬直的に解釈すればひどく厳格・狭隘にもなり得るが）概して柔軟であり,広範囲に,かつ短命な行為でも,包容することができる。道でぶつかりそうになった2人の人物が一瞬の目配せで互に体を躱せば,公式組織の成立要件を満たす。このようなケースも含めて '自己決定' される組織の境界が伸縮自在を極めるのも当然の成行で,便利といえば便利だが,その分,組織現象の説明力が限定されることになる。含まれる貢献者（の行為）が広範囲・流動的なので観察の焦点が定めにくく,分析の一貫性を保ちにくい。精度を高め内容豊かな説明にしようとすれば,実際に対象となる貢献者（の行為）の範囲を暗黙裡にでも限定しなければならない。現にバーナードも,主著第6章の組織定義のすぐ後で「意味の混同が生じない場合には,表現の便宜上,しばしば組織を人間の集団と考える通常の慣習に従い,かかる人々をその '構成員' とよぶことにし

よう」（訳：77〜8）と言い，第7章以後の論述の対象を実質的にほゞ'構成員'（≒経営者＋従業員）に限定している。──つまり（方法・序論では異なるが）本論・各論においては，バーナードとルーマンの視座は実質的に同一といっても差支えないのである。

(2003．1．23)

注
1) 大著の第5章「システムと環境」の第5節「意味境界」の終り近く。「社会システムの境界が，第1次的には成員としての役割に基づいてまた成員になることの認可に基づいて調整されており，さらにその社会システムのテーマが，そのシステムの成員に対して，こうした成員であることに基づいて課されうるものとしてみなされている，そうした社会システムが存在している。そうした社会システムは，近代社会においては'フォーマルな組織'として決して無視しえない重要性を獲得してきている。何がそのシステムにおいて行為とみなされるのか，またその環境にいかなる行為が帰属されるべきなのかということは，社会的次元に基づいて調整されている。そのことによって，システム境界は精確さを増している。そうした精確さは，社会システムが行為システムとして自己描写をすることによってもたらされている。」（訳：311）この個所を筆者は通読の際に見過ごしており，本稿を書き始めてから気付いた。──これでみると，ルーマンの'使い廻し'の意図は明白である。
2) 「長岡の組織認識は中條のそれと何ら変らない」という庭本の認識は大胆不敵である。長岡はルーマンの言説を祖述しているのであり，中條はウェーバーの団体・組織概念に拠っている。オートポイエシス的記述方法の適用の仕方をめぐる小異（？）の追究のあまり，'人間含まず，行為のみ'の社会システムという，バーナードとルーマンの根本的一体性をゆるがすことになっては元も子もなくなるのでは──他人事ながら心配になる。とはいえ，逆に考えれば，ルーマン・長岡と中條・ウェーバーとの間に，概念的枠組としては二者択一的に対立しながら，組織の認識と記述の実質においては，（当然のことかも知れないが），大いに共通している（ことを庭本は指摘したのだ）ということになる。ルーマンの言う，成員資格を公式化した社会秩序は，（そこに至る論理の立て方は異なるが，）ウェーバーの'団体'とほゞ同一といってよい。先述のように中條はルーマンにおける'団体'概念の欠落を強調しているが，私見では，ルーマンに欠けているのは（ウェーバー・中條のいう）'組織'概念であって，つまり，〔ルーマンの組織≒ウェーバーの団体〕である。けだしウェーバーは伝統的組織概念に立ち，ルーマンは，バーナード以後の近代組織論に棹している。ウェーバー・中條のいう'組織'は，ルーマンにとっては，組織の運営のための装置にすぎない。

B. 再見　2007

I．バーナードとルーマン。同一性と差異

　まず両者の同一性と差異を，それぞれ最も主要な1点に絞って確認しておこう。

　同一性。両者とも（公式）組織を複数個人の行為ないし意思決定のみから成る〈システム〉と定義し，行為の担手である〈貢献者〉ないし〈成員〉を組織（というシステム）の環境に位置づけている。「社会システムは心身をもった具体的な人間から成り立っているのではない。それは具体的な行為から成り立っている……それゆえ，すべての人間は，たとえある社会システムの成員であったとしても，その社会システムにとっては環境なのである。」(Luhmann 1964，邦訳〈上〉: 28)――ルーマンはこの個所に「組織論においては，この見解はバーナードによって強力にそして一貫して主張された……（が）あまり受け入れられていない。」と注記しており，バーナードのルーマンに対する直接的先蹤性が明らかである。

　差異。ルーマンの場合，組織を構成する行為は公式の資格をもつ〈成員〉のそれに限定されている。成員資格をもたない人々の行為は，たとえ組織（の管理者）による意識的調整を受容して共通目的の達成に貢献していても，組織外の環境に位置づけられる。端的に言えば，成員資格で組織の境界が画される。

　バーナードは〈成員〉思考を排斥する。資格を問わず，組織目的の達成に貢献する行為すべてを組織に帰属させる――という意味で組織には境界がない。端的にいえば行為そのものが境界であり，行為の展開につれて絶えず流動するのである。バーナードにとって，〈人間含まず・行為のみ〉ということと，行為の担手について〈無差別・無境界〉だということとは密接不可分の関連にあり，多くの人々が（通常の時間感覚に従えば）複数の組織に同時に貢献してい

るという事態も，それによって自然に説明できる，というのである。

　ここで問題が生じる。――ルーマンとの間の〈行為のみ〉という同一性と〈無差別・無境界〉vs〈成員資格＝境界〉という差異とが，バーナードにおいて不可分一体の関連にあるという事態を，どうすれば整合的に説明できるか。――及ばずながら試してみよう。

　Ａ．ルーマンは社会システム理論の構築という理論的関心から出発した。ルーマンが定義する〈社会システム〉は諸個人の行為が織りなす作用連関（＝行為システム）であり，家族，官庁，旅行団体，部族社会，労働組合などすべての社会秩序を覆っている。そこでは複数の行為がその主観的意味ないし潜在的意味によって結びつけられている。この意味連関が環境の変化によって直ちに破壊されることなく一定の持続性をもつとき，他の行為連関との間を境界によって区別することができる。

　ところで，行為の主観的意味（行為の経過を未来に投影し，未来の状況を思い浮べたもの）は期待とよばれ，システムの秩序維持問題のすべては期待の安定化という問題に還元されうる。そのような「行動期待のなかには，不可侵の公式的な妥当性が主張される一連の特別な期待も含まれる。そのような期待が社会システムを規定する程度が高いとき，そのシステムは組織化されている。」(Luhmann 1964, 訳〈上〉：30)

　公式組織を〈公式化された期待〉（で秩序づけられた社会システム）と定義するとき，ウェーバー以来の「公式組織を目的と支配のいずれか一方もしくは両方によって定義する」手法は「記述的な統一性は得られるが理論的一貫性に欠ける」（仝：38）ものとして棄却される。その代りに打ち出されるのは〈公式化された期待〉の凝結ともいうべき〈成員資格〉である。'原初的集団'における'相性もしくは共感''一緒に居る頻度や継続性'などに拠った曖昧な〈成員資格〉が，成員と逸脱者との間の緊張や対立（とその克服）を経て「一定の権利と義務を伴う特別な役割のシンボル，即ち一定の制約下におくことのできる，分離された行動期待の複合体として捉えられ……はっきりとした二者択一のもとにおかれる」（仝：40〜1）とき，はじめて社会システムの1類型としての公式組織の境界が確定する（集団が組織になる）のである。付言すれば，

何らかの目的を志向する，目的を合理的に達成するといったことは，公式組織（を構成する行為）の要件ではない。要件は公式資格をもつ成員の行為であることだけで，成員資格（に規定された役割）が目的追求行為を要求している場合にだけ，それが要件となるのである。

　B．バーナードは組織における管理職能の遂行という実践的関心から出発した。出発点にあった公式組織は「政府，その諸部門，教会，大学，労働組合，産業会社，交響楽団，フットボール・チームのように，役員ないし明確な指導者が居て，しかるべき存在理由と名称をもっている，そのような協働的努力の結合体 association」（Barnard 1938：4）である。ルーマンの言う（〈成員資格〉が公式化された）組織にほゞ比定しうるものであるが，これをバーナードは〈協働システム〉と名づけ，それから物的・社会的・個人的要因を順次捨象して，'2人以上の人々の意識的に調整された活動または諸力のシステム' という〈組織〉定義に到達した。その過程で〈成員資格〉のような集団（の概念）に付着した属性は払拭されたので，組織を構成する〈行為〉の担手は誰でもよく，組織自体は出入自由な諸力の発現＝活動の〈場〉とイメージされることになる。行為に対する唯一の縛りは共通目的に志向する〈協働〉という要件であり，この点は '目的によって組織を定義する' 伝統に沿うものである。ウェーバー風に言えば，バーナードは経営団体から出発し途中で〈団体〉性を削ぎ落して〈経営〉に純化したわけである。たゞし〈経営〉の重点が，ウェーバーのいう合目的行為の反復持続性から複数個人の（理念・利害の対立を準解決した）協働に移行している。

　要するに，おなじく公式組織と称するものの，ルーマンのそれは（ウェーバーの言う）団体 Verband であり，バーナードのそれは経営 Betrieb を指している。バーナードは人間を含む協働システムから人間を捨象して行為のみの組織を抽出した。ルーマンは集団における成員資格の洗練→公式化に注目して組織（≒団体）を定義したが，集団も組織も最初から（人間含まず）行為のみの社会システムとして設定されていた。システム論（的方法）としてバーナードに比べてより徹底しているわけである。両者の同一性と差異（という矛盾）は，公式組織という名辞の同一性と実体の差異——すれちがい——に基づく仮

象だった，ともいえよう。

II．組織のオートポイエシスと成員資格（という境界）

　ここまでの議論はいわば枕である。深層に横たわる同一性と差異を確かめねばならない。
　ルーマン理論のオートポイエシス的転回は1981年前後に始まり，『社会システム理論』1984年で確定した。オートポイエシス概念に基づく組織論の展開として『社会の経済』1987，「組織」1988『社会の社会』1997，などがあるが，なお体系化とはいえず，体系構築のための素材にとどまっている（10年後の今日ではかなり明確になっているであろうが）由である。（春日　1998：152～4）
　ここでルーマンの組織論に深入りする必要はない。必要なのは公式の成員資格という組織の〈境界〉要件がオートポイエシス概念の導入によっても，変ることなく維持されているか否かを確かめることである。
　(1)　ルーマン自身が端的に述べている──「システムの境界が第1次的には成員としての役割および成員になることの認可に基づいて調整され，さらにシステムのテーマを成員に対して，成員であることに基づいて課すことができる。そうした社会システムが存在している。そうした社会システムは，近代社会においては'公式組織'として決して無視しえない重要性を獲得してきている。」(Luhmann　1884，訳：311)
　(2)　長岡克行の解説に従えば，社会システムのオートポイエシスが生命システムのそれと異なる特性は，1）意味をメディアとし，2）コミュニケーションを要素とし，3）作動に際して自己観察を要し，4）自己準拠に際して他者準拠（情報）を随伴することである。（長岡　1998 a：166）組織も社会システムとしてこの4つの特性を具えていなければならない。たゞしルーマンは組織について'意思決定を要素とし，コミュニケーションを作動とする'システムという，一種の特定化を施している。[1]長岡によればここでいう意思決定は心

理的な過程ではなく社会的な出来事としてのそれであり，それ自体がコミュニケーションである。組織では行為もまた意思決定として扱われる——というのも，行為はその行為に向けられた期待に反応するときには常に意思決定として現われる（期待に応えるか背くかという選択を迫られる）からである。こうして組織は意思決定のネットワークを通して意思決定を産出するシステムであり，このネットワークは成員資格（とその変更）に関する意思決定と組織への成員の所属に関する意思決定が組織の公式の意思決定の産物となるときに閉じられる。——非成員の意思決定はこのネットワークの要素ではない。例えば企業にとって重要な顧客，銀行，政府機関からのコミュニケーションであって組織がどのみち従わなければならぬ場合でも，それ自体は組織の要素ではなく，組織成員の意思決定において引用されることによってはじめて，組織の意思決定産出ネットワークに入っていくのである。（長岡全：167〜9 ←Luhmann 1988 a：166）

（3）意思決定という土台に立つオートポイエシスを前提として「組織は自らの環境にある諸システムとコミュニケーションする可能性をもっている。組織は諸々の社会システムの中でこの可能性をもつ唯一の型であり，この可能性を手に入れようと思うなら，組織を作らねばならない。」（Luhmann 1997：834 →春日 1998：154）確かに，その場に居合せた人々という境界的に限定されたコミュニケーションで成り立つ〈相互作用〉や，全体社会システムから分化した諸機能システムは（その定義によって）環境との間でコミュニケーションを交わすことができない。したがって「組織のうちでもトップレベルの重要性や規模をもつもの（巨大企業，政府，政党，大学等々——筆者）は機能システムの内部に形成され，当のシステムの優位機能を引き受けている。」（Luhmann ibid.:840〜1 →春日全：154）これは'機能システムの組織依存性'（Luhmann 1988，訳：310〜1 →春日全：161）とよばれる事態であり，諸機能システムは組織を利用することによってコミュニケーションの偶発性 contingency を縮減している。

ただし，諸機能システムを構成するコミュニケーションはそれぞれに固有の'象徴的に一般化されたメディア'（経済システムであれば貨幣の支払）を用い

て作動するのだが，そうした「メディアの利用が行われるのは，結合を解かれた出来事を結びつけ，それによって自らをメディアに刻印しうるリジッドな構造を通してである (Luhmann 1988, 訳：314)。ここで「'リジッドな構造'とは……貨幣支払の場合であれば組織とりわけ企業組織を指すと考えられる。」なぜなら「支払の意思決定は組織で行われ，貨幣は組織のプログラム（たとえば投資や消費のプログラムと予算）に従って物的設備・支払義務・労働契約等々に投資あるいは拘束される。つまり貨幣は組織によって結合ないし再結合され形態を与えられるのである。ルーマンが'メディアと形態'および'メディアと組織'の両表現を互換的に使う理由はここにある。……要するに，機能システムひいては全体社会システムの作動にとって，メディアと組織（形態）の協働・補完は欠かせないもの」であり，その組織＝リジッドな構造の内実としてルーマンがあげているのが〈成員規則〉と〈職位体系〉なのである。（春日全：57〜8）

　成員規則と職位体系を〈成員資格〉として縮約表現してよいとすれば，公式の成員資格は，オートポイエティックなコミュニケーション・システムとしての組織の作動にとって，不可欠の'リジッドな構造'といってよい。

　――以上で，成員資格を組織の境界要件と規定することと，その中で意思決定（という組織の要素）がオートポイエティックな円環運動として産出されていることとが，矛盾なく両立しうること，ほぼ明らかであろう。

III. バーナードの組織概念とオートポイエシス

　ルーマンのオートポイエシス理解に照らせば，バーナードの例示する組織は（共通目的に志向した）社会的行為という意味で，まぎれもなくコミュニケーションを要素とするオートポイエティックな社会システムである。周知の'石運び'は，居合せた人々の間のコミュニケーション〔情報―伝達―理解〕に〔意思決定―行為〕が接続した例であり，ルーマンのいう相互作用に当る。'薪集め'組織 (Barnard 1938：247〜9) は ABCDE 5 人で創設され，紆余曲折

の過程でCがリーダーとなり，Aは追放，Bは死亡，Dは脱落するが，G・F・Hが補充され，Iが運転資本（生活物資）の提供者として加わって無限持続の相を呈する。これは（完全には公式化していないが）成員資格を境界とする組織であり，意思決定という要素を連続的に産出するオートポイエシスの例である。

　バーナードのいう組織の3要素〔共通目的・伝達・貢献意欲〕は，ルーマンのいうコミュニケーションの3つの構成要素〔情報・伝達・理解（→意思決定）〕と奇しくも同型のようである。[2] 3要素の継続的循環の中で理解が深まって，情報は共通目的へと成形され，意思決定の偶発性が縮減されて貢献意欲へと高まる——という経過が想定される。無論，別の経過（理解が誤解であって'貢献しない'という意思決定に導く）も同様に可能であり，この場合はコミュニケーションの不成立，組織の不成立あるいは解体ということになろう。

　春日淳一の解釈に従えば，バーナードの〈貢献〉は'組織と人間を媒介にする'概念であり，ルーマンの'機能システムと組織を媒介する'概念としての〈参加〉との間に同型性が認められる。——経済システムに例をとれば，それに固有のコミュニケーション＝支払の担手である企業や家計は経済システムの外部＝環境にあってこのシステムと相互浸透する'参加システム'であるとされる（Luhmann 1988, 訳: 121）。それと同様に「組織に固有のコミュニケーションを担う従業員・納入業者・投資家・顧客等々の人間は組織に〈貢献〉しているのである。図式化するなら，ここには〔人間—（貢献）→組織—（参加）→機能的下位システム〕という入れ子的関係が成立しているわけである。」（春日全 : 147〜8）

　この判断を受容できるか？——以下，思いつくままに自問自答を試みると，

　(1)　まず気にかかるのは，組織と機能システムはコミュニケーションを要素とする社会システムという点で共通だが，人間は精神（プラス身体？）システムであって組織とは次元が異なる，ということである。〔人間→組織〕の貢献の方が〔組織→機能システム〕の参加に比べて，越えるべき壁が（あるとすれば）高いのではないか？

(2) 前節でみたように，機能システムは自ら環境との間でコミュニケートすることができず，コミュニケーションをそれとして成立させるべく，コミュニケーションの偶発性 contingency の縮減を組織に委託している（とルーマンは述べている）というのだが，これは逆説的表現ではあるまいか？――諸機能システムは全体社会の複雑性が増大していく中で自生的に分化・形成されたもので，本来，意思も目的もなく，（象徴的に一般化されたメディアを用いた）コミュニケーションをくりかえす存在である。むしろ組織の側が，その環境（の中の組織や個人）との間に有効確実なコミュニケーションを交わすことによって，結果的に全体社会システム（を構成する）コミュニケーションを質量的に拡充させ，機能分化の発条となったのではないか？　組織の側に '貢献' の意図はないが，出来上った機能システムの側に立ってみれば組織が自生的に '参加' したことになるわけである。

(3) 意図的貢献と自生的参加との差異に注目すれば，〔組織―（参加）→機能システム〕と同型の連関は〔人間―（貢献）→組織〕よりは〔人間―（参加）→相互作用〕の方に見出されるようにおもわれる。近距離に居合せるというだけで相互作用は自生的に成立する。おしゃべりの断続で終ることもあり，口喧嘩が嵩じて殴り合いになることもあろう。登山路を塞いでいる落石を行き合せた数人の登山者が協働して除去したとき，相互作用はそこで途切れる。しかし登山者たちが近在に住む善人で，落石が頻発するなら，彼らはその度に会合して登山路の点検・修復のボランティア活動の常連となるかも知れず，やがてしかるべき名称の団体を結成して成員資格を定め，加入・脱退の手続や役割分担・指揮系統・作業規則を制定することにもなろう。ここに（ルーマンのいう）公式組織が成立する。そこに至る過渡期の相互作用を非公式組織とよぶとすれば，それは成員の範囲・役割等々が概ね同定可能だが未確定・未成熟である点に注目してのことであろう。

(4) バーナードの定義を堅持すれば，おなじ相互作用がコミュニケーションの帰結によって異なる規定を受ける。'石運び' 行為に接続すれば〈公式組織〉，おしゃべりに終始すれば〈非公式組織〉，喧嘩別れになれば単なる（?）〈社会的行為〉である。バーナードの組織の担手たちは，'居合せる' や '成員資格'

のような具体的な標識に出合うことなく，'組織目的に志向する協働'という唯一の抽象的な機能にいわば'宙吊り'されている。

　バーナードも主著後半で具体的な組織現象を扱う段になると，'薪集め'組織にみられるように，〈貢献者〉の範囲を事実上〈構成員〉に限定した記述をしている。しかし，何らかの協働行為を貢献する，という以外に担手の資格・属性の如何を問わないという開放性の立前は最後まで変えなかった。

　貢献さえすれば資格は不問，という場合，'2人以上の人々の意識的に調整された活動'，別言すれば'組織目的に志向する協働'は，具体的にどの範囲で同定されるのだろうか？

　A）組織目的の原型は概ね輪郭明瞭だとしても，そこから幾つもの'目的―手段の階層的連関'が展開して絡み合う。企業組織で業績低迷のたびに間接部門の肥大（→圧縮）が問題となるように，目的―手段連関の伸長・分岐には際限がない。断固としてアウトソーシングに踏み切っても，担手の成員資格が変ってコスト低減にはなるが，組織目的との縁が切れるわけではない。外食企業の店長が数ヶ月にわたって週100時間を越えて働き，その配偶者の必死の援護で辛うじて過労死を免れているとすれば，企業に対する配偶者の貢献たるや絶大と言うべきであろう。巨大メーカーの資金提供者や顧客はグローバルに拡散し，日々何千何万のオーダーで入れ替っている。部品メーカーやディーラーも，1桁違うだけで状況は同様であろう。――こうしてバーナードの組織（を構成する意思決定）は時々刻々に拡大・縮小する。目的―手段連関の範囲の設定次第で，その境界は全体社会の外延と等しい地点にまで，限りなく拡大しうる。

　B）バーナードが創始しサイモンが明晰化[3]（あるいは矮小化？）した'組織均衡'理論は，貢献者の自由平等を前提とする組織概念からの抜き差しならぬ系論である。

　バーナードの人間観・組織観は，最終的には（通俗的な意味での）功利主義を脱して道徳主義（道徳主義的個人主義・道徳的制度）へと収斂していったようであるが，主著に展開された枠組と記述の大部分は，ほぼ功利主義的個人主

義に拠っている。──個人は誘因と引き換えに組織に貢献する。$I \geqq C$, この組織均衡図式をすべての貢献者について成立させるために, 組織（の管理者）は芸術的リーダーシップを発揮して諸個人の提供する貢献という源資を様々な変形・交換を通して総貢献を上廻る総誘因へと創造する。

　このような組織経済（の収支勘定）の理論としての組織均衡理論は, 貢献者の範囲≒組織の境界の常時流動と無際限な拡大・収縮, 別言すれば無境界状況を含意している。

　サプライズ連発で無党派層を把え絶対多数を得た政党が, 正攻法に回帰して失言を連発し過半数割れに追いこまれるとすれば, 組織境界の急速流動・大幅伸縮の好例といえよう。町工場と見紛う小企業でも, 強力な特許技術を武器に世界シェアの大半を制するなら, グローバルな組織均衡体系が安定成長を続けることになる。廃棄物による環境汚染に黙って耐えている住民は企業の環境でしかないが, 抗議行動を経て補償金を得たとすれば, 金銭的誘因と引換えに汚染の不快感や健康被害を受忍する貢献者として, 均衡体系の必須の要素, 組織を構成する意思決定の担手となる。

　要するに, 貢献さえすれば資格不問というバーナードの設定では, 組織の境界は伸縮無限・変転自在である。意思決定（＝コミュニケーション）が連続的に産出されている, という点でオートポイエシスの要件を充足してはいるが, 全体社会やそれが機能分化した下位システム（経済, 法, 科学など）がオートポイエシスであるのとおなじ意味で, つまり社会システムとして同類であるという意味でそうなのであって, 組織に特有の根拠をもつオートポイエシスではない。

　組織が環境内（組織外）のシステムとコミュニケーションを交わすことができ, 諸機能システムが組織を利用してコミュニケーションの偶発性を縮減できるのは, 組織が「成員資格を通じて, 機能システムに特有の全員に対する開放性（包摂）を調節し, 人びとを区別して扱う（排除）ことができ……機能システムにおける相互依存の中断に資する」（Luhmann 1997 : 844→春日 : 156）からである。

組織（という社会システム）の形成は機能的に分化する近代社会の構造と逆説的な形で接続している。「近代社会そのものはたとえ名目的形式的にであれ，すべての人々の排除ではなく包摂ということを原則とする。ところが，この社会において組織というシステムは，原則的な排除ということを可能にしている……包摂と排除ということをめぐって社会と組織では逆関係になっている。」(Luhmann 2000：392→長岡 2006：475〜6)

まさに対照的に，バーナードの組織は社会全体やその下位機能システムと同質の包摂，ひいて無際限の開放性という特徴をもつ。したがって多少とも確定的な境界は存在せず，組織が活動の中で直面する状況に応じて決まる，とでも言う他はない。現実問題としては，1) 当事者の実践的関心に拠って，2) 研究者の理論的関心に拠って，そのつど境界を区切ることになる。バーナード自身は，1) 熟達した管理者の行為的直観に基づいて，そのつど状況に応じた境界設定を行って誤まらず，2) 理論的説明の場では，論理の段階・局面に応じた複数の線引きを行った。コープランドへの反論に当っては，'顧客の購買行為は組織の一部である' と力説し，'薪集め' 組織を用いた組織経済論の例解では〈成員〉で境界を区切り，薪の '買手' は考慮外としたのである。[4]

IV．バーナード理論の祖述者による '組織の境界' の弁証とその批判

バーナード理論の忠実な祖述者にとって，バーナード自身のように '行為的直観' による境界決定は難しい。バーナードの提示した定義とその展開を不可侵の枠組として護持し，不具合が生じればアドホックな弁論を重ねる他はない。——以下の如くである。

A．コミュニケーション，行為，意思決定など社会システムの構成要素が循環的に自己再生産する，というオートポイエシスの発想は，バーナード理論の継承者を自負する者にとってさし当り大いなる福音と受けとられた。庭本佳和によれば，バーナードのシステム定義が自己言及的であることは夙に指摘され

ており，組織の定義もまた，活動を調整する主体が組織それ自体だという循環的定義になっていて，その点をめぐる論争も交されたのだが，「システムをその内側に視点を据えてシステムそれ自体から語ろうとすれば，'循環的定義'にならざるをえない」ことをオートポイエシス論は明らかにした。「逆にみれば，バーナードは，有機体論的システム論が漸く胎動し始めた1930年代に既にオートポイエシス論の視点と方法を確立していた」ことが明らかになった，とみなしうるのである。(庭本 2006：397～8)

　庭本はこう続けている。――組織は構造でなくコミュニケーション・システムであり，

　a．「コミュニケーションと活動，もう少し明確にいえば'コミュニケーションを通して調整された活動'を重視すれば，組織貢献者として従業員と顧客との違いはなくなってしまう。……顧客のコミュニケーションと活動が組織のコミュニケーションと活動に連結すれば，それはもう組織なのである。

　b．「そのように捉えられた組織は，内的視点からは組織内部しかなくて閉じていても，観察者の眼からは外部を内部化しており，組織と環境との関係を，組織内に取り込んでいる。内的行為者の視点が，開放性の新たな意味づけを可能にした。」(仝：389～9，傍点筆者)

　B．すべての社会システムがコミュニケーションという要素を循環的に産出するのであれば，相互作用や全体社会と組織との差異はどこにあるか？――庭本は'主体性'の有無に求める。相互作用や全体社会がそれ自体の主体性をもたないのに対して，バーナードの「コミュニケーションを通して認識された共通目的に方向づけられて調整された協働意思からなる活動'と定義されてもよい組織は，相互作用や社会と同様に再帰的に'コミュニケーションを通して調整された活動'を生み出すが，産出された活動も'コミュニケーションを通して調整された活動'によって共通目的に向けて調整されており，'調整された活動'としての組織自体が，コミュニケーションを通した調整主体として主体性を獲得している」(仝：245，傍点筆者)というのである。

　C．庭本はまた，ルーマンが成員資格を公式化しているか否かで組織と相互作用とを区別していることを意識して，次のように述べている。「経営組織と

社会や相互作用といった他の社会システムとの違いは，極論すれば，一般的な意味での公式組織と非公式組織の違いと同型である。厳密ではないかも知れないが，非公式組織や社会にも，緩やかであれ成員資格はある。組織価値や社会価値を含めた文化の受容はその典型に違いない。成員資格は言葉づかいやファッションに現れることもあるだろう。……そうであれば，公式組織と成員資格の内容が異なるだけだともいえる。また……両者が一体として現れる価値を帯びた組織，つまり制度化された組織の成員資格が複雑になることは，周知の事実であろう。」（仝：246〜7，傍点筆者）――つまるところ，「オートポイエシス論は，運動が境界を区切る円環運動論であり，成員資格で区切るという発想にはもともと馴染まない。」[5]（仝：247）

さて，弁証A・B・Cについて簡単に論評しよう。

A′……引用aにいう'コミュニケーションを通して調整された活動'を重視すること，と組織貢献者として従業員と顧客を無差別に扱うこととの間に殊更な因果や相関の関係はない。顧客による組織の製品の購買を，単なる取引でなく顧客の行為の組織への合体（その限りにおける組織の規模拡大）とみなすことと，組織がコミュニケーション（の円環的産出の）システムであることとの間に必然的連関はない。庭本は何の理由も示さずに，必然的連関を主張している。……引用bはさらに問題含みである。組織の自己観察では入力も出力もない円環的再生産だと見えているが，外部観察では環境（顧客の行為）が組織に入ってきて構成要素となっている（と解釈できる）のなら，こうもいえよう――この外部観察者は研究者としてのバーナードであり，内的行為者の視点に立つもう1人のバーナードに引きずられて，そのような不条理を敢て容認しているのだ，と。ルーマン的解釈ならば，顧客の購買意思（と価格等の購買諸条件）という情報が組織に伝達され，それを理解した組織の内部で販売に関わる伝達や意思決定が行われ，その情報が顧客に伝達され……製品が引渡され代金が受取られる。こうして他者準拠を伴う自己準拠に基づく（コミュニケーションとしての）意思決定が自己産出される。「一瞬にして内部が外部化され，外部が内部化されている」（仝：245）といった不断の流動ではなく，組織のアイ

デンティティは安定しているのである。庭本のいう'組織と環境との関係を組織内に取り込む'とはどういうことか——筆者には空言としか思えない。

　B′……相互作用や全体社会はそれ自体の主体性をもたないが，組織（を構成するコミュニケーションや行為）は共通目的に向けて調整されているから主体性をもっている——とは奇異な言明である。社会システムは，相互作用・組織・全体社会の3類型より成り，3者ひとしくオートポイエシスとして構成要素を自己再生産する主体である。逆にいえば，主体の有無を問う，という発想自体がオートポイエシス概念になじまない，のではないか。

　C′……バーナードの組織概念の最大の特質は，組織を構成する行為の担手を，成員資格という身分差別から解放して，自由平等な貢献者としたことに在る。バーナード理論の自他ともに許す祖述者が，言葉づかいやファッションまで動員して成員資格について語るのは，ブラック・ジョークというものであろう。

　さきに庭本は，ルーマンが生命システムのオートポイエシスを社会システムに修正適用した功績を（バーナードの大きな創意の上の小さな飛躍という限定付ながら）高く評価し，バーナード理論顕彰の新たな論拠としていた。しかしながら，いま眼前の「オートポイエシス論は……成員資格で区切るという発想にはもともと馴染まない」という断定は，直接名指しではないものの，ルーマン（の組織概念）に対するラジカルな挑戦である。

　この事態は何を意味するか？——バーナード組織概念の原理主義的理解のアキレス腱が，ここに露出しているように思われる。

　庭本はマトゥラーナ＝ヴァレラのオートポイエシス論を熱烈に受容し，その特徴①自律性②個体性③境界の自己決定性④入出力の不在性，のうち④の視点を①・②・③'すべてを理解する基底に働いている'もの，として特に重視している。それは「システム自体に据えた視点から語る記述方法をとった当然の帰結」「外的視察者の眼を必要としない説明」であり，「'外的現実を把握しない'という限りでは閉じているが……内部化された外部に'内部イメージによって対応する'という意味では開いているのである。」（仝：387〜8）このような意味での「円環的産出作動において，オートポイエシス・システム

は……位相空間的領域を特定して自己維持をはかる」。「それは，自己産出の中で自らが環境との境界を確定し創り出す空間であり，……境界の自己決定がこのようなものであれば，入出力がなく，また絶えず変動して外部を内部化し直すとしても不思議ではない。」（仝：388）

　以上は生命体のオートポイエシスについての説明である。マトゥラーナ＝ヴァレラは社会システムへのオートポイエシスの直接的な適用を躊躇し，「生命のオートポイエシスをできるだけ尊重して社会システムに適用しよう」（仝：392）としたP・ハイルやR・ケイの試みも（庭本によれば）成功しなかった。この難関は，「人間をその構成要素から除外したバーナードの活動的組織理解にヒントを得たルーマン」によって，'コミュニケーションを要素とするオートポイエシス' という形で突破された。（仝：394）

　さて，ここから先が微妙である。――バーナードは主著において組織の3要素のうち「とりわけコミュニケーションが，目的形成機能，協働意思確保機能，ひいては組織形成機能をもっていると承知していた」し，1944年論文では「社会や非公式組織がコミュニケーション的相互作用からなること」を明示しており，「社会システムはコミュニケーションから成る」というルーマンとの間に「それほど距離があるわけではない」（仝：393〜4）と庭本はいう。だが，前節で注記したように，バーナードの組織3要素の1つであるコミュニケーションは，ルーマンの社会システムの要素としてのコミュニケーションと1対1で対応するものではなく，むしろコミュニケーションを構成する3要素〔情報―伝達―理解〕のなかの伝達に対応するものである。[6] 1944年論文にいうコミュニケーション（という相互作用）も，概ね伝達の範囲を出ておらず，それ自体で社会システムを構成する器量をもってはいない。[7]

　バーナードがコミュニケーションという語を用いた様々のケースには，その内容（≒情報）や理解（→行為）にも焦点づけたものが幾つかある。[8] その点でバーナードによるコミュニケーション概念の重視は，ルーマンのコミュニケーション概念生成の第1歩といえるかも知れない。いずれにせよ，コミュニケーション概念について，バーナードのルーマンに対する直結的先縦性を認めることはできない。

つぎにオートポイエシスの4特徴の1つ'入出力の不在性'問題（への庭本のこだわり）について考えてみよう。

　入出力不在といっても，オートポイエシス的システムが外界から何1つ取り入れないというのではない。まさにパラドックスであり，そこから脱出するには，基本的に2つの仕方が考えられる。1つは堅く境界を築き，環境に向かって様々のコミュニケーションを小出しに発信し，得られた情報を自分なりに解析・熟慮した上で意思決定を行うことである。もう1つは，環境との間で能動的投企を含む大小各種のコミュニケーションを交信し，その過程で遭遇した外部者による（当該システムの作動の成果に照らしてみた）直接・間接の貢献・妨害の諸作動すべてを（少なくとも一時的に）内部のもの，つまり当該システムを構成する要素だとみなす（思いこむ）ことである。「観察者の眼からすると，そこでは一瞬にして内部が外部化され，外部が内部化されている。」（庭本全：245）

　前者は脱パラドックスのルーマン的方策であり，いうなれば定温動物の生存法である。後者は脱パラドックスのバーナード的方策であり，いうなれば変温動物の生存法である。システムの境界は，前者では（ゆるやかに変動はするが）安定的であり，後者では時々刻々流動し，時として劇的に伸縮する。──（組織という）社会システムの作動様式の描写として，どちらがよりリアルであるか，問うまでもなかろう。

　定温動物よりも変温動物の方が，生命システムとしてより原生的である。オートポイエシス（的発想）を社会システムに適用するにも，より生命体の香り豊かに思える言説に親近感をもち，社会システム向け仕様で漂白された感じの言説はなるべく避ける──という気持ちはわかる。ただし，庭本の場合，恐らくはそうした嗜好よりも，バーナードの基本枠組，とりわけ顧客（の活動）を組織の境界内に是非とも包摂せねばならぬ，という使命感に駆動されての選択であろう。

おわりに

　要約すればルーマンの組織は成員資格によって閉じたオートポイエシスであり，バーナードの組織は目的に貢献する限り平等に開かれたオートポイエシスである。境界の安定 vs 流動，円環的に再生産される意思決定の持続性 vs 途切れ易さ，（意思決定の）内容の相対的な凝集性 vs 拡散性……。こうした対照性の故に，ルーマンの組織は全体社会の機能的下位システムにおけるコミュニケーションの偶発性縮減の主要な担手となり，バーナードの組織は各種の機能システムに特有の（象徴的に一般化された）メディアへの粘結性が弱く，自在な弾力性の反面，漂流・暴走のリスクを孕み，管理者の芸術的・道徳的リーダーシップに頼ることになる。組織それぞれの主要な環境（である諸機能システム）の複雑性を十分に縮減・処理しうるだけの複雑性を，担手は出入自由，貢献は IC バランス次第というバーナードの組織は，確保できない。組織の複雑性と機能システムの複雑性とは同等——企業組織についていえば，その意思決定≒コミュニケーションの連続的産出の密度（頻度×持続）は市場のそれと論理的に同等である。貢献者を無限に抱擁し，かつ自由な拡散を許容するバーナードの企業組織は，限りなく市場に近づく。

　遡っていえば，ルーマンは'公式組織を目的と支配のいずれか一方もしくは両方によって定義'してきた古典的組織論を批判しつつ自らの組織概念を打出した——とはいうものの〈成員資格〉という指標のなかに支配集団の存在と（組織目的によって正当化される）彼らの指揮監督に従う義務を装填したことで，ウェーバーの〈経営団体〉概念を実質的に継承している。対するにバーナードは，目的追求のみを継承して支配・権力の側面を（事実レベルでは認めるが）理論レベルでは徹底して忌避し，貢献者の自発性と平等性を強調した。——この点においてルーマンとバーナードの対照性は特に鮮明である。

　いちはやくシステム理論に棹し，組織の自己準拠的定義に踏み切り，実質的にオートポイエシスの視点と方法に立っていた，という意味で，'バーナード

の肩の上にルーマンが乗った'という趣旨の言明も，必ずしも誤りではなかろう。[9]　むしろ，システム論にコミットする以前の，組織の現実認識に関わる価値的・道徳的な態度決定の差異——そこにバーナードとルーマンの対照的差異の淵源があるのではなかろうか。

(2007. 8. 17)

注
1)　『社会の社会』を参照した春日の言説によれば，「組織はコミュニケーションの中味によって他の社会システムから区別される。」中味とは意思決定のことで，「機能的分化が可能にした全体社会システムの高度の複雑性のもとで，環境はもはや事実や徴標（ツァイヒェン）や表出によってではなく，意思決定によってしか対応できないほど複雑なものと評価されるようになる。こうして全体社会システム内に決定すべき事柄が十分多くなったときはじめて，組織の出番となるのである。」(Luhmann 1997 : 840→春日　1988 : 155)
　　実のところ筆者は，この説明をすんなりとは理解できないでいる。仮に次のように推量してみる——コミュニケーションは情報：伝達：理解という過程で一応成り立つ。理解に接続して，環境に対するコミュニケーションを行為として発信する場合，意思決定は理解（の内容）から生じる期待を決定前提として，順応か逸脱かを選択する要石というべきステップである。そのようなプロセスが反復，持続，増殖していけば，組織全体としてコミュニケーションの作動は，情報—伝達—理解という原型よりは，次のサイクルに直結する意思決定を中軸とみなしうるものとなる。いいかえれば，受信よりも発信，狭義の情報処理よりも資源処理を伴う能動的なコミュニケーションの持続的産出システムとしての作動こそが組織の特質である，ということだろうか。
2)　この点は，春日淳一の見解と異なっている。春日は両者の組織概念を対比しつつ，「社会システムの一形態である組織もまた，コミュニケーションを基本要素とすることになる」というルーマンの「捉え方は'組織の構造，広さ，範囲は，殆ど全くコミュニケーション技術によって決定されるから，組織の理論をつきつめていけば，コミュニケーションが中心的な地位を占めることとなる'(Barnard 1938 : 91) というバーナードの見解を理論的に彫琢したものともみなせよう。」(春日　1998 : 150～1) と記している。この捉え方は，社会システムの要素としてのコミュニケーション，とそのコミュニケーションの構成部分の1つである伝達とを混同しているようである。コミュニケーション技術というタームが示すように，バーナードのコミュニケーションについての説明は，'伝達'の範囲に限られている。
　　ついでながら，ルーマンとバーナードでは要素 element と構成部分 component というコトバの用法が異なる。ルーマンのいう要素を，バーナードは構成部分とよび，ルーマンでは構成部分に当たるものがバーナードでは要素とよばれる。要注意。
3)　バーナードの組織均衡に関わる論述は，複雑で曖昧な点が多く，サイモンが思い切った単純化を伴いつつ明晰化した，と筆者は了解している。しかし真野脩によれば，バーナードが重視した効用の創造・変形・交換の機能を殆ど考慮していない点でサイモンの組織均衡論は（バーナードの考えについての）誤解の上に立つ重大な誤謬だという。庭本佳和も，バーナードの組織均衡論が主著を貫く骨太の理論であったのをサイモンは'基本的には動機づけの理論'と捉えて矮小化した，とみている。
4)　「システムの境界はなにかという時に，まず第1に問題になるのは，当事者が自分たちのシステムの境界をどう考えているか，ということです。それに対して，近代組織論の父バーナードは外

から見て，顧客も組織の一員であるとするのですが，これは研究者視点なんですね。そうではなくて，その前に当事者たちが自分たちのシステムの内部に帰属している者と，外部に帰属する者，あるいはそのボーダーラインにいる人をどう考えているかということ，その意味で世界をまず捉えなくてはどうしようもない。」（吉田・鈴木 1995：75）筆者はこの吉田の見解に大きな示唆を得た。バーナードは当事者と研究者を兼ねていて，臨機応変に使い分けたが，そのすべてが適切というわけにはいかなかった，というのが筆者の心証である。

5） この庭本の弁証は，ルーマンへの明示的な対質ではなく，ルーマンに依拠して経営組織のオートポイエシスを論じた長岡克行（長岡 1998 a・b）への批判として行われたものである。庭本によれば，ルーマンにあっては，「すべての社会システムの要素はコミュニケーションであって，組織の構成要素も当然にコミュニケーションとなる筈」であり，ルーマンも「相互作用の構成要素としてのコミュニケーションの特質を叙述している。ところが組織の構成要素についてはほとんど語らない。そのためか……組織の構成要素がコミュニケーションでなく，意思決定であるかのように語る論者も現れる。ルーマンを基礎に組織のオートポイエシスを論じる長岡もその一人と思われる。」（庭本 394～5）これをすなおに読めば，ルーマンが'意思決定を要素とするオートポイエシス'という組織概念を主張しているのではなく，長岡が（ルーマンの断片的記述を総合した？）独自の見解を述べている，と受けとるべきであろう。ところが，これは明らかに事実に反する。庭本論文の初出時点（1994～6）では，あるいはルーマンの真見解を確認できなかったのかも知れないが，2006 年刊行の著書に収録するに当たって，何ら修正を施さず，'敢えてもとのままとする'旨の注記さえ怠るとは！――抑も，ルーマンが成員資格の公式化をもって組織成立の要件とし，オートポイエシス転回の後にも，この要件を変更しなかったことは1984年大著に明らかである。それをルーマンでなく長岡の組織認識だとみなし，「そうであれば，組織の意思決定としての意思決定を持ち出すまでもなく，組織は成員資格によって既に区切られており，組織の境界は明らかである。経営組織に敢えてオートポイエシス論を適用する必要はないだろう」（仝：247）と論難するのは，明らかに不当である。

6） バーナードは公式組織の3要素の説明（主著第7章）の中で，「組織の理論をつきつめていけば，コミュニケーションが中心的地位を占めることとなる」（訳：91）と述べているが，その含意を庭本のように，「とりわけコミュニケーションが，目的形成機能，協働意思確保機能，ひいては組織形成機能をもっていると承知していた」とするのは拡大解釈がすぎる。上記文章の直前の限定句「組織の構造，広さ，範囲は殆ど全くコミュニケーション技術によって決定されるから」に留意すべきである。バーナードがここで強調したのは，これら3要素が「それぞれ外的要因とともに変化し，また同時に相互依存的であること……存続し，生存するためには，1つのものが変わればそれを償う変化が他のものにも起こらなければならない」（仝：83）ということである。

7） 1944 年論文の当該個所。「社会の成員間の相互作用が総体として非公式組織を構成する。これらの相互作用は主として身体的な接触，肉体的な協働行為とコミュニケーション（その一部は相対的に粗野な手段によるが大部分は言語，とりわけ口頭言語）から成り立っている。この相互作用は，観察される事実としては反復的で慣習的な仕方と様式という形で発生するが，（その仕方・様式は）共通のシンボルの開発と使用，およびシンボル化された事物についての諸概念のストックの使用を伴っている。」（Barnard 1948：144, 邦訳：145, 傍点筆者）ついでながら，文中の傍点個所が，邦訳では'このコミュニケーションという相互作用'と意訳されている。身体的接触や肉体的協働行為も（ルーマン式にいえば）コミュニケーションの1類型に違いなく，訳者の配慮は了解できるが，厳密にいえば誤訳である。なお庭本が用いた「コミュニケーション的相互作用」というコトバは，当該個所近辺には見当たらない。

8） バーナードの関心が（ルーマンの定義する）コミュニケーションの3要素（？）のうちの'伝達'の局面にのみ限られていたわけではない。とりわけ「権威の理論」で権威の客観的側面を'コ

ミュニケーションの性格' と規定したのは，コミュニケーション＝伝達（命令）の内容（情報）に注目してのことであり，主観的側面を規定した（命令の）受容は，'理解' の局面に焦点づけたものである。——このルーマン的コミュニケーションの全容を先取りしたかのような '権威の理論' が，権威の権力としての本質を隠蔽する言説でもあることが惜しまれる。

9) 「（ルーマンによる——筆者）社会システムに適用するためのオートポイエシスのこの変更と拡大は，全面的にルーマンの強靭な翻訳力に基づく創意と飛躍によってもたらされたとの指摘にかかわらず，バーナードの大きな創意の上にルーマンの小さな飛躍が生み出された。」（庭本2006：394）

第8章
真野脩。組織経済論への挑戦

はじめに

　真野脩がバーナード理論に関わる論文を初めて発表したのは1971年のことである。以後，1997年死去に至るまでに20数篇をものし，その大半は2冊の著書に集成された。死去直前に刊行された『講義・経営学総論』はバーナードを基礎として書かれた教科書で，その第3章では「本書の下敷となっているバーナードの経営理論の考え方の特徴を詳しく説明して，その展開方向を明らかにしている」（1997a：i）。最後の論文「バーナード経営学の構想」は，経営学史学会年報第4輯『アメリカ経営学の潮流』第5章として「主著を下敷としながら，それを補足する幾つかの論文や遺稿を取り上げて，バーナードの経営学の体系を構想」（1997b：65）したものであった。——期せずして26年間のバーナード理論研究を自ら敷衍し，かつ総括して去ったのである。鮮やかな航跡というべきであろう。

I. 平井経営学からバーナード理論へ

　真野のバーナード理論研究は，恩師平井泰太郎の経営学を発展させる上で，バーナードの著作が体系構築の軸芯として，また具体的内容を充填する上でも恰好の素材となりうる，とする見地で進められたという。
　平井経営学は上田貞次郎の経営経済学構想を継承している。（図8-1）が示すように主として企業を対象とするのであるが，その目的とする所は企業その

図8-1　上田貞次郎の経営経済学構想

広義の経済学 ┬ 国民経済学又は社会経済学（主として価格現象を研究す）
　　　　　　└ 広義の経営経済学 ┬ 財　政　学（国家経済の学）
　　　　　　　（意識的経営の学）├ 家　政　学（家族経済の学）
　　　　　　　　　　　　　　　　└ 経営経済学（主として企業経済の学）

（真野 1978：3）

もの（その核心は営利活動）というよりは「企業の中にあるところの経営」の解明に在った。「経営は一つの統一した意志の下に計画的に行わるる所の経済上の組織」であり「経営そのものは人類生活の大問題であって，営利と非営利を超越している。」従って「経営経済学は独り企業の経営を取扱うばかりでなく，広く事業経営の学」とすべきであるが，その指導原理たる「経営の原理」は結局は'経済の原則'である，というのである。（山本：16）

　上田の学統は東西に分れた。東の増地庸治郎は経営学の対象を企業に絞り，生産経済である企業の活動を経済性の見地から研究する学問である，とした。経営は経済性を目標とする生産単位，企業は経営の所有単位であり，従って経営（≒内部組織）と企業（≒外部機構）は不可分一体とみなされる。（吉田：74）

　西の継承者となった平井は，上田構想により忠実に，「経営一般と多目的追求原則の経営学」（真野 1997 a ：62）を唱えた。「凡そ経済生活の行われる所，必ず何等かの意味における組織を生じ，……すべてが計画せられ，統一せられて特定の共同生活の単位が作られる。……此の単位こそ経営もしくは経営経済」である。「根源的な経済はあくまで生活の場である家政」（真野 1996：30）であるが，個々の人々がその生活をよりよく成さんが為に，人と人とが協働活動を行い組織を生み出し，経済単位すなわち経営を生み出すと考えられている。（仝：30）

　平井は経営学的考察の特性として'全体的理解'の必要を力説した。主体を欠く経済秩序の間の均衡・不均衡に注目する経済学的考察では，個々の経営を全体の一部（としての部分）として扱うが，経営学ではあくまで"全一体としての個別"として，いいかえれば部分を全体として考察する。このように経営の意思性と全体的把握とは密接に結びついているが，「問題は何を部分と考え，

何を全体と考えるかに於て，又変って来る。」（平井 1932：264）社会経済一般が組織化される場合には「社会経済を単純なる交換の機構又は給付，反対給付の等価関係の社会と見る以外に，社会経済組織全体としての合目的性を再吟味し，民福厚生共存共栄の住み良き社会への目標に向かって……全経済社会を経営学的に考察する」（仝：350）ことが要請されるのである。

　ところで，経営が追求する目的は多岐にわたり，かつ変動的で，固定した内容はない。とはいえ，もともとが個別の経済単位であるから，一定の方向性に沿って活動していることは明らかであり，これを概括的にいえば'経済性'の追求である。「経済性とは'経済の目的に適する度合'と解すべきであり……しからば如何なる状態が最も経済的なるものなりやと言う事は又俄かに断言し得べからざるものであり，断定すべからざるものである。」（平井 1950：229→真野 1996：33）営利企業における収益性は明らかに経済性の一形態であるが，収益が得られずとも「経営が無用に壊滅することを考えれば，僅かに維持せられるだけでも経済的である……たとえ損をしても他に得るところがあれば，これを比較考量してむしろ損をするに如かず，ある場合には経営を破壊するに如かずと考えられる場合ならば，この方がより経済的であるであろう。」（平井 1932：310）経済性の内容はこのように相対的，融通無凝である。にも拘らず，「経営経済における最終の判断は，経済価値の計算的把握において認識せられる」（仝：286）経済価値の定義も様々なら計算方法も変転自在とあって，平井経営学の実相は限りなくダイナミックあるいは茫漠たるものとなる。

　ここに至って真野は「経営における経済的側面という言葉が何を具体的に捉えているのか明白には理解し難い……個別経済の特性をその意思性に置かれながら，遂にその目的として明白なものは置かれずに終っている」（1996：33）と評し，そうした問題に具体的な説明を与えるものとして，バーナード理論の摂取に向かう。逆にいえば平井経営学の大枠は護持するが，平井が提示した幾つかの基本命題から出発して，多少とも演繹的に展開する途は断念したのである。——1）バーナードの'協働体系'概念がほぼ平井の'経営'に相当し，2）明晰を欠く経済性概念はバーナードの組織経済の均衡（の追求）として説得的に展開されている，と真野は説明している。

II. 経営学としての組織経済論

　以上の経緯から，真野のバーナード理論研究の焦点は終始一貫'組織経済'の解明に置かれていた。側生組織概念（の重要性）に対する先駆的注目やバーナードの特異な'企業観'の紹介，といった学界への顕著な貢献も組織経済論研究の系論ないし付録といってよい。

　真野曰く「バーナードを経営学として考えれば，その組織経済の概念こそが中核的重要性を持っている」。逆にいえば「組織経済の概念は，経営学の性格を考えるうえで重要な機能を有している。けだし，「彼の特徴ある独特の視角の上に把握されたものであり，経営学に関係する関連諸科学の中には見出されない独自の概念である。加うるに，それは協働体系の経済的側面，したがって経営乃至は企業を，全体として捉えようとする性格のもの」だからである。(1987:256～7)

1. 非経済人モデル

　バーナード独特の視角とは何か？

　彼の人間観について，真野は2通りの説明・敷衍を行っている。1つは主著第2章の周知の人間の特性　1）活動　2）心理的要因　3）一定の選択力　4）目的の設定に関わる敷衍である。(1987:33～8) 人間の行動は種々の心理的要因に発する欲求を満たすためになされる。心理的要因は各人各様かつ変動常なく，彼らが個人的な制約を克服すべく参加する協働活動（→協働体系）の種類も多様である。従って協働体系の範囲は人々が協働的に追求すべきだと考えている共通目的によって画される。――そもそも目的は複雑多様な心理的要因≒欲求≒動機（各人の過去・現在の物的・生物的・社会的環境における諸力の合成物）の中から，限定的ではあるが自由意志に基づく選択によって設定されるものである。動機には意識的・合理的な部分と無意識的・非合理的な部分とが絡み合っており，しばしば後者が強力に作用するし，前者もまた著しく

不完全である。したがって目的が達成できなかったり，目的が達成できても予期せざる結果を伴ったり，動機自体が変化して満足が得られなかったりする事態が生じ得る。

このような有効性（目的達成度）と能率（動機満足度）の不達成や両者の乖離の可能性は，複数個人の参加する協働体系において更に増幅される。従って協働体系の側からいえば，目的の設定・実現に向けての手段選択の過程（＝意思決定過程）について，専門化・階層化・権限・コミュニケーションの適切な設計・運用に努めると共に，各担当者の責任（行為準則を遵守する意志と能力）の高揚・維持を図らなければならない。

いま１つは主著序文における経済人モデル批判（経済理論と経済的関心を第二義的地位に斥けて初めて，組織およびそこでの人間行動というものを理解できる，という趣旨）に基づく２種類の'非経済人モデル'（サイモン・モデルとバーナード・モデル）という独自の説明である。（1997ａ：68〜70）──サイモンは人間の多様な欲求を一応認めるものの合理的欲求の優越を確信しているために，「限られた範囲ではあるが，認識できる情報に基づく合理的な判断に優先性を与え，同時に自らは善悪の評価判断を行わない非経済人モデル」（全：68）を採用した。これに対してバーナードは「愛情，忠誠心，信頼感のような情緒的・政治的・道徳的なもの……さらに食物の味やバッティングのコツのような行動知と言われるもの」を言葉や記号で伝達することは正確に不可能ないし困難だとして，「理性の相対的性質を認め，認識でき記号化できる情報以外に，認識できない情報，正確になかなか伝達し難い，従って記号化・数量化の困難な情報，或いは反射的な無意識的人間行動をも考慮に入れた人間モデル」（全：69〜70）を提示した，という。さらに真野は次のように両モデルの使い分けを提言している──バーナード・モデルだと問題が複雑になり解答も割り切れにくい。サイモン・モデルだと相対的に問題を単純化させ明確な解答に導き易い。そこでサイモン・モデルで十分な問題にはそれを用い，経営の全般的戦略など特に理念や信念が重要な機能を果たすような問題分野ではバーナード・モデルを用いるとよい。（全：70）

2. 組織経済論の祖述と敷衍

　バーナードの中心課題は組織の存続であり，それは人々の協働活動への参加から生じる負担と満足との差（純満足）を生み出す組織の能力にかかっている。組織の活動過程は誘因と貢献とをバランスさせる過程——人々から「提供された効用を変形し，組み合わせ，あるいは新しい効用を創造し，それ等の効用を各種の誘因に転換して，次の協働行為や諸力と交換する過程の繰返し」（1987：38）——である。一方における効用の取得・創造，他方における（誘因という形での）支出，その差引勘定がプラスなら組織は成長するし，マイナスなら組織は縮小しやがて消滅する。組織経済の概念は，このような組織における効用の収支関係を指す。

　組織経済の具体的な構成と過程についての真野の論述は，バーナードの主著第16章第2節の記述の忠実な祖述および若干の例示を含む敷衍である。——協働体系を構成する4つの下位体系はそれぞれの経済を有し，組織は3つの経済（物的経済・社会的経済・個人的経済）を結合したものとして自らの経済を営んでいる。

　物的経済は組織の支配下にある物財・物理的諸力に対して組織が認めている効用の総計である。

　次に社会的経済とは，当該組織とは現在協働関係を持ってはいないが，将来協働関係を持つことにより，「組織の構成要素である協働行為や諸力を提供する可能性を持つ個人や他の組織との関係に対して，当該組織が与える評価の総計である。一般に暖簾すなわち好意とか信用とか言われる組織をめぐる利害関係者達との社会的関係の総体に対して，当該組織が認める有用性の評価である。ただし，この場合の利害関係者には，現在直接に協働行為や諸力を協働体系に提供している者は含まない。」（仝：39，傍点筆者）個人的経済は「現在組織に対して，生理的・物理的協働行為や各種の便益の提供，注意力や意思決定や思考力と言った諸力を提供している人々の，そうした行為や諸力と，そうした人々が組織から与えられる誘因に対して持っている満足度との関係の総体に対して，組織が与えている有用性の評価を意味している。」

　それぞれの経済を構成している個々の要素の価値の算術的総和と，体系全体

として評価された価値とは通常一致せず，かつどちらの評価も不断に変化している。「組織経済とは……組織が主体的にこれら3つの経済を結び合わせた時のバランスの上に生み出すセットとしての効用価値を意味している。」(1987：40) バーナード曰く「それは比較できない要素の相対的効用に関する判断，あるいは意思決定の総計である。……（効用に関する）組織の評価は個人的な評価ではなく，偶然的な場合を除き市場評価でもなく，個々の評価の合成でもない。それは組織にとって独特のものである調整行為に基づいた評価であり，またそうでなくてはならない。」(Barnard 1938：242～3) 以上4つの経済の関連を真野は図8-2で示している。

図8-2 組織経済の構造

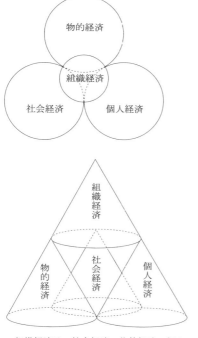

組織経済は，社会経済・物的経済・個人経済のバランスの上に成り立っている。

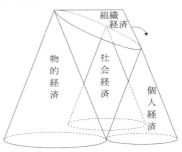

物的経済・社会経済・個人経済のバランスがやぶれると，それに支えられた組織経済は小さなものとなり，余りアンバランスが大きくなると，組織経済は，3経済の支えからすべり落ちてしまう。この場合は，組織経済はゼロとなり，組織は崩壊する。

(真野『講義・経営学総論』1997a：84)

組織の評価は調整活動の予想ないし期待に基づいて行われる。期待と結果は必ずしも一致せず，組織経済における「産出と投入を細部にわたって釣り合わせる事は困難である」が，協働体系の存続のためには組織の能率（構成員の動機の満足）が確保されねばならない。

　「組織の究極の能率は，2つの全く異なる要因，a 部分の能率，b 全体の創造的経済に依存する。」(ibid.:253，記号は筆者挿入)——a は組織の周辺において細部にわたって産出と投入を統制すること，組織と物的・社会的・個人的体系の間で相互に利益になるような効用の交換を行う（という交換の一般原則を追求する）ことによって確保される。b は組織に内的で生産的要因である調整（という創造的要因）を通じて確保される。

　さて統制＝交換は配分的要因であって，所詮は「殆どの場合，協働しないで個々に得られる満足の総和より大きい満足は得られないであろう。生存するためには，協働自体が効用の余剰を生み出さなければならない。」(ibid.:267) そして組織の調整活動を通じて効用を創造する（創造的能率を追求する）とき，基本的に要求されるものは，'事物の全体感''戦略的要因の識別'である。それは直観や釣合感の問題であり，知的・技術的というよりは美的・道徳的な過程である。したがって計量的把握は到底不可能であり，「組織経済の唯一の計算書は成功か失敗かで表わしたものであり，唯一の分析は組織の行動に関する意思決定の分析である。」(ibid.: 244 傍点筆者)

　バーナードにとってこの言明は，主著第 16 章「管理過程」ひいては主著全体の総括ともいうべきものである。管理過程が同時にパレートのいう効用の創造・変形・交換の過程でもあるという意味で，組織経済と名づけたものの，普通の経済学のような数量的分析は不可能だ，重点は数値にも技術にもなく，知的というより感性的なものだ，もうこれ以上の分析は不可能・不要だ，という最終的断定である。

　しかし真野にとって事態は逆であった。かくも把え難い組織経済をどうすれば把握できるか，バーナードの上記の言を頼りに「組織における意思決定を手掛りにして，組織経済の把握を行おう」(1987 : 43)——真野にとって組織経済論はバーナード島への上陸地点であり，この地点に立って主著および関連論

文全体を眺望しつつ，適宜に素材を収集し，より経営学らしい（？）組織経済論の構築に向けて組み替える作業にとりかかるのである。

作業の最初の足場となるのは'組織の均衡'という概念についての，バーナードの2つの言明である。

a．主著第7章冒頭第3パラグラフ

「組織の存続はその体系〔組織〕の均衡を維持しうるか否かに依存する。この均衡は第1次的には内的なものであり，各要素間の釣合いの問題であるが，究極的基本的には，この体系とそれに外的な全体状況との間の均衡の問題である。この外的均衡はそのうちに2つの条件を含む。すなわち第1の条件は組織の有効性であり，それは環境情況に対して組織目的が適切か否かの問題である。第2は組織の能率であり，それは組織と個人との間の相互交換の問題である。」(Barnard 1938：83)

b．主著第14章冒頭パラグラフ後半

「大抵の場合，組織行為の目的は組織自体の行為の独自の結果である。この目的は，個人の参加意思が協働目標の性質によって影響されることが多いという意味で，参加者個人の考えに幾らか制約されはするが，目的自体はこのような制約によって決定されるのではない。反対に，協働行為の手段と条件によって影響されることは別として，組織の目的は組織の'利益'にもとづいて明確な形をとるようになる。この'利益'は主として参加者との関係に作用するものとしての組織の内的均衡か，あるいは（社会的環境を含む）一般的環境との関係に作用するものとしての組織の外的均衡か，のいずれかに主として関連をもつであろう。しかし，どの場合にもそれは常に未来に関係し，願望の何らかの標準ないし規範からみた見通しを意味する。」(ibid.:200)

2つの言明を総合すると図8-3のようになる。

それは組織経済の均衡が組織自体の成立・存続の要件をなす内的・外的均衡と一体・同型である，という言明aの趣旨を一目瞭然に示している。そして，外的均衡・内的均衡のいずれかと関係をもちながら組織の目的の形成・明確化の基礎をなす「組織の利益（goods）とは，言うまでもなく組織経済の均衡を意味する。」(1978：71)[1] さらに，組織目的の具体的設定（という意思決定）

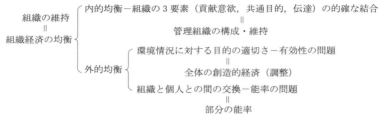

(真野『組織経済の解明』1978：70)

に願望や将来見通しが含まれる、ということは、そこに'公式組織にとって不可欠な道徳的要因'が作用していることを意味する。組織目的の設定を先導するのは、この道徳的側面における意思決定である。「しかし同時に組織は'現状の下で現に利用できる手段以外には何らの活動も行いえない'以上、客観的な現状分析を行い具体的な戦略目的を設定するという機会主義的側面の意思決定が存在し……理念的側面における意思決定により設定された目的の可能性を検討し、必要と見ればその修正を要請し、その理念の実現性を制約する機能を果たしている。」（1978：71～2）こうして具体的な組織行動は、これら2つの側面の意思決定の統合として行われる。「従って、組織経済の解明のための意思決定の分析は、組織の内的均衡と外的均衡に関する意思決定について、機会主義的側面と道徳的側面の両者について行わなければならない」（仝：72）が、両側面の意思決定は密接な相互関係に在って明確には区別し難く、同様に2種類の均衡に関わる意思決定も同時的に行われる面が強い。従って具体的には、それぞれの面に重点を置きながらの分析にならざるを得ない――という次第で、以下真野は先ず、機会主義的側面について、「組織の有効性」と題して伝達体系の確立（統率の限界、専門化、権威の体系）、人材の確保、目的・手段の選択を論じ、「組織の能率」と題して'誘因の経済'を説く。つぎに「道徳的側面」を取り上げ、組織目的の基底をなす'共通の信念'を論じ「管理者と組織の道徳準則」と題して主著第17章および1958年論文'ビジネス・モラルの基本的情況'の論旨を辿りつつ、最後に「管理者、特に最高管理者自身が組織内で直面する道徳準則間の矛盾や衝突を解決し、いずれの道徳準則にも矛盾し

ない行動を行っているという確信を得て，その確信を日常の言動を通じて人々に及ぼしていくことから始め」（仝：110）よ，と説く。けだし「このいずれの道徳準則にも反しない行動案の発見や創出は，管理者の持つ行動分野の拡大を意味し，それは反面から言えば管理者の道徳性の幅の広さを意味することとなる。その意味において組織（経営）の存続は，上位管理者の持つ道徳性の幅によって決まると言いうる」（仝：110）からである。

　バーナードに拠って編成された真野の'組織経済論'体系は大要以上の如くである。それは「有機体としての協働体系の経済的側面（経営）の全体を捉えた……個々の経営の行動に際しての独自の評価基準」をなす経営学独自の概念であり，同時に従来「経営学として行われている各種の研究や思考に対して，その位置づけと研究の性格を明らかにする機能をも持っている」（仝：46）として，真野は管理過程学派，行動科学派，数理学派，（バーナードを除く）システム学派を取り上げ，非合理的な思考・行動への関心欠如，意思決定の道徳的側面の無視などの限界を指摘する。最後に曰く「経営に関する知識は，もはやバーナードの時代とは比較にならない進歩を示しているものが多い。しかし，経営を全体として捉える概念に関する限りは，バーナードの組織経済の概念に代りうるものはまだ提示されていない……より優れた全体概念が展開されるまで，われわれは今後もこのバーナードの概念に頼らなければならないであろう。」（1987：49）

III．組織経済論の検討と批判

1．協働体系の4重経済と組織経済

　バーナードの主著第16章は記述錯綜，解釈困難で議論が分れる。

　夙に本章を解説（？）した加藤勝康は図8-4を示した。この4重経済図における4つの経済の位置関係はバーナードの論述には即しているが，現実に4経済間での効用の創造・交換・変形の様相を思い浮かべようとすると難渋してしまう。

208   第 8 章　真野脩。組織経済論への挑戦

図 8-4　協働体系と四重経済 (1)

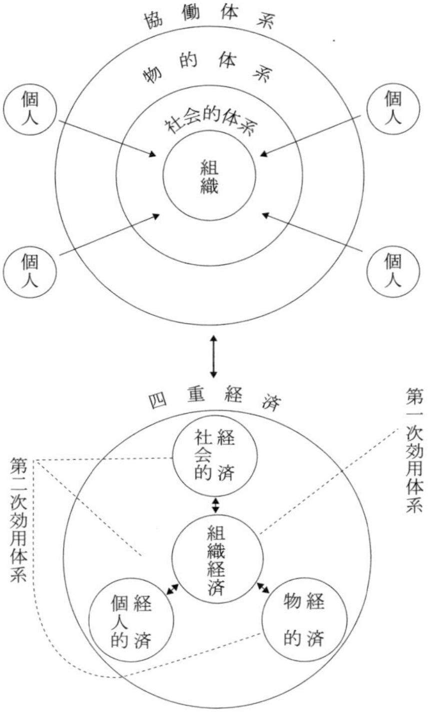

（加藤 1972：223 ［→1996：682］）

　これに比べると，真野の前掲図 8-2 からはいくらか立体的な表象が得られるが，それでも各経済の具体的な内容をイメージしようとすると不審を生じる。
　例えば個人的経済は，一方では個人の仕事能力，他方では物質的・社会的満足に認める効用，つまりは組織に対する貢献と受けとる誘因とから成るもののようである。だとすると，それは最初から物的経済および社会的経済と重複・交錯し，区別し難いのではないか？また社会的経済（の内容である社会的効用）の大部分は個人的経済に帰属するので，残余は'協働体系外のもの（組織・個人）との協働の可能性の総計'というバーチャルで貧弱な質量のものとなり，サブスタンシャルな物的経済・個人的経済とのバランスを失するのでは

ないか?

このような疑問は,バーナードの記述を成心なく読めば直ちに浮んでくる(と筆者は思う)のだが,真野は(前記の加藤と同じく)全く疑問を感じないらしく,すぐさま組織が全体としての組織経済の均衡維持のために,3つの経済それぞれに対して如何に産出と投入を統制して'部分の能率'を確保するか,の例解に移る。

例えば前述の2つの疑問の後者「社会的経済について見れば,その構成員の1つに潜在的顧客が考えられる。この場合には(a)潜在的顧客にとって貨幣が価値あるものとなり,組織経済にとって貨幣の価値が余り無くなる点に財やサービスの貨幣的価値を定め,(b)組織経済にとっては貨幣的価値は余り無いが,顧客にとっては価値のある付加的誘因(接客態度や店の雰囲気,財やサービスの使用に伴う社会的評判等)を与えることにより潜在的顧客の好意,購買意欲を維持増加せしめることとなる。」(1987:42,記号は筆者挿入)

ここでいう(b)はブランド力の充実ということであろうが,(a)はわかりにくい。組織にとっては充分なマージンが得られ,顧客にとっては購買できる限度一杯の高価格をつける,ということであろうか。だとすればaとb合わせて顧客一般に通用するマーケティングの常識であり,潜在的顧客に限ったことではなかろう。潜在的従業員を例にとれば,彼らを誘引しうる限度一杯の低給与を提示し,会社の理念や威信などの非物質的誘因を充実する,ということになり,これまた潜在と顕在の区別をつけにくい。

潜在的従業員(という'社会的環境に関連する社会的効用')に絡まる社会的効用について,バーナードは有名な'薪集め組織'(とその薪束切り組織への発展)物語の結論部分で言及している。──「過去のある時期には多くの個人がこの組織への参加を希望し,そして拒絶された。これは組織が既にそれ自体で社会的効用を創造していた例である。組織は参加希望者を加入させて直接に使用しなかったが,しかし同時に,組織がその効用をもっているということが現在のメンバーにとってその結合関係をより満足なものとし,各人はこの社会的資産から満足を引き出したのである。多くの場合,このような一般的効用は組織経済を大いに強化し,他の経済すべてに反作用する。この社会的資産を経済

用語に翻訳できるのは最も間接的な仕方においてのみであること，またそれを確保するには何らかの間接的な経済過程によってであることに注意すべきであろう。」(Barnard 1938 : 251)

　社会的経済の具体的内容に対してバーナードが与えた示唆は，管見ではここだけである。飯野春樹はその後半部分に依拠（？）し，それを潜在的顧客に適用して'協働体系への社会的評価や goodwill など'を社会的資産とみなしたが（飯野 1978 : 161）[2]真野の例解の根拠も恐らく同じであろう。

　協働体系がその社会的環境に向けて発散すると同時に吸収しつつある社会的効用（企業であればその一部を goodwill として計数的に表示しうる）の総計——これが社会的経済の実体だというのだが，その具体的な内容は何か？

　当該組織と現に協働関係にある個人や組織は，物的効用・社会的効用を貢献し，同時に異なる種類の物的効用・社会的効用を誘因として獲得する。往来する物的効用は物的経済勘定（の借方・貸方）を構成し，同時に社会的効用と共に個人的経済勘定にも重複算入される。組織経済は2つの勘定を包括し，両効用間の変換，さらには創造（？）をも含む独自の基準による評価を通してバランスを保つ。

　さて社会的経済の構成要素は潜在的貢献者との間で交換される社会的効用である。現実ではなく未来予測であるから理念的には奔放な評価も可能だが，過去の実績と現状を分析することで自づと一定限度内に収斂するであろう。

　人は誰しも，過去を踏まえ現在に立って未来を構想する。自分の未来に関連ありと覚しき種々の環境主体（＝潜在的協働者）からどう評価され，どれだけの信頼や憎悪を受けているかを自分なりに計算し，いざ投企に踏み切った場合に引き出せる協力や回避すべき妨害について思い巡らす。そして構想は情況と認識の変化につれて絶えず修正される。——こうした点では組織も同様といえるであろう。

　そのような未来構想を哺み育てることが人生にとっても組織にとっても重要であることに異論はない。問題は，現在協働関係にある個人や組織，支配下にある物財・サービスの一団と同格の体系として認知すること，仮想現実と現実とを敢て同列におくことの是非である。また，つぎのような問題もある——協

働体系外の人々との協働の可能性を勘定に入れるのなら，協働の現実化に伴って組織の支配下に入る可能性をもつ物財についても，バーチャルな物的体系として勘定科目を立てるべきではないか。企業や教会にとって，設備投資や礼拝堂建設のための資金調達の可能性は，求職者の抱く企業イメージや潜在的信者の魂の平安と同様に重要な関心事の筈である。

こういう次第で，筆者は，'協働体系外の人々との協働の可能性の総計' を物的経済・個人的経済と同格の社会的経済とみなし，組織経済がこの3経済を包括し均衡維持をはかる，というバーナードの構想を何としても受容できない。社会的経済が貧弱・無内容でありすぎ，その上に立つ組織経済を支える力に欠ける，と思うのである。[3]

2．組織経済の原型

かくも晦渋・難解な内容を協働体系の4重経済に与えたバーナードの意図を，はじめ筆者は推測する手掛りを見出せずに往生していたが，飯野論文（初出1973→『バーナード研究』第6章）に接して血路を開くことができた。——バーナードがヘンダーソンの助言を契機にローウェル講義草稿を推敲して「『経営者の役割』執筆過程の，あるごく短期間に，組織概念のほかに協働体系概念を追加したということ，したがって，旧稿段階では組織のそとは環境にほかならなかったが，主著では同じ組織概念を用いつつ，もう1つ協働体系の境界線を入れた，この2重の・線・引・きの結果，よかれあしかれ種々の問題が出てきた」（飯野1978：151）ことをそれは教えてくれた。

協働体系概念導入の経緯はその後加藤勝康によって詳細に解明されたし，2重の線引きに伴って構想された4重経済論に生じた混乱とその解決の方途について，筆者は既に必要十分なだけ論述の機会を得た（川端2003：92～7）ので要点だけを記すと——

ローウェル講義草稿における組織経済の構造は図8-5の如くであった。図中の '創造・交換' は組織と個人の間の誘因と貢献の交換であり，図8-6の如く表示できる。つまり，物財や社会関係を組織が支配し効用を付与するのは，すべて組織に貢献しつつある個人（＝組織人格）の活動を通してのことであり，

個人的経済に媒介されない物的経済・社会的経済なるものは存在しない。いうところの物的経済・社会的経済の実質は物的効用・社会的効用に他ならず，多様な形態をとった2種類の効用が，組織経済と個人経済との間で創造・変形・交換されているのである。

図 8-5　組織の 3 重経済

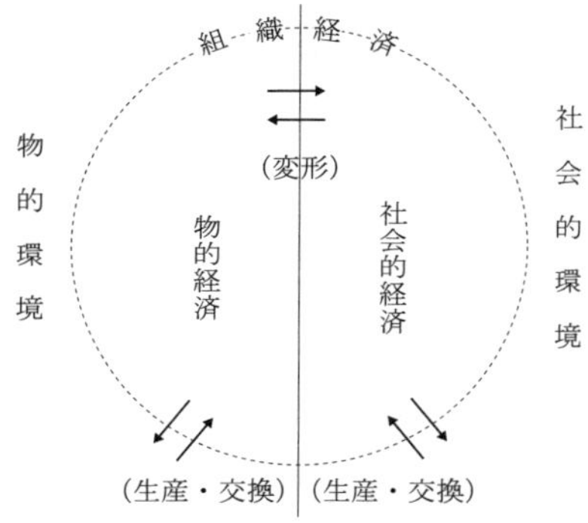

(川端 1974：33)

図 8-6　企業組織の経済と個人経済

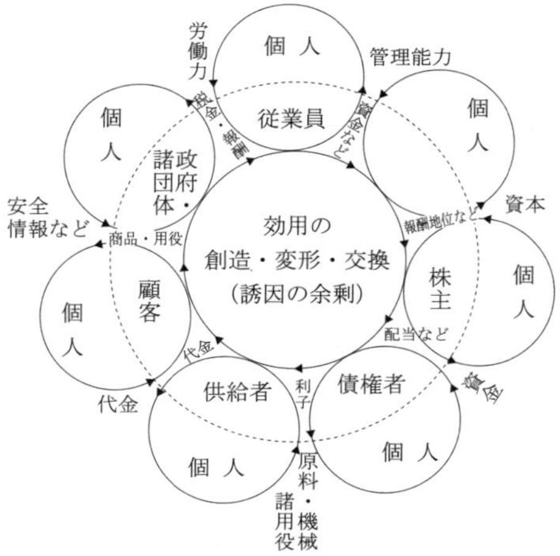

(小泉 1973：14)

III. 組織経済論の検討と批判　213

　組織の境界の外側に協働体系の境界線を引き，中間に個人（的経済）を位置づけると図 8-7 になる。その場合，物的経済・社会的経済と個人的経済とはレベルを異にし，敢えていえば前 2 者の上に後者がかぶさる形が想定される。ただし，物的経済・社会的経済の実体は，企業組織でいえば従業員による資金調達，資材購入，人材雇用，生産，販売，等々と顧客による購買，株主による資金提供，等々の織りなす物的効用・社会的効用の創造・変形・交換，つまりは組織の活動それ自体に他ならない。個人的経済は，おなじ実体を，組織 vs 個人の誘因貢献バランスとして捉え直したもので，別個の実体をもつわけではない。いわば，株式会社における資産と資本のような関係にあるわけだ。ところがバーナードはそのような単純補正でなく，3 つの経済を同一平面に併存させることにしたので（物的経済はさして影響を受けなかったが）人間の相互関係においてのみ存在しうる社会的経済は，内容の大半を個人的経済に奪われて'協働体系外の人々の協働の可能性の総計' という仮想現実と化した。――「社会的経済は，ある組織と他の組織との関係，ならびにその組織とは協働関係をもたない個人との関係（すなわち効用を交換する力）から成り立つ。」

　この状況は図 8-8 のように表示できよう。

　飯野によると，講義草稿の当該部分を主著第 16 章へと増訂する際，旧稿を

図 8-7　協働体系の 4 重経済（1）

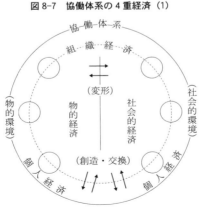

（川端 2003：95）

214　第8章　真野脩。組織経済論への挑戦

図8-8　協働体系の4重経済 (2)

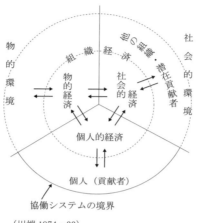

（川端 1974：33）

修正しつつ利用した部分を中心に，誤解を招きかねない若干の曖昧さと混乱が生じた。その最たるものが，例の薪集め組織の例証が終った直後の個所である。(Barnard 1938：251，旧稿はⅦ-24〜25，下線に続く〔　〕内は著書での修正，〔　〕のみは著書での追加である。——飯野 1978：163)

「かように，どの組織にも 3〔4〕重経済がある。すなわち，〔1.〕メンバーによって貢献され，環境から〔に対する〕組織の働きかけによって得られ，他方，環境に向かって支出され，そのメンバーに与えられる物的なエネルギーと素材，〔2．個人経済〕，メンバーによって貢献され，そのメンバーによって生み出される社会的エネルギー〔3．社会的環境に関連する社会的効用〕，および〔4.〕メンバーから物的給付および社会的給付が貢献され，環境から物財が確保され，他方，環境に物財が与えられ，そのメンバーに物的ならびに社会的満足が与えられるような複合的，〔包括的な組織の〕経済である。この経済のただ1つの尺度は組織の存続である……」

「かように物的経済と組織経済は旧稿のままを利用し，個人経済と社会的経済は，ほとんど解説なしの修正ないし追加を試みている。3重経済が4重経済になったばかりでなく，物的，社会的経済および組織経済の内容に相当大きい

変化があるにもかかわらず，この程度の修正ですませるのは不十分というべきであり，誤解を招きやすいであろう。」(仝：163)

　旧稿において主著の社会的経済に該当する部分は"メンバーによって貢献され，そのメンバーによって生み出される社会的エネルギー"である。それが主著においては個人的経済の内容の一部とされ，代りに'社会的環境に関連する社会的効用'という曖昧な言葉が充当されたが，その実体は例の'協働体系外の人々との協働の可能性'とあっては，実質空虚という他はない。また〔4〕以下の組織経済の定義は殆ど無修正で'社会的経済'に該当する部分が欠落したままになっている。当然'不十分で誤解を招きやすい'だろうが，前記のように'社会的経済'は実質空虚なのだから実質大過を生じる恐れはない，といえば穿ちすぎであろうか。──バーナードがこの辺りで錯乱に陥っていることは明らかである。

　以上述べてきたことはバーナードの誤謬であって真野の咎ではない。咎はバーナードの一読して明らかに問題含みの論述を額面どおりに受容するナイーブさに在る。[4] さらにいえば，上記飯野論文が問題の所在とその重大性を明示したにも拘らず，一貫してバーナードそのままの祖述と敷衍に終始した忠実さに在る。

3．組織均衡と組織経済

　とはいえ真野は単純なバーナード信者ではない。'問題含みの論述を額面どおりに受容するナイーブさ'は，実は広汎な眼配りと深刻な思考に裏付けられた論拠に支えられている筈である──その一端を後期の論稿「バーナードとサイモンの組織均衡論──サイモンの誤謬──」(真野1990)に垣間見るとしよう。

　両者の理論の間に重要な質的相違が存在していることは夙に知られているが，真野の見る処では組織の均衡概念をめぐる相違が最も重要である。けだし，「バーナードにとって組織存続の中心概念である」のに「サイモンによる誤解がそのままの形で内外の学者に受け入れられてしまっている」からである。(仝：1)

(1)「バーナードは組織が構成員のICバランスを正の状態に維持できる能力を'組織の能率の確保',また'組織の存続を生み出す均衡の能力 capacity of equilibrium の維持'とも呼んでいる」。5) ここで注意すべきは「構成員が純満足を得て貢献行為を提供している状態の総てが組織の能率が確保されている状態ではない」ということである。(仝：2)

誘因・貢献それぞれについて組織と構成員個々人の評価基準は異なり、かつ不断に変動しうる。組織は説得によって構成員の評価基準を変更させたり、特定の構成員を他の評価基準を持った構成員と交代させたりするが、この「主観的評価基準の動きと与えられる誘因との関係において、実に色々の関係の仕方や段階が考えられる。」(仝：3)

「組織は構成員から提供される貢献活動により効用の創造、変形、交換を行い、確保した効用を説得活動に利用したり、物的・非物的各種の誘因に転化して構成員の貢献活動と交換する。」この新しく確保した効用が説得行為や誘因として支出される効用より大きい(効用の余剰が確保されている)状態をバーナードは'組織経済の均衡'と呼んで、'組織の能率或いは組織の均衡'と言われるものの前提としている。そして'相互に満足の行く様に(能率的に)行われる'交換によって生み出される効用の余剰は極めて小さく、むしろ組織の諸要素を適切に組み合せ、組織全体として環境との間の適切な関係を維持する(組織の内的及び外的均衡を保つ)、という調整の過程に大きく依存することになる。この過程は「総ての管理職能・技術・説得・誘因・伝達など総ての構成要因の組み合わせの中から、当面働きかけるべき要因を見出して行動すると言う創造的能率を追求する過程である」が、「総ての構成要素やその体系の間の効用を比較測定する共通の尺度は存在しない処から、最高経営者の適合性の感覚・全体感・均衡感と言った直感が大きく作用する……この為に最高経営者の意思決定に対する組織内外の反応が速やかに最高経営者に伝達され、対応的行動が取れる様な体制(内的均衡の確保)が保たれている事が必要である。」(仝：3〜4)

(2)『経営行動』(1945)においてサイモンの説く組織的均衡論は、'概ねバーナードの考えをくり返したもの'と称しながら、実は「バーナードの場合

に重視された……効用の創造・変形・交換の機能がほとんど考慮されていない」し,「交換に際してバーナードが重視した組織と参加者の間に見られる評価の相違による両者の満足（能率）の確保という視点は……触れられないで終っている。」マーチとの共著『オーガニゼーションズ』(1958) 第4章に至ってはバーナードの考えからさらに離れて「組織均衡についてのバーナード＝サイモン理論は,基本的には動機づけの理論である」とされ,「参加者の主観的評価における純満足の確保ないし誘因と貢献の効用のバランスの問題」のみを対象とし,「組織の側における効用の確保と支出の問題」は除かれてしまった。抑も組織における効用の創造・変形・交換の「全過程こそ,人々が協働行為を生み出す一番重要な要因……組織の均衡を考える場合の中心概念」であり,この過程を除外してバーナード＝サイモン理論を称することは「組織の均衡概念についてのバーナードの考えを理解する際の重大なサイモンの誤りであったと言わざるを得ない。」(仝：5～6,傍点筆者)

引きつづき真野は「サイモンの誤解は……単なる読み方の不足によるものとは思われない」とし,「人間の意思決定行為に対する両者の見解に根本的な差違の存在する事」と結びつけて説明──2節1項で言及した2つの非経済人モデルに基づく意思決定行為の特徴を詳説──している。(仝：6～10)

おなじく'組織における意思決定'といっても,サイモンのそれはバーナードとは対象領域を異にし,「最高経営者層で価値判断の伴う最終的組織目的が設定せられた以後の目的—手段と言う連鎖的目的設定にかかわる意思決定の内の,機会主義的側面に関するものを抽出して検討すると言う方法」,つまり「論理実証主義の方法論が取り扱える分野にその検討領域を限定し……従って,構成要素間に記号化された共通尺度の見出されない,バーナードの言う創造的能率概念や組織経済の概念は,その検討対象から除外される事となってしまっている」──という次第で,「若き日のサイモンのバーナード理解が,彼の方法の枠内で理解できる範囲で,しかも誤解を伴って行われた事実は,バーナード理論の立場よりは,誠に残念に思われる」(仝：10) と結んでいる。

(3) さて,検討すべき論点の第1は,'組織均衡論'と'組織経済'との関連である。バーナードの組織均衡論の解釈をめぐる真野の行論は曲折に富んでい

て理解しにくいが，要するに構成員の提供する貢献を交換（及び変形？）するだけでは誘因として提供すべき効用が不足する恐れがある。従って積極的に効用を生産して余剰を確保（組織経済の均衡を維持）する必要がある，というに尽きよう。――そもそも組織，わけても企業組織は慈善バザーではない。効用の交換だけでなく変形や創造の場であるからこそ（あくまで主観的にではあるが）構成員が貢献と同量以上の誘因を得ることが可能とも現実ともなる。貢献に見合う誘因が得られない構成員は組織を去り，より慎ましい評価基準をもつ新たな構成員で補充できなければ，組織は縮小―衰退―消滅に向かう。この事態を組織の側に立っていえば，誘因源資とすべき効用の収支が赤字となり，縮小均衡―破綻に向かう。そしてこの組織の側からみた均衡（組織経済の均衡）を確保する能力こそが〔組織の能率或いは均衡と言われるもの〕の前提をなしている――と真野はいうのである。

　果たしてそうか？――組織経済の均衡条件は効用の余剰を確保するに在り，それが充たされて初めて，構成員のICバランスの純満足が維持され（て組織が存続しう）るのか？むしろ一部でなく総ての '構成員が純満足を得て貢献行為を提供している状態の総てが，組織の能率が確保されている状態' であり，同時に組織経済の均衡（効用の余剰が確保されている状態）といえるのではないか？

　構成員が提供する貢献の他に組織が提供しうる誘因の源泉はない。総ての構成員についてI≧C状態が維持されるのは，多種多様な誘因・貢献に対応する効用の評価基準が構成員間で様々に異なり，また時間の経過と共に変動することによってのみ可能である。現実には，組織のどこかで，それら諸多の効用の創造・変形・交換の努力が，構成員に対する説得や（異なる評価基準の所有者への）差し替えをも含めて持続的に営まれており，それこそ正に '組織を維持する' 管理過程（の真髄）であろう。

　全構成員をI≧Cたらしめる管理過程を，バーナードが組織経済と名づけたのは，それが効用（という経済学的範疇）に関連している（効用の生産と分配の過程として捉えることもできる）というだけのことで，他意はなさそうである。管理過程とは別に組織経済という実体があるわけではない。――（管理過

程に導かれた）組織の能率あるいは均衡とは別に（その前提として）組織経済の均衡があるわけではない。

(4) つぎに。サイモンが'効用の創造・変形・交換'の理論を祖述せず，「組織と参加者の間に見られる評価の相違による両者の満足（能率）の確保」に論及しなかったことは，バーナードの考えに対する重大な誤解を意味するか？

サイモンが IC バランス確保（組織の均衡）を論ずるに当たって，バーナードが力説した論点には多く立入らず，異なった論点をむしろ積極的（恐らく意図的）に展開したことは明らかである。しかし，そのこと自体は先学の理論・枠組を継承し発展させる際の常道ともいえよう。言及しないということは必ずしも否認ではない。バーナードが管理過程＝組織経済の理論を展開した主著第16章は，協働体系概念の急拠導入に伴なう修正問題も絡んで，論述きわめて難解であり，その明快な要約や敷衍はサイモンとしても手に余るものであったろう。協働体系と組織の二重構造を恐らく受容できなかったろうし，さりとて無用の錯乱である，と批判するのも憚られ，敬遠策を採ったものと思われる。

さらに，前掲図 8-3 のように，バーナードの画く組織には幾つもの'均衡'が設定され，それぞれの意味や相互の関連も率直に言って明快ではない。サイモンがその整合的理解に手を焼き，最も重要と思われる IC バランスにのみ'組織均衡'の資格を与えたのも（少々思い切りが良すぎるが）理解できる成行である。

ただし，この措置と関連して，'有効性 vs 能率'という，バーナード理論体系の槓杆ともいうべき二項対立を能率（実はバーナードのいう有効性）に一元化したことこそ，サイモンのバーナード理論継承における最大の難点，解釈とすれば重大な誤解，というに値いする（と筆者は思う）。組織均衡理論を'基本的には動機づけの理論'としたのは，誤解といえば誤解にちがいないが，それはより広く深い次元におけるバーナード理論の矮小化の１つの派生物であって，それ自体ではなく，まして原因をなすものではない――という意味では，真野のサイモン批判の矢は当たってはいるが芯に刺さっていない。

真野はサイモンによるバーナード誤解の有力な規定因を両者の抱く'非経済人モデル'の差異に求めている。この判断は大筋として正しいが，ここにも巧

妙な加工が施されているように思われる。「合理的な個人は,組織され制度化された個人であり……意思決定に際して彼の属している組織された集団の影響を受けねばならない。彼の意思決定は,彼自身の心的な過程の産物であるばかりでなく,組織された集団の機能によって影響されているより広い考慮をも反映していなければならない」(Simon 1976：訳：129) と引照しつつ,「こうした立場に在る人間をサイモンが管理人 administrative man と呼んでいるのは周知の通りであり,彼の管理論は,この人間モデルの上に築かれている。」と真野は云う。(真野 1990：8,傍点筆者)

しかし,私見によればサイモンの管理人モデルは'こうした立場に在る人間'のみを想定してはいない。むしろ人間一般について,全知的合理性(に基づく行為)を志向しているにも拘らず,知識・思考力・判断力・実行力の限界に制約され,限定的合理性(に基づく行為)に甘んじる他はない,という現実を描写しているのである。この管理人が限定された合理性の幅を拡大するために組織を形成し,その影響の下に意思決定を行う地点に誘導されてはじめて,真野の言う管理人になる。彼らの対極には,1)組織的意思決定に用いられる基本的価値基準と2)組織メンバーの資格要件を設定する権力とをもった'支配集団'が,彼ら自身の個人的な価値を組織を通して達成しようと試みている。彼らもまたサイモンの言う管理人であって,多少は組織から影響されもするがより多く影響を与える側に在り,'意思決定の価値的側面は既に他から与えられたもの'とは考えず,'倫理的・価値的命題を含む'組織目的を設定する——真野の管理人が意図的に限定されたものであることは明らかである。[6]

組織における意思決定の価値的側面に,バーナードが大胆に踏みこみ,サイモンは最小限にとどめて事実的側面に重点を置く——という対照的差異は,両者の主著を一読すれば明らかである。サイモンの管理人が意思決定の合理性を熱烈に志向する点で経済人と寸分違わぬ'従弟'であるのに対して,バーナードの非経済人が経済理論と経済的関心を第二義的地位に却けた文字通りの組織人[7]であることも,その1つの現われといえる。

しかし,サイモンの言う「'個人目標'」は利己的な目標に限定されてはおらず,まして経済的な目標のみを意味するものではない。'世界平和'や'飢える

中国を救え'も……大切な個人目標でありうる。」(Simon 1976：訳：143) 組織目的あるいは組織の存続に対する参加者の'一体化'は組織影響力の構成要素として当初から重視されていたが，後年には人間一般の属性としての'利他主義'の発現形態として更に強調されるようになった。

バーナードもまた'全体としての組織とそれに関連する全体状況の感得'のみを唱えたのではなく，組織的意思決定における意識的・論理的過程に必要・十分な考慮を払っている。(Barnard 1938：185～90) サイモンはバーナードが示した直観に対する楽天的見解に懐疑的であったが，後年には直観の本質を'敏速な確認（と反応）のために知識を組織化'し，'訓練と経験から得られ，認識可能なチャンクとそれに関連した情報という形で整理され'て習慣と化した'分析'と規定した。(Mintzberg 1989：67，訳：105) バーナードとサイモンの差は紙一重である。[8]

要するにバーナード理論とサイモン理論は，関心・論述の重点を異にしつつ相互補完的であり，両者一体的に把えることによって有効性と能率（研究者の動機満足）が高まる，という性格のものである。真野は両者の非経済人モデルの対照に当たって，サイモンの'管理人'を自己都合に合せて潤色することで，両者の組織均衡論の対立を誇大表示し，バーナード理論解釈上の誤謬と断じた。的を外した批判と言わねばならない。

IV. 意思決定の2つの型と側生組織・階層組織

「組織経済の唯一の計算書は成功か失敗かで表わしたものであり，唯一の分析は組織の行動に関する意思決定の分析である。」――このバーナードの言を旋回軸として，真野は組織の経済（効用の産出・変換）から組織の行動（構造と過程），いわば組織論プロパーの諸問題に分け入り，バーナード理論（の諸部分集合）の組織論的経営学への組み替え作業を開始したのだが，その準備のなかで重大な手違いがあったように思われる。

「総ての調整された協働努力は，2つの意思決定行為を含むであろう。第1

のものは，個人的選択の問題として，この努力を貢献するかどうかに関する当該個人の意思決定である。それは……組織を構成する諸努力の体系の外部にあるものである。」「意思決定の第2の型は，個人的結果に直接あるいは特定の関係をもたず，意思決定を必要としているその努力を，それが組織に与える効果と，それが組織目的に対して持つ関係の見地から，非人格的なものと見るものである。この第2の意思決定行為は，直接的な意味では個人によってなされることが多いが，その意図と効果において非人格的かつ組織的なものである。……この意思決定行為は組織そのものの一部である。」(Barnard 1938：187〜8)

この明瞭にして周知の区別を，真野は次のように敷衍する。──「協働的努力や活動の継続的体系としての組織自体の立場から，この2種類の意思決定との関連を考えると，まず具体的な個人が，個人的な選択として組織への参加ないしは参加の継続を決定し，その決定に基づいて行われる努力や行為と，組織との間に生じる関係（交換関係）が考えられる。次いで，組織の具体的な構成員として，既に何らかの努力や活動を行っている者が，組織の個別的な細部目的を積極的に受入れ，最終的組織目的の有効な達成のための的確な意思決定とそれに基づく積極的な努力や活動の提供を組織が受けるという組織自体の内部での関係（交換関係）とが生じることとなる。」(1978：54)

第2種類の意思決定の説明が曖昧でまどろこしいが，別の個所ではこう説明している──「参加を決めた人々の内でもある種の人々（たとえば従業員）は更に当面の組織目的に積極的に貢献するか，それとも参加者としての地位を失わない程度の貢献しか行わないかといった種類の意思決定を行う。バーナードがこの意思決定に対して次のように言っている。'意思決定の第2の型は……'」（仝：53)

これでは（個人的意思決定と対比される）組織的意思決定の説明になっていない。真野のいう2つの意思決定の区別は，後年マーチ＝サイモンが論じた生産決定と参加決定の区別に該当するもので，どちらも組織メンバーの動機づけに関連する個人的意思決定を指しており，信じ難い初歩的誤解といわねばならない。さらに真野は誤解を重ねて曰く──「バーナードはこの2種類の意

思決定に基づいて生じる関係行為や努力の体系を，それぞれ側生組織 lateral organigation と階層組織 scalar organigation と名づけて，区別して把握している。」(仝：54)

　説明するまでもなく，個人的意思決定と組織的意思決定の区別は，側生組織と階層組織の区別に直結ないし対応するものではないし，真野が誤って比定した参加決定と生産決定の区別とも対応していない。信じ難い飛躍であるが，引き続いて真野は側生組織・階層組織について概説し，「バーナードによって取り上げられている組織は主として階層組織であり，側生組織は，階層組織に付随して，階層組織を維持するに必要な範囲において考察の対象とされている」(仝：58)との判断を示し，次いで階層組織における地位システムの意義（機能と病理）を論述した後，企業組織に限定して階層組織と側生組織の結びつきについて独自の図解を行っている。(図 8-9)

　真野の説明では，全構成員の内で従業員（一般従業員と管理者）は特殊な地位を占め，組織効用の余剰の確保という組織自体の目的の追求に従事することを受諾して，ピラミッド型の階層組織を構成する。従って彼らは，他の（側生組織の）構成員と区別して内部構成員とよばれる。「特定の個人は同時に複数

図 8-9　企業組織の構成

(真野 1978：66)

の側生組織の構成員とみなされる場合があるが，同時に複数の階層組織の構成員となりうることはない。」[9]また「企業は側生組織の特性を利用するために，階層組織の中に側生組織を導入して，例えば親会社と子会社の形で経営を行ったり，系列化を行ったり事業部制を採用したりしている。……現実の公式組織には，純粋の階層組織と純粋の側生組織との間に無数の中間的ないし混合的な公式組織が認められる訳である。」(1997a：80〜81)

　図8-9は視覚的にすっきりしており，企業組織の常識的なイメージにも合っていてバーナード理論の啓蒙に役立ちそうにみえるが，実はバーナードの言明の正しい解釈を示していない。a）かりに不動産開発を目的とするドコク社からコワタ家が別荘地を購入するとすれば，コワタ家は別荘事業部の販売担当者と同じくドコク社の構成メンバーであり，その'土地を誘因として受け，代金を貢献する'行為は，'不動産開発'という共通目的によって調整されている，というのが主著での説明であった。b）ドコク（不動産開発）とコワタ（別荘地取得）とが互いに異なる目的に導かれながら，別荘地売買という限られた範囲の合意によって〔ドコク＝コワタ〕側生組織が成立し，やがて消滅するが，もし売却でなく賃貸契約だったとすれば，この側生組織は永続する——というのが側生組織概念を用いた説明である。この場合には共通目的が存在しないので，共通目的と個人目的との乖離を超克するための誘因・貢献という概念も無用である。

　同じ現象をどちらで説明するのが適切かは焦点の置き所による。特定の別荘地に焦点をおけばb），不動産開発事業に焦点をおけばa）が適切であろう。人数や事業規模の大小ではない。例えばドコク社が相当量の実質ツヅミ家持株を関連会社に売却した場合，事業の存続（ドコク）と財産保全（ツヅミ）という異なる目的に導かれながら，違法状態の解消という限られた範囲の合意によって，側生組織〔ドコク＝ツヅミ〕が成立し，やがて消滅する筈であった——と説明することができる。同じ現象を階層組織ドコク内部における権威的調整の1コマとしても説明できよう。[10]——この場合ドコク社の窮極的な共通目的はツヅミ家の財産の保全・増殖であり，幹部社員数名が給与・名誉・忠誠心（の満足）などを誘因としてささやかな貢献（ツヅミ氏からのコミュ

ニケーションを受容して権威を与え，株式売却の責任を担う）を行ったのである。株式を引受けた関連会社（の経営者）も，ツヅミ氏の権威的調整に従った点でドコク社の幹部社員と同等であり，その際の誘因は重要取引先との信頼関係の確保であった。さらに付加えれば，前記コワタ家が販売員の提示した取引条件（についてのコミュニケーション）を受容して購入責任を果たした際に彼に付与した権威は遠くツヅミ家につながり，その財産保全・増殖という共通目的によって調整されていたのである。

コワタ家がドコク社でなく（家族3人だけで営んでいる）クドコ社から別荘地を購入したとしても，権威的調整の在り様に変りはなく，共通目的がクドコ家の生計維持に変るだけである。クドコ社は階層組織ではなく，管理者不在（不用）の単純組織であるが，公式組織の3つの成立条件を満して有効性と能率を追求しており，誘因・貢献・権威・責任など主著で展開された諸概念ことごとく妥当する存在である。さらに付加えれば，コワタ家もまた単純組織であり，その'リゾート生活を楽しむ'という共通目的に対して，クドコ社は（土地代金を誘因として）貢献すべく，コワタ家の意向を受容することでコワタ組織の権威的調整に従ったわけである。

こうした記述が，たとえ日常の実感とずれ，折紙細工のダマシ舟のような印象を与えるとしても，それはバーナードの主著に示された論理に厳密に従った結果である。主著では，公式組織の分類としては単純組織と複合組織の別のみで，側生組織も階層組織も登場しないが，上記のようにそれでも充分一貫した説明が可能であった。その後，バーナードはステイタス・システムや側生組織について若干付言すべきであったと反省し，後年の論文でその補充を果たしたが，その際主著の概念構成や基本姿勢との整合努力が不充分だったと思われる。大ざっぱにいって階層組織は，ステイタス・システム（の生理と病理）に覆われた複合組織とみなしてよいが，側生組織は要注意である。——何よりもまず，共通目的でなく私的 personal な目的によって調整されるのなら，公式組織の要件を欠くではないか？むろん，およそ目的を欠く非公式組織に比べれば公式組織寄りであるが，境界外に在ることに変りはない。a）前述のように，ごく限られた範囲の合意，ごく一時的な共通目的が成立すれば，その限り

226　第8章　真野脩・組織経済論への挑戦

において公式組織とみなして差支えなく，殆どは短命の故に認知不要とすればよい。b）長期持続する契約や協定ならば，間欠的に共通目的の形成があっても定常的には私的目的による調整が優越する，という意味で'準'公式組織というべきであろう。——以上2つの場合に限定したあくまで便宜的呼称として用いるのなら，主著の枠組と両立しうるとおもわれる。

　いずれにせよ，共通目的は欠かせない。[11)]目的でなく合意によって行為の調整は可能だとして，そこに公式組織の1類型としての側生組織の成立を主張する論者（田中，1993）もあるが，そのことが主著の理論体系に及ぼす衝撃を想像すると，バーナード解釈として俄かに同調できない[12)]

　共通目的の存在 vs 不在（未成熟ないし不定形）という認知基準を厳守せず，有耶無耶のうちに公式組織資格を与えてしまうと，主著の理論体系を揺がして怪しまぬ'自由な'論理展開が発想可能になる。たとえばさきに引照した田中は言う——「バーナードは，人を協働関係に誘引することと，誘引された個人から活動を引き出すこととを，別々の管理職能としているから，組織を作る協働と組織で行う協働が種類の異なる協働であって，前者が側生組織で行われ，後者が階層組織で行われるとする解釈が可能である……つまり，主著の誘因の経済で述べられていた，組織が外部の人間を組織へと誘引する取引を，階層組織への契機をはらんだ側生組織であると捉えることができる……側生組織と階層組織という2種類の枠組から主著を改めて省みるならば，既に側生組織から階層組織が形成されてくるという公式組織の形態の発展論が述べられていたことを見出せる。」「しかし，すべての側生組織がやがては階層組織に向かうものではない……顧客と組織の交換からは，顧客が組織へ加入することは起こりえない。顧客と組織はあくまでも側生組織としての交換を反復しうるのみである。」「階層組織へと移行しない側生組織がありうること，このことこそが……公式組織を側生組織と階層組織の2類型に改めて分類し直す契機になったと考えるべきだ。'世界政府'（『組織と管理』第6章）において側生組織と階層組織が2つの一般型として示され，その選択という問題設定がなされていたこと，さらには'組織の概念'（仝上，第5章）で側生組織で行われる協働である交換を主著に含めなかったとの自己批判を行っていることを考慮すると，側

生組織という概念はあくまで公式組織の概念枠組の中に新たな類型として導入された概念であるとするべきだ。」(田中：84〜5，傍点筆者)

ながながと引用した理由は，そこに画かれた企業組織のイメージが真野の提示した前掲図8-9と奇しくも一致するからである。どちらもバーナードの言説に依拠するが，引照個所の内容・文脈は異なる。真野の引照は前述のように的を外れ，田中のそれはさし当たり正鵠を得ているが，正にそれゆえに問題を孕んでいる。

共通目的は組織の定義の中に含まれている。そもそも，売手と買手の合意とは，交換という共通目的の成立に他ならない。たとえ実感できなくとも，そのように想定することによってはじめて，公式組織と称することができる。そう想定しないのなら，売手と買手の相互行為とはいえても，組織とはいえない——これはバーナード体系の主柱であって，これを外せば忽ち従前の組織論・企業論に回帰することになる。

田中の前記引照（の傍点個所）にいうバーナードの'自己批判'は側生組織の認知に直結するものではない。——『組織と管理』第5章はM・コープランドの書評に反論して主著の枠組を敷衍したもので，その前半部分の唯一の眼目は「私の用いている組織の定義では協働行為の本質は両者（顧客と従業員）において（類似しているのでなく）同一である」と主張するに在った。主著での'誘因の経済'の説明が従業員に焦点づけて行われ，顧客に適切な用語を用いてなされなかったこと（に由る混乱）を補訂しようというバーナードの説明は詳細をきわめ，文字どおり力説である。

前記の自己批判は論文末尾'公式組織の理論の概念的枠組'個条書にいう'主要な動態的概念'「2．協働　第3．4．16章。協働の一典型としての単純な経済的交換の場合を含んでいない点が欠点を持つ。」（仝：133，訳：134）とあるだけで，それが側生組織に結びつけられたのは，4年後の「世界政府」論文の「恐らく側生組織の最も単純なのは物々交換のケースで短命な組織である」（仝：151，訳：150）においてであった。この1944年論文でバーナードは側生組織と階層組織を公式組織の2つの類型と規定し，前著を'自由合意型組織'とよんでいる——ということは何を意味するか？

228　第 8 章　真野脩。組織経済論への挑戦

　明らかにバーナードは，ここで共通目的という公式組織の主柱を削り縮めて階層組織専用とし，新たに合意という側柱を立てて側生組織を支えることにしたのである。この大改修によって，複合公式組織の姿容は大幅に日常感覚に近くなった。他方，公式組織の原点ともいうべき単純組織は考慮外に置かれた。そして，側生・階層（および単純）組織を一括無差別に展開された主著の論述のうち，どこが失効し，どこがどのように（無傷あるいは微調整を経て）保存されるかについては何の言及もなく，後世の解釈努力に遺された。

　真野の前掲図8-9は変説後のバーナードに従って，企業組織を階層組織と側生組織の二重構造として画いている。試みに1）側生組織を示す外円と文字を除去し，2）階層組織という文字を（単純組織をも含むという意味で）企業組織に変えて各貢献者との間を直線で結ぶと，'共通目的'（による調整）要件を堅持した企業組織を示す図8-10となる。企業組織と従業員をつなぐベルトは誘因と貢献の交換を表わし，直線は各種行為主体と組織との間の経済的・社会的交換を示す。組織と各種主体はそれぞれ独立の存在であり，その間の相互行為に'誘因と貢献の交換'という組織論用語を用いる必要はなく，経済学・社会学の一般用語の方がまぎらわしさが少ない。企業組織からみたそれら相互行為は自身の活動（同時に従業員の組織への貢献）そのもの（とそれに対する対

図8-10　企業組織の活動

象＝環境諸主体の応答）である。おなじ実態を，階層組織と各種貢献者との間における側生組織の形成と言い替えることは説明と図解を複雑にするだけである。

以上は筆者の考えであって，真野の思考経路はむしろ逆だったのかも知れない──図8-10のような企業イメージを抱いてバーナード理論の摂取を志したとき，側生組織の概念が乗り換えのタラップとして丁度よいと感じられたのではなかろうか？バーナードが強引な論証を反省する中で考案した組織概念の妥協的派生形態が，真野のバーナード受容の触媒として機能し，図8-10から図8-9への発展をもたらした，とみるのは穿ちすぎであろうか？

組織経済への接近の第1歩'2種類の意思決定'の分析において，前述のように真野は信じ難いミスを冒したが，いま顧みれば，側生組織への参加と階層組織への参加との差異（に照応する意思決定）の端的な区別を性急に求めた結果かと思われる。この両者を区別する基準は（組織による）権威的調整に服するか否かに在る，と常識的には考えられているが，バーナードの主著の中には適当な言明がない──というのも，主著の権威概念が常識外のものだからだ。貢献意欲の強度の差異とでもいうべき常識的な決定基準を，真野が最も基本的な「個人的意思決定と組織的意思決定」という区別のなかに誤って読みこんだのも，依るべき言説を見出せぬまま側生組織の形影に幻惑されてのことであろう。

しかしながら，禍福は糾える縄というべきか，まさにその幻惑が機因となって真野は側生組織概念の重要性をいち早く強調し，その祖述・敷衍に精力を傾けた。バーナード理論研究の最盛期1970～80年代に，側生組織概念は最も耳目を集めた主題の1つとして組織論研究の全般的深化の大きな動因となった。この点で真野の功は大きい。

V．'企業観' の紹介と敷衍

バーナードが構想・立論の基礎となる事実材料を主として企業（という）組織から得ていることは明らかであるが，主著の中では具体的かつまとまった形

の論述はみられない。僅かに第11章「誘因の経済」の中で，政治組織・宗教組織との対比において，「産業組織では物財ないしサービスの生産が目的である」として次のように注記しているのみである。

「実業家，経済学者，牧師，政治家，労働組合が執拗に目的と見誤っているが，利潤は目的ではない。利潤は普通，所有者，投資家とよばれる貢献者層の動機を満たす誘因を供給するために必要であり，また彼らの貢献は他の貢献者層に対する誘因を供給するのに必須である。利潤の可能性とそのある程度の実現は，ある〔組織〕経済では継続的に誘因が供給されうる条件として必要である。しかしいかなる組織の客観的目的も利潤ではなく，サービスである。産業人のうちでは，このことはフォード氏および若干の公益事業会社によって最も強調されてきた。」(Barnard 1938：154) それだけに，バーナードが遺した数多の（講演等の）草稿を博捜し，その中から彼の企業観を表出している諸言明を発掘・紹介・敷衍した真野の功は大きい。

とりわけ重要とされるのは企業経営における損失の不可避性を論じた1941年講演である。(以下' '内の文章は同論文からの引用)

——今日の経済学や経営学では損失よりも利益を重視する。経済人モデルに捉われて，利益極大化を肯んじ，成功に注目して失敗を無視し勝ちだが，企業行動に決定的な影響を与える損失の統制こそ，第1に論じられるべき経済的動機である。'経済は利益経済よりも安全経済（a security economy）'であり，安定したシステムとしての企業では'利益と損失とは相殺される傾向にあるものでなければならない'。この論旨に真野は組織経済の概念を適用して次のように敷衍している。「企業にとっての利益とは，組織経済から見て当面過剰な配分を行いうる余裕能力である。損失は本来は組織経済に留保されるべき組織効用や過去に蓄積された組織効用からの支払である。必要以上に誘因を支出することは損失であるが，過少支払による利益は原則として生じえない。何故ならばその場合には，過少支払を受けた構成員が，次の瞬間から貢献活動を減じると考えられるからである。」(1986：55)

損失の不可避的発生とその可及的回避努力は，人的能力の育成と配分，競争や冒険の抑制，官僚制（に付随して生じる過剰な自負心）の抑制，過剰な投

資・融資の抑制，社会的に適正な所得配分の維持等の効果を通じて企業の存続に対して建設的な機能をもつ。

要約すれば「損失は事業経営に固有のものであり——事業システムの均衡は，総体として利益ゼロという形で維持されることにより，次の結果を生み出す必要がある。(1) 社会組織または一般社会均衡が，所得のほぼ恒常的で相対的に均衡のとれた配分によって維持される。(2) 一般的社会福祉が，社会の資本設備と全体としての社会的所得の維持により保たれる。費用と損失を減じようとする努力は，かくして1人当たりの所得という形へ，能率の増加結果を向けることにより有効なものとなる。」とバーナードは述べ，真野は次のように敷衍する。——「バーナードの目は常に長期的な企業の存続の可能性に向けられている。——結果として企業自体の利益はゼロであるべきであり，生産性の向上による成果は，組織の構成員である株主，債権者，消費者，従業員，国家地方公共団体，取引先等の所得の増大に振り向けられるべきであるが……不可避的に生じる損失や失敗に備えて，ある程度の企業自体の留保を保有している必要がある。その必要額は，予想される損失や失敗によって決まる。」（仝：65）

こうしてバーナードの目は企業活動に関連する社会的浪費の防止と需要の確保に向けられる。'社会の生産能力が維持向上される基礎的過程' としての教育の不足，失業問題，疾病，犯罪がもたらす経済効果は1930年当時で年間約120億ドル，966万人強の所得に相当していた。(1930年卓話「社会進歩についての事業の関心」) バーナードは現代社会における雇用の不適正配分について4点〔 i 失業者の存在 ii 生活を維持しえない低賃率・低収入の人々の存在, iii 特定の階級，人種，集団による雇用機会の独占，および熟練労働者の相対的高賃率, iv 経済的寄生というべき地位＝雇用機会の人為的創出とそれをめぐる激しい競争（寄生的事業，官僚，プロフェショナリズムの蔓延）〕を指摘し，その是正に当たって考慮すべき要素7点を指摘したのち，2つの具体的試案を提示した。(1939年手稿「失業問題とその緩和の諸原理について」)

すなわち週12または18時間を基礎的労働時間とし，それを超えて同一人を雇用し続けた場合，

a）次の8時間に10％，その次の8時間に25％，さらに次の8時間に100％の割増賃金を支払うようにする。

b）基礎労働時間を超える雇用に対して逓増的な課税を行う。例えば次の8時間に対して支払われる賃金の2％，その次の8時間については5％，さらに次の8時間には10％，さらにその次の8時間には25％という具合で，具体的な課税率は歳入の必要に応じて決定する。

　バーナードはa）よりもb）を強調し，この制度が'技術的条件や季節的条件に伴う各種の変化に対する弾力性を持ち，限界的自由を認めながら雇用の公正な配分を促進する効果をもつ'とした。そして，こうした案は他の諸制度と組み合せてでなければ効果に限界があり，もっと良い案も考えられようが，大切なことは，社会制度の基礎として雇用の配分を真正面から真剣に考えることである，とくり返し主張した。——真野は「バーナードが問題と取り組む場合の発想と思考方法とは，この草稿において素直に現われている」と評している。（仝：72）

　企業における損失の不可避性と浪費の統制から出発して，社会的浪費の防止と需要の確保を論じるバーナードの諸草稿は，「企業が積極的に企業を巡る環境に働きかけて，環境自体を企業にとって好ましいものに変化させて，組織の機能（効用の創造・変形・交換）を助けることにより，組織経済の均衡を維持しようとする」従来余り触れられないで来た側面に対する見解を表出したもの，と真野は指摘し，「この側面に対するバーナードの見通しは基本的には楽観的である」と判じている。（仝：73）

　この判定を支える心証の1つ，1931年草稿「繁栄の基礎的要素」においてバーナードは，社会の繁栄の基礎をなす生産能力の向上は今後も持続可能であり，他方人々は生活水準の向上を欲していて需要は充分に期待できるので，両者を適当に結びつけるメカニズムさえ巧く行けば，まだまだ繁栄を維持できる，としていた。そしてこの需要と供給を適正に結びつける必要性の自覚は，この面にも協働を行うことが必要であることを人々に学ばせることとなろう，と考えていたという。

　草稿が書かれた当時，アメリカ社会は既に空前の不況下に在ったが，その後

不況はさらに30年代を通して深化した。その克服策として空前の大改革＝ニューディールが社会各層に深刻な摩擦を引起しつつ進行し，バーナード自身の組織体験・社会体験もまた深刻であった（と推察される）。前記1939年手稿で提示された雇用確保策は破天荒なまでに積極果敢であり，（基本的には楽観的だとしても）当時のバーナードが抱いていた深刻な危機感と強烈な使命感を感じとることができる。——筆者は，この手稿に組織経済の均衡の規模を最終的に決定する「最高管理者のもつ道徳性の幅」，そして人々の「態度，理想，希望を反映しつつ，直接的目標やその時代を超えた目的の達成に向けて彼らの意志を結集すべく自らを駆り立てていくリーダーの能力」(Barnard 1938：283)のバーナード自身による実演を見る思いがする。

おわりに

　日本におけるバーナード研究の流れの中で，真野は何処に位置し，何を達成したか——について簡潔・明快に述べるのはむつかしい。

　バーナード理論の忠実かつ精力的な祖述・敷衍者であり，未だ広く知られていなかった多くの講演草稿を発掘・解説したことの意義も大きい。しかし，バーナード・サイモン（の一体的理解を重視する）理論に与みする筆者としては，終始批判的視点に立たざるを得ず，幾つかの不満を呈する仕儀となった。

　平井経営学を継承し，その選択原理たる'経済性'の内容充実を索めてバーナードに接する。バーナードを経営学として考えるから組織経済論を考察の中心に置く。しかるにバーナード本来は組織論〔公式組織の社会学〕である。その管理過程〔3種の管理職能が相互に作用し合い交織する動的な過程〕を，物的・社会的効用の創造・変形・交換の過程として捉え直すと組織経済になる。——管理過程と組織経済という別の実体があるのではない。誘因と貢献の交換というだけで充分なのを，'誘因の経済'と題したように，経済と呼べば呼べるという，バーナードにとっては第二義的な名称が真野を引き寄せた。

　組織経済（協働体系の4重経済）論は，明らかな錯誤を含む混沌たる論述で

読者を悩ませるが，真野は少しも疑う余地なきものの如く忠実な叙述と無難な敷衍に終始した。水面下では及ぶ限りの整合性・納得性を具えるべく解釈努力を重ねたものと筆者は想定して3節3項でその一端を垣間見たのだが，管理人モデルの誤解もあり，必ずしも芳しくはなかった。

真野が先駆けて取り上げ，学界での論議をリードした'側生組織'論においても，'意思決定の2つの型'について陥った誤解は重大であった。――この初期誤解が，恰かも自ら1度も気付くことがなかったかのように，修正されることなく過ぎてしまったことは更に重大であろう。

今回筆者はかつて慢然と読みすごしていた「バーナードの企業観」（真野 1987：51～75）を精読し，感銘を深くした。組織の究極の存続条件としての'能率'にバーナードの情念の凝集を感じ，それが階層的・側生的に連結された公式・非公式組織のネットワークとしての現代社会を貫通すべき究極の規範だとするバーナードの信念に共感した。それは今回の散策――それは殆ど筆者自身の足元を確かめるに終始した――の貴重な収穫である。

(2005. 6. 28)

注
1） 組織の'利益' good は，主著のこの個所にだけ出てくるコトバで，バーナードがどんな思いをこめたのか，俄かに推測し難い。'言うまでもなく組織経済だ'という断定は少々短絡的と感じられるが，真野にとっては先験的真実なのであろう。そもそもⓑ言明は全体としてⓐ言明の明快と対照的に含意きわめて不分明であり，とりわけ，そこでの内的均衡・外的均衡とⓐ言明における内的均衡・外的均衡との関連をめぐって多くのバーナード研究者をなやませてきた。真野は，ⓐ・ⓑ整合的――つまりⓑでいう'参加者との組織の関係'はⓐでいう'組織の3要素の間の釣り合い'に照応する，とみる。「構成員たちの組織に対する貢献活動の種類やその量，あるいは時期や場所等の在り方に関する問題であり，具体的には伝達体系の確保と維持の問題となる。従ってそれは，的確な内部構成員の確保と配置，その職位の規定に関係するものである。構成員の貢献意欲と組織の共通目的とは，伝達機能によって結び合わされ調和が図られるわけで，伝達体系は，階層組織を意味している。」（真野 1978：71）組織の'参加者との関係'をこの'構成員の組織に対する貢献活動の種類・量・時期・場所……伝達体系の確保と維持……内部構成員の確保・（階層的職位体系への）配置'の問題へと具体化していく行論に筆者は不自然な冗舌を感じる。'内的均衡'の用法を一貫させる意図に駆られた強弁と思われる。

もともとⓑ言明を含む主著第14章冒頭部分は全体として組織目的の規定要因について述べている。ⓑ言明前半を再掲すると，「大抵の場合，組織行為の目的 ends は組織自体の行為の独自の結果である。この目的は，個人の参加意志が協働目標 objectives の性質によって影響されることが多いという意味で，ⓐ参加者個人の考えにいくらか制約されはするが，目的 ends 自体はこのような制約によって決定されるのではない。反対にⓒ協働行為の手段と条件によって影響される

ことは別として，組織目的は組織の '利益' にもとづいて明確な形をとるようになる。」(Barnard 1938：200，傍点記号は筆者)

2つの傍点個所は，組織目的の弱い規定要因を示している。㋑は組織目的自体が参加の誘因として作用する，という事実から来る制約であるから，'能率' に関連している。㋩は達成の手段と条件に恵まれているような目的が設定され易く，そうでない目的は設定されにくい，ということなので，'有効性' に関連していよう。しかし㋑，㋩はともに規定力が弱く組織の '利益' こそが決定的である，とすれば，組織の '利益' とは何かを詮索することが先決である。真野は「言うまでもなく組織経済の均衡を意味する」と断じたが，もしそうなら，ひきつづくバーナードの論述のなかで組織の '利益' が関連をもつとされる1）内的均衡は能率，2）外的均衡は有効性を指す，としなければなるまい。この解釈は組織と '参加者との関係に作用する'（内的均衡）'一般的環境との関係に作用する'（外的均衡）という記述とほぼ整合している。が，難点が2つある。1）前記した2つの弱い規定要因もまた能率と有効性に関連しており，内容は重複，文脈上は矛盾ということになる。2）a言明にいう内的・外的均衡の規定と矛盾する。そこで真野は '参加者との関係に作用する' 内的均衡を前記のようにa言明とおなじく '3要素間の釣合い' の問題，'具体的には伝達体系の確保と維持の問題' と規定することで2つの難点を回避するのだが，——1）' '参加者との関係に作用する' 均衡の解釈として，ICバランス（能率）に比べて '内部構成員の確保・配置・職位規定' のような具体的管理職能のイメージはいかにも不自然である。2）' 組織の '利益' ＝組織経済（の均衡）ならば，その核心は能率の他になく，また外的均衡が有効性だけでは，a言明と矛盾する。——廻り廻って組織の '利益' とは何か？——文章全体として組織目的の決まり方を論じているのだから，多分，参加者個人の動機ではなく，組織自体の考え方・利害・関心等で決まるし，決めるべきだといいたいのであろう。現に決定力をもっている管理者たちが，それぞれに組織全体にとっての意味を考えながら，目的となりうる各種代替案を模索・評価・選択している。第7章第1節2にいう協働目的の協働的側面（主著：86），組織人格による目的の決定（仝：88）とほぼ同じ趣旨と思われる。そこに出てくる，組織のinterests（邦訳書では '利益' と訳されている）は，組織のgoodとほぼ同じ意味であろう。それにしても，組織のgoodというコトバ，'主として関連をもつ' 内的均衡・外的均衡それぞれの含意，いずれも不分明であり，全体として無用の文章といいたくなる。

　　第14章冒頭の2つのパラグラフは，ローウェル講義草稿Ⅵが主著13・14章に分割・拡充される際，新たに挿入された。その主旨は「組織的意思決定における2つの基本的要因である道徳的要因と機会主義的要因とを明確に提示したもの」で，講義草稿Ⅵの前文の終りの部分で既に指摘され（ていたが，主著第13章前文では省かれ）たものを '機会主義の理論' と題された第14章冒頭という，より適切な場所に移し，若干の敷衍的な文章を加えて明示したもののようである。(加藤1996：633～642) b言明は，この付加された部分に含まれる。——敷衍が却って混乱の源となるのなら，いっそのこと無視しても大過ないのではあるまいか。

2) 念の為に飯野注の全文を引用しておこう。「協働体系への社会的評価やgoodwillなどは社会的資産とみなされよう。求職者や参加希望者が多く，また潜在的な消費者や取引希望者の多いことなどは，明らかに有利な立場である。組織の意識的努力によって直接それが高められることも多いであろう。なお，社会的経済は可能性に関するものであるから，貢献者との現実の取引そのものは含まれていない。しかし，取引の開始，継続にあたって，このような社会的効用は社会的誘因として作用するであろう。

　　また，バーナードは '協働' の可能性のみを考えているが，'非協働' の可能性はマイナスの社会的経済とみなすべきではなかろうか。公害問題や消費者運動による企業イメージの低下はその例であろうが，そのような事態に直面して組織は存続—均衡維持を図らねばならぬゆえに。（もっとも，補償金の支払いにまで及べば社会的経済以外に含めるべきであろう。）」（飯野1978：161）

3) このような心証を，筆者は夙に表明し（川端1974），機会ある毎に何度かくり返してきたが，殆ど黙殺され，僅かに（高橋1987：10）において，「その論旨展開はきわめて晦渋であり，バーナードを精緻に分析してはいるが断片的であり，さらには結論的部分においては外在的・超越である」ので「バーナード理論の批判的研究としては建設的意義を持ちえない」と評されたのみであった。ところが本稿準備中に，拙稿への明示的言及はないが基本的に通底する見解に接したので摘記しておく——'協働システム外のものとの協働の可能性の総計'というバーナードの「説明から得られる概念は，現実に協働システムを形成している要素はフォーマルで顕在的であることとの対比において，社会的システムないし経済はインフォーマルで潜在的な要素であるということであろう。……しかし，このようにフォーマル組織にかかわるあらゆる社会的側面を切りはなして成立する社会的システムなるものの内包を具体的に思考してみると，およそ貧弱で無内容な概念しか得られまい。」（西田1989：96）

4) 『組織経済の解明』第2章第2節第5項「組織と社会的体系」において，真野はバーナードの言説を次のように解説している。まず主著第2章を引いて，「複数の人間が相互に意識的に適応行動をとる時に生じる関係を'社会的関係'と呼び，この相互作用に特有する要因を'社会的要因'と名づける。次に第4章に列挙された協働体系における社会的要因
　　　　a．協働体系内の個人間の相互作用，　b．個人と集団間の相互作用，
　　　　c．協働的影響力の対象としての個人，　d．社会的目的と協働の有効性，
　　　　e．個人的動機と協働の能率，についてそれぞれ，a．企業内の上司と部下の間の相互関係，d．個々の顧客と販売会社，従業員と雇主の相互関係，c．店に来た顧客に販売員が説得したり，上司が部下を説得したりする関係，d．重要な特定の技能を持ったり，原材料供給上重要な地位を占めたりしている従業員や取引先と企業との関係，e．ある人が協働体系から得る満足が不十分（∴非能率）だとして離脱すると協働体系の崩壊を招き，体系内の他の人々の動機満足に影響を与える，そのような関係，という例を挙げて説明する。そして続けて「バーナードは協働体系における社会的要因として以上のようなものを指摘し，それらの体系を，組織の機能的関係より社会的経済として捉えて，次のように言っている」として，第16章の例の定義——'協働体系外のものとの協働の可能性の総計'——を引き「従って，組織より見た協働体系における社会的体系は，効用の交換を通じて相互に関係し合う可能性を持った個人や他の組織の体系ということになる。」（1978：50～51）と述べている。
　　　　a～eに例示・説明された社会的要因は，いずれも現実の協働関係を指しているのに，社会的経済の内容は潜在的貢献者との協働可能性である，という'くいちがい'ないし落差を真野は全く気にしておらず，バーナードが用いる社会的関係——社会的要因——社会的体系——社会的経済という，コトバのつながりに全幅の信頼を寄せているかにみえる。

5) 真野はこの個所の注としてバーナードの原文「協働体系の能率とは，それが提供する個人的満足によって自己を維持する能力である。これは協働体系を存続させる均衡の能力，すなわち負担を満足と釣り合わせることと言えよう」（1938：57）を引用し，つぎのように注釈している。「この場合の負担は協働体系の負担であり，満足は参加した個々人の満足である。ちなみにこの負担を個人の負担と解釈するとここの記述は註5で指摘した個所（経営者の役割〔訳〕の20～22頁）での記述の単なる繰返しを意味することとなってしまう。」（真野1990：2）——この注釈には不審を覚える。組織ないし協働体系が構成員に誘因を提供することを'負担'と考えることは，当事者（？）の感覚としては理解できる。しかし，主体の異なる負担と満足を釣り合せるとはどういうことか，理解に苦しむ。ここは参加者個人の負担（←貢献）と満足（←誘因）と，解釈するのが自然であり，そうすることで格別の差支えが生ずるとは思えない。恐らく真野は，'組織の能率あるいは均衡の能力が組織経済の均衡（組織の側における効用の余剰の確保）を前提としている'という主張を根拠づけるべく，上のような読みこみを行ったのであろう。——読みこみの正否は

別として，真野の立論が広い眼配りと深い思索に裏付けられている証左（の一端）ではある。
6) 「……サイモンによれば，一般に公的組織において，倫理的・価値的命題を含む目的の設定に関する意思決定は，立法府によって行われ，私的経営では，取締役会や株主によって行われるもので(Simon 1976：訳：64)管理人はそれに続く意思決定に専ら従事するものであり，その際の基準は前述の様にコストであると考えられている。」(真野1990：8，傍点筆者)管理人はサイモン理論のキイワードの1つである。初心者の理解の便を心掛けたのだとしても，傍点個所のような解釈は明らかに不当な矮小化である。
7) 「…われわれは'経済的'関心をもつうえに'組織的'関心に欠けている。企業行動において生じる事柄に対するわれわれの見方が，不幸なことにあまりにも経済学的で社会学的でない観念にとらわれている。」(Barnard 1948：125) 非経済人モデルという命名では，積極的な内容開示にならない。
8) 「直観は分析と無関係に働く過程ではなく，むしろこれら2つの過程は本質的に効果的な意思決定システムの補完的な構成要素である。……マネジメントの'分析的'スタイルと'直観的'スタイルを対比するのは虚偽である。」とするサイモンの結論にミンツバーグは納得せず，様々な批判的論述を重ねているが，筆者はサイモンの結論で差支えないと思う。それはヘンダーソンの言う'血の通った慣い性となるほどの事物への直観的習熟'と'事物の整然たる知識'そして'事物の有効な思考方法'の結合に他ならず，バーナードの言う'組織のセンス'も充分に視野に入っているのではなかろうか。
9) これは失言に近い。複数の組織への重複参加・同時貢献という現実を確認することは，バーナードの組織概念の決定的な根拠の1つとされている。バーナード自身も，複数の階層組織の構成員であった。
10) ここでいう権威は主著第12章に定義された意味のもの，すなわち，いかなる制裁にもよらず，他者からの伝達の内容を，熟慮の結果であれ，無関心の結果であれ，自己の行為を左右するものとして（つまり，自他に共通の目的として）受容することを指す。
11) この点は真野の認める所である。——「側生組織においては，参加者達の持っている個人的目的が組織の目的と一致しているのが普通である。例えば物々交換や貨幣と財やサービスの交換が行われる仕入・販売の過程は，いずれもその交換を行うと言う事が，組織と個人の目的となっている。」(真野1990：8〜9)「ここで認められる共通目的は，普通特定の単純な具体的目的に限定されており，そうした具体的目的は協定当事者にとり個人的なものであり，協定で作り出された組織に内在的な性質のものではない。」(仝：1989：2)あとの文章は，バーナード1944年論文の記述をなぞったものであるが，当該個所に引きつづいてバーナードは「合意（＝協定）が目的そのものになることはない。それは，自存 maintain itself するのではなく，その当事者たちによって別々に維持されるのである」(Barnard 1948：151，訳：150)と記し，共通目的の存在そのものを半ば否認しているようにみえる。
12) 田中求之「合意と目的——側生組織と公式組織理論の整合性——」(1993)は，バーナードの論述の表層をなぞるのでなく掘り下げて考え抜かれた，貴重な論稿である。バーナードの論文集(1948)の第5章「組織の概念」(初出1940)を'バーナードが側生組織概念を形成しつつある論文'と位置づける。——側生組織概念の導入は公式組織の理論に1つの歪みをもたらす。歪みは公式組織の定義と要素の間にある。側生組織では，双方の行為が調整されているが，共有目的という'要素'を欠くので，公式組織として認知し難い。しかし，バーナードが上記論文の中で「組織の概念を敷衍していく過程において，意図せざる結果かもしれぬが，定義＝目的の図式から彼自身がはみ出している部分が見いだせる」即ち，財の交換では'両当事者の行為は相互に依存しあっており，相互関連的であるから，交換は取引を成立させる合意，すなわち双方の行為の調整に基づいている''合意によって調整された活動は組織を構成する.' とあり，「そこには'目的共有

なき行為の調整は可能であり，そうした調整によって成立する組織が側生組織である'という公式組織の新たな主張がはらまれているように思われる。」というのである。

引きつづいて田中は，共通目的と合意との差異を，行為のコンテキストの客観的（根拠に立つ主観的）了解と（根拠不在ないし不明の）主観的了解との差異に求め，主観的了解のみでも意識的調整（→時間的連続性をもつ相互行為）が可能である点に側生組織の公式組織資格認定の根拠を見出している。しかし，その行論は少々強引で筆者には了解し難い。

第 9 章
小泉良夫。側生組織論との格闘

はじめに

　小泉良夫は晩学の士である。1968年，40台半ばにして北海道大学大学院に入学，経営学を専攻して真野脩に師事した。丁度その頃，真野は人事管理・労使関係論から転じて経営学総論を担当し，研究の照準を組織論，とりわけバーナード理論（の経営学的研究）に定めたところであった。自然の成行として小泉の研究テーマも真野のそれとほぼ重なり合い，組織の革新，均衡，目的といった領域を巡歴しつつ，やがてバーナード理論それ自体へと収斂していった。以後30年近く，真野と小泉はバーナードを巡って，いわば雁行的に業績を重ねたが，1990年代後半，前後して世を去った。

　バーナード・サイモン理論という古びた呼称を借りれば，真野と小泉は共にサイモンよりはバーナードに軸足を置く『日本バーナード協会』のアクティブ・メンバーであった。後発のバーナーディアンとして，特定領域の深耕を志すのは自然な選択である。真野は主著第16章に準拠する'組織経済'論研究を先導し，その延長線に（組織と市場の関連解明の鍵概念として）浮上する'側生組織'の重要性を強調した。真野の先鞭を承けて小泉は，側生組織とその関連諸概念の位置と内容を論究し，それを基盤として主著第18章に遺言された'協働の科学'の構築（の予備作業）に取り組んだ。

　両者は共にバーナード理論に傾倒し，その中での主要な研究領域を共有した。にも拘らず両者は，研究対象への接近と論述の方法を異にするだけでなく，研究成果の内容と含意においてかなり（問題によっては殆ど対照的なまでに）異なっていた。一連のバーナード理論研究散策行において，筆者は当初，

両者を一体のものとして論評する心算であったが，この意外な帰結を得て，急拠，両者を別々に扱うこととした。よって，本章は，真野を対象とした前章と相互補完の関係に在る。（以下，引照文献のカッコ内のBはバーナード，Kは小泉の略記。）

I．組織均衡と組織目的

1．組織革新論から組織均衡論へ

　小泉が処女作で取り組んだのは'組織の革新'，わけても組織における（技術革新とは区別された）管理革新の問題であった。当時の（組織論）学界の状況を回想すれば，学習と啓蒙の時代が漸く過ぎ，バーナード→サイモン→マーチ＝サイモン→サイヤート＝マーチというレギュラー・コースの修得を共通土台として，官僚制批判，職務充実論，組織の経済学，企業戦略論，組織変動論など，各論分野での文献学習が百花斉放し始めた頃であった。小泉もまた流れに棹して，S・ベッカー，A・シェパード，K・ナイトらの組織革新論に取り組み，革新の探索過程と実現過程（における濾過作用），その組織構造との逆説的関連に論及した。「組織というものは本来革新的であるのに，過去の組織の大部分は革新抵抗的になるように仕向けられている」として，開発段階では多様性と（異質な人々が貢献しうるような）開放性，実現段階では厳密（な規律に貫かれた機能）性，がうまく組み合わされて周期的に現われるような，新たな'革新的組織'の原理を説き，「現在組織の革新にとって最も望まれるものは，人間および人間相互間の関係の再教育である」と述べるシェパードの言説を肯定的に参照している。（K 1971：183〜6）

　次作ではサイヤート＝マーチ（業務的革新）とE・アンゾフ（戦略的革新）の言説を踏まえてJ・アッターバックとアンゾフ＝スチュアートの'技術革新戦略'論議を追跡した。両説に共通する注意事項として「操作可能な戦略的要因を究明する努力が（企業目標の）単純化に通ずる危険性」を指摘し，「むしろバーナードの広汎な内容を有する組織の能率概念を再吟味した上で，その客

観化や操作可能化の努力を進める」必要を説き，そこから「必然的に組織の内的均衡の維持，就中リーダーシップの質，先見性，理想などの問題も問われる」と結んでいる。(K 1972：161〜2)

もともと小泉は組織革新の考察を'人間社会における組織の存在理由'についてのバーナードの言説から説き起している。——1）個人の観点からすれば，例えば企業は個人の能力の限界を超克するための社会的工夫（としての協働システム）であり，個人・物的体系・社会的体系ならびに諸個人を一定の目的の下に，有機的に統合する戦略的要因としての組織から成る。組織は協働の中核をなすシステムである。

2）社会的視点からすれば，企業（という協働システム）は（国家・国民経済・社会などの）より包括的な全体の部分システムであり，1）では「下位システムとされた人や物や制度など……は企業組織をとりまく環境の一部と考えられる。」これら物的，社会的環境から必要な資源をとり入れ，社会に必要な物的効用（財・サービス）を産出するところに，企業組織の社会的存在理由が認められる。この存在理由の充足（の度合）＝有効性は「殆ど全く専門化の革新の工夫または採用に依存して」おり（B 1938：132)，専門化の5つの基礎（場所・時間・作業者・対象物・方法ないし過程）は組織革新の行われる範疇を明らかにする。(K 1971：157〜9)

小泉の上記の言説は，協働システム・組織・企業組織の区別と関連が不明確なこともあって理解し難く，組織の社会的存在理由→有効性→専門化の革新という論理回路も明らかに連結不充分である。それは'組織革新'という主題とバーナードの基本命題とを結びつけるための強引な論法であった。第2作では企業の技術革新をバーナードの組織均衡論の文脈に位置づけることでいくらか説得性が高まった——ひきつづいて小泉はあらためて組織均衡論の本格的探求に向うことになる。

2．バーナード経営理論の独自解釈

「企業組織の均衡に関する一考察」(K 1973) は前期小泉の研究を代表する力作である。バーナード理論に基づく企業モデルを展開してS・クラップの

バーナード批判[1]と対置し，'経営学'としての概念的枠組の確立をめざした。

バーナードのいう協働体系は「少なくとも1つの明確な目的のために2人以上の人々が協働することによって特殊な体系的関係にある物的，生物的，個人的，社会的構成要素の複合体」であり，これら構成諸要素を特殊な体系的協働関係たらしめる鍵となる要因が組織である——小泉はこのような協働体系の構造を，図9-1のように描いた。

(1) さて，PS・SS・CS という3分割は主著第16章の記述に沿うものであるが，「組織を円周で示し，それに囲まれた斜線の部分が協働システムを表わす」（仝：5）のは常套的解釈から逸脱した小泉独自の設計である。「組織は，概念上は協働システムの下位システムであり，その構成要素であるが，……他の構成要素を統一的な目的達成活動に編成し統合する機能を有する点からは協働システム成立と維持の戦略的要因であり，その抽象化，象徴であると考えなければならない。組織行動が協働システムの行動であり，組織の範囲が協働システムの境界をなしている。このような組織と協働システムの表裏一体の関係」を小泉は強調した——この構図は，バーナードが協働体系から公式組織の定義を抽出していく過程とその結着点（B 1938：66〜74）にふさわしいイ

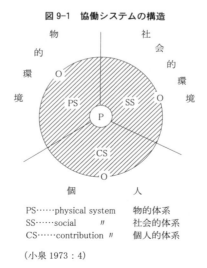

図9-1　協働システムの構造

PS……physical system　　物的体系
SS……social　　〃　　　社会的体系
CS……contribution 〃　　個人的体系

（小泉 1973：4）

メージを喚起する。

　(2) 図の中心に目的Pを置いたのが小泉設計のもう1つの独自性を示している。貢献意欲・伝達との併列を旨とするバーナード解釈の大勢を知りつつ敢て目的を大写しする真意は？そしてどんな論拠が用意されているのか？

　小泉は（企業に限定した形での）組織目的3面体〔事業目的・誘因目的・存続目的〕とでもいうべき構想を断片的にではあるが示唆している。実はこの構想は当面の '組織と協働体系の表裏一体的把握' の暗黙の根拠をなすにとどまらず，小泉独自のバーナード理論に対する解釈作業を一貫して支える基盤ともいえるもの（詳しくは後述）である。

　さて，図9-1につづく小泉の論述を駆足で追えば——協働体系の存続を決定する組織の均衡は内的均衡と外的均衡に分れる。企業の場合，前者（組織の3要素相互の釣合い）は3つの側面に応じて，それぞれ物的システム（問題領域としては，生産・購買・販売・財務の各管理など），社会的システム（企業形態，商慣習，階層制など）参加者の貢献行為のシステム（主として人事管理）の均衡維持の問題である。

　後者は組織と環境との均衡であり，有効性と能率によって維持される。有効性は組織の事業目的とその達成手段が環境情況に対して適切か否かという（広義の）技術的問題に帰せられる。次に能率は組織活動を十分引き出せる程に個人の動機を満足させることであり，「この均衡は，組織に流入し，蓄積され，流出する物的，生物的，経済的，社会的，個人的，及び精神的などの諸効用を，創造，変形，交換する経済過程である。従って協働システムには，その構造に従って4つの経済領域を識別しうることになる。」（全：12〜3）〔図9-2〕

　主著第16章の記述の忠実な模写として，当時有力だったバーナード解説書に記載されていた図（第8章図8-4）と対比すれば，小泉が提示した協働体系の4経済（ひいては組織経済）像はすこぶる斬新（かつ思考を凝らしたもの）と（当時の筆者には）感じられた。ただし，図示に続く小泉の論述は（若干の例示や図解によって幾らか読み易くなってはいるが）先行解説者と同様，バーナードの記述を基本的になぞるにとどまっている。——僅かに，結びの部分で「これまで述べてきたことを，企業組織の目的という見地から整理」している

244　第 9 章　小泉良夫。側生組織論との格闘

図 9-2　協働システムの 4 経済

（小泉 1973：12）

図 9-3　企業組織の経済と個人経済

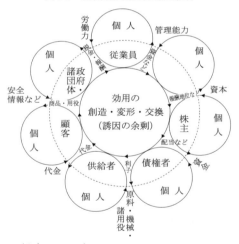

（小泉 1973：14）

ことが，前掲図 9-1 に示された独自の問題意識の再展示として注目に価する。「要するに企業の事業目的は有効な生産である。誘因目的は，個人の動機を満たすために，さまざまな効用の収支・創造に関する経済的考量を行い，資本と市場地位と社会的地位を維持し，成長せしめることである。そしてこの場合の

志向目的[2]（direction objective）は存続である。このように……企業目的は，組織自体の利益＝存続という立場に立ってオペレーショナルなものとされたとき，始めて有効且つ能率的な協働の対象となり得るのである。」（仝：17～8）

3．組織目的3面体論の構造と機能

　組織目的を3つの側面の複合体として把握する構想は，'バーナード権威論の展開'を主題とした1974年論文での略説を経て「バーナードの組織の適応に関する一考察」（1975）において詳説された。この論文は，広くは当時流行中の組織環境論の分析視角の究明を志向しつつ，直接にはバーナード組織論の概念枠組――組織の本質，意思形成，行動原理――の吟味から出発している。

　(1)　概要

　「協働システムは……ある観点からすれば明らかにより大きな諸システムの1下位単位であるが，別の観点からすればそれ自体が物的，生物的等の従属的な諸システムを包含している。協働システムに包含される1つのシステムであって'2人以上の人間の協働'という言葉に暗示されているシステムを'組織'とよぶ。」（B 1938：65）この周知の命題を小泉は次のように敷衍する。――協働システムは，一定の目的に対する複数の人間の協働を契機としてのみ成立する。協働には物的，生物的，心理的，社会的などの諸要因が関与する。これら諸要因はそれぞれに複雑かつ不断に変化する諸システムとして存在し，それらが醸成する状況が'協働目的にとっての環境'である。この環境から協働目的の達成に必要な要因を結集・体系化して協働システムたらしめるのが'組織'の機能である。

　以上の理解に立って小泉曰く，バーナードは「協働システムとその環境との間に境界を画し，前者を環境の主体として識別する概念的用具として，彼の組織概念を厳密に定義したものと思われる。換言すれば，彼の場合，諸要因に対する協働目的の調整の及ぶ範囲が，協働システムの境界をなすものと解される。この目的達成のための調整システムが組織なのであるが……その調整と統一の原理が協働目的である。……組織によって統合されない諸要因は，協働シ

ステムの環境である。」3)（K 1975：164，傍点筆者）こうして「組織は協働システムを成立せしめるためにのみ存在理由のあるシステム」で，協働システムの下位システムでありながら中核的要素でもある，という特別な関係に在り，両者はしばしば互換的に用いられたりもする——いずれにしても「環境の主体は協働システムであり，協働システムの本質的要素が組織であり，その組織行動の原理が協働（＝組織）目的であることだけは見極めておきたい。」（仝：164）

このように行きつ戻りつ，半ば混沌たる行論のうちに，小泉が協働システムと組織との関係づけに苦心惨憺した揚句，両者の不可分一体性，少なくとも環境に対する境界を共有している，と判断するに至った情況——前掲図9-1の背景——を了解することができよう。同時に，図9-1の中心P＝協働目的の小泉独自の理論的枠組における中核的意義も推察できよう。協働システムをして環境の主体たらしめるように，組織をして調整せしめる究極の始動因，協働システムと組織の両者に内在し，かつそのどちらでもないもの，を小泉は必要としたのである。

「公式の協働システムは目的対象 objective，目的 purpose，目標 aim を必要とする。かかる目的対象は，それ自体協働の産物であり，協働システムが行為を加えるべき諸要因の協働的識別を表わしている。」（B 1938：42〜3，訳語はK 1975：165による）文中の3つの名辞に直結するわけではないが「バーナードは結局，組織目的を3つの側面から捉えているように思われる」と小泉はいう。（仝：164）

① 客観的側面……事業目的 purpose

組織が何をするのかという活動目的，協働システムとしてのアウトプットの種類や性格を表わす。それは組織の環境への貢献，社会的機能をも意味し，バーナードのいう'公平な観察者のみた客観的目的'とみなしてよい。協働の有効性はこれを基準として測られる。

② 主観的側面……誘因目的 end

組織に貢献する諸個人が，それによってどれだけの誘因を受けるか（誘因分配の可能性）という観点からみた組織目的。この誘因目的は組織の能率に連な

Ⅰ. 組織均衡と組織目的   247

り，あらゆる組織に共通の拡大志向に結びつく。こうして主観的な誘因目的から組織固有の成長目的が派生する。

③ 主体的側面……存続目的 aim

　半永久的な存続を前提として活動している，別言すれば存続自体が目的化している，というのが現代的組織の一般的な在り方といえる。これは生物一般と同じ意味で，環境の中の自主的な行為主体となることであり，組織目的の主体的側面とよんでよかろう。組織が自己目的をもつようになる根本原因は，組織に内在する能率と有効性の要求の裡に見出せる。両者は相剋もするがおおむね相互促進の関係にあり，組織参加者は将来の分配を期待して現在の誘因の一部を組織に留保し，有効性改善の源資とする（ことを了解し要求しさえする）。有効性向上の努力は技術的並びに管理的革新に帰結し，ここから革新目的が派生する。

　存続目的はバーナードの云う'組織目的の協働的側面'に該当する。参加者個人の能率上の待忍から出発し，協働行為そのものの中で，個人の利益でなく組織の利益を優先する立場で組織目的を考える人々が大勢を占めるようになる。こうして組織目的の協働的側面が次第に支配的となり，他の側面をも規定する——「存続目的が確立するにつれて，組織目的の各側面は存続目的を頂点として明確に体系化される」ことになる。有効性を失った事業目的が組織存続のために変更される（事業目的の一般化）のはその具現といえる。

(2) 検討

　さて，小泉3面体論の典拠はバーナードの主著第7章第1節第2項「目的」に在るが，そこでは事業目的＝客観的目的は説明不要の脇役として扱われている。重要なのは「協働する人々の観点からみて，それぞれⓐ協働的側面，ⓑ主観的側面，の2側面があることを明らかにする」（B 1938：86）ことであった。主役ⓑはわかりやすい。組織参加者の個人人格からみた組織目的の意味，サイモンのいう'誘因としての目的'（Simon 1945. rev1976：112〜7，訳：145〜52）にほぼ相当する。

　主役ⓐは参加者の組織人格からみた組織目的の意味である。それは'組織の利益'という'特殊な観察の立場'からの，しかし'公平な観察者'の見方に

近いもので，主として組織の（提供する）知識によって規定されてはいるが個人個人が解釈しているものである。個人個人の解釈（＝目的の理解）に著しい差異があれば，組織目的は協働システムの1要素として機能し得ない。そこで「共通の目的が本当に存在しているという信念を植えつけることが基本的な管理職能」になる。

「客観的にみられた目的（≒事業目的）と協働的にみられた目的（＝ⓐ）との間に実際に重要な差異がある場合，目的が具体的，有形，物的なものであれば直ちに明瞭になるが，目的が一般的，無形，情緒的なものであれば差異が非常に著しくても認識されない」。（B 1938 : 87，カッコ内は筆者）物的財貨を扱う企業は前者，宗教的協働は後者の例だとバーナードは述べている。——ここで私見を挟みたい。

小泉の指摘のように，環境の乱気流的変化に対して有効性を失った事業目的を廃棄し，新事業目的を設定することは現代企業組織の日常事象となった。中小企業では主要製品の所属産業分類が毎年のように変ることも珍しくない。数百品目の製品を販売し，年々数十品目の製造停止と新規製造開始を繰り返す超大企業でさえ，十数年かけて主要製品群の所属産業が大幅にシフト，あるいは不明化（業際化）する例がある。そのような'事業目的の一般化'の盛行の行きつく究極を展望すると何が浮んでくるか？——'日々特定の靴を作る'といった具体的遂行とは対極的な一般的目的，機会に会えば何処にでも参入し，機会が去ったとみれば素早く退出する，変幻自在な profit making こそ，現代企業組織の事業目的にして社会的存在理由，真の客観的目的となりつつあるのではないか。各種各様の社是・社訓に記され，参加者に植えつけられ，信じこまれている目的（協働的にみられた目的）と真の客観的目的との差異こそ，今日の組織目的論の中心課題ではあるまいか？

本題に戻って，組織目的の3側面の相対的位置関係（の設定の仕方）が小泉とバーナードでは明らかに異なっている。バーナードは（協働する人々の観点からみて）協働的側面と主観的側面とを対置し，客観的側面は協働的側面を説明する必要上引き合いに出しただけである。対するに小泉は，「社会に於ける組織の果している機能即ち存在理由を示す客観的側面と，個人にとってのそれ

に参加する意義を表わす主観的側面」とを形影相伴う如く必然的なものとして対置したのち，'組織目的の時間的次元' という契機を導入して協働的側面＝存続目的を措定し '組織目的の主体的側面' と呼ぶ。しかも，他の２つの側面を規定する，という意味で組織目的体系の頂点に位置づける（K 1975：167～70）——バーナード解釈というには余りに作為的な，むしろ小泉独自の組織目的論の開示というべきであろう。

「組織は一度確立されても統一目的を変更する場合がある……組織は自らを永続させる傾向があり，存続しようと努力するなかでその存在理由を変えることもある。」「大抵の継続的組織は，新しい目的をくりかえし採用する必要がある。」（B 1938：89，91）

このようにバーナードは組織の強い自己永続化傾向を再三指摘しているが，存続それ自体が組織目的と化するとは云っていない。

サイモンは組織の均衡に関連して '存続目的' という言葉を用いているが，それは組織の支配集団や（企業組織における）企業家が組織を通して達成しようと試みる個人的価値（≒誘因としての目的）の比喩的表現であり，小泉式にいえば主観的目的に当るものである。（Simon 1976：117・119，訳：151・153）サイモンの真意は「企業家の目的は組織の存続に密接に関係している」というに在る。（仝：18，訳：22）

両人以外にも '存続' を組織目的（の１つの様態ないし類型）として公式に認めている論者は見当らない。（比喩的ないし通俗的用語法としては数多く見かけるが）——というのも，概念用語として存続と目的とは互いに馴じまないからである。組織がひとたび成立すると，存続（への志向）がしばしば組織目的の変更を規定する強力な要因となり，時経るにつれて成立当初の目的から遠く距たるとしても，何らかの具体的な活動（の領域・対象・手段など）を表示した組織目的が必ず設定されるのであって，存続それ自体を組織目的とする（ことを自他ともに許す）ことはありえない。

コトバでなく理論の実質に関わる問題は '存続' を組織目的体系の頂点たらしめる契機としての '組織の主体化' である。小泉はそれが '１種の比喩的表現' であり，「組織の自律化，主体化という言葉もバーナードのものではない」

ことを認めるものの，組織が「継続的組織として有効性と能率とを志向する限り，おのずから組織目的の協働的側面が発生し，成長して，組織の主体化の途を歩むことになる，というのがバーナード組織論の基調」だと主張する。（K仝：171）

　基調をこのように把握することは，恐らくバーナードの真意に沿っていよう。問題の第1はこうした主張＝解釈が組織の実体化 reification，方法的個人主義からの明示的逸脱を意味すること，第2はバーナード自身が（少なくとも主著執筆当時）この点の自覚不充分であって'意識的に調整された諸活動や諸力'のみを抽象した組織概念に執着しており，(比喩でなく現実に）組織を主体として認知することを躊躇した（ように思われる）ことである。「社会システムとして，組織は，慣習，文化様式，世界についての暗黙の仮説，深い信念，無意識の信仰を表現あるいは反映する。それらは，組織を充分に自律的な道徳的制度たらしめ，その上に手段としての政治的，経済的，宗教的，その他の機能が積み重ねられ，あるいは発展してくる。」（B 1986：162，訳：234）——後年のバーナードが確認した組織の制度化は，実は主著全体を通してバーナードが歩んだ論理行軍の到達点であった。苦心の論理操作を経て'人間含まず，活動のみ'の公式組織概念を設定したにも拘らず，1）その前提かつ産出物としての非公式組織を絡みつかせ，2）貢献者に支払われる誘因を彼らの全人的諸欲求に対応させ，3）管理者の命令権限が実は管理される個人の受容に依存する仮構だと断じ……それ自身の目的を追求すると同時に貢献者の動機を満足させる両義的存在，非人格的存在でありながら同時に生ける人間の集団であるという絶対的矛盾を体現し，最後は管理者の道徳的リーダーシップによる矛盾の統一に期待する……'道徳的制度'こそ組織の現に在る姿だという，この'驚くべき想念'に，バーナードは主著出版後に気づいた，という。（B 1986：162，訳：233〜4）この意味で小泉の解釈は基本的に妥当である。ただし，組織目的の'協働的にみられた側面'という隘路からの強行突破を計ったために，若干の瑕疵が生じた。——'人間含まず'の組織概念を額面どおりに保持しながら，'組織の主体化'を想造することは困難である。先ずは管理者が，組織の存続・成長に関連する誘因目的を介してにせよ，組織人格になり切

I. 組織均衡と組織目的   251

らねばならぬ。次に管理される人々の相当数が，相当程度に「組織目的の達成それ自体が個人的満足の源泉」と感じる境地に達する必要がある。組織人格と個人人格との統合とはいわずとも，相当程度の相互浸透，混和，境界不明状況が現われて始めて，組織の主体化を云々することができる。それは，矛盾を孕みながらも共通の目的（の群）を追求しつつある人間の集団，制度と化した組織（体）に他ならない。この到達点に立って振り返れば，'意識的に調整された活動'のみで構成された組織概念は，のちにP・セルズニックが喝破したように，「仕事をするために製作された，合理的で使い捨て可能な，管理の用具」(Salznick 1957：5，訳：10) 伝統的管理論の組織概念と大同小異（敢ていえば用具の理想的作動状態）のものであったともいい得よう。

4．組織経済論の変転

　本題に立ち戻ろう。協働体系と組織の境界同一構想（図9-1・9-2）の独自性 vs その説明がバーナードの論述そのままという素ッ気なさ——小泉組織経済論におけるその対照性は筆者を少なからず困惑させたが，説明中に挿入された〔図9-3〕が整合的組織経済像を模索する糸口となった。図は企業組織の活動のほぼ全容を表わしているが，組織が物財や社会関係を支配し効用を付与するのは，すべて貢献者たる個人（組織人格）の活動を通してのことであり，個人経済に媒介されない物的経済・社会的経済なるものは存在しない，というイメージを喚起してくれる。物的経済・社会的経済の実質は物的効用・社会的効用に他ならず，多様な形態の2種類の効用が組織経済と個人経済の間で創造・変形・交換されている——このイメージは4重経済をめぐるバーナードの晦渋な論述（の熟読）から浮んでくるイメージと通底するものである。唯一の障害はバーナードの設定した協働体系と組織の境界二重構造（という至上命令）に違反していることであり，この絶対的矛盾を解く術なき小泉は敢て言及せず，バーナードそのままの祖述に立ち戻らざるを得なかった，と思われる。

　前記73年論文とほぼ同時に刊行された飯野論文「'経営者の役割'執筆過程における協働体系と組織の概念について」は矛盾解決の手掛りを与えた。——バーナード本来の構想は組織のみ，協働体系はL・ヘンダーソンとの交論の末

に付加されたもので,両者の論理的接合なお不充分の個所が散見される,というのである。付加以前,ローウェル講義草稿における組織経済像は極めて透明であった。'人間含み'協働体系の設定に伴い,組織と協働体系にまたがる個人的経済という新領域が物的経済・社会的経済に割り込んだことから,種々の撞着・混乱が生じた……。そこで筆者(の心算で)は,飯野論文に基づいて小泉構想を発展させた論文を書くことができた。(川端 1974)この論文自体は他の幾つもの主題を併せ扱ったために,全体として混沌の相を呈して悪評を得たが,筆者はただ小泉の反応如何を案じ,期待していた。以後の経過は以下の如くである。

a.「バーナードの組織の適応に関する一考察」1975

前項で検討した組織目的論がこの論文の主題であるが,協働体系とその経済についても若干の言及がある。

「前には,彼の概念規定から出発して,協働システムの環境を,組織の調整の範囲外の諸要因とした。これは一般の常識とも一致したものと言えよう。然るにバーナードは,更に厳密に,組織にとっては,協働システムの内外を含めた物的,人間的,社会的諸要因が,その環境とみなさるべきものとしている……協働システムと区別された彼の組織環境の規定は,適切なものと言わなければならない。」(K 1975 : 178,傍点筆者)ここで小泉は組織・協働体系の境界同一構想から後退し,バーナードにすり寄っている。また,「環境の性格と組織」という小見出しの下に,協働体系の4つの経済について,ほぼバーナードそのままに論述している。(仝 : 183〜6)

b.「環境変化と組織の適応」1976

「バーナード理論に於ては,組織を関係概念,協働システムを実体概念とみなすことができよう。そして,この組織機能を専ら担当するのが,管理者なのである。」(K 1976 a : 32)「環境としての個人と社会の区別は,社会学的なものではなく,協働の観点からのものである。バーナードの個人とは……協働目的に貢献している参加者の,自己の利益に支配された個人本位の側面を指している。彼等の貢献活動が組織従って協働システム(の基本的要素)を構成するのであるが,その反対給付つまり誘因に関して余剰を期待する限りでは組織自

Ⅰ．組織均衡と組織目的　253

体の利益と対立し，協働システムの外に在ることとなる。」そして〔図 9-4〕を示して「協働システムの境界と組織を意味する矢印の末端とを破線で示してあるのは，環境の変化，ここでは人間の本質的，継続的な個人本位の側面と，限定的，断続的な貢献者としての側面との境界が，不断に変動することを明らかにするためである」と注釈したのち，次のような見解を披瀝している。「かように個人は組織のいわば第 1 次的環境をなすのに対し，協働の観点からする社会は焦点の組織と直接の協働的関係にない個人及び組織を指している。つまり，それは協働システム外のものとの協働の可能性の総計であり，その第 2 次的環境をなすものと言えよう。それは，価値観，態度，規範，慣習などの制度，又，法律，政治，経済，産業，文化，教育，宗教，技術などの複雑な諸システムから構成されるものと解されよう。」（仝：33，傍点筆者）

　ここには，先ず '協働の観点' からみて（組織の環境としての）個人と社会とを区別する，というユニークな発想がある。協働の観点から組織目的をみるのならわかるが，環境を区別するのに協働の観点に立つとはどういうことか？──察するに，個人（のなかの組織人格）は現実に貢献活動を提供しているという意味で協働システムの基本的要素であり，貢献活動を提供していない個人人格といえども，組織人格と不可分一体の存在として協働システムの境界内に在る，という意味で組織の第 1 次的環境をなす。対するに社会（的経済）は '協働体系外のものとの協働の可能性の統計' であって現実の協働関係をもたないのだから，組織の第 2 次的環境をなす，ということか。

　ローウェル講義草稿と主著では社会的経済の内容が根本的に異なり，草稿で「社会的要因として考察されてきたもののうち，協働体系外の社会関係が問題とされる。協働体系内の人間関係など，直接に社会的誘因（満足）として作用するものは新しい個人経済に移されているものと思われる。」（飯野 1973→1978：161）飯野がもたらした知見に拠って，筆者は社会的経済が内容の大半を失なって空洞化しており，協働体系の 4 重経済のバランスが初めから崩れている，と指摘し，その直接の機因を個人経済の新設，溯っては協働体系概念の導入をめぐってバーナードが陥った錯誤に在り，とした。小泉もまた社会的経済の空洞化（という帰結）を暗黙裡に認めた──社会的経済の舞台たる社会的

環境を，組織の第2次的環境として，第1次的環境たる個人の外側に位置づける，という形で。筆者はバーナードの論理操作の不備を咎めたが，小泉は価値観，態度……などの制度，法律，政治……などの複雑な諸システムを並べ立てて社会的環境の空洞に充填し，手続の不備を咎める代りに，協働の観点という空語を用いて事後的合理化を試みたわけである。

　しかし，──主著のみを凝視・熟考して小泉が画いた'組織と協働体系の境界同一'構想は，飯野論文（での境界二重構造確認）以後も隠然とではあるが保持された。「バーナード理論に於ては，厳密には，協働システムと組織とでは環境の内容が異なるのであって，組織環境は，協働システムの外部環境と，組織の調整（＝管理）の対象たる協働システム内部の物的，社会的及び人的要素を含むことになる。然し一般には，組織と協働システム両概念の表裏の関係から，両者は屡々互換的に用いられると共に，その環境についても外部と内部との区別は必ずしも厳格に守られていないようである。」（小泉1976a：33，傍点筆者）厳密には，バーナードの綸言に背く者はない。然し一般には必ずしも守られていない──ことは小泉自身の〔図9-4〕が示している。さらに〔図9-5〕を〔図9-2〕と対比せよ。組織経済の統括の下に物的・社会的・個人的の3経済が円面を3分割する構図は廃され，単純素朴な組織経済図に替えられた。小泉は組織経済を包括する協働体系4重経済図の作成を放棄したのであ

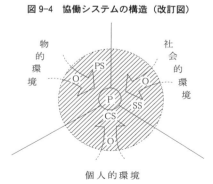

図9-4　協働システムの構造（改訂図）

（小泉1976：33）

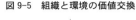

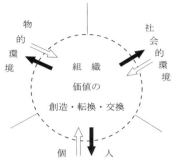

(小泉 1976 : 35)

る。個人第1次,社会第2次とすれば物的環境は組織の第3次的環境ということになろう。組織を中心に個人・社会・物財がとりまく同心円のイメージが浮んでくるが,バーナードの論述に沿って協働体系の境界線をどこにどう引くか,小泉は進退極まり,'判断停止'を選んだのであろう——残念な顛末であった。

Ⅱ．側生組織論と'協働の科学'

　小泉の研究生涯の後半期は,'側生組織'の理論およびそれと関連して展開された'協働の科学'構想に代表される。

　初発はバーナード協会第5回研究発表会(1979．6．15於関西大学)における「バーナード理論の一考察」。翌年にはその論旨を存分に展開した2つの論文を発表し,10年後に刊行されたバーナードの論文集『組織と管理』では,(側生組織が中心的に論じられている)第6章「世界政府の計画化について」の翻訳者——ここに至って小泉は,側生組織論研究の第1人者とみなされたのである。そして5年後,教職引退に際して'バーナードの側生組織概念を再吟味するために,「世界政府の計画化について」を精読することを目的とする単

発論文「バーナード理論研究余滴——側生組織概念の誕生——」を発表したとき，彼は既に病魔に冒されており，2年後，世を去った。

1．側生組織の内容と位置（1980 a）

バーナード協会での発表を敷衍した2つの論文「バーナード組織論に関する一考察——その側生組織概念を巡って」（以下80 a と略記）「バーナード理論に関する一考察——協働科学的接近——」（以下80 b と略記）以前には，側生組織はバーナード研究の中で殆ど注目されていなかった[4]。それが「どのようなものであり，彼の組織論の枠組にそれがどのように位置づけられるのか，そしてかような作業を経て彼の組織概念はどのように解されるか」（80 a : 76）をバーナードの論述に密着しつつ研究することは充分に先駆的意義をもっていた。

以下では，バーナード密着部分（に関わる小泉の論述）の追跡は最小限にとどめ，問題含みの解釈と独自の立論に焦点を当てることにする。

(1) 公式組織の2類型

小泉は前記世界政府論文（以下44年論文という）では「なぜ側生組織が公式組織の1類型たり得るかという論拠は，事改めて説明されていない」として，同じ論文集所収の「組織の概念」（以下40年論文という）を参照しつつ次のように問題を立てる。——「44年論文では側生組織の最も単純な事例として交換があげられていた。……だとすると，主著の最も重要な命題の1つである階層組織の誘因の経済，つまり組織と個人との誘因・貢献の交換は，いったいどちらの組織の行為と理解すべきものなのか。……誘因・貢献交換こそは階層組織と個人というオープン・システム間の意識的な相互交換現象を指すと思われるが，それ自体が階層組織と区別される別個の組織類型とされる意義は何か。」（80 a : 82）

40年論文では「2人以上の個人の行為が協働的である場合，すなわち体系的に調整されている場合，私の定義では，その行為は1つの組織を構成する」（B 1948 : 113）そして，交換は組織の最も単純な1形態であるとして次のように説明する——「往々にして交換は，利害の対立ないし敵対的な意味でのバーゲニングといった交換に先立つ状況に大きな比重がおかれるため，協働的

なものとは考えられないでいる。しかし少しでもよく考えてみれば，交換が取引（transaction）を生ぜしめる同意，つまり両当事者の各行為の調整，さらに言えばその各行為が相互依存的で相互関連的になることに基づいていることは十分理解されるであろう。……そこには，短命ながら1つの組織の成立が認められる」（仝：116，訳：117）

つまり，交換取引には当事者間の競争関係と補完関係とが含まれるが，その全体的効果を重視すれば，協働的成果をもたらす後者の側面からこれを把握しなければならない。この協働関係は，たとえ短命ではあっても立派な組織資格を有するということであろう，として小泉は次のような判断を示す。「誘因・貢献の交換は，権威関係を重視した階層，交渉関係からみた側生といういずれの組織の協働行為とも解することが可能なのである。……誘因・貢献交換は，側生，階層両組織概念のいわば相互浸透の場とも言えるであろう。」（80 a：84～5）そして「交換行為をバーゲニングとみるか協働として捉えるかは，観察者が個人の観点を重視するか，それとも行為の社会的効果の立場からみるかに依る……それを協働行為とした場合にも，それが交渉を前提とした側生的協約の履行，支配・従属関係の上に立つ権威的調整の結果のいずれとして理解されるかは，専ら分析者の視座，つまり側生，階層いずれの組織の見地から観察するかに依存することになる。」（80 a：84～5）

1回限りの交換にさえも公式組織の資格を認め得る根拠は，行為の協働的調整に在る，という確認に立って，小泉は改めて主著における公式組織の定義を吟味し，'組織の基本的な資格要件'を探索する。その行論は行きつ戻りつ難解であり，以下，論旨要約は諦めて，理解し得た印象的な個所の抜書にとどめざるを得ない。

バーナードが協働システムの定義の中の'2人以上の人々の協働'という言葉に含まれているシステムを組織と呼ぶと述べている（B 1938：65）ことは，「彼の組織概念の内包が協働体とでも呼ぶべき複数人の協働行為のみから成るシステムであること」（80 a：87）を意味し，この基本的概念を彼は終始堅持し展開している。……協働体とよべば組織の主体的，実体的側面にアクセントがおかれていると感じられようが，協働体が成立するのはその成分たる人間の

活動や諸力が'意識的に調整され'ていればこそであり，この調整や関係の側面が実体的側面に劣らず組織概念解明の鍵である。……バーナードのいう調整は通用の組織化とほぼ同義とみなすことができ，この意味では組織は調整システムであり，この調整のための必要にして十分な要素が伝達，貢献意欲，共通目的であるが，さらに具体的には権限（交渉），誘因，地位，組織道徳準則，専門化等の下位システムから構成される。……調整を「何らかの影響力による社会過程の推移に対する方向づけの機能」というように広義に解すれば，非公式組織もまた，無意識的にではあるが調整機能をもつ（ことで一定の態度・慣習・制度そして公式組織形成などの重要な共通結果をもたらす）システムとして組織たるの要件を具えていることになる。(80a：87〜9)

(2) バーナード組織論の本質

ここまでは'何に基づく，何のための調整か'を吟味してきたが，'誰が，誰に対する調整か'の吟味に移る。――小泉の考えでは，バーナードの云う調整は，「通用の組織化に相当し，……管理ないし管理機能とほぼ同義」である。つまり，「組織化，調整，管理，および組織的意思決定は，協働体維持という同一機能の異なる側面を表わしたものと考えられる。……バーナードの「協働的努力の体系は全体として自ら管理するのであって，その一部である管理組織によって管理されるのではない」(B 1938：216) との主張は，a) 作業組織を含む組織体全体による自己調整，ないし，b) 組織の全メンバーの相互調整による組織化を含意している，と解し得よう。(80a：90〜1，記号は筆者)

要するに「調整機能こそは彼の組織概念の鍵要因」であり，その在り方によって様々なタイプの組織体が形成され得る。したがって'協働体'としての組織を純粋概念とすれば，'調整システム'としての組織を包括概念とみなすことができる。(仝：92)

調整の在り方について階層組織と側生組織を対比すると，前者は内生的秩序に基づく権威的調整，後者は外生的秩序に基づく交渉的ないし競争的調整に依拠しており，それぞれ相対的にタイトな結合による非人格的で主体的な統合体 integrated unity，相対的にルースな結合による人格的で組合的な連合体 associated coalition といった理念型を連想させる。社会学上の概念でいえば，

それぞれ官僚制と結社 association に近似し，人間の目的的協働のための結合形式という連続体の両極を表わしており，両極の中間に無数のヴァリエーションがある。……階層組織≒統合体が強制から無関心を経て（誘因提供や道徳的リーダーシップなどを媒介とする）自発的調整に至る幅広い調整形式をもつことは主著に明らかであるが，側生組織≒連合体の調整形式にも，能動的・積極的同意から受動的・消極的同意までが含まれる。「かくして側生組織の交換には経済学にいう等価交換のみならず不等価交換も，また相互的交換ばかりでなくたとえば贈与や奪取のような効用の一方的交換も，さらに自発的交換のほかに強制的交換も含まれる」。つまるところ，階層・側生を包括する公式組織概念の鍵をなす意識的調整は，強制的調整から自発的調整までを含む調整システム一般を意味し，「この包括的な協働的調整のシステム（組織化）により形成される純粋に人間の協働的活動のシステム（協働体）の構造と過程とを明らかにした彼の組織論の基本的性格は，人間の目的的協働の総合理論と呼ぶに相応しいものと言えるであろう。」（仝：95～6，傍点小泉）

　無意識的調整に拠る非公式組織も「それが組織されるからには，その調整力がなんらかの組織体を形成するのでなければならない。……しかも，それが無意識的であるだけに，非公式組織の調整力はきわめて強い……かような非公式組織の非意図的，自動的，反応的，成行的な調整システムによって構成される組織体は，共同体 community ないし社会 society である」。「非公式組織は社会の機能面における規則性を指す。集団が非公式組織によって共同体に仕上げられる」。（B 1948：144，訳：145）そして「社会成員間の相互作用全体が非公式組織を構成するのであるから，非公式組織の成分は人間の活動や諸力である。……非公式組織は文化的共同体という組織体を形成し，その共同体が社会のいわば絆となる……この共同体と社会の関係は，公式組織の協働体と，定義された意味の協働システムとの関係に比擬し得よう。」（80 a：97）

　このことは「公式，非公式を問わず，組織の究極的な内包が社会的調整機能と組織体であることを意味している。バーナードが非公式組織を組織素材の1つに数えたのは，この組織資格のためと言えよう。」（仝：96～8）

　延々たる考察の結論は以下の如くである。

バーナード組織論の基本性格は，個人を出発点として社会を協働という統一的観点から分析した協働の一般理論として理解される。「個人は各自の有効性と能率とを増進すべく相互作用し，目的的協働を結成する。側生組織は協働社会における媒溶剤，接着剤と考えることもできよう。この相互作用や協働のパターンが非公式組織によって制度化され，さらに国家や教会のような最高公式組織に認証されると，社会全体を調整対象とする一般側生組織が成立する。……企業界に例をとれば，市場や交換組織と呼ばれるものがそれであり，その一般組織の複合体はたとえば資本主義経済体制として知られている。……この意味では，側生組織は個人や階層組織の対外活動の舞台であり，書割であり，脚本のト書だとも考えられよう。」「その有効性と能率の点から最も発達した現代の顕著な協働形態は階層組織であろう。……それは単位組織を基点とし，作業および管理単位から成る複合組織，またかような複合組織の複合体としての大規模組織，そして国家や教会のような総合的な最高組織に到る公式組織の階層システムを形成している。……最高組織以外のすべての組織は部分システムとしてなんらかの点で上位組織に従属しており，特定の限度内においてのみ独立的であるとみなされる。この場合の国家や教会は，非公式組織の調整機能を基盤として，組織階層システムの最高支配組織であると共に，側生組織の公式管理者の役割を果す極めて総合的な階層組織として理解されよう。」（全：98〜9）

小泉は以上のような協働社会の構図を図9-6に示している。

図9-6　協働社会の理念

（小泉1980a：99）

2. 協働社会の外延と内包 (1980b)

次稿 (80b) の主題は (80a) 結論部分で提示された'協働社会'構想の彫琢と敷衍である。

(1) 協働社会の構造と編成原理

バーナードは彼が提示した概念枠組の究極的性格を'組織または協働システムの科学'(B 1938:290)'協働および組織の科学'(ibid:293) とよび, 後年の邦訳序文では'公式組織の社会学'と称した。展開された理論の実質からみて,「バーナード理論における協働と公式組織とはほぼ同義と考えられる。」そしてバーナードは「公式組織を政治, 法律, 経済, 技術などの諸システムとは異次元の, あるいはこれらの諸領域を縦貫する全体社会の基礎的なシステムとして捉えた」。それは全体社会を協働の1大システムとして捉えることを意味する壮大な構想であった。(80b:82～5)

いかなる種類・規模の協働も, 結局は2人以上の人間により, 特定の文化を有する社会の中で, 自然諸資源を利用して行われる。これら諸要素 (の一部) を協働システムという'場'(識別可能な秩序) に編成する力=起因が, バーナードの定義する'組織'である。組織もまたシステムであり, その場にある複数の「個人間の相互作用の反復から, その相互関係が友人, 数, リーダーとフォロワー, 同僚, ライバル, 協力者, 親と子, 上司と部下など何らかの社会的役割関係に漸次収斂し, その間の相互作用も相応の役割行為に定型化していく……かくして協働システムの編成要因たる組織は, 社会的役割として調整された2人以上の人間の相互関係と相互作用のシステムと解される。」(仝:100～1)

相互関係の構造化と相互作用の調整の過程における'意識性'(の有無や強弱) を基準として組織を分類することができる。――非公式組織の構造化や調整の過程は無意識的で,「構造も曖昧であり, 相互関係の密度もさまざま」であるが, '慣習, 仕来り, 風俗, 制度, 社会規範, 理想など'ひっくるめて「社会の絆とも言うべき文化を形成する。」しかし, 非公式組織のみでは社会は存続・発展しえない。けだし非公式組織自体はそれが形成する共同体の文化次第で協働的でも闘争的でもあり得るので, つねに利害対立, 敵意, 組織解体の可

能性を孕んでいるからである。そこで意識的に調整される公式組織が'社会の明確な構造素材''人間の結社(アソシエーション)に継続性を保つに十分な一貫性を与える柱(ポール)'（B 1938：119，訳：125）となってきた。──公式組織は非公式組織から発生し，また非公式組織をつくり出す，という相互作用のうちに次第に両者は一体化し，不文律，社風などとよばれる独特の役割遂行様式と組織風土が形成される。同様に全体社会レベルでも，協働肯定的な文化を共有する共同体の複合を基盤として様々の目的をもつ諸協働システムが発達し，包括的な公式組織のネットワークが形成される。

かくして成立した全体的な協働システムは，'分業と協業の体制と呼ぶべきもの'であり，「公式組織と非公式組織とは，'社会の協働体制という楯の両面'をなす」。（仝：101～3）

公式組織はさらに階層組織と側生組織とに分類される。階層組織は権威原理で統合された自律的な公式組織で現代協働体制の主役をなす。側生組織は競争・交渉原理に基づき有機的に連合した公式組織であり，協働体制における活動主体間の連結環の役割を果している。別言すれば「社会的協働体制の主役は階層組織であって，側生組織はその対外活動の場の秩序，非公式組織はその基盤」をなす。

階層組織では権威，側生組織では競争と交渉がそれぞれの支配的調整原理であるが，「現実にはこれらの原理が相互浸透しており，その浸透度如何では連合体的な階層組織，統合体的な側生組織も実在し得る。……階層組織と側生組織とは，それぞれ垂直的統合と側生的連結という協働結成のための縦と横のいわば座標軸と解され，それらの程度と非公式組織の影響との函数として，現実の組織類型の座標がきまると考えられる」。（仝：103～5）

(2) 協働の理念

バーナードの基本課題は，個人の自由意思を前提として，協働の秩序が如何に確立されるかを明らかにすることであった。彼は自由意思論と決定論の何れか一方に偏することなく，対概念を両極とする連続体のどこかに協働が成立するとした。つまり，完全な個人主義＝無秩序な弱肉強食──非公式的結社──自由意思による連合──自律的統合──独裁的支配＝完全な全体主義という軸

上で，両極を排して中庸をとるということである。

　かつてC・ペローはバーナードの協働システム・モデルを痛烈に批判した——組織の本質を道徳に基づく協働とみなし，コンフリクト，命令的調整，経済的誘因を無視し，共通目標，自発的服従，道徳的教化による・つ・く・ら・れ・た・合意と調・和を強調して，権力の正当化と神聖化に貢献している，というのであるが，これは'意思性をその偽自発性と受けとる'点に発した誤解である。バーナード・モデルは，自由を希求する能動的個人が，自己の運命の改善のために，協働にかかわる制約を甘受しなければならないという根本問題を焦点として構成されている。出発点たる能動的個人の自由意思は，本来的に能力的にも制度的にも制約された選択力に基づくものとされる。多様な欲求を充足するための多元的組織参加といっても選択の範囲は限られ，協働意欲も本来的に値の低い変数であって，それを喚起するために賃金のような積極的誘因から単に死刑を免れるというような消極的誘因までが考察される。こうして「バーナード・モデルにおける協働参加や服従は，個人的効用の得失計算上利害の一致した，つまり個人の合意に基づく活動目的のための役割遂行の責任を負うこと，すなわち組織の課する犠牲を甘受することなのである。先見性，長期的な有効性，高遠な理想など目的の道徳的側面は，この犠牲の意義と未来の希望を与えて個人の意欲を高める触媒であり，説得はそれを伝達するための方法と解される。」（全：106～7）

　バーナードの'協働'は，以上のように広汎な内容を含む柔軟な概念であり，「・形・式・的・か・つ・単・純・に人間行為の役割化，社会的機能化の過程を表わすもの」（全：108，傍点筆者）と理解すべきである。「従って全体社会レベルにおける公式組織の複合体は一般的に分業と協働の体制を意味し，協働の科学ないし公式組織の社会学とは局部的組織からその包括的複合体に至る分業・協業体制の社会学的研究と解し得るのではないか」「かような解釈からすれば，バーナード・モデルほど深刻なコンフリクトを土台としながら，しかも厳格な官僚制から柔軟な連合体までを包括し得るよう精緻化された組織概念はないとさえ思えてくる」——これが「バーナード理論を協働社会論を基礎とした管理論と読む」小泉の結論である。（全：108～9）

3．'協働の科学'構想の検討
(1) 組織の基本的資格要件

　背景の詮索は二の次として，直ちに小泉の端的な問題提起の検討から始めよう。——階層組織と個人との間の意識的な相互交換現象を指すと思われる'誘因・貢献交換'（以下 IC 交換と記す）「それ自体が階層組織と区別される別個の組織とされる意義は何か。」（80 a ：82）小泉曰く，40 年論文には「2 人以上の個人の行為が協働的である（体系的に調整されている）場合，その行為は 1 つの組織を構成する」（B 1948：113）そして，交換は「取引（transaction）を生ぜしめる同意，つまり両当事者の各行為の調整」に基づくが故に「そこには短命ながら 1 つの組織の成立が認められる」（仝：116）と記されている。故に IC 交換は階層・側生いずれの組織の協働行為とも解し得る。いわば両組織概念の相互浸透の場とも言える。交換行為をバーゲニングとみるか協働として捉えるかは，個人の観点を重視するか，行為の社会的効果の立場からみるかによる。（80 a ：84〜5）

　一見，バーナードの論述の間然するところなき敷衍と感じられるが，若干の留保を付けたい。——1）主著には階層組織・側生組織の概念が存在せず，40 年論文でも両者の区別は想定されていない。個人 A・B による財貨の交換が公式組織一般（強いて特定すれば単純組織）の要件を満たしている，というだけであり，44 年論文で初めて側生組織の事例として特定された。同時に組織目的でなく（交換の）当事者の個人目的 personal purpose によって調整される（という意味で公式組織の要件充足が疑われる）新たな組織類型が提示され，改めて詮議を要することになったのである。

　小泉による'組織の基本的資格要件'探索行は 1 つの想念に貫かれているようである。——以下，しばらく前項に要約した小泉の論述を筆者の言葉を交えつつ反芻することを通して，上記想念をたぐり出してみよう。

　(イ) バーナードの組織概念の内包は協働体とでも呼ぶべきシステムである。それは実体的側面（2 人以上の人々の活動・諸力）と関係的側面（＝調整システム）から成る。調整システムは権限・誘因・地位・専門化・組織道徳等々の下位システムをもつ。調整という概念は（通用語での）組織化や管理とほぼ同

義，したがって調整システム（としての組織）とは具体的には管理組織を意味し，これが機能することで活動・諸力を作業組織（≒協働そのもの）に仕立て上げる——つまり管理組織＋作業組織＝協働体。そして調整システムの在り方が協働体の類型化の基準となる。

　㈠　非公式組織は組織であり，資格要件を充分に満たしている——これがバーナードの真意にちがいない。社会の成員間の相互作用が総体として構成するのだから，'人々の活動や諸力' という実体面の資格は充分である。問題は調整という言葉をバーナードが明示的には用いておらず，「非公式組織は組織として無意識的である」という形容矛盾的修辞を用いていることに在る。ここは調整の概念を拡張する（'何らかの影響力による社会過程の推移に対する方向づけの機能' というように広義に解する）ことで切り抜けよう。こうすれば '無意識的に調整されている活動・諸力' として組織資格を認定できる。無意識的な調整力は強力であり，慣習，規範，制度など社会の絆ともいうべき文化を生み共同体を形成する。

　㈢　公式組織は権威的に調整される階層組織と交渉的ないし競争的に調整される側生組織とに分れ，前者（タイトに結合した統合体）は官僚制に，後者（ルースに結合した連合体）は結社 association を連想させる。ただし両者は理念型であって無数のヴァリエーションを含み，強制的調整から自発的相互調整に至る連続体のどこかに位置する。2つの調整原理は相互浸透し，強制的調整の優勢な側生組織もあれば自発的調整の優勢な階層組織も実在し得る。

　㈣　こうして人間の目的的協働の総合理論が誕生した。無意識的に調整される非公式組織（が生み出す慣習・制度・規範等）を基盤として，顕著に有効・能率的な協働形態としての階層組織が形成され，複合し，国家（と教会）に包括される階層構造をなし，交渉的ないし競争的に調整される側生組織が，個人や階層組織の活動を媒介する接着剤となって，全体社会を協働の1大システムたらしめる。それは階層組織を構造的支柱とし，諸個人の相互作用が無意識的・意識的に相応の役割行為へと調整されている '（協働≒）分業と協業の体制' である。

(2) 若干の批判

44年論文で提示された'組織の3類型'から出発して，小泉はバーナードが構想したであろう'協働社会'像の彫琢に打ち込んだ。正に苦心作であり，その核心においてバーナードの真意に叶うもの——と筆者は信じる。その上で，若干の疑点を指摘したい。

① バーナードの組織3類型に，小泉は別の名称を付けて社会学に通用の概念に比定している。

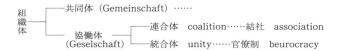

上図中の組織体・協働体は，小泉の造語である。それぞれ，組織・協働と同義（つまり，無用の言い替え）とみてよいが，バーナードの定義から厳密にいえば少々逸脱しても許してほしい，というニュアンスがこもっている。非公式組織は公式組織の定義にあてはまらないが，無意識的ではあれ，広義の調整作用によって規則的な（しかも重要で強力な）社会的機能を果しているのだから，組織に準じる組織体として認知したい，というのである。つぎに側生組織は両当事者のパーソナルな目的に導かれる点で協働といえるか否か問題が残る。しかし，ともかくも自由な合意に基づいており，長期契約ともなれば双方の利益に安定的に寄与する点で協働に準じて協働体とよびたいわけである。

側生組織を連合体，階層組織を統合体とよびかえる意義は些少だが，参加者ないし構成部分が主体性を保持しているか否かで区別する意味で誤りではない。昔なつかしいカルテルとトラストの区別に比定すればぴったりなのに，小泉は結社と官僚制に比定してしまった。これは重大な誤謬である。——社会学でいう結社は，典型的には何らかの目的の下に任意に結集した人々の集団を指し，その目的行為に関する限り，参加者は主体性を放棄し規律に服従する。つまり結社≒（主著の）公式組織であって側生組織には比定できない。主著での公式組織は階層組織≒官僚制の他に，原基形態としての単純組織を含み，ともに結社の要件に該当する。

② つぎの問題は非公式組織に関わる '調整' である。バーナードは44年論文のなかで，非公式組織における具体的行動には意図的・目的的なものと非意図的・反応的なものとがあり，「その総てが・全・体・の・整・序・と・統・一・に・貢・献・す・る・と・と・も・に・そ・の・一・部・分・を・な・し・て・い・る」が，「その**組織的**（あるいは社会的）結果のどれ１つとして意志あるものでも意図されたものでもない……非公式組織は組織として無意識的である」と云い，無意識的であることを強調しつつ，調整という言葉の使用は避けている。小泉は上記文中の傍点部分を実質的には調整だと解釈したものであろう。しかし，本来調整という語は他動詞であって主体（の存在）を想定している。無意識的調整とは，習い性となる程に熟練した主体が苦もなく調整活動を成し遂げる場合の比喩的表現であり，多数主体の意図的・無意図的入り交った活動の総体的帰結を形容する言葉ではない。小泉はバーナードの躊躇を敢て無視し，むしろ彼の心情に沿う途に踏みこんだわけである。

ついでながら小泉はまた，調整と管理と（通用の）組織化，の３者を 'ほぼ同義' と捉えているが，これは思い切りの良すぎる措置である。３者とも '協働体維持' という同一機能をもつことは共通だが，それぞれが主として表現する側面の相異は時として著しく，軽々に同義と割り切るのは問題である。この措置によって小泉は（組織の）調整システムと管理組織とを実質的に等置し，その跳ね返りとして協働行為そのものは作業組織に等置された。このような言い替えは組織構造重視に過ぎよう。

③ 小泉によれば，非公式組織では，人々の具体的行動が（あくまで比喩的表現であるが）無意識的に調整されて共同体を形成する。公式組織では，意識的に調整されて（側生組織・階層組織という）協働体を形成する。つまり非公式組織は組織体ではあるが協働体ではない。けだし協働は目的の（明示的または暗黙的）設定を要するのに，非公式組織は目的を欠くからである。そしてバーナードの組織概念の内包は協働（体）である。つまり小泉の前記設計図は端的な矛盾を含んでいる。恐らく非公式組織を協働体と称したいのは山々ながら，バーナードが明示的に称していないので，やむなく組織体で我慢したものと推察される。

前述の '調整' と同質の問題であるが，組織論の最も基本的な範疇である

'協働'という言葉の使用はより厳密を要する。調整ではバーナードの自己抑制を冒して踏みこんだ小泉であるが，協働ではバーナードと同じく踏みとどまったわけである。

　バーナード自身は，非公式組織についてだけでなく，側生組織の究極的複合体（の1種）である市場システム，ひいて市場取引一般を明示的に協働と呼んではいない。——40年論文Ⅰ-1-3「組織の中の最も単純なものにA，B2人の間の財の交換がある」に始まるパラグラフの後半に「この特殊なケースのはかない線香花火のような性格……しかし，そのような協働によって交換されるものの間の関係の総体は経済学の主題であり，そしてまた，そのような行為の総体は，少なくとも部分的には，安定した単独組織および複合組織を構成しており，協働についての研究の主題なのである。」（B 1948：117，傍点筆者）とある。傍点個所が示唆するように，市場システム一般を協働と捉えることに，バーナードは慎重であった。

　財の交換を共通目的として，側生組織 AB，BC，CD，DE，EF，FA，FD，DG，GB，BH，HI，IJ，JE……が逐次的ないし同時多発的に形成されるとすれば，複合側生組織の形成といえる。各単位組織は両当事者によって意識的に調整された協働であるが，複合を重ねる毎に当初の共通目的は消失し，新たに発生する共通目的も次々と消失する……という次第で複合側生組織が全体として意識的に調整されることは（現実には政府や業界団体による規制や指導など大いにあり得るとしても一般論として）例外的であり，複合の規模・頻度の増大につれてますます希になる。究極的複合側生組織たる市場システムは，無意識的に調整される非公式組織の代表と称してよかろう。側生組織をもって非公式組織から公式組織が発生する途上の過渡形態と把える見解（村田 1984：141〜3）があるが，逆もまた真，公式組織が解体して非公式組織と化する途上の過渡形態と把えることもできるのである。

　協働社会における側生組織の機能について，小泉は様々の形容辞を用いている。ⓐ協働社会における媒溶剤，接着剤（80a：98〜9），ⓑ個人や階層組織の対外活動の舞台，書割，ト書（80a：99），ⓒ階層組織の対外活動の場の秩序（80b：104）など。

まず ⓑ と ⓒ に共通する'対外活動'とは何か。メーカーA社がB銀行から借金し，C社から仕入れ，従業員D_1，D_2……D_nに作らせた製品をE社に売ったとする。そのとき，側生組織 AB, AC, AE が形成（→消滅）する。階層組織A社は権限関係（雇用契約，宗教的誓約，法律的強制等に基づく）の下にある構成員間の相互作用のみから成る内部活動と，B・C・Eとの間の側生組織形成＝対外活動とで構成されることになる。AB, AC, AE が短命かつ一過性であれば，殊更に'場の秩序'をあげつらって側生組織と名づける必要はなかろう。取引が反復・継続的であれば，長期契約や様々の慣行など（舞台・書割・ト書と形容してもよさそうな）'場の秩序'が生じ，それ自体を１つのシステムとして側生組織と名づけたくもなろう。そして，媒溶剤，接着剤という形容は一過性（＝前者）・継続性（＝後者）の両者を包括し，（社会的行為の主体としての）個人や階層組織の活動の殆どすべてを全体社会の観点から意味づける響きをもっている。──要するに，小泉がバーナードの論述に即しつつ側生組織像の彫琢にいそしめばいそしむほど，その輪郭は曖昧，その性格は多義にして捉え難いものと成り行くのである。

(3) 協働理念をめぐって

　「バーナードはコンフリクトや命令的調整や経済的誘因といったものを殆ど除外して協働を強調した」（Perrow, 訳：108）とするC・ペローの主張に小泉は強く反発し，自由と制約，個人主義と全体主義といった対概念を両極とする連続体のどこかに協働は成り立つ，という，いわば幅広い中庸の立場にバーナードを据えた。その'協働'概念は能動的個人の自由意思から出発するが，個人動機の満足に直結した自発的協働から，'単に死刑を免れるというような消極的誘因'に基づく強制的協働までを包容しうる，広汎にして柔軟な内容のもの，別言すれば'形式的かつ単純に人間行為の役割化，社会的機能化の過程を表わすもの'とされる。

　私見によれば，ペローのバーナード解釈（→批判）は明らかに極論であり，バーナードが経済的誘因や命令的調整の説明に相応の紙数を費し，コンフリクト，とりわけ組織人格と個人人格の葛藤を根本問題の１つとして扱っていることは確かである。しかし，他方，経済的誘因の効能は限定的だとして非物資的

誘因の数々について詳説し，命令は受令者の受容がなければ無効だとして'上位権威の仮構'を論じ，強制力の行使や'抑制体系の維持'の説明に消極的で'動機の教導'や'道徳準則の創造'を情熱的に論じる，等々の傾向性もまた顕著に認められる——という意味において，両極は排するものの，中庸の立場とはいい難い。

　ペローといえども，組織ないしは永続的な社会集団では必ず人々は（しばしば自然発生的かつ気前よく）互いに協働することを認めている。ただ，彼が依拠するウェーバーの見解では，「権限構造の階統性や職務と個人の分離等々の故に，基本的に人々は協働するように拘束されている」という意味において，協働は組織の本質ではありえない。対するに「バーナードにとっては協働こそ組織の本質」であり，(Perrow：75〜6，訳：108) 協働を妨げている諸要因の存在は認めるが消極的，その除去策の工夫に意欲的である。「ある組織されたシステムの中で個性の否定を感じている人でも，それを自分自身の自由意思によって選択したが故に，なおその体系を自分のものだと感じない者は，まずないと私は思う。……私は人を自由に協働せしめる自由意思をもった人間による協働の力を信じる。また，協働を選択する場合にのみ完全に人格の発展が得られると信じる。」（B 1938：296）——このような信念に裏打ちされていることを誰しも透視できるからこそ，バーナードの協働理論は我々を引きつけてやまないのである。要するに（ウェーバーに拠る）ペローとバーナードの組織観は基本的に対峙の関係——権力支配 vs 自発的協働——にあり，ペローが偏狭，バーナードが包括的・普遍的とは到底いえない。この点で小泉のバーナード擁護とペロー批判は偏向の誹りを免れないであろう。

おわりに

　前節にみたように，小泉はバーナードの主著および 44 年論文を中心とする精読と思索の中で，個々の局部的組織からその包括的複合体に至る，全体社会レベルでの分業と協働の体制，というバーナード流'協働社会'の構想を感得

し，及ぶ限り網羅的な文献詮索によって，方向性明確な協働社会像を素描した。(図9-7) それは，O・ウィリアムソンの1988年投企[5]に先立つこと8年，バーナードが期待した'組織の科学ないし協働システムの科学'の樹立を明確に志向した，恐らく最初の試みであり，その内容はともあれ，その意図において既に瞠目に価するものであった，といえよう。

　意図だけでなく内容もまた，バーナードの論述への忠実を第一義としつつも，不連続な部分は小泉自身の知見と思索で補い，憧着の恐れある部分は極力補修を施すことによって，概ね一貫性を保ちつつ細部にわたる説得力を具えていた。前節で筆者が試みた批判的検討，そして幾つかの問題指摘も，入念に築かれた小泉砦に対する，なり振り構わぬ突撃の記録であり，成算あってのことではない。

　従って小泉の1980年論文2篇は，側生組織概念とそれに関連する幾つかの論点，総じてバーナード組織論体系の根本にかかわる有力な問題作として，バーナード理論研究者多数の暗に認めるところであった。にも拘らず，小泉は満足せず，幾つかの不備を含むことを自覚し，その修復の上に立つ再度の体系化を期していた。

　最終論文「バーナード理論研究余滴――側生組織概念の誕生――」(1995)において，小泉は再び44年論文を取り上げ，「側生組織論が主著における彼の

図9-7　バーナードの組織概念体系

外　延	内　包		組織		組織の組成体*
			調整システム	人間活動システム	
組織	公式組織	階層組織	意識的	権威的	協働体	タイトな統合体	定義された協働システム
		側生組織		交渉的		ルースな連合体	市　　場
	非公式組織		無意識的・自動的	不定形な共同体	社　　会

(小泉 1980a：98)

＊組織の組成体とは，非公式・側生・階層の各組織を構成要素とする上位システムを指す。階層組織の組成体としては，非公式組織→社会，側生組織→市場との同型性でいえば，最高複合組織たる国家・教会とすべきであろう。それが直接の上位システムたる'定義された協働システム'となっているのは，不自然である。小泉の錯誤というより'協働システム概念の急拠導入'にまつわる歪みというべきか。

理論体系の一部であると解るような取扱を受けてはいないかと万一を期待して……読み直し作業に入った」が，期待は叶えられず，「この論文はバーナードの新規な計画理論ではあっても，彼の理論体系全体の補完論ないし補整論の一環ではなかった」と結論した。

渾身の努力にも拘らず，小泉（80a・b），溯ってバーナード44年論文は側生組織概念の位置と内容について'断片的，構造限定的な説明に終始し'説得力不充分であった，と自ら認めたのである。つづいて小泉は，その考え得る幾つかの理由の1つとして側生組織概念が長期（1940～43の間）にわたって未公表だったという事実に注目した。側生組織それ自体の性格づけは「50年後のわれわれにもピッタリで彼の先見性には全く驚く外ない」（K 1995：135）が，問題点が2つある。（仝：135～6）——1つは側生組織に固有の属性である「相対的な自由，柔軟性，適応力，進歩性，競争，摩擦，闘争性」（B 1948：165，訳：163）の後半3つについて「一言解説を要する……側生組織を構造的に分析すれば，下位者集団は本来的に競争社会をなしている。過度の競争は，やがて摩擦や闘争にまで行き着くであろう」（仝：135）という問題である。けだし，側生組織が「人的資源，人材，リーダーシップ能力の点から，したがって間接費の点からは階層組織よりも一般的に安上りのようである」のは，「そこにある自由と，特定の合意の一時的な性格とが，その状況の下での過度の競争や闘争をもたらしさえしなければ」（B 1948：154，訳：153）という条件付だからである。「19世紀から20世紀にかけては階層組織の時代であった。……21世紀は側生組織の全盛期になるかも知れない。」（仝：136）それほどにも側生組織が希求されているなら尚更のこと，その競争，摩擦，闘争性の側面が，緊急のテーマとして詮索されるべきであろう。[6]

2つは，側生組織の認知（公式組織の1種としての地位確立）に当って，'合意と共通目的との関係を明瞭にせねばならぬ'という問題である。合意と共通目的（の形成）とを区別し，前者は側生組織，後者を階層組織の成立要件とする見解（田中1993），合意とは抑も（場合によって極度に限定的ではあれ）共通目的の形成なりとして，両当事者の私的目的に導かれる側生組織の公式組織資格を否認する見解（川端1979，2000など）のどちらを採るか——結局の

ところ小泉は決断を躊躇し，更なる迂回路線を選んだかにみえる。

「いっそのことに，側生組織と階層組織とを『組織の編制原理』として見立ててはどうか。バーナードはこの両者を一応公式組織の分類軸に据えたものの，どうやらその軽率な振舞を後悔している様子が窺える。バーナードが１度取り上げて中途で放棄したものを，後世のバーナーディアンが再びそれを取り上げて，慎重な再解釈の上，バーナード理論体系の一環として補完する。これこそ立派な業績ではないか。……バーナードの全理論体系に包摂して恥かしくない側生組織論が何とかならないものか」（K 1995：163 傍点筆者）

小泉がバーナードの論述の何処を根拠に，傍点個所にいう'後悔'という心証を抱いたのか，何処に着目して主著と 44 年論文との間の整合不全と断じたのか，もはや窺い知ることはできない。[7]──この時点で小泉はバーナード体系補完の業績を自ら達成することを断念し，後進に託したのである。彼が側生組織の理論について誰よりも執着し続け，誰よりも高みに達したことは自他ともに許したところ──何故に乾坤一擲の断案を下すことなく去ったのか，惜みても余りある結末といわねばならない。

(2005．9．22)

注
1) (S・Krupp 1961) は，夙に（加藤勝康 1964）によって詳しく紹介され，山本安次郎によってバーナード理論に対する真の批判というに価する少数の研究の１つ（山本・田杉 1974：33）と評されている。小泉の所説は，バーナード擁護の立場から，主としてクラップの'管理者に操縦された均衡'概念に入念な反論を試みたもので，それ自体興味深いが，本章では取り上げないことにする。なお（渡瀬 1974）は，逆にクラップの人間関係論及び（バーナード以後の）現代組織論批判を肯定する立場からの論評である。
2) 志向目的 direction objective という語は（B. Loasby 1968：354）に負うが，小泉独自の理解に基づいて用いている由である。小泉の考えでは，バーナードは purpose, end, aim など，類似語をある程度意識的に使い分けているようであり，end は終局の目的，aim は心中の目標，purpose は具体的な活動目的を意味し，また goal は終局の努力目標，object と objective が行為の対象といったニュアンスを本来もっているように考えられる，という。（K 1973：20，注：41）
3) 引用文の傍点個所にいう'環境の主体'というコトバの意味が，筆者には分明でない。組織は抽象的な構成概念であり，協働システムこそが，この世界の中で確かな位置を占める実体（的存在）である，ということであろうが，そのような自明の事柄を勿体ぶって表現する必要はなかろう。ちなみに'環境主体'というコトバは，通常の用法では，組織の環境を構成している（他の組織や個人などの）諸主体を指す。

4） 小泉自身がそのように注記（80a：101）している。（小泉1974：208〜10）が側生組織概念の恐らく最初の活用だったのではないかとおもわれる。

5） この問題については第12章後半で詳説する。

6） 今日，グローバリゼーション，民営化，小さな政府，等々の旗印の下，滔々たる側生組織化（？）の大波が打ち寄せるとともに，強者1人勝ちを是とする風潮が高まり拡って，いまや競争，摩擦，闘争性の側面が臆面なく顕示されつつある。──泉下の小泉が見たら何というだろうか。

7） 小泉の示唆に従って，バーナードが後悔の情を覗かせている個所を探してみたが，44年論文のなかには見出せなかった。よくよく調べたわけではないが，44年以降の著作やインタビューの中でもそれらしい言及はなかったようにおもわれる。──むしろ小泉が提示した図9-7にみられる協働社会（を構成する諸組織類型）の構想についての，彼自身の後悔をバーナードのそれに投影したのではなかろうか。

　　分類軸でなく編制原理に見立てる，という問題について一言。──公式組織を側生組織と階層組織に二分すると，どちらでもない単純組織（5人で石を動かすケースのような）がはみ出すことになる。逆に単純組織から出発して，タテ・ヨコに絆を結んでいく際の編制原理と考えれば，無所属問題は消失するが，共通目的でなく私的目的に導かれる側生組織の資格要件問題が恨めしい。……小泉の後悔（？）の淵源は恐らくここに存するかとおもわれる。

第10章
渡瀬浩。HO-SO モデルの意義

はじめに

　これまでの散策で取上げたバーナード研究者は，皆プロパーの経営学者である。経営学の古典としてバーナードを学び，多少の批判を提起しつつも基本的には傾倒するに至った人々であった。今回取上げる渡瀬浩はやや事情が異なる。由緒正しい社会学出身者であって，かつ（組織社会学者としては例外的に）プロパーの経営学界に定住し，しかも社会学プロパーの研鑽をも持続して弛まず，経営組織論の大家となった。そして，この経歴からして恐らくは必然的に，バーナードの思想・理論に傾倒することなく対峙の姿勢を保ち，巨細にわたる批判的対話を通して HO-SO モデルとして知られる自らの組織論体系を樹立したのである。――醒めた他者の眼に映ったバーナード理論，これが今回の主題である。

I.「バーナード研究序章」1966

　渡瀬がバーナード理論を扱った最初の論考を発表したのは1966年のことである。社会学に開眼して15年，産業ないし経営社会学の新進の専攻者として既に令名を馳せていた。経営組織（＝企業）の社会学的位置づけを確定したのちにバーナードに接したのである。プロパーの経営学新入生が至高の権威と仰ぎつつ学習するのとは異なり，以下のように醒めた眼差しを注ぐのも当然であろう。

1. 研究対象

バーナードは主著の一般的主題を「公式組織の社会学」と自称している。（邦訳：34）ところが，① 一般に公式組織は非公式組織との対概念として，換言すれば具体的な組織（組織体とでもいうべきもの）のそれぞれの抽象的側面を現わす概念として解釈されている。また，② 主著において非公式組織が公式組織と同様に分析の焦点として重視されていることも一読明らかである。さらに，③ バーナードは公式組織と（単なる）組織とを同一の文言で定義している。[1]——このように新入生を戸惑わせる事態を渡瀬は以下のように解釈する。（渡瀬 1966：35）

バーナードは通説と異なり「'公式組織' という概念によって具体的な組織体を示すことによって，後者の構造的本質を見抜いている。……経営や教会や軍隊などの組織体は，非公式組織の側面をもつけれども，その構造的本質はむしろいわゆる公式組織的側面の方にある。……この本質の方に注目して，経営や軍隊や教会を公式組織とみることは正しい」。ここでいう具体的な組織体のことをバーナードは協働体系とよんでいる。従って主著の研究対象は次のように図示しうる。（仝：36，傍点筆者）

公式組織または協働体系 ｛ 組織
　　　　　　　　　　　　非公式組織

'意識的に調整された人間の活動または諸力の体系' という同一の定義が「具体的には公式組織の規定となり，抽象的には組織の規定になる……公式組織についてはそのエッセンスを述べたものであり，組織についてはそれ自体を述べたもの」（仝：36）と解せられる。

一言，先まわりの感想を挿むと，ここで渡瀬は，対象についての言語表現が混乱しているときは対象の構造的な本質に注目して整序する——という研究作業の常識を適用したわけであるが，違和感は解消しない。恐らく '公式組織の社会学' というバーナードの命名を研究対象の規定として額面通りに受け取ったことに発する，穿ち過ぎというべきであろう。研究者を悩ませるバーナードの論理操作の意外性（？）に対して当時の渡瀬は習熟不十分だったといえようか。

2．研究方法

　非公式組織の重視に示されるように，バーナードの研究方法は'社会学的'センス充分である。組織と非公式組織という二重構造において，一方での人間を無視した組織概念の主張は公式組織の本質を強調するためであり，他方での人間を重視する非公式組織の主張は，この面をフィクションでなくレアルなものと考え，この視点から本質的にインパースナルな公式組織を研究しようとする──「問題がその構造上公式的なものを本質とするものであるが故に，反面の非公式的な面に注目するアプローチがとくに考えられる」のがまさに社会学というものの共通の性格・特色であり，「バーナードの貢献はこのような社会学的研究を具体的に推進する用具または概念図式を明確且つ詳細に打ち出した点に存する」。(全：37～8)

　ここにいう概念図式とは'個人の二面的取扱い'を指す。方法論的には個人主義を採るが，価値論としては個人主義（自由意志の立場）と社会主義（決定論の立場）とを共に認めつつ第3の立場──公式組織に対立して協働を拒否する個人ではなく'公式組織の内部において組織の周辺にある個人'に焦点づけて，'二面的取扱いのうちの組織人格の方の比重を増大しなければならぬという哲学'を説く。かくて「公式組織の社会学は公式組織の哲学または'協働の哲学'になっている……とくに（主著）第4部においてそのことに力が注がれている」。ただし，その場合にも「個人の満足すなわち'能率'を第一義としてという条件」を特に強調することを忘れていない。(全：39～40)

3．研究内容

　具体的にはいわゆる組織の3要素とその相互関係を取上げ，とりわけ伝達（協働体系の最小事実，実体そして機能でもある）が中心的地位を占める。伝達の中核は命令権限であって形式上は上から下に流れるが，実質上は個人の'受容'という主観的な側面にこそレアルな本質をみなければならぬ──とする点に，バーナードの個人または非公式組織の重視，という視点が貫いている。誘因論でも威光や群居的魅力などの非物質的誘因や'説得の方法'など主観的側面を重視する。「決定についても，組織の決定のみならず，参加者の決定，

さらには参加そのものについての個人の決定を取り上げる。」(全：43)

このように個人（の決定）を重視するバーナード理論は、(有効性と能率の均衡を説く二元論だという一般の見方とは異なって）能率中心の理論、別言すれば目的（→有効性）軽視、非公式組織重視の理論だ、――と渡瀬は主張する。目的達成（有効性）は最低限で足りる、求めざる結果がもたらす満足・不満足の方がより重要だ、という意味で社会学的な理論だ、というのである。多くの社会学者はバーナードの組織論を'目的 goal モデル'でなく'残存 survival モデル'だとしているが、残存自体が目的ではない。むしろ結果である。大体「バーナードの理論にはいわゆる目的論はない。むしろ、社会過程からいわば帰納されたもの（客観的領域の分析および戦略的要因の識別を通して、いわば技術的≒機会主義的に決定されたもの）を目的と考える」……そして、これと並んで、理想 ideal の側面が取り上げられ、結局、経営者の決定はこの事実分析と、理想の掲揚の二面を含むものとされる……ともかく、ここにいう理想の側面が、バーナードにおけるいうなれば目的論であるとみてよいであろう。」(全：46〜7)

結論として――

a．バーナードが自称する「公式組織の社会学ということは、公式組織、すなわち、いわゆる経営というものを社会学的に、従って非公式組織の視点で研究するということである。この意味において、バーナード理論は経営社会学である」。(全：48) しかし、

b．「社会学は諸社会科学 social sciences の中の一つであって理論的社会科学である、あるいは経験科学であると私は考えるが、バーナードの場合、社会学がそのようなものとして考えられていない。すなわち政策論または実践科学の性格がきわめて強いのである。端的にいえば社会工学である。」社会学の工学化、経営学の社会科学界への進出はともに現代において要請されていることで、バーナード理論は時宜に叶った'経営学と社会学の接合'の試みだといえる。(全：48〜9) ただし、

c．「経営という公式組織がその中にある社会との関連が無視されている。とくに労働組合との関係が現実にとり上げられていない」ことなど、「もとも

と社会学が視野を全体社会においていたことからいえば……」どうしてもク
ローズド・システムとしての公式組織の社会学にならざるをえない点を指摘せ
ざるをえない」。(仝：49〜50, 傍点筆者)

　d.「The Functions of the Executive の内容自体は管理論でないことは
明らかで……彼は管理技術と個々のいわゆる科学との中間に〈行動的知識〉
behavioral knowledge としての科学を構想」[2]しており,「かくて, 管理論
というよりも, あくまでも社会学なのである」がその内容は「実践的, 綜合科
学的の色彩が非常に強い。さらに注目すべきは, 人間の協働力についての信仰
に支えられているという点である。」(仝：50, 傍点筆者)

　以上に描かれたバーナード理論の姿容は, 率直に言って明晰ではない。世に
聞こえた複雑難解な行論にあちこち切目を入れたものの, 料理しあぐねて歎息
している風情すら感じられる。冒頭の'公式組織'対象論だけでなく,「公式的
なものを本質とするものであるが故に, 反面の非公式的な面に注目するアプ
ローチ」という方法的特徴も, 経営学育ちの徒には素直に受け入れにくく, 少
なくともバーナードが意識的に採用した方法とは考えにくい。個人を二面的に
取り扱うが究極的には「個人の満足すなわち能率を第一義」とし, ひいては目
的軽視, 有効性は最小限でよいとする組織論だ, と規定されると違和感を禁じ
難い。目的重視, 個人満足は組織維持のための最小限でよいとする態度も随所
に露出しているではないか, と言いたくなるし, 渡瀬もそうした姿勢を'協働
の哲学に立つ実践論'という形で指摘している。――要するにバーナード理論
は複雑怪奇であって一義的性格規定が難しい。社会学であって管理論ではな
い, と一旦は断じたものの実践論の色彩が強く, つまりは「管理の基礎理論と
しての性格をもっている」ことの承認に落ち着いた。(仝：50)

　複雑な性格の人物を, 初対面で明晰に鑑定することは難しい――ということ
に加えて, 渡瀬が可及的に社会学の基礎概念や思考方法に引き寄せてバーナー
ドを理解しようとしたことも留意すべき点である。それ自体は正当な手法であ
るが, バーナードをひとまず素直に理解するという立場からすればバイヤスと
も見えよう。――バーナード理論を社会学と見れば,「内容的には少なくとも

エポック・メーキングなものではない……はじめてきいたと思われるものは実は一つもない」（全：51）ことが根拠充分な真実であるとしても，このようにあからさまな確認は，ナイーヴなバーナード研究の徒にとって快くはなかった筈である。こうして渡瀬は当初から自他ともに許すバーナード批判者として登場した。

II．『権力統制と合意形成』1981

1．HO-SO モデル
(1) モデルの形成

　社会学者渡瀬の眼には，当時の経営学は，基礎的術語の共通理解を欠いたまま「経済学から離陸して社会学の方向に飛び立とうとしている……五里霧中の状態」（1968：73）と映った。その社会科学的後進性が明らかになり，「組織論という形で社会科学の洗礼を受けなければならぬ」が，組織は集団の一類型，そして「経営という組織は財の生産・販売に関する経済的類型の組織」ではないか。集団論は社会学の基礎領域であり，組織論は集団類型論の基本枠組に集団構造論を充填する（つまり社会学の常識で整理する）形で組み立てればよい。それが一段落すれば，「新機軸というよりも，実践的志向と経済学的思考という初心にかえればよいのではないか。……結局，経営学は経済的組織の形成または運営の技術に関する学問とならざるを得ない。」（全：46～7）

　「経営学は応用科学であってよいのではないか。これが前向きの姿勢である。後を向いて経営社会学とか経営組織論とかいっても，既知のものに何をつけ加えることができようか。……社会学やシステム論にコミットしてしまうことは経営学の蒸発にしかならぬであろう。」（全：47～8）

　この基本姿勢に立って渡瀬は『経営社会学』（1970）『経営組織の基礎理論』（1971）を書き下ろし，続いて組織論の中核概念たる'目的'と'権力'の問題に取組んで幾つかの注目すべき知見を披露しつつ[3]研鑽を重ね，1975年，組織の2類型論＝HO-SO モデルの構想に到達し，さらに5年余の彫琢を経て

『権力統制と合意形成――組織の一般理論――』(1981) に結実させた。

　類型論といっても HO と SO という2つだけ，つまり，組織（の発生や活動）を規定している要因あるいは構成している要素の中から2つだけを抽出して特徴づけるのだから，特殊ないし中範囲理論ではなく一般理論であり，方法として（システム論でなく）類型論的思考をとる，ということである。渡瀬はHO-SO モデルの提示に先立って当時代表的とされた4つの類型論――A・エツィオーニ（組織体の構造→成員の従属関係に注目。3類型），カッツ=カーン（組織体の社会的機能に注目。4類型），ブラウ=スコット（組織の活動の受益者に注目。4類型），トンプソン=チューデン（意思決定の態様，別言すれば組織の目的とその達成方法についての成員間の一致・不一致に注目。4類型）――を紹介しているが，3または4類型と2類型とでは大いに異なる。抽象度がずっと高くなっている筈である。

　HO-SO モデルの想源は「〈組織と人間〉ということが現代の最大の組織問題と考える」渡瀬の問題意識である。そこで「組織における不変のもの，つまり組織の本質としての〈規制そのもの〉と，可変的な〈規制の程度〉の二点に注目する……そして後者については，組織集団を構成する人間にとって，基本的に耐えられぬ性質の規制か，逆に受け入れられる（または受け入れなければならぬ）規制か，に大別する」，要するに「〈規制〉の〈程度〉を基準にした二類型論である。」(1981：31)「規制の程度は現実にはさまざまであるが，その両極端を理念型として設定し」，強制（ハード）と調整（ソフト）という言葉を用いる。普通使われる管理および統制のうち狭義の管理・統制は強制に，広義のものは調整（いわゆる自主管理・自己統制）に当る――以上は用語上の了解事項である。[4]

　さて，HO ではメンバーはきびしいルールのもと他律的に働かされ，SO ではメンバーの自律的協働がみられる。――他律的，つまり〈強制による協働〉という言い方は決して矛盾ではない。「権力による統制が行われても，working together そのものが事実として存在するかぎり，そこには協働がある。」（仝：32〜4）HO では一方は‘自ら進んでは働かない’メンバーがおり，他方「‘協働を必要とするものが，かかるメンバーに対して強制という規制法を採用

する」．（全：35）強制といってもムチだけで協働させるのは難しく，誘因との交換，つまりメンバーの打算 calculation に訴えて獲得される．

HO と SO の構造上の差異はメンバーの行動の差異に基づく．そしてメンバーの行動の差異は組織を導く〈目的〉（全体目的）の如何による．メンバーからみて ① 組織の目的が〈われらの目的〉（共同目的）である場合と ② そうでない場合とがある．この場合の協働は，メンバー以外の組織体構成者（＝権力者）が権力財を用いて〈かれの目的〉を達成するためのもので，① は SO，② は HO に当る．——要するに，「目的のちがいが行動のちがいとなってあらわれ，さらに行動類型に応じた〈規制〉の方法が，したがって〈協働〉の態様が異なってくる」．（全：39）「非自発的行動と強制，自発的行動と調整はそれぞれセットになっており，クロス関係はありえない」．しかも，「このような構造のものとしての HO と SO は，それぞれの目的（his goal と our goal）の遂行に対して，それぞれ有効なのである．」（全：53）

(2) バーナードとの差異

HO-SO モデルに立つとき，バーナードの描いた組織はどんな風に見えるだろうか？

(1) 理論体系としては一見して明らかに対照的である．にも拘わらず，組織の概念は両者同一（だと渡瀬自身が明言している）という不思議な事実を先ず確認しておく必要がある．バーナードの組織と協働体系は渡瀬の組織と組織体に相当する．（全：54）

(2) 組織を構成する要素の次元で違いが出てくる．バーナードのいう共通目的 common purpose は，個人目的との対比における組織目的一般を指し，とりわけその非人格的性格を強調する趣旨のもので，HO-SO モデルの SO を特徴づける our goal（共同目的）ではなく，むしろ HO の場合の his goal に近い．（全：55～6）

(3) his goal の下では，それを達成するに充分な協働意欲（組織の第 2 要素）をメンバーに期待することができない．バーナードは第 3 要素コミュニケーションに「個人に外的な組織目的を，個人目的または個人の満足の源泉と一致させることによって，一言でいえば内化させることによって……共同目的とし

表 10-1　コミュニケーションの4分類

コミュニケーション モデル	Comm. I 技術 (伝達, 通信, 連絡など)	Comm. II 影響力 (教育, 説得)	Comm. III 権力 (宣伝, 操作)	Comm. IV 体質転換 (強引な説得, 啓蒙)
SO	有	有	無	無
HO	有	無	有	有

(渡瀬 1981：57)

て信じさせ，そのようなものとしてメンバーに容認させるという重大な役割を与え」「共同目的の定立による，HOのSOへの体質改善を，まさにコミュニケーションによって進めるべきであると主張している」。(仝：56〜7)

　ここで先まわりの所感を挿入しておく。バーナードがコミュニケーションを組織の理論において'中心的地位を占める'とまで重視していることは誰でも知っているが，渡瀬の上記のような解釈には常識以上に重く深い含蓄がこもっている。HOをSOたらしめるコミュニケーションは［表10-1］のⅣに当り，Ⅱ（SO専属），Ⅲ（HO専属）に属さない特別仕様である。'common purpose が本当に存在しているという信念を植えつける'ことは，教育・説得でも宣伝・操作でもない，ⅡとⅢの中間でなくⅡ・Ⅲを超えて'強引な説得'，敢えていえば洗脳なのである。

2．組織の2つの動因

　『権力統制と合意形成』第2部「組織過程論」は，複数個人から成る組織を'一体として'行動させる力＝動因 mobilizing factor の2つの類型（権力と影響力）の提示で始まる。

　HOの動因は権力——"抵抗にさからっても"メンバーに協働を強制する能力ないし可能性——である。権力（の行使）自体の追求ではなく，組織目的達成の手段として欲求される権力，という機能的理解に立つ。現実の権力行使では，多くの場合，物理的強制は（背景としては重要だが）用いられず，誘因の提供と引き換えにメンバーが抵抗を自己抑制して服従（権力を権威として受容）する。「逆にいえば，権威は権力の派生物なのである。」（仝：201)

しかも権力が権威になるために必要な受容はミクロの個人的受容ではなく，組織メンバーが属する集団など社会的レベルでの正統性に支えられた受容である。服従するのは個人であるが，「上位者の権力行使には社会的な〈正統性〉がある（われわれの生活信念と一致する）」と信ずるひとびとが，そのことの故に，かれの権力行使を承認するとき，権力はかれらにとって〈権威〉となり，そのようなものとして，権力の行使（命令）を〈受容〉して〈服従〉する。この社会的背景に注目し，〈社会のなかの個人〉として扱う必要がある。（仝：225，傍点筆者）

SO の動因は影響力，その行使の方法は〈説得〉である。一般に〈リーダーシップ〉といわれるものに相当する。影響力を受けた人々はいわば自主的に変心して，リーダーの指示する行動に出る。（仝：205）

一般に説得といわれるものに2種類ある。（表10-2）
① 語りかけ……心服・満足に導く。時間と手間がかかる。
② 説き伏せ……手ッ取り早く効果的だが，相手に疑心暗鬼を残し，不満を生ずる。

① は影響力，② は権力の行使に当る。共同目的に結集した SO でも，目的認識や達成意欲の程度はメンバー間に濃淡の差があり，状況に応じてエリート・活動家から一般メンバーに向かって説得 ① が行われる。① と ②（＝宣伝）の差は説得を受ける側からすれば明瞭だが，説得する側の主観的意図においては不明瞭な場合が多い。（仝：250～2）

影響力という言葉も多義的で諸説があり，〈権力〉との関係だけでも3つの

表10-2 説得の2形態

説得 (話し合い)		(1)	(2)	(3)	(4)	(5)
	説得—I （語りかけ）	I の行使形態	教育 (教化啓蒙)	心服	深層	永久的変化
	説得—II （説き伏せ）	P の行使 の一形態	宣伝	疑心暗鬼	表層	一時的変化
		(6)	(7)	(8)	(9)	(10)
	I	好みの変更	遅い効果	高いコスト	satisfactory desirable legitimate	満足
	II	好みの抑制	速い効果	安いコスト		不満

（渡瀬1981：250　表中 I は影響力 influence，P は権力 power を指す。）

考え方がある。
A．狭義のもの。権力と同次元で併存する。
B．広義のもの。権力を含む上位概念とみる。
C．権力を潜在的（実体），影響力を（権力の）顕在的機能とみる。

　Bは常識，Cは近年の通説であるが，渡瀬は少数説Aを採る。──SOでは組織目的についてメンバー間に基本的合意が既にあるので権力による強制の要はなく，マイナーなくいちがいを調整するための説得（または教育）という影響力で足りるというモデル設計からの必然的選択である。したがって，究極的根拠としての'合意の有無'という分かれ目をどう識別するか，という問題が残る。

3．バーナードの動因論

　HO-SO モデルに照らせば，バーナードは，組織動因は非権力としての権威でなければならぬ，と主張した SO 志向論者のようにみえるが，実はそうではない──というのが渡瀬の判定である。

　いわゆる権威受容説は，権威の背景としての権力を否認しうるものではなく，権力論本来の含蓄である'下位者視点'の（組織論への）明示的導入にすぎない。しかし「かれがウェーバー以来の社会科学または社会学の成果についての認識をふまえて主張したのかどうかは疑わしい」し，そもそも「〈権威〉という言葉の使い方が曖昧であるから明確な解釈は下しがたい」（全：209）のだが，「受容という以上，その対象（受容しようとするもの）が既にある筈で，それがまさに権力（の行使）であるということである」から，所詮は権力─権威論の埒外ではない。これに関連していわゆる「上位者権限仮構説が，解決の鍵となるかも知れない」。（全：213）

　バーナードのいう'上位権威という仮構'の実態は図 10-1 のように上位者が下位者の属する非公式組織＝集団の圧力を利用して命令を受容させるもの（と権力説では考える）のであるが，バーナードにすれば「かれがかれらから圧力をかけられるという見方をしたくない」。（全：14）「みんなが利益を受けている組織のために'お前も受容せよ'と……いわば寄ってたかって，かれの自由

286　第10章　渡瀬浩。HO-SO モデルの意義

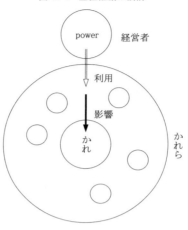

図 10-1　上位権威の仮構*

＊下位者←下位者仲間←経営者
　（かれ）　（かれら）

（渡瀬 1981：214）

意思を拘束する」という事態は，「たとえ結果的に受容があり，それに沿った行動（または貢献）がみられるとしても，それは超個人的な組織によっていわば仕組まれたもの，つまりフィクション」であり，下位者の自由意思による受容によってのみ産出される真の権威ではない，というのである。（全：215）

　渡瀬からみれば，個人の自由意思はつねに何程か相対的なもので，仲間の圧力や権力側のサンクションなどへの対応の問題を抜きにして抽象的に考えるのはリアルでない。C・ペローのいうように「もしも命令に服従しないために解雇されることがありうるならば，上位権限は全く仮構ではない」。それだのにバーナードは「超個人的な組織そのものの存在や役割をいささかも考えようとはしない……インパースナルなものをすべてパースナルなものに還元しようとする。……フィクション論はこの意味の個人還元論にもとづく。」（全：215～6）――こうして渡瀬はバーナードの組織動因論を「基本的には権威論（詳しくいえば権力―権威論）に属すると考える」。（全：216）とはいえ，以下のように，少々歯切れが悪い。

「上位権限をいわゆるコミュニケーションとみると，それを重視するバーナードは，権力論であるウェーバーと'対立'することになる。これはホプキンズの見方である」が，「一般のバーナード論が非権力論とみるのは，二面のうちの〈受容〉の面だけを排他的に注目」してのことである。せいぜい，「'純粋の非権力論としての影響力論'の登場に向けての関心を促したものとみるべきであろう……少なくとも影響力論プロパーではない。」(仝：216～7) 従って種々の SO 志向的言説は含むものの，基本的に HO 適合的な組織論だ，ということになる。

　さて，この論点は渡瀬のバーナード理解の核心に関わるもので，慎重に吟味する必要がある。――渡瀬は上記判定に直接関連させて飯野春樹の見解を援用している。「バーナードの権威理論を〈受容説〉とのみ規定することは不正確であり，それはいわゆる〈上位権限説〉――公式的権威構造――と受容の概念とをともに包含する。伝統理論におけるがごとき前者のみの強調が，誤った管理実践をもたらすのである。」(飯野 1972：160) これはバーナードのいう権威の (主観的・客観的) 2 つの側面を並べただけで，その相対的軽重に (バーナードは主＞客と明言しているが) 言及していないが，後年の言説を引けば飯野は「権威の客観的側面を権限，主観的側面を権限の受容」として使い分けることを慣例としており，「公式組織の職能ないし職位に配分されているある種の'法的''制度的'な権利が権限であり，その権限が現実に受容されている状態が'権威である」という。(飯野 1978：90) この言明は明らかに権限先行・受容後続を含意しており，渡瀬の〈権力―権威〉説に合致するバーナード解釈といえる。――非権力・自発的協働の組織論としてバーナードを宣揚する理論潮流の核心に，意外にも権力論の DNA が仕込まれていたという事実は，渡瀬及び飯野の考察がバーナード理論のいわば虎穴に入っていることの傍証であろう。

　おなじく虎穴に入りながら，得られた虎児の雌雄判定となると両者は対立する。上位者が権力を行使し，それを下位者が受容する (渡瀬) vs (飯野) 上位者が発するのはコミュニケーションであって，それを下位者が受容して権威たらしめる。――バーナードが権力 (というターム) を忌避し，下位者の主体

的行為に軍配を上げていることは明らかであり，バーナードに忠ならんと欲すれば（撞着を露呈しつつも）影響力動因説の埒内に留まらざるを得ない。

4．'仮構'について

ここで少々，バーナードのいう〈仮構〉の意味を詮索しておこう。

バーナードによれば，権限が上位者にあるものとして下位者が命令に従っている，というのは，下位者の行為の外面的な説明にすぎない。内面にまで掘り下げて考えると，実は下位者は「故意に個人的利益のために組織の要求を歪曲しようと企てる」人々に投じることなく，（組織の利益という立場に立つことで）「実質的な個人的利益を本当に守る」べく上位者のコミュニケーションを受容し，それに権威を付与している，というのが真実だ（Barnard 1938：170～1）というのである。

主著付録には仮構の定義が示されている。「理論的推理によっても実験的立証によってもその真実性が証明されないことがわかっているのに，1つの基本的な命題が真実であるとする主張」であって，その「範囲，有用性およびその真実性は非常にさまざまである。すなわち仮構の権威にはかなりの差異がある。」（全：314）大きくは2種類あって，

① 科学の世界でいう公理，公準，仮説など。
② 経験の世界でいう'自明の理'，'当然の事実'，'法人は人格をもつ'，'容疑者は判決以前は無罪と推定'，'人民の意志は至上のものだ'等々。──些細な仮構は日常生活の随所に遍在している。

また，サイモン『経営行動』に寄せた序文の中で「組織についての経験や知識に3つの全く異なるレベルを区別」している個所も'仮構'の問題に密接に関連しているらしい。

① 特定の状況における具体的行動のレベル。（別名ノウハウ）
② 特定の組織における実践的知識のレベル。──命令系統，統治政策，規則・規制，行動様式など。多くは'不文律'で，体得に長期の経験を要する。
③ より一般的な，科学的知識のレベル。──直接，実際に役立つことは稀。
(Simon 1976：xliv～xlv，邦訳：50～2)

'上位権威の仮構'はさしあたりレベル②に関わる。「大抵の良い組織における経営行動はサイモン教授が提示した権威の理論に一致する……しかし，そのような組織において表明されている権威の原則は概して規則尊重主義的であって実際の行動とは一致していない。」(ibid.:xlv，邦訳：51)

行動は実在つまり下位者の受容に，原則は上位権威の仮構に照応するであろう。――この点に関説した吉原正彦の言を引けば，（上位者が保持するものとしての）権威は，特定の組織内行為を律する規則（という実践的知識）であるだけでなく，組織理論（という科学的知識）の一環をなす重要概念でもあった。バーナードはそれを根底的に批判して，受容説という新たな科学的概念を打ち出した。そこから反転して'具体性取り違えの誤謬'を避けつつ'経験の世界に科学を織り込む'べく，バーナードは'取り上げる経験の範囲の限定を明確にし''各層を 鎹（カスガイ）のようなもので結びつけ'，論理的整合性をもつ重層的な知識体系の構築に努めた。この鎹に比すべき方法的工夫が〈仮構〉であり，'上位権威'がその好個の例示となった。「〈受容説〉からその仮構に至る道筋に彼は〈無関心圏〉，〈非公式組織〉の概念を導入し……権威の本質を明らかにしつつも現実という否定し難い世界に生きる人間の姿を描き，仮構の必要性を明らかにするとともに，仮構が実在として映る論理を示し，理論に実際的有用性を与えた」（吉原 1986：219～21，傍点筆者）。

それにしても〈仮構〉とは思い切ったネーミングである。ａ）'命令に抗らえば処罰される'のが否定し難い現実なら，ｂ）'命令不服従が蔓延すれば権威は消失する'のも否定し難い現実である。どちらが主でどちらが従か，という問題を，ふるくから社会科学では，本質と現象（本質の多くは不可視，しばしば転倒した形で現象する）というタームで処理してきた。〈受容〉と〈上位権威〉の関係もこれと同型であり，どちらを本質，どちらを現象とするかという判定の是非のみを争えば足りる。敢えて〈仮構〉とまで貶するのは，渡瀬のいう徹底した個人還元論という方法論的決断にとどまらず，価値論的個人主義のいささか過剰な表明といえよう。

以上は主著刊行時点での問題状況である。後年バーナードは主著の大きな欠点として，「責任とその委譲の問題を正しく取り扱っていない……副次的な主

題である権威に大きな力点を置いている」(Wolf 1962：32) ことを反省し，新たに〈責任優先説〉の構築に取り組んだ。その経緯は (飯野 1978：第 8・9 章) に詳しいが，その結果〈権威受容説〉は暗黙のうちに実質的に放棄され，'上位権威' はもはや仮構ではなく実在となった。(詳しくは川端 2004)バーナードの (吉原が '知のスパイラル' とよぶ) 重層的ないし同心円的なつながりをもつ知識体系の構築に不可欠とされた方法的工夫——基本問題，基本的公準，仮構がそれぞれ支柱，礎，鋲を成す——の一角に亀裂が生じ，どう修復するか，という問題が残されているわけである。(吉原 1986：214〜5)

5．『組織と人間』1983

『権力統制と合意形成』(1981) がやや叙述難渋の憾みがある，「主張をするからには，ひとに，まず (賛否はともかく) わかってもらわなくてはならない」として，より平明な叙述を期した『組織と人間』が書かれた。大筋は変わらないが，HO，SO それぞれの '理念と現実' を具体的に論じて説得力が大いに高められた。ここでは次節の議論との関連で 1 つの論点——'SO のルネッサンス'——にのみ言及する。

HO-SO モデルは 2 類型論であるが，「'官僚制組織から人間的組織へ' というフレーズは，大体において 'HO から SO へ' というように言い換えることができる。したがって H̤O̤-S̤O̤ モ̤デ̤ル̤に̤は̤趨̤勢̤論̤の̤意̤味̤合̤い̤も̤あ̤る̤わ̤け̤で̤ある。すなわち，これからの在るべき組織体は SO ということになる。」(全：240，傍点筆者)

「人間の社会生活の物心両面について組織は形成されうる。現代は人々が個性化しているので，心的な問題について組織がつくられにくくなっている。個性化が進まず人々が同質的であった昔の方がむしろ，心的ないし文化的な面の組織はつくられやすかった。……つまり SO の方が組織として先輩である。しかし，いまは，現代の代表的なものとしての HO との対比において (それを批判するものとして) SO が希求されており，端的にいえば主役交替が要求されている。もちろん，この場合の SO は昔ながらの SO ではないはずである。要するに，組̤織̤の̤歴̤史̤は̤，大観すれば，まさに SO の歴史である。」(全：242〜

図10-2 組織の歴史的趨勢

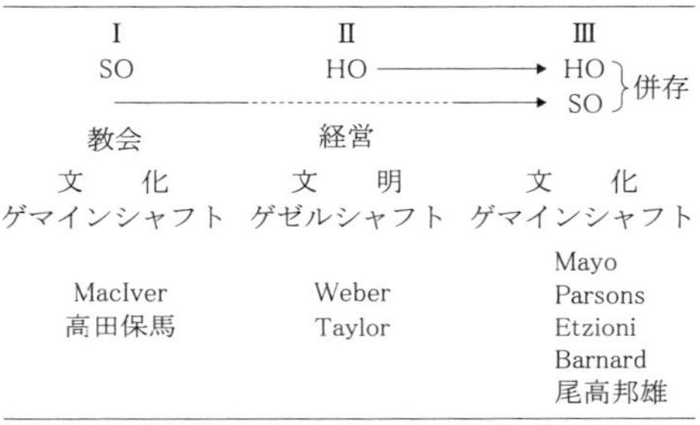

```
     I              II              III
     SO             HO ─────────→   HO ┐
                        ─ ─ ─ ─ ─→  SO ┘併存

     教会            経営
     文 化          文 明           文 化
  ゲマインシャフト  ゲゼルシャフト  ゲマインシャフト

    MacIver         Weber           Mayo
    高田保馬        Taylor          Parsons
                                    Etzioni
                                    Barnard
                                    尾高邦雄
```

（渡瀬 1983：244）

3，傍点筆者）

　SOモデル（に相当するアソシエーション論）の先覚者はマッキーヴァーであり，パーソンズとエツィオーニには「HOの'代替'としてのSOという考えがある。この立場に対してSOの理念によるHOの'改革'という立場がある。」バーナード・高田・尾高の考えはこれに当る。渡瀬は（図中の）Ⅲの時代になっても基本的にHOは維持されると考える。一方においてHOの改革を言い，他方においてHO及びこれを維持する社会を批判するものの，「SO一辺倒の立場はとらない。一元論はロマンティックすぎて甘い」というのである。（全：245～8）

Ⅲ．「非統合の組織論」1986
―― バーナードだけが組織論ではない ――

　前節で紹介した2著で「経営の組織論として……論ずべきものはもはやない」境地に至った渡瀬は，広くは無組織集団，具体的には'経営と家族の関係'の研究に取り組んで『経営組織と家族集団』（1984）を公刊し，引き続いて'有機体的性格が強い'とされる'日本の組織'および'日本的組織論'の研究に突きすすんだ。（→『日本の組織』1989）この2つの研究の狭間で「バーナー

ドの組織論をとり上げ，かれの社会学的デンケンを社会学理論の全体的構図のなかに位置づける」（1989：v）べく，「非統合の組織論」が書かれた。[5]

1．パーソンズ，デュルケム，テンニース

バーナードの組織論の学問的性格はいかなるものか。社会学の系譜からみてどうなるか？――基本的な枠組として「個人主義と全体主義という2つの思想ないし理論をともにうけ入れる立場が採用されている」点に着目して'統合論'と呼ぶことができる。（仝：213）

バーナードは自ら'負う所が大きい'として4人の社会学者の名をあげているが，そのうちパレートを除く[6] 3人の学説との関係を考察すると――

(1) パーソンズ

バーナードの人間観は'自由意志をもった人間'であるが'協働を選択する場合にのみ完全な人格的発展が得られる'と信じてもいる。人間と組織が相互滲透的に捉えられている，という意味で個人主義と全体主義とをともに受入れる'第3の立場'であるが，それはパーソンズが主意主義 voluntarism の名において提唱したものと類似している。パーソンズの用語でいえば英仏の実証主義とりわけ功利主義（第1の立場）とドイツ的理想主義（第2の立場）との双方受容の統合論である。ドイツ的理想主義とは超個人的規範論を意味し，組織論でいえば'理想としての組織目的を排他的に重視する'全体主義である。第1の立場≒功利主義はバーナードの個人主義と全く同一である。（仝：214～5）

(2) デュルケム

管理過程の道徳的側面を力説する主著第17章（に示されたバーナードの経営観）はデュルケムの職業集団論に示された社会観と同じである。――デュルケムによれば，およそ社会は1個の道徳的事実である。'一見専ら分業に依存しているとみられる社会においてすら……社会の成員は，交換ないし分業が行われる短い時間を超えた，より深い次元の紐帯で統合されている'のであり，「経済的関係という，いわば微分的結合のベースには積分的な結合がある……かかる〈社会〉（≒集合意識≒共同規範）を抜きにして〈経済〉は独り立ちで

きない」。(仝：216)

　「デュルケムはホッブスに始まる功利主義の末期の，その完成者ともいえるスペンサーを槍玉にあげた」。分業・交換の発達に応じて軍事型社会では殆どなかった〈契約〉関係が発生・普及するが'それと同時に契約における〈非契約的関係〉もまた発達してきていることをスペンサーは見落としている'。'契約のなかのすべてのものが契約的であるのではない。契約のあるところ，それはいつでも社会的な規制に従うものである'――「この意味の契約社会が有機的連帯の社会である。……経営のフォーマルな側面を重視する〈功利主義的組織体〉という立場が否認されていることになる。」(仝：217〜8)

　バーナードはこのようなデュルケムの理論に，パーソンズの統合的社会学を介して間接的に負う所が大きかったばかりでなく，「デュルケムの思想については，バーナードは自ら魅力を感じ，深く影響されたようで……パーソンズとともに，むしろパーソンズ以上に，功利主義に対して批判的である」(仝：218〜9)――と渡瀬はいうが，このように断定する前に，バーナードが本当に功利主義と断絶したのか否か，さらに確かめる必要があろう。

　(3)　テンニース

　日本語版序文に'多くを負う'とあるだけでバーナードの主著本文にはテンニースへの参照はなく，内容的なつながりも不明である。渡瀬は1) 個人人格と組織人格の区別，2) 協働体系と組織の区別が「テンニースの本質意志をもった人間(自体，Selbst)と選択意志をもった人格(Person)，したがってゲマインシャフトとゲゼルシャフトという2つの概念に大体において対応している」，そして個人人格および協働体系の側に優位を認めるバーナード自身のゲマインシャフト的思想を支えるものとしてテンニースを読みこんだのではないか，と推定している。(仝：220)

　渡瀬の考えでは，「バーナードはテンニースのゲゼルシャフトを（下記のように）せいぜい要素としかみていない。」しかしテンニースの主張は「ゲゼルシャフトをゲマインシャフトとともに，まさに類型として設定することにあった」。GEMとGESの別を無視してGEM一色で塗りつぶそうとする一元論に対立するのがテンニースのGEM・GES二元論なのだ。したがってバーナード

は，テンニースを正当に理解したのではなく，自分の立場から応用したのだということになる。

$$\begin{cases} \text{ゲマインシャフト……類型　GEM 7)} \\ \text{ゲゼルシャフト……要素　ges} \end{cases}$$

2．功利主義は生きている

　「GES はホッブスの功利主義を基本的に是認し，そして洗練することによって構築されたものである。」（全：224）テンニースにとって'万人の万人に対する戦い'というのは誇張であって，'自然状態'は「GES という 1 つの社会である。戦いが潜在しているという意味で本質的に分離であるが，それでも，いかなる意味の結合もないとはいえない。」GES に生きる各人は「すべての人々を自己と同等のものとして尊重しているようにみえながら，実は逆に，自己自身のことばかり考えており……'共同の目的に対して結合する'場合でも，そうすることが'かれらにとって利益であることを認める'からである。」（全：225）

　つまるところ，バーナードは功利主義を捨てたのか──「協働体系の目的は個人の満足である」（44）と明言し，「利己的動機は支配的な力をもっているから，一般に組織はこれらの動機を満足させうるときにのみ……存続しうる」（139）としている点はどうなのか。そこに'功利主義的個人主義のエレメンタリズム'を見る H・カウフマンの所説を紹介しつつ，渡瀬自身は次のように解釈する。──「バーナードにはフィロソフィの次元とは別に，オペレーション論ないしモティベイション論の次元がある。……オペレーションの直接の対象が個人であることはもちろん認めないわけにはいかない。」そこで「功利的人間に訴えて，その'協働人'へのメタモルフォーシスを要求するわけである。……協働の哲学を信ずるバーナードとしては，ひたすら訴えざるを得ない。」（全：229）──というわけで，バーナードは「'哲学'と'技術'（オペレーション）の，いわば中間になければならぬ'社会科学'が欠落している」ところの'組織論的管理論'ということになる。したがって，「相互不信，コン

フリクト構造，用具的行動を秩序づけるタテ組織など……'現実'のベースにある個人主義を'観念的'とみるバーナードにおいては，ホッブスは死んでいる」（全：229～30，傍点筆者）――バーナードは功利主義を捨てたのだ。'現実のベースにある個人主義'は功利主義であり，組織メンバーの大多数に浸透している。彼らは組織行動の責任を負いたがらず，'上位権威'という仮構に倚って協働に消極的である。バーナードの描く組織は，不断に社会から摂取し自らも創造する様々な価値で充満した道徳的制度であり，そうした組織価値を体現し組織人格に徹した人々（多くは管理者）のみが功利主義を蝉脱した道徳主義的個人主義を持して積極的協働に努めるのである。

このように両者がせめぎ合い，浸透し合う対抗図が，バーナードの脳中に鮮明に浮かんでいたであろうことは『経営者の役割』を一読，再読……何度読んでもその度に実感させられることである。

3．庭本佳和による批判について

「非統合の組織論」は1986年に活字になり，翌87年のバーナード協会研究会で発表された。当時格別の反響はなかったが，2006年，庭本佳和の大著『バーナード経営学の展開』のなかで重要論点の1つとして取上げられた。[8]

曰く「渡瀬が指摘するように，バーナード理論が単に'人為的なGEM，信じ込まれたCommunionのなかで〈協働〉することに満足がある，こういう理想的な創造的な人間たれと訓示している'にすぎないものかどうか」。（庭本：30～1）渡瀬の指摘は「恐らくバーナードは協働的人間観を装いつつ，事実は功利的人間観に依拠しながら，積極的協働を主張しており，人間観と協働観の間で分裂しているのではないか，との批判であろう。……この批判は'人間は本質において功利主義的個人主義の存在であるのは普遍的事実だ'という揺るぎない自信に支えられて」いる。果たしてバーナードの人間観は（全：32）'協働人を装った功利主義的個人主義'なのか否か，これがポイントである。

こうして庭本はバーナードの人間観・協働観の吟味に移る。――バーナードの人間観は，いわゆる人間定義と（自由意思を含む）人格規定を重ね合せたも

のである。両者の関係を「敢えて言えば，人間定義の'単一の，独特な，独立の，孤立した全体'を実現するものが，恐らく人格規定に相違なく，人格規定を予想したものとなっている。」'孤立した'とは，あくまで社会に埋没しない'確立した個性（自我）をもつ人間'という意味で，社会との関係で'はじめに個人ありき'という主張ではない。社会と人間はまさに同時的存在であり，この人間の社会的・集団的性質が人間協働の潜在的基盤をなす。（仝：34〜40）

A．協働の動機づけ要因

協働を顕在化するには，功利主義的個人主義に立つ経済的利己心だけでは難しい。バーナードは'経済人仮説≒功利主義的個人'から脱却すべく，主著に先立つ論文で'人間を動態化させる動機づけ要因5つを論じた。

① 優越心　love of distinction
② 嫉妬心　jealousy
③ 差異的寛大　differential generousity
④ 経済的利己心　economic self interest
⑤ 惰性　inertia

経済的利己心は個人を協働へと動機づける5要因の1つにすぎず，しかも，その過剰よりも「不足が，社会的観点からは個人の主要な欠陥」だと逆説的に指摘されているほどである。——功利主義は人間の一面を説明するにすぎない。

B．個人主義の3層構造

バーナードは，社会・共同体と非公式組織を同型的に把握した。「集団が社会であるのは，非公式組織が集団を共同体に仕立てあげるからである。社会は，非公式組織とその結果——共同体，人工物，文化，公式組織——ゆえに存在する。」(Barnard 1948：訳：145)「社会や共同体は人々の相互接触＝相互作用が生み出した価値で満ちており……個人は共同体的価値を身に帯びつつ，他者との交わりの中から自己を確立してゆける……人間をこのように社会的・集合的に理解し，文化的・価値的存在だと捉え」るのが「バーナードの人間理解であり，個人主義であった。これを功利的個人主義や表現的個人主義と区別して道徳的個人主義（デュルケムの表現）と呼んでおこう。」（庭本：52）　3つ

の個人主義の関係を敢えて示せば図10-3の如く「道徳的個人主義を部厚い基底にして，次に表現的個人主義，最後に功利的個人主義が薄く表面を覆うかのように積み重なって……協働はこの上に成立していると思われる。」そして，個人は'公式組織を構成する組織人格的存在'だけに終るのではなく，非公式組織において全人格的に存在し，独特に内在化した社会価値や個人価値をたぎらせており，問題が生じれば噴出して組織価値を直撃し，その変革へと誘う。こうしてバーナードは，それぞれの価値を背負った組織と個人の対峙として，人間協働のダイナミズムを捉えている（仝：52〜3）と庭本はいう。

　庭本の主張を入念に検討する用意はないので，一読直ちに思い浮かんだ感想のみ記すことにする。順序は逆になるが先ず提示された新知見に対するコメントを記すとしよう。

　A′　経済的利己心は人間協働を顕在化させる5つの動機づけ要因の1つ，それも重要度の低いものとしたことで，功利主義の決定的意義は否定された，と庭本は考えているが，これは功利主義的個人主義を経済的利己心とイコールとみて初めて言えることである。通常の理解では功利主義的個人主義の発現範囲は経済的利己心の域を越えて広い――（惰性は別として）優越心，嫉妬心，差異的寛大をも充分にカバーしうる。優越心は功利主義と道徳主義という双方の個人主義の発露となりうるし，嫉妬心を道徳的個人主義にのみ結びつけることも難しかろう。1934年論文にいう5要因は協働への誘因として，むしろ狭隘かつ低次（功利的個人主義になじみやすい）に偏している。主著にいう8誘因の方がより洗練され，かつ高次の（道徳的個人主義にふさわしい）ものが列挙されている。庭本の挙証は的外れと言わねばならない。[9]

　B′　個人主義の3層構造は庭本の独創であろう。マルクスやマズロウに拠れば功利的個人主義が下層を占めようが，バーナードの意を汲んでデュルケムに拠ったものと思われる。先に指摘したように庭本は功利主義の発現領域を大幅にカットしたので，3層構造の土台を担うには重量不足となり，自ずと表面に浮上したとも言えよう。

　もう1つ，「功利的個人主義と対抗するかのように現れた表現的個人主義」は，恐らく優越心や惰性との結びつきを期待されていよう。ただし，「そもそ

図 10-3　個人主義の 3 層構造

```
┌─────────────────┐
│   協      働    │
├─────────────────┤
│   功利的個人主義  │
├─────────────────┤
│   表現的個人主義  │
│   （自己実現）    │
├─────────────────┤
│   道徳的個人主義  │
│   （文化・価値）  │
├─────────────────┤
│   社会・共同体    │
└─────────────────┘
```

（庭本 2006：53）

も，自己の欲望や感情を何よりも優先する表現的個人主義は'個人が社会に優先する'という思想において，そしてそれを実現する手段の合理性を重視する点において，功利的個人主義の源泉と変わらない」（仝：51）のだとすれば，これもまた功利的個人主義の重量カットに貢献していることになる。

　R・ベラー，山崎正和らを参照・摂取した庭本の創意を尊重するとして，少なくとも 3 層構造の上と下，功利的個人主義と道徳的個人主義との位置と比重を取り替えるのが妥当であろう。

　本題に戻る。――バーナードは協働的人間観を装いつつ実は功利的人間観に依拠していた，なぜなら「人間は本質において功利主義的個人主義の存在であるのが普遍的事実であって，バーナードとて例外である筈はないからだ――と渡瀬は主張している，と庭本は理解し，バーナードの協働的人間観が仮装でなく本物である所以を縷々弁証したのだが，実は庭本の誤解に発する無用の努力であった。バーナードの協働的人間観は本物であり，人間観，つまり哲学のレベルでは功利主義を捨てたのである。この点は「バーナードにおいてはホッブスは死んでいる」という渡瀬の言に明らかであり，庭本の誤解というより，初歩的誤読といえる。

　人間が本質において功利主義的個人主義の存在であることに渡瀬は自信をもっているかも知れないが，それは，現代社会が GES であって個人も組織もその中で生きている，という限りでのことである。だからこそ協働的人間観や

III. 「非統合の組織論」1986——バーナードだけが組織論ではない—— 299

図10-4 協働への動機づけ5要因と主著における8誘因との関連

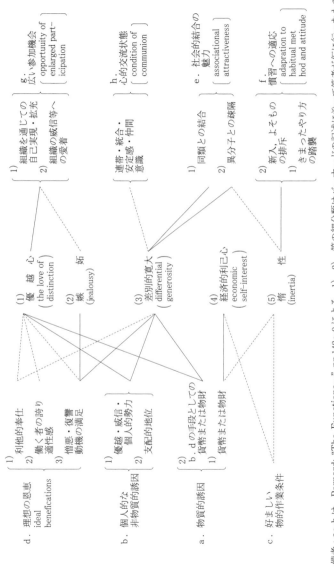

備考：a〜hは、Barnard; "The Functions…" pp.142〜9による。1), 2), 等の細分類はバーナードの記述に沿って筆者が仮に行ったもの (1)〜(5)は重要度の序列を示し、飯野1978：101〜4による。
図中の実線は（筆者からみて）確実とおもわれる対応関係、破線は不確実ないし部分的とおもわれる対応関係を示す。(川端1974：19)

道徳的個人主義が大多数の個人や組織を覆い尽くすことはなく，わけても経営組織のような代表的 HO においては，功利主義的個人を対象としたオペレーション，そしてそれに適合した技術と実践，文化や'仮構'が必要であり，バーナード自身それらの精髄を体得し，説得的に論述している――どこもおかしいところはない。協働的人間観と現場の状況とが乖離しており，その対照（コントラスト）が適切に説明されていないという，ごく有り勝ちなことである。本質―現象か，現実―仮構か，説明の仕方はともあれ，認識された事実の重量を厳粛に受けとめた説明でなければならない。「もしバーナードの理論から，現実の企業組織も'本質'的には協働のシステムであるという主張を読みとれば，それは今日の企業組織に典型的にみられる虚偽意識を，研究者みずからが分析の準拠枠に採用することにつながる。」（沢田 1997：214～5）渡瀬も組織社会学者として同様の訓戒を発しているのである。

　GEM→GES→GEM が歴史の趨勢であり，現に GES 批判の声が諸方に聞かれるとすれば，やがて「功利主義的個人主義の……人間論を，全面的に覆すような事実が普遍的に現れて」くるかも知れない。――とはいうものの HO-SO モデルの提起以来 30 年，今なお「経営 GES 論という組織論は有効である」（渡瀬 1989：230）と筆者は思う。

おわりに

　馬場敬治による入念な飼養を経て，ほぼ 1960 年前後に自立した〈日本における〉バーナード理論[10]は，組織論といわず経営学全体のパラダイムとして長期持続し，近年に至ってもなおかなりの命脈を保っている。渡瀬は終始バーナード理論と対峙し，摂取すべきは摂取して自らを営養し，HO-SO モデルの構築に役立てた。その批判の眼は鋭く，かつ執拗をきわめ，一片の妥協も敢えてしなかった。理論を支える人間観・組織観から理論の構造・機能（に関わる特長と欠陥）まで，渡瀬が提示した知見は質・量ともに大きい。渡瀬なかりせば，日本におけるバーナード理論研究の幅と奥行は，現状よりかなり狭小にと

どまったであろう。

　バーナード理論批判を通じて成長し，やがて批判の武器となった HO-SO モデルであるが，基本的に今なお有効とはいえ，若干の難点も含まれている——と筆者は今回の探索の中で気付いた。

　1つは，組織の動因としての権力と影響力との区別と関連，端的にいえば両者の境界の（不明確性の）問題であり，もう1つは組織目的についての基本的合意の'生成'と'獲得'，両者の境界（の曖昧性）の問題である。2つの問題は密接な関連に在り，影響力のみで合意できれば生成，権力行使を介すれば獲得，と一応は対応している。しかし，HO において影響力≒リーダーシップの比重が高まり，SO においても権力（的説得）が強まるなど，事実として両者の混交ないし併存の傾向が認められる。

　他方，各種のポストモダンな組織論の台頭とも関連して，組織における共通目的の存在という'自明の前提'が否定されるばかりでなく，特定の組織目的の存在すら疑われるようになった。

　こうした状況は，大きくは HO-SO モデルの根底を震撼させるものであり，特定的には HO-SO モデルにおける趨勢論的な意味合いの見直しを含め，皮相にとどまらぬ真正の HO 改革を志向する'統合的組織論'の構想へと促迫するものであろう。実態と理論の双方において幾つかの兆候が既に現れており，その詮議を通して，HO-SO モデルの有終の美（それは同時にバーナード理論の最終的克服でもある）を済すの途を展望すること——それは別稿の課題である。

(2006. 7. 21)

注
1）「組織とは意識的に調整された人間の活動や諸力の体系と定義される」(Barnard 1938：72)「公式組織を2人以上の人々の意識的に調整された活動や諸力の体系と定義する」(ibid.:73)
2）バーナードの主著 p.291（邦訳：304）にはこう書かれている。——「技術を用いるのに必要な常識的な日常の実際的知識には，言葉で表わせないものが多い——それはノウハウの問題である。これを行動的知識ということもできよう。それは具体的状況において仕事をするのに必要であり，管理技術におけるほどこれが必要なところは他にないのである。それは不断の習慣的経験によって会得できるのであり，しばしば直観的と呼ばれるものである。」行動的知識は科学—技術—実践という回路において，科学と技術の間ではなく，技術とその実践との間に位置するいわゆる暗黙

知を意味する。したがって、ここでの渡瀬の行論は誤っている。
3）　わけても「組織目的論」(1973) は力作であった。組織体の成立事情に注目する'ルーズな意味の発生論的考察'によって、「組織体の目的はリーダーの個人目的が全体目的の資格を取得することによって定立される」(全：52) という命題を導き出した。「現実には支配しているものの目的が組織目的となっているようにみえるが，少なくとも当初は，目的意識の強いものの目的が組織目的となるが故に，彼が支配することになるのである。支配は結果である。」(全：53) 多数の my goal が 1 つの our goal に転化する瞬間こそ，組織成立の原点であり，やがて his goal へ置換していく現実を批判しうる規範論的考察の拠点となる。──この論文を読んだ日の感動は今なお鮮明である。ついでながら，この論文には次のような解釈が示されていて印象に残った。バーナードのいう組織の 3 要素，貢献意欲：共同目的・伝達という「術語を一応一般的なものに翻訳すると，結局，人間・共同目的・組織化の 3 つになって，全く普遍的に認められる組織の 3 要素ということになる。」(全：23)
4）　HO（ハード）SO（ソフト）という命名は，それぞれの全体的特徴をイメージするのに最有効とはいい難く，'名前で損をしている'感がある。
　　さりとて，CO（強制的）－VO（自発的）その他どう名づけてもピッタリしない。
5）　「非統合の組織論」は 1986 年に発表されたが，『日本の組織』1989 に付録として収録された。以下，引用は同書による。
6）　パレートを除く理由として渡瀬は，a）バーナード自身が，システム思考や組織経済の問題で，パレートの理論との関連に言及していること，b）わが国の組織学界ではパレート→ヘンダーソン→バーナードの系譜に関心が強く，多くの研究があることをあげている。a）の問題はパーソンズ『社会的行為の構造』で多岐にわたって論じられており，簡潔に取扱うことができない。b）は（加藤 1996）（吉原 2006）においてかなりの進展をみたが，内容の分析は，今後の課題というところである。（渡瀬 1989：214, 231）
7）　渡瀬はゲマインシャフト，ゲゼルシャフトの略号として，類型の場合は大文字，要素の場合は小文字で表している。
8）　著書刊行は 2006 年であるが，渡瀬論文に関わる第 1・2 章は，1993 年に執筆された未発表草稿を収録したものである。「非統合の組織論」に対する唯一直接の応答といってよい。（庭本 2006：v）
9）　ずっと以前に，筆者は 5 要因と 8 誘因との関連・対比図を作ったことがある。（図 10-4）5 要因については専ら飯野論文「バーナードの基本問題」（初出 1974→飯野 1978 に収録）に拠った。その中で飯野は「用語と順序に若干の差異があるとはいえ，マズローの欲求段階説と相当の類似性をもつように思われる。これは興味深い事実である」(1978：103) と述べている。
10）　正しくはバーナード・サイモン理論。1960 年代を通しての 'in vogue' 状況につづき，基本パラダイムとして機能した。70 年代以降，コンティンジェンシイ理論の流行につれて鎮静しつつ，バーナードへの特化（サイモンとの疎隔）傾向が顕著となり，現在に至っている。

第11章
馬場敬治・岡本康雄・土屋守章。
バーナード・サイモン理論の形成

I．形成。——馬場敬治の営為——

1．概要

　バーナード・サイモン理論（以下BS理論と略記）とは，日本経営学界独自の呼称である。この理論が戦後日本経営学の長期パラダイムとなるのに決定的だったのは，馬場敬治の精力的な活動（1950年代）であった。馬場は既に戦時中（1940年代前半）において極めて先駆的な組織論を構築していた。戦後，外国文献へのアクセスが可能となり，数多の研究者と同様，馬場もアメリカ経営学とその隣接諸分野の文献学習に精励した。その中で馬場は自身の構築した理論によく似た視点・構想をもつ著作を見出し，‘正に空谷跫音を聞くの感’を覚えた——それが The Functions of the Executive と Administrative Behavior だったのである。以後，馬場は自身の組織論（を中心理論とする経営学）については，内容充実作業への沈潜は措いて大構想を描くにとどめ，主としてBS理論の紹介と敷衍，それを中核とする組織理論の体系化，そして日本の経営学を組織論を中心理論とする方向へ誘導すべく全身全霊を傾けたが，1961年8月，66才にして世を去った。[1]

　予期せざる早逝にも拘らず，馬場の悲願は同憂同好の人々に承継され，ほぼ順調に叶えられた。生前は種々の批判を受けたが，やがて老いも若きもBS理論を学習するようになった。『経営者の役割』1956『経営行動』1960が邦訳されて経営学研究志願者の必読書となり，普及過程は一段と加速した。

　憾むべきは馬場自身の光彩ある組織論がさらに拡充・彫琢される機会が失わ

れたこと，そして馬場が紹介・敷衍の機会あるごとに指摘してきたところの，BS理論に含まれている種々の誤謬・説明不足など不具合の数々が，系統的な批判にまで成形されることなく終わったことである[2]——日本におけるBS理論の理解，ひいて日本の組織論自体の前進にとって，この損失の大きさは計り知れない。

2．その組織概念。バーナードとの差異

かねて馬場は「20世紀は技術の時代であると共に組織の時代である」との判断に立って，経営学の基礎理論としての組織の一般理論の構築に努め，1941年『組織の基本的性質』を公刊した。——「社会における諸事象は，殆ど例外なしに何らかの組織内部の事象として，あるいは各種の組織間の何らかの交渉の結果として生じている——この場合，組織とは'少なくともある程度統一的に動きつつある人間の結合体'ないし'何らかの程度に統一性をもつ人間集団'を指している。そしてその本質的要素は，このような人々の統一性をもつ活動＝組織活動である。ただ組織は，組織を構成する各人のいだく世界観ないし目的などを含む点で，組織活動よりも広い。そして「この場合の統一性とは，ある観点からみた統一性，……また組織成員が意識的にめざす統一性であって，無意識的な統一性は組織とはいえない。」（馬場1941：208 傍点筆者，ただし岡本1980：56による）

'統一性をもつ活動'とは，組織に集う人々に共通の目的に志向する活動を意味する。しかし，そのような目的自体が明確には設定され難く（複数の目的が設定されることもある），その解釈の一致も困難で必然的に葛藤を生じる。従って組織は統一性と不統一性との両面をもち，ときとして'無定態過程'に陥りさえする[3]。それ故，組織理論においては不統一性を克服して組織に統一性をもたらす力＝調整力の解明が研究の中枢的地位を占めることになる——と判断して，馬場は種々の調整力の性格とその組み合わせによる組織の類型化を試みた。（馬場1948）

馬場が提示した組織の概念は，認識の実質においてバーナードのそれと大いに似通っていた。馬場の組織がバーナードの協働体系にほぼ相当し，馬場が組

織の本質的要素とみなす'人々の統一性をもつ活動'がバーナードの定義した'組織'に相当する。無意識的でなく意識的な統一性，それが調整力の作用によってもたらされるとする点で，バーナードの「意識的に調整された活動」とほぼ同一である。ほぼ同一の（しかも従来の通念とは大きく異なる）組織認識が，ほぼ同時に互いに全く独立に出現したことは，殆ど奇蹟というべきであろう。

　ほぼ同一とはいえ，軽視できない差異がある。――馬場は組織の本質的要素を人々の統一性をもつ活動に求めたが，バーナードはそうした活動それ自体を（公式）組織と定義した。そこでの統一性は純粋・全面的であって，人々（の思考や行動）の独自・不統一な側面は組織の埒外に在る。対するに馬場の組織は，活動の統一性という本質に加えて，独自・不統一な側面を含むことで（全面的でなく）ある程度の統一性（というレベル）にまで純度が低下している。と同時に，活動以外の部分を含む全人としての諸個人の集合という意味での人間集団を指しており，バーナードのいう協働体系（ウェーバーでいえば経営団体）にほぼ相当する。バーナードの組織は協働体系≒経営団体から構成員に独自の人間（的差異）を捨象して協働ないし経営そのものに純化した抽象的存在である。――この差異は一見些少・形式的にすぎないようにみえるが，実は概念構成の根本に関わる重大な差異である。

　本質（的要素）をもってそのものの定義とする，というバーナード独特の概念構成は，以後，長期にわたって，バーナード理論学習の初級段階で誰もが遭遇する難問，また経営学ひいて社会科学におけるバーナード理論の歴史的意義の詮索・検証に携わる研究者が格闘を強いられる課題となった。本章もまた，一種の格闘記録にほかならない。

3．バーナードとサイモンの相補一体的理解

　バーナードは，主著の原形をなすローウェル講義草稿1937ではメンバーシップ・アイディアを排した組織概念だけで全論述を一貫し，L・ヘンダーソンの修正勧告にも拘らず組織概念を改めることなく，協働体系概念を追加することで妥協的解決に至った――飯野春樹・加藤勝康の綿密な考証によってこの

経緯を知る吾々は，この問題について自分なりの解決を得るにも，バーナードにとっての組織概念問題の深刻さを痛感し，沈思黙考せざるを得ない。しかし，この経緯を知らぬ馬場は，彼自身の組織概念に引き寄せることで，以下のように比較的たやすく柔軟かつ折衷的な一応の理解に達した。

　バーナードには「2つの組織概念」があり，「氏の所謂組織を中心対象としながら，之を単に抽象的に取扱うことをせず，之を一層具体的なる組織概念たる氏の所謂協働系との密接なる関連において把握せんとする」点に重要な特徴がある。（馬場1956：33〜4）「バーナードの組織概念は今1つの組織概念（＝協働系）に対しては，其の抽象である。」'抽象'である組織の研究を有効に行うためには「其の要素たる諸種の活動を行う諸個人並に之等諸個人間の関係と関連せしめて考察することを必要として来る。又，之等の諸活動が一定の物的環境の下に行われることからして，物的環境と関連せしめて考察することも必要になって来る。」そこから必然的に協働系の概念が必要になる。──組織を中核として，物的，個人的，社会的諸要素が夫々1つの体系をなし，それらが関連し合い総括されて協働系となる。「斯くて，協働，即ち，協働系の活動は，夫々異なる性質を有する上記4種の体系を，活動に於いて結び付ける過程である」。こうして「バーナードの主著は──協働系を研究対象とし，特に氏の所謂組織を中心として協働系を理論的に取扱わんとするものである。」（仝：46）──ここには，協働系は実在する研究対象，組織は研究用具として構想された抽象概念，（として理解しよう）という発想がみられる。

　バーナードが組織概念と集団概念との差異を強調し，「組織概念から人間を排除せんとしている」問題について馬場は云う──「組織の3成素（共通目的・協働意欲・伝達）には，多分に人間乃至人間的なものを包含して居り，又，公式組織（フォーマル・オーガニゼーション）を取扱う第2部には非公式組織（インフォーマルオーガニゼーション）を論ずる1章をも含んで居る，之を以て見ても，組織を論ずるに当り，人間乃至人間関係の問題を排除することの出来ないことは明らかである。……第6章に於ける人間排除の強調の意味は，唯，氏の公式組織（フォーマル・オーガニゼーション）の概念を明確化するにあるものと見るを妥当とする。」ともかくバーナードの組織論は「単に公

式組織のみを取扱うものではなく，之の人間及び人間関係とを関連せしめ，斯くして，協働系の問題をも同時に中心対象として居るものと言って宜い。」[4])
（仝：49〜50 傍点筆者）

　ちなみに日本におけるバーナード理論研究には，ａ．協働体系の視点に立つ経営学（の基礎理論）とみるか，ｂ．組織の視点に立つ'組織論的管理論'とみるか，という２つの流れが対立している。馬場の立ち位置は中立，ややａ寄りと云えようか。

　バーナードとサイモンを若干の相異を含む相補的一体として複合的に把えるという基本姿勢の故に，馬場がバーナードの組織概念の特異性という問題を重大視しなかった，という事情もあろう。'公式組織'という語の意義について両者は'必ずしも一致して居ない'と馬場は指摘している（馬場 1956→1988：93）。サイモンが組織影響力・組織均衡という場合の'組織'がバーナードの定義にいう組織ではなく，馬場の定義する組織にほぼ当たることは明らかである。

　組織理論の核心をなす'組織活動'と'人間関係'とを，伝達過程（サイモンでいえば意思決定過程の複雑なネットワーク）を組織の本質的要素と規定することで正しく結びつけた点に，馬場は向後の経営学界を主導するであろう程のBS理論の決定的優位性の根拠を見出した。（仝：94〜５）「而して右の伝達が行われる為には，各人の間に所謂影響力，特に其の中の勢力が作用することが必要」であり，BS理論においても勢力関係の考察が重要な一部分となっている──とはいえ'把握が尚不十分'（仝：97）だとして以下のように論じている。

　バーナードは authority，サイモンは組織影響力と題して夫々の著書の１章を設けて詳論しているが，略々同一の概念に拠るオーソリティ論においてサイモンの所説の方が，影響力を含める点で視野広大であり，バーナードに比して，'明確且つ精細'[5)]である。

　サイモンの云う影響力とは，組織において各個人の意思決定前提の若干のものを統制（自己の意志の方向に左右）する力を意味し，authority を主要な一部とするがそれよりも広い概念とされている。（仝：102〜３）。authority は馬場の云う広義の勢力（指導力，支配力，強力及びそれらの混合型）に該当し，「他人の意思決定前提となって彼の行動を響導するような意思決定を為す

力」（仝 108）である。Aが決定した意思をBに伝達し，Bがそれを（己れの意思決定前提として）受諾したとき，authority 関係が成立する。この場合，Bは伝達されたAの意思（決定前提）の内容の正しさを問うことなくただ受諾（して己れの意思決定前提と）すれば足りる。即ちBはAからの伝達内容に対する彼の批判能力を弛緩ないし停止して受諾するのであるが，サイモンは「批判能力の弛緩ないし停止がなぜ起きるのかを未だ明らかに（少なくとも充分明らかに）して居ない」（仝 109）──これを明らかにするには'現実の勢力を分析する'ことが必要であるが，サイモンの場合，馬場が既に著作で行っているような「諸説の勢力関係の分析が毫も行われて居ない」。そしてこの点はバーナードにも大体共通であり，「此の方面の研究の欠けていることは，サイモン及びバーナードの組織理論の最も大きな欠陥と云ってよい」。（仝：110）

'大体共通'とはいうものの勢力関係の考察不充分の度合いは明らかにバーナードの方がサイモンよりも著しい──力（パワー）の作用を敬遠した社会事象の分析は狭隘・皮相に止まる他はなく，バーナードの著作の諸所方々にその欠陥が影を落としているが，その顕著な例を組織3要素の1つである組織目的の議論に馬場は見出している。「バーナードは，現実の組織に於ける勢力関係の研究を未だ充分に行って居ない結果，此の勢力関係と密接な関係にある組織目的に就いて未だ充分明確な把握をなすに至っていない」として以下のように付言する──「組織目的が現実の組織の目的である以上，それは，その組織に於いて最も勢力を有する階層の懐く目的が，少なくとも其の主たる目的を占める傾きがあるが，バーナードは比点に就いて殆ど述べて居らず──著書で組織目的に於いて語っている場合，往々，人々より見て理想的と考えられる目的を組織目的として考えているような感じを与える叙述が所々に見られる」。（仝 1956：52）

これは馬場がバーナードに放った最も痛切な批判であった。──さらに数年の寿命に恵まれ「バーナードの組織理論とその批判（下）」を書き得たならば，勢力関係の考察不充分に由来する欠陥の様々な発現形態とその系統的批判が，馬場自身の組織理論を基準として存分に展開されたことであろう。残念無念という他はない。

II. 模索。岡本康雄のバーナード理論研究

1. 背景

　その最晩年,馬場は組織学会の創設・運営に心血を注いだが,会員を極度に限定していたので,実情は馬場を中心とする研究者集団の域を大きく超えるものではなく,第3回大会目前,馬場の急逝と共に休止状態に陥った。2年後に再建,高宮晋新会長の下,組織研究の実践性を重視する開放主義を採り,以後,会員数,研究の質・量ともに順調な発展を続けて現在に至っている。

　とはいえ,再建組織学会の初期段階(1960年代中頃)にはなお会員も少なく「殆どバーナードを論ずることを目的として集まった学会のような観を呈していた」(富永 1987：47)と回想されるような状況があった。[6] 老いも若きもバーナード(とサイモンその他の継承者たち)の理論学習に熱中した数年間──それが1960年代末に一連の結実をもたらした。『経済学論集』組織論特集号1968,高宮晋編『現代経営学の系譜』1969所収の諸論稿,そして1967年創刊『組織科学』誌上に見参した次世代研究者たちの諸論稿──それらは引き続く1970年代を一貫する全国的な組織論研究の上げ潮を先導するものであった。

　およそ1960年代半ばから70年代にかけて,再建組織学会の下でのBS理論学習の灼熱から,東大経営学グループを核として(社会学・心理学など隣接科学を含む)東西の気鋭を糾合しての百花繚乱に至るまでを勃興期とすれば,馬場の組織学会創立をはじめとする献身と挫折に彩られた1950～60年代初めは,コンティンジェンシイ要因を孕んだ微妙な過渡期と云えよう。この時期の(BS理論のなかの)バーナード研究の代表として岡本康雄のそれを取り上げる。

2.「アメリカ経営学の一系譜としての組織論について（その1）」1958

　博士課程を終えた直後に発表された力作である。馬場のバーナード論からの継承・発展に留意しつつ見ていこう。

(1) 岡本によれば，バーナードは組織事象の基礎をなす‘調整と意思決定の過程’の認識に当って，2つの基本的前提に立っている。

　a．人間の行動を取扱う際の2つの立場（個人か全体か）のどちらかを選ぶのでなく，両方とも受入れて併用する。

　b．（これまで支配的だった）人間行動の経済的側面の誇張を排し，社会的・心理的側面を重視する。

ともに熟慮の上の選択であるが，岡本は次のように評している。

　a′．「彼の分析全体に流れる立場は全体をより強調した立場であり，個人は種々の個性的偏差をもった具体的個人としてでなく，組織に一定の活動を寄与するところの非人格化された機構的存在として捉えられるにすぎない」（全：93）

　b′．人間行動の動機に非経済的要因が強く働いている，というのは正しい認識であるが，「経済的動機が2次的地位に落とされるならば異論なきをえないであろう。資本主義社会——特に経営における人間行動は優れて経済的動機により強く根ざして発現していると考えざるをえない」（全：94 傍点筆者）

(2) 協働体系と組織の成立および存続の条件の概説に続いて，岡本は組織の本質的要素にして中核的役割を果たす‘伝達’過程の意義を強調し，立入って検討する。それは，協働意志と共通目的，この静的・潜在的な2つの要素が組織を支える力として具体化されていく動的な過程，組織の基礎過程たる調整と意思決定の過程そのものである。（全：102）

「伝達の過程には2つの大きな流れが介在している……1つは一般的，抽象的目的が次第に特殊的，具体的目的に分化していく側面であり，他の1つは寄与者各人の伝達を通して彼らの協働意志が確保，維持されていく側面である。」（全：104）第1の側面における伝達は共通目的をその実現に必要な具体的行動へと翻案する過程であり，「前後上下へ，障害，困難，不可能，完成を報じつつ，組織内の一定水準から他の水準に移行するに従い，目的を再定義し，修正しつつ，各部分目的に必要な知識を提供しながら，通過するのである。」（全：105〜6）

伝達過程の運行を保証する制度ないし機構たる‘伝達体系’は概ね‘権限の

ライン'に依存している。権威(オーソリティ)は寄与者に受諾される(主観的側面)ことによって,彼らの意思決定を調整もしくは決定するものとして'伝達'の役割を果たす(客観的側面)。権限のラインを通じて行われる伝達は概ねこの権威(オーソリティ)を伴って移送される。複合組織を構成する部分組織には管理者が存在し,権威ラインの各要点を占めて伝達ないし意思決定センターとして機能する。

(3) こうして組織は伝達過程を通じて動態的な機能化を果たしているのだが,伝達の過程それ自体を基底的に支えかつ規制している進行原理は何か,——それはバーナードの'組織経済'の概念に在る,と岡本は云う。

寄与者各人の諸動機を満足させて協働意志を確保すること,——この組織経済の均衡(I≧C状態)という基底的要素に規制されつつ,組織の動態的機能化の過程は展開している。「組織の持続的な運動そのものの中から生み出されたこの自生的な組織原理に窮極的に規制されつつ,組織は,'自らを全体として管理する'のである。ここに組織の管理過程は組織経済の均衡実現の過程であると共に,その裏返しの表現が伝達の過程であり調整と意思決定の過程なのである。管理者は管理過程を円滑ならしめるべく,協働体系を維持するよう努めるにすぎない。」(仝:114,傍点筆者)

(4) 以上,伝達≒動態的機能化過程に焦点づけた検討を一応終えたところで,岡本はバーナード(を含む近代組織論全体)の総括的検討を保留し,当時点で気付いている問題点を列挙している。

a.バーナードの組織には,「組織を現実に統制,管理していく主体がない」。云うところの管理者 executive は目的定式化・協働意思確保・伝達体系維持の3職能をこなしている'組織の単なる1契機'に過ぎない。'協働体系は全体として自ら管理するのであって,その一部である管理者,管理組織によって管理(マネージ)されるのではない。'(Barnard:216〜7,傍点岡本)——この言明からバーナード組織論における(個人的観点に比しての)全体的観点の遥かに濃厚なことが読み取れる。そこでは管理者も作業者も協働的行為の寄与者という'全く質的に等しく量的にのみ異なる'非人格的な組織の1要素'にすぎない。岡本はこの点に疑義を呈して云う——バーナードの分析の大筋を

尊重して'管理者の機能が人体における神経系統に類いする'という比喩を認めながらも「なお，このような神経系統は相対的に独立して，人体全体がおかれた現在・将来の諸状況を予測・計慮しつつ……取るべき行動方向を選択し，人体全体を統制，管理せんとしていると考えたい」。（仝：116）

　ｂ．組織経済について極めてユニークな理論を展開しているが，なお理論的不備が著しい。――多種多様な要素を組織経済の対象として，無差別に効用≒価値が賦与される。諸効用の統一的評量基準は存在せず，ただ「管理者によって'全体感'として感覚的に，'諸要素の釣合'の問題として審美的に，調整されるに過ぎない。」このように'一見非科学的な'主張ではあるが，「経営を含めた組織一般の規制原理をなす'経済的合理性――本文に即していう意味での組織経済の均衡――は単純に貨幣的尺度によって剰余の極大化として示されるにはあまりに複雑であるということを示そうとしているのだと理解したい。」(117)

　ｃ．「社会学，社会心理学の重視と，それに伴う経済学の意義の低下」は少々問題である。(118)

　ｄ．関連して，「資本主義制度下にある歴史的な組織論が充分体系的に展開されていない」(118)

　(5)　馬場の親密な指導の下にバーナードを精読した者として当然に，バーナードをアメリカ経営学の新潮流を響導しつつある巨峰と観じ，その枠組や主要な論述内容を基本的に受容するという前提の下にであるが，岡本は多分に批判的な所見・所感の表明において充分に率直であった。組織経済論の不備を'一見非科学的'と評し，社会学・心理学の重視（→経済学の意義低下）を問題視して「組織の一般理論樹立の努力が直ちに……組織の社会学樹立への努力に通じるべきか」につき賛意を保留するなど，その具現と云える。広くは経済学に属する（企業）経営学の体系を構築しようという岡本の志向は，当時，おそらく馬場よりも堅固であり，資本主義企業経営における経済的動機の優越を否認するなど，論外と感じられたのであろう。

　より根底的な批判的態度が基本的前提ａ及びそれと結びついた問題点ａ′に示されている。――組織には組織を現実に統制・管理していく主体がなく，

'協働体系は全体として自ら管理する'というバーナードの主張に，岡本は前提 a ［〈個人か全体か〉のどちらかでなく両方の立場を併用する］への重大な違反を見出した。尤も，岡本が具体的に批判しているのは，バーナードが管理者の役割を著しく貶しめ，恰かも組織が自生的に生存・発展していくかのようなイメージを提示している，という事実とその不当性の指摘にとどまり，それが個人軽視・全体優先姿勢の具現であることの論証を欠くばかりでなく，それが前提違反を示す適切な事例といえるかどうかについての配慮もない。（意地悪く云えば，組織にとって最も肝心な筈の管理者の役割貶価に対する単なる反感表明だと片付けることもできよう。）バーナードが前記問題発言にこめた含意はなかなかに深長であり，ごく近年になって様々な議論の対象となっている。（庭本 2006 など）しかし，1958 年当時，主著のこの個所に関わって誰かが何かを論じた，という形跡は，管見の限り，全くない。──他に遥かに先んじて前記発言を取り上げ，ともかくバーナード理論全体の基本的前提に関らしめて疑義を呈した，というだけでも，岡本の先見は留目に価いする。

3．「組織の全過程の理論としてのバーナード理論」1986

　(1)　バーナード・サイモンの学習から出発したものの，岡本の関心領域はきわめて広く，人間関係論は勿論のこと，科学的管理に始まるアメリカ経営管理論，伝統的管理論，BS 理論と並ぶ新潮流としてのビジネス・エコノミックスとその後継諸理論，さらに制度論的経営学の全域に及んでいる。1958 年，新世代の先頭打者としてバーナード理論研究論文をものした岡本は，前記したBS 理論学習の灼熱期（1960 年代中頃）には，ほぼ BS を卒業して新領域の開拓に重点を移しつつあったと思われる。1970 年前後の瞭乱期著作群において，岡本はバーナード・サイモンでなく「ウェーバー組織論の構造」（『経済学論集』特集号），「ドラッカーの産業社会論」（『現代経営学の系譜』）を執筆している。以後，モノグラフ『ドラッカー経営学』，ウィリアムソン『現代企業の組織革新と企業行動』の翻訳，中公新書『日立と松下』，日経文庫『経営学入門』等々，「色々な方面に私自身の研究は展開したが，折に触れバーナードを開いていると，その都度，新しい示唆が何程にか自分に返ってくる」（1986：43）

'不思議で貴重な書物'と化していたバーナードを，30年近くを距てて再び論じる機会——バーナード生誕100年記念論集『バーナード』への寄稿——が訪れた。修行時代に馬場の著作を手引に作られた'かなり詳細なノート'，それを基に書かれたであろう前記1958年論文（以下58論文と略記）「のエッセンスを想起しつつ，さらにその後……筆者なりに考えてきた点などを含めて，バーナード理論の動態性に焦点をおいて」86論文は書かれた。

(2) 58論文では動態的組織過程そのものに焦点づけて論じたことを踏まえ，86論文において岡本は全過程の中の「構造的側面に内在する動態的性格に焦点をおいて」(1986：61) 考察した。「バーナードは組織構造を組織過程——調整と意思決定の過程と密接不可分の形で認識することによって，伝統的組織論における組織構造——管理構造とは異質の動的要因を何程にか内在する組織構造として把握することに成功した」と考えてのことである。

まず，バーナードの基礎的人間観の意味に触れ，そこに「組織全体の動きを組織成員の行動の動態を基軸として説明していくアプローチ」の端的な反映を見出す。——法万能主義の否認と経済人の否定，という二重の観点の採用を通じて「人間の社会的行動の中で，感情的，生理的側面とは別の，そしてそれ自体固有の内容をもった知的過程 intellectual process」の的確な認識（の必要性）をバーナードは強調した。「一言で云えば，限られた選択力あるいは自由意思をもった個人ないしそのような個人の活動として把えられる」。「人は選択条件を主体的に制限する形で，目的を環境との関連において設定」する。従って「目的は一面において個人の欲求・衝動・欲望——動機を反映し，それを表現するが，他面において……より客観的な性格をもつ。」こうして，何らかの合理的な知的過程に焦点をあわせ，内的動機に触発されながら，環境の中で目的を主体的に設定しつつ，何らかの制約を伴った選択力を行使する——これがバーナードの基本的人間観，彼の'基本的公準'である。

さらにバーナードは「個人の行動にある種のアンビバレントな2つの側面を認識し，そのことによって，組織——管理の理解に動的な性格を賦与している。」

i) 動機と目的との関連。——目的は動機の部分的表現にすぎず，また環境との相互作用において動機の部分的修正の可能性を含意している。「しかも

人は自分に内在する諸動機を自覚的に常に知悉しているわけでもない」から「1つの目的追求行為が1つの動機に対応している保証はない」。目的実現と動機満足とはしばしば'くいちがう'ことになる。

　ⅱ）　協働体系—組織との関連における二面性。——特定の'協働体系に参加している個人'は機能的，非個人的 impersonal な存在である。他方，特定の'組織の外にある個人'は，物的，生物的，社会的要因がユニークに結合した主体的 personal な存在である。バーナードは前者を組織人的個性，後者を個人的個性と名づけ，「個人の両側面として密接な関連をもたせつつ，分析概念として明確に区別している。」（全：66）[7]

　(3)　バーナードの主著の成立過程，とりわけ，原型をなすローウェル講義では（公式）組織のみで協働体系の概念はなかったが，ヘンダーソンの助言を契機として急拠設定され，それに伴って幾つかの重要な補修がなされた経緯が，飯野春樹・加藤勝康の克明な研究によって明らかになった（飯野1973→78，加藤1986→96）——ことを承知しつつも，敢て岡本は「その執筆経過はともあれ，一個の客観的成果として，それ自体の論理構造を問わるべき」ものと捉え，「協働体系と公式組織の二重の観点から組織—協働を考察したバーナードの試みは，彼の主観的意図はともあれ，彼の組織分析をより豊かなものに発展させるのに貢献した」（全：67）と評価する。

　岡本のこの判断は，直接的には師匠馬場の「組織を中心対象としながら之を単に抽象的に取扱うことをせず，一層具体的なる組織概念との密接なる関連に於て把握せんとするもの」という理解を継承した（意地悪く云えば呪縛された）ものであるが，加えて，バーナード理論への動態的要因の賦与ということを含めて「筆者自身の経営学の構築において，2つの概念認識は……極めて有用であった」と支持理由を敷衍している。（全：68）されば，この2つの概念認識がどこでどのような有用性を発揮したのか，という点に留意しつつ，以下の論述を見ていこう。[8]

　(4)　協働体系は個人・物的体系・社会体系・組織を含む包括的体系であり，公式組織はその下位体系であって調整された人間活動（および諸力）のみからなり，他の3体系を結びつけて協働体系たらしめる中核的要因である——この

配置それ自体が2つの概念の関係を通じての協働態の分析が，その動態を理解する上で有用であることの一例といえる。ただし，バーナードが「personal components について2つの協働態概念に微妙に関わらせた説明」をしていることが若干の理解困難を生んでいる，と岡本は云う。(仝：69～70)

バーナードは personal という言葉を，a）人間的ないし人格的，b）個人的という2つの意味に用い，しかも十分明示的に区別していない。組織との関連において彼が impersonal という場合，主として組織人格を指しており，それは決して非人格的なものではない。9)協働体系に参加している人間はあくまで独立した個人であり，個人人格を持ち続けている。と同時に「参加を決定した上は，組織に活動を提供し，その一員として組織的拘束を受ける個人」(仝：70) 即ち組織人格でもある。但し組織の拘束は人格の全面に及ぶことはなく，従って，'組織の外' に個人人格の部分が残る。「あえて具象化すれば，個人のうち，個人人格は協働体系の構成要因，組織人格は公式組織の構成要因となっている……この意味において個人は，協働体系－組織との間に常に二重の関連をもって存在し行動している。しかもこの二側面が常に一致するわけでもない。この認識は，協働体系－組織に，個人の側から二重の動的要因を与える。」(仝：70) 1つは個人人格と組織人格との葛藤。いま1つは組織人格が（伝統的組織論にみられるような）機械的・受動的存在ではなく能動的存在だということ。組織を構成する'意識的に調整された活動'は，個人的ではないがあくまで人格的・主体的であり，公式組織はそのような人格の活動の体系として非個人的ではあるが人格的＝人間的な体系として，認識される，というのである。10)

(5) 協働体系に参加した以上，個人人格は組織人格との不断の葛藤を免れず，組織人格といえども組織に拘束されつつも主体的に意思決定する能動的存在である。そこに岡本は動態的組織把握の精髄を見，さらに視線を延長して組織の構成要素に関わる特異な見解を打出す——周知の3要素のうち「共通目的と伝達は'意識的に調整された'に対応する。共通目的は，調整の対象なり方法を示し，伝達は調整の手段ないし過程を含意している。貢献意欲は協働的活動または諸力そのものを言いかえたと一応考えてよい」。(仝：72) しかし，貢

献意欲を公式組織の構成要素と考えると論理的矛盾が生じる。というのも「協働意欲は個人人格のレベルの要素であり……個人を組織人格と個人人格といった二面性で捉える以上，'協働体系に対して努力を貢献しようとする意欲' は協働体系の構成要素であるが組織の構成要素ではないといわざるをえない。」（仝：73）

貢献意欲の '所属' 問題は 1960～70 年代，筆者を含む幾人かのバーナード理論研究者が関説したテーマであり，当時既に，貢献意欲は協働体系にとって不可欠だが，極めて可変的な個人的要因であるが故に '組織' から捨象されるべきである，という主張もあった。（小笠原 1972：26 など）それに対し 'バーナード家に忠義一徹な' 飯野春樹は「（バーナードは）パーソンそのものは排除したが '個人的要因' を排除したものとは思われない」（1978：186），貢献意欲には個人差があって可変的だとしても「バーナードにとって貢献意欲とは，いわゆる I－C ≧ 0 の別名といってもよいゆえ，この状態は可変的であるよりは一般的である」として，そもそも「公式組織概念に '人間的諸要素' を取り入れたことが，バーナード理論の伝統理論とはきわだって異なる特徴であったはずである」と反論した。以後，この問題の論議は終息に向かった。[11]

私見によれば，貢献意欲の源泉は個人人格が包蔵する活動意欲であるが，それが特定の組織目的に結びついて貢献意欲となるや否や，組織人格の属性となる。それは「克己，個人的活動の自己制御の放棄，個人的行為の非個人化」であり，それによって「努力の凝集，結合」つまり組織としての活動が可能になる。組織人格もまた主体的存在であり，組織の拘束を受けながらの活動の結果が翻って個人人格の側での望外の満足や能力向上をもたらすこともあり，逆に自己疎外の極致に陥ることもある。──岡本の言説はおそらくその辺りの論理の機微にこだわってのことであろうが，率直に云って穿ち過ぎである。

なおバーナードは非公式組織（明らかに公式組織の外に在り，協働体系内の個人人格で構成された社会的体系である）及びその公式組織との関係を主著の 1 章を割いて説明している。その論述は深厚な洞察に充ち，馬場の所謂 '2 つの組織概念の密接な関連に於て取扱う' いま 1 つの例といえる。岡本の言を引けば，ここでは「公式組織と非公式組織とが '不即不離'，'紙一重の関係' にお

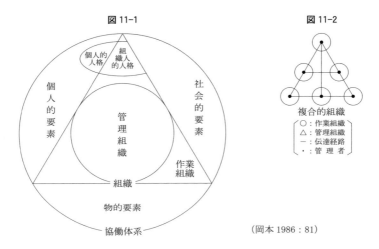

(岡本 1986：81)

いて」認識されており、その結果「バーナードは公式組織を目的志向的，論理的行動の体系として捉えながら，形式合理的機構に一挙的に骨化して捉えることなく，ふくらみのある主体的な人間行動の集合態の側面をもつものとして捉えた。」（仝：78〜9）

(6)　バーナードが提示した'協働的重層構造の全体像'を岡本は図 11-1・2 のように図示している。このように'動態的性格を内在させた'組織構造は組織過程の内実を規制し，「翻って組織過程の動的性格は時間的経過と共に組織構造に一定の性格を刻印する。」

'組織構造の課題と密接に関連する'組織の'境界問題'について岡本はいう——論文集所載の「組織の諸概念」に展開された，'それなりに説得的な'「論理の行きつくところ，組織に境界は存在しえず，従って組織と環境の相互作用，あるいは環境に対する組織の適応といった課題も一般には特定し得ないことになる。しかし果たしてそうであろうか。」（仝：81）

ここに再び、協働体系と公式組織の二重概念が重要になる。それを忠実かつ的確に理解した上で，組織の境界を認識することが可能か否か——従業員，顧客，投資家，供給業者，いずれも組織にサービスを提供している点でひとしく「協働体系の広義の構成要素」と考えてよい。しかしその中核的下位体系とし

ての組織は'意識的に調整された活動および諸力の体系'である。そして'意識的に調整される'拠りどころを，バーナードは「権威ある伝達，さらにその体系─調整体系の客観的作用に求めている」（仝：82）このように理解する限り「組織の境界は意識的に調整される範囲──フォーマルな権威ある伝達が受容される範囲を基軸にして捉えられるのであって無限定なものではない。」この基軸に該当するのは主として組織メンバーであって，他の貢献者にまで拡大して考えることは「却って組織概念を拡散し，組織分析の焦点を曖昧にする。他の貢献者が協働体系の存続にとって不可欠であるということと，組織の構成要因とみることとは次元の異なる問題である。」（仝：82）

　ここに到って確認すべきことの第1は，バーナードの組織認識に対して岡本が明確に批判を提起し，自説を対置している，ということである。バーナードでは従業員の販売行為，顧客の購買行為，どちらも等しく貢献であって組織を構成するのに対し，岡本は前者が'権威ある伝達'によって調整されている故に組織を構成するが，後者が受ける調整は'権威ある伝達'とはいえない故に'協働体系の広義の構成要素'にとどまる，と主張する。正に対決である。

　確認すべき第2として，岡本の主張は，組織─協働体系の二重概念的理解に拠っているのだが，その適用の仕方が，ここでは少々問題含み──権威（ある伝達）という，重要な調整手段には違いないが次元の異なる概念を導入し，それを境界設定＝仕分けの基軸とするのは如何なものか，ということである。さきに馬場は「'調整された活動の体系'に組織メンバー以外をどの程度とり入れて考えるかは，方法論的立場に依存する」と言明した。ここで岡本の方法的態度が問われよう。

　岡本において協働体系は「意識的に調整された活動としての組織によって所有ないし制御されている協働的構成体」であり，「従業員・顧客・投資家等が，特定体系への貢献を決定した後，これらの貢献が協働体系内部の物的要因，個人的要因，社会的要因となり，組織に制御される。」貢献を決定する以前の彼らの潜在的サービス（≒能力）は「組織─協働体系にとって意味ある──目的の実現にとって意味ある環境 relevant environment を構成している」とみなされる。（仝：83，傍点筆者）

組織による制御は'権威ある伝達'によって果たされる。バーナードと'本質的に等しい定義を用いた'サイモンにおいて，権威ないし権限は'他人の意思決定を左右する権力'である。協働体系の一類型たる企業の場合，「権限の最も中核的な前提ないし正当性は……企業環境の不確定性がその程度を一層大きくするという状況において雇用契約が締結され，それに基礎をおいた雇用者－経営者の権威的伝達に対して従業員が包括的に容認することから生じる。」(仝：86) この点，バーナードが組織に対する貢献者としての従業員と顧客の同一性，彼らの行為を貢献たらしめるための調整努力の全て──協働関係への誘引，誘因の提供，抑制体系の維持，監督と統制，教育と訓練，検査，モラールの維持など──について基本的同一性を主張しているのは，調整手段の中軸としての'権威ある伝達'が（顧客については）欠けているが故に認め難い，と岡本は云う。(仝：80～2)

　「影響力ないしauthorityの問題について両者の概念は略々同じであるが，明らかにサイモンの方がバーナードの所説に比して明確かつ精細の度を加えている」（馬場1954：107～9）という馬場の判断を岡本が継承したのは自然の成行であるが，実は両者のauthority概念には基本的な差異があり，バーナードの定義に拠る限り，顧客も従業員と全く同様の'権威ある伝達'を受容して組織に貢献している，と云える。この問題については第5章に詳説しているので，以下，かいつまんで述べると──

　バーナードは伝達（命令）が受容されるための4つの条件（理解可能，実行可能，組織目的との両立，受令者の個人的利害との両立）を挙げ，次で大規模複合組織において伝達が受容されて組織が安定的に機能しうるための条件3ヶ条を記している。(1938：165～71)

　a．命令が慎重に発せられると，通常は4条件が満たされる。

　b．各受令者には'無関心圏'が存在し，圏内にあると認識された命令は内容吟味なしに受容される。

　c．組織貢献者たちの利害が個々人の主観・態度に影響し，無関心圏の安定性が維持される。

いわゆる'上位権威の仮構'の成立──上位者≒管理組織からの伝達は受容す

べきものだという集団意識が生じ，大多数の貢献者を捉える。伝達の受容それ自体が個人的→集団的欲求となり，不受容者は組織の敵として疎外され，制裁の脅威に晒される。

　サイモンにもよく似た――命令受容の3つの状況を区別した記述がある。(1951：182，訳：170)

　　イ）他人の提案のメリットを吟味し，これでよいと確信して受容する。

　　ロ）提案のメリットを全然または不十分にしか吟味しないで受容する。

　　ハ）提案を吟味し，その内容が自分の抱いている価値や当該組織の志向する価値の観点から見て好ましくない，と確信するにも拘らず受容する。

　イ）はバーナードのaに相当する主体的受容であるが，これをサイモンは'説得'であってauthorityではないと云い，ロ）無関心的受容，ハ）制裁回避的受容，ひっくるめて非主体的受容に限ってauthorityとよぶ。authorityは部下の納得でなく黙従を求める'最後の言葉'である。つまりサイモンは，バーナードが描いた権威の端初的・基底的類型である主体的受容を排除した――土台を捨てて上層建築だけを継承し，受容説を形の上で維持しつつ実質的には発令者に源泉をもつ上位権威説に立っているのである。

　原点バーナードに立つ限り，'意識的に調整された活動'としての商品売買では，売手＝従業員が上司の'権威ある伝達'を受容して説得に努め，買手＝顧客は売手＝従業員の説得を'権威ある伝達'として受容する――権威に関わっての差異は存在せず，両者の貢献はひとしく組織の構成要因である。従って'権威ある伝達'の有無によって組織の境界問題を解くことはできない。では，どう考えたらよいのか？

　主著第6章第2節「抽象的体系としての公式組織の諸側面」に立ち帰ってみよう。――組織は電磁場や渦流に比定しうる人'力'の場であり，「その力は人間にのみ存在するエネルギーに由来し，一定の条件が場のなかで生じる場合にのみ組織力となり，言語，動作のような一定の現象によってのみ立証され，かかる行為に基づく具体的結果によって推論される」(1938：75)それは'人間エネルギーの燃えたぎる塊'（北野 1996：126）であり，時々刻々，伸縮・生滅をくり返す存在である。故にバーナードは「協働的努力の体系」（＝組織）は，

全体として自ら manage するのであって，その一部である管理組織（executive organization）によって manage されるものではない」と述べた。管理する者・される者が縺れ合う全体としての相互作用，飛び交う数多の伝達が受容されたりされなかったり（して権威を得たり得なかったり）することで存続・成長したり衰弱・消滅したりする，徹頭徹尾ダイナミックな存在である[12]

このような'組織'は本来的に'境界'概念に——どころか'構造'概念にもなじまないのではないか。まして通常10人程度の規模の単位組織から出発して，専従管理者多数を擁する大規模複合組織の形成，さらに協働体系の境界を超えた複合組織の発展，国家規模の公式組織ネットワークに至る，バーナードの雄大な'構造化'の構想に，筆者は大きな違和感を抱くのだが，岡本はあまりこだわっていないようである。

岡本自身は，基本的に'経験的な存在としての組織に近い概念'である協働体系に視点を置き，「企業を，財・サービスを生産・供給している持続的な協働体系と規定し，さらにその中核下位体系を経営組織としている。」それは「M・ウェーバーのベトリープ（＝一定種類の持続的な有目的行為）の概念とバーナードの協働体系の概念，さらにサイモンの雇用契約の……総合的理解の結果」（仝84）としての'企業'の認識であり，その中核下位体系としてバーナードの'組織'をほぼそのまま取り入れたものだ，と云う。

これを馬場の枠組と対比してみよう——馬場は「経営学の基本課題を，組織と価値の問題の統一的把握に求め」，しかも「異なる2つの要因を論理的に統一するものとしてではなく，基本的には同一物（＝組織）に関する若干の視点の移動として，より正確には一定観点から加えた組織分析として捉え」ようとした。「すなわち組織活動の実施一般は組織目的の実現という意味で何らかの価値を実現する」と同時に「何らかの価値犠牲＝広義のコストを生み出す。」そして「何を成果，何をコストと判断し，さらにこれらをいかに評価するかは，具体的には個々の組織目的に依存する。」（岡本 1980：571）こうして馬場は，そのような広義の経営を目的として活動する組織（という意味での）'経営組織'（現在なら'企業組織'あるいは単に'企業'と云うところであろう）を経営学の認識対象と規定したのである。

馬場と岡本と，認識の実質はほぼ同じでも，用語の差異がニュアンスの差異をもたらす。馬場の組織は，'ある程度の統一性をもつ人々の活動'という本質を具えた，しかしあくまで経験的実在としての組織（限られた成員から成る団体）である。馬場はバーナードの'2つの組織概念'についても両者の構成する諸要素間の密接な関連を追求することによって組織現象の具体的把握を可能ならしめる概念的工夫と看做し，バーナードの所説読解に際しても両概念を弾力的に使い分けていた（と筆者は了解している）。例えば組織活動の拡大につれて複合組織が生れ，伝達上の必要から管理組織が発生・階層化していく，という辺りではバーナードの組織概念で考え，AT＆Tのような大規模複合組織体や国家・教会のような巨大ネットワークの話となれば馬場の組織（＝バーナードの協働体系）概念で考える，という具合である。

　岡本は組織（という用語）をバーナードの概念に専属させた。協働体系との二重枠組を堅持するとは云うものの，要所要所では'組織'が優先する。組織過程と密接不可分な形での組織構造の認識と云っても，単位組織が分化して複合組織となり，伝達上の必要から管理者・管理組織が発生する，という出だしの部分は，伝統的組織論の所説と取り立てて異質ではない。国家・教会を頂点とする全社会的な公式組織ネットワークとなれば'人間エネルギーの燃焼の場'とか，'意思決定と調整の過程'との密接不可分といったイメージとは遠いが，それも組織概念の包容範囲内とバーナードが云う以上，差当り受容せざるを得ない。要するに，具体的な議論になればなるほど，バーナードに引っ張られ，馬場のような弾力的理解の可能性は薄れてゆく──となれば，もはやニュアンスの差にとどまらなくなる。

　58論文において岡本は，バーナードが人間行動における経済的動機を第2次的意義に引き下げて社会学・心理学を過重視していることに異議を唱えた。また，人間行動を取扱う際の2つの立場〈個人か全体か〉のどちらかでなく両方を併用すると云いながら，論述の実際においては全体の現点が遥かに濃厚だという，極めて重大な批判を提起していた。86論文には，この2つの論点について言及がない。──筆者はそこに岡本組織論の成熟の証し，と同時に，バーナード理論への一体化度の深化の証しを見る。そして，原初バーナードに

は組織概念のみで協働体系概念は急拠付加されたという事実を知りながらあえて両概念併用の立場を選択したことから，上来指摘したような幾つかの論旨混沌を生じたことを残念に思うのである。

III．成形。土屋守章のバーナード・サイモン理論研究

1．「経営管理学の基本問題」1968

土屋守章は当初，中川敬一郎の下でアメリカ経営史を学んだが，やがて東部機械工業を基盤とする「米国経営管理論の生成」(1967〜8) の追跡を経て，近代組織論研究に参入した。バーナードを読み始めたのは1961〜2年，大学院修了近くになった頃だという。前節で触れたバーナード研究の灼熱期を含む6年余りの本源的蓄積を経て，1968年，土屋は新世代バーナード・サイモン理論研究の主役として登場した。

その第1作において，土屋はバーナード・サイモン理論を以下のように広大な経営学の歴史的地位と課題の中に位置づけた。

現代の大企業は経済活動の主役を担うだけでなく，それ自体，強力な権力機構として政治的・社会的支配力をもっている――「このような現代社会に対する認識の上に立って，企業の行動様式を解明していこうとする社会科学の領域こそ，現代の社会で必要とされている経営学である (1968a:69)」。だとすれば，経営学の対象である「'企業'の概念は個別資本とか利益極大化機構といった経済学的規定だけでは不十分である。現実の企業は，経済財の市場だけでなく，より広く文化的・社会的環境とも直接的相互作用をもち，またそれ自体単一の経済人でなく多種多様な生身の人間（の意思決定）が複雑に絡み合っている存在である。――このように「抽象化の程度が非常に低く，現実の企業に比較的近い」(仝:72) 企業概念から経営学は出発する。

相互作用を交わす環境の種類に応じて経営学の分野が大別される。企業自体が多数の人間から構成される組織であることから生じる「組織内的条件と企業の行動との間の関係のメカニズム」を追求する分野が経営管理学である。

その歴史的展開を一瞥すれば——19世紀末の生産現場に始まり，やがて他の諸機能を含む企業全体の活動を有機的に調整するための理論が発展した。この流れは1930〜40年代，ファヨールの所説を取り入れて理論的に整備され，管理職能論と管理原則論から成る'管理過程学派'を形成した。つぎに1920〜40年代，ホーソン実験を発端とする人間関係論ないし動機化の理論の展開。第3の流れ，近代組織論は源流フォレットからウィスラーを経て「バーナードによって方向づけられ，サイモンによって理論的に整備され」，「個人の意思決定活動を基礎概念とし，動態的組織観を打出したという点で，職務を中核概念とした静態的組織観をもつ第1の流れ」と対照的である。(仝：81)

以上3つの流れは，現在の経営管理学が取組むべき3つの問題に対応する特有の理論であるが，「経営管理学が十分な理論的発展を遂げた将来においては……3つの理論は1つのものに統一されるものと考えられる。その場合，中心的な理論となるものは，前述の第3の問題に対応していた近代的組織理論であることは，ほぼ確実であるといえる。」(仝：84)

2．「バーナードの組織および管理の理論」1969

当時，BS理論は経営学界をほぼ制覇しつつあった。その指標とも云うべき占部都美『近代管理学の展開』1966は，「既成の仮説や方法に対する批判から，管理過程や組織に対して科学的な分析を行ない，管理について独自の概念や理論体系を確立している」BS理論を「経営管理学の革命に一つの主要な役割を果すもの」と評価して大きな影響を与えた。

土屋は占部によるBS理論の紹介・批判が'枝葉末端に捉われて'いると評し，'コンパクトな解説'，しかも「初学者が親しみをもつように，その理論のなかの論理を，原著書よりもさらに明確に提示」すべく「バーナードの組織および管理の理論」を書いた。それは土屋の自負にふさわしく，文字通り簡にして要を得た名作[13]であり，何のコメントも無用である。ただ'むすび'の部分は引用する必要がある。——この「経営管理理論の研究史において，人間を思考するものとして捉えた最初の理論」は'全体として極めて論理的に構成されている'にも拘らず，最後の結論においては'非論理的な責任とか信念に頼って'

おり、「管理者の意思決定を、管理者の個人的資質の問題に帰し……組織の動きのメカニズムの関連で分析しなかった」（仝：141）点、理論として不十分の誇りを免れない、として土屋は云う。「バーナードは具体的な協働体系から抽象的な組織を導き出し、その3要素の説明を経て、最後に再び具体的な管理者のリーダーシップに戻った」。この道筋が実は逆であるべきだったのではないか。「まず具体的な管理者の活動を、より抽象して、例えば意思決定なる要素を抽出し、そこから分析を進めて、その意思決定が組織に組み上げられていく過程を構成するという方向をとったならば、より理性的に論理を進めることができたのではないかと思われる。」（仝：141）

後述するようにこの方向は、実はサイモンがとった道筋――バーナードの試みがあった後に、初めて通行の可能性が見えるようになった、という意味ではバーナードの名を冠して然るべき――サイモン理論の道筋である。

3．「バーナード・サイモン理論の展開」1968

『経済学論集』組織論特集号のために催されたシンポジウムの基調報告である。そこで土屋は両者の理論展開を簡潔に要約し、それが不可分一体のBS理論として把握されるべき所以を述べた。

(1) 両者をつなぐ最も基本的な紐帯は、バーナードが提示した人間観――'人間は自ら考え、自由な意思をもち、それに基づいて活動するが、その能力には限界がある'――であり、BS理論の基本的公準とすべきものである。

バーナードにおいて「協働体系は人々の活動の他に物的要素や個人そのものを含んだ現実の組織体に相当するものである。組織とは、このような実体的なものを抽象し、活動のみを抽出したもので」、それ故に「組織は分析の対象ではなくて（協働体系の）分析の武器である」（仝75）ことに留意しなければならない。組織は目的・貢献意欲・伝達の3要素より成るが、組織を動かしているのは構成員それぞれの活動であり、3要素はそれを相互に調整された目的指向的な活動にする条件を提供するものである。「ところで活動は、表面に現れた行動とそれを事前に決める意思決定とに分けることができる」ので、「上記3要素は構成員のそれぞれが意思決定を行なう条件を提供するもの」である。

「組織の中で意思決定は，貢献意欲をもった協働体系の構成員が，伝達過程を経て目的が与えられたとき，その時点での物的・社会的な環境を分析して，これを克服する過程」であって技術的な問題として論理的に分析できる。しかし上記3条件を整えることそれ自体は，取りも直さず'組織を維持する'こと，即ち管理職能そのものであって簡単に技術的に扱うことはできず，むしろ管理者個人の全体感覚が必要になる。(仝：76)

「バーナードが協働体系から組織の3要素を経て意思決定からさらにリーダーシップに向かったのに対し，サイモンは意思決定そのものから入って，それを制約する組織の中の諸条件の検討，さらに組織の中での意思決定が，合成された意思決定として組織全体を動かしていく過程の検討に進んでいる。」このように逆の接近方法をとっているにも拘らず，「サイモンは……バーナードの上に乗って必然的な理論的前進を推進したと云わなければならない。」(仝：77)

(2) サイモンはバーナードのように組織を厳密には定義しなかった。——とりあえずバーナードに従って組織を構成員の行なう活動の体系とする。活動は行為とそれに先立つ意思決定から成り，意思決定が行為を規定する。だから意思決定の体系が組織の動きを規定する。(サイモンはこれを管理組織 administrative organization と名づけた) この「意思決定過程は目的という形で価値前提を与えられるところから出発し，ついで事実前提のなかから目的達成のための効果的手段を選ぶ。……さらにその手段を中間目的として，そのための手段が選ばれるという目的・手段の階層化がすすむ。」(仝：78) 個人の意思決定は一般にその合理性に限界があるが，組織の中の個人の意思決定では合理性の程度をいくらか高めることができる。代替策からの選択基準や決定結果の伝達経路がより明確であり，訓練によって組織目的への心理的一体化を図ることもできるので，相互の調整が容易になるからである。

組織は誘因を提供して個人を組織に参加（貢献）させる。(ここでのサイモンは概ねバーナードに従っているが，誘因と個人目的との関連に着目した参加動機の類型化がオリジナルである。) 次に参加した個人の意思決定に対して組織は種々の影響を及ぼして組織目的達成へと方向づける。それらは「個々の意

思決定に際しての外部からの刺激と個人の心理的性向を内面的に変えていくこと」（全：79）から成る。前者はオーソリティを中核とし，より一般的なコミュニケーション体系によって補強される。後者は能率という観念を全ての意思決定における事実的要素の選択に適用すべき基準として教え込むことと，個人目的を組織目的に合致させるように働きかける（組織への忠誠心を植えつける）ことから成る。

以上を通じて，バーナードの提示した幾つもの重要概念が，より整備・洗練され，まさに'組織の管理技術'の基礎理論として体系化されたのであるが，同時に「大きな単純化がなされていることは否めない。」（全：80）と土屋はいう。

(3) ここまでの議論をまとめて，バーナード理論とサイモン理論の相関図を作ってみた。（図11-3）サイモンが「意思決定の心理的環境の整備を云うことによって，組織の3要素の問題を殆ど一挙に意思決定システムの問題として処理できる問題に解消した」（全：87）こと，そしてそれがバーナードとサイモンを連結してBS理論たらしめる直接的紐帯となっていることが読み取れる。

組織目的は，云うまでもなく意思決定概念活用のホームグラウンドである。貢献意欲の問題はICバランスを計算して組織に入るか去るかを決める個人的意思決定である。組織の中でよく働くかあまり働かないかという個人的意思決定に対して，忠実かつ能率的に働くように誘導し，その働き方を具体的に教

図 11-3　バーナード理論とサイモン理論の相関 (1)

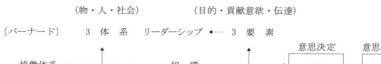
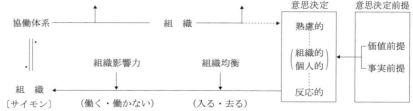

訓・指示する組織的意思決定を組織影響力と名付ける。──このように組み上げられた'組織'はバーナードの云う'協働体系'（から物的体系を捨象したもの）にほぼ等しい。

　ここに至って明らかなこと，それは（3要素より成る）バーナードの'組織'それ自体が無用の存在となり，実質的に消失してしまった，ということである。サイモンが自らの組織概念を厳密に定義しなかった訳は，「対象を初めから厳密に定義してしまえば，あとの論理の展開が制約される」（仝：78）というよりはむしろ，'バーナード組織概念の解消'という，この事実のあからさまな表出を（バーナードから受けた絶大な学恩に鑑みて？）避けるためであった──と筆者は信じている。[14]

　(4)　ここで，かねて抱いてきた疑問とそれにまつわる想念を表出してみたい。──昔々筆者が初めてバーナードを読んだ際，（それぞれが公式組織の3要素に対応するものとされている）第10，11，12章が終わって第13章に入ったとき，意想外の'転調'を感じて戸惑った記憶がある。それぞれの周辺事項をも含んだ3要素の説明が終り，新たな問題領域へ移行することの論理的必然とまでは云わずとも然るべきつなぎの言葉が見当たらず，いかにも唐突であった。この卒然たる意思決定論の出現について土屋は「目的，貢献意欲，伝達という3要素は，相互に作用しあっているが，複合組織のなかでは意思決定のなかに，これが集約されて現れている。そこでこの意思決定行為について分析をすすめる必要がある。」（1969：130）と云うが，的確な説明とは思えない。3要素の相互作用，それらが意思決定に集約されることについて単位組織と複合組織との間に格別の差異はありそうもない。どう考えたらよいか？

　近年，飯野春樹『バーナード研究』を読み返していて，ふと思い当るふしがあった──ローウェル講義草稿が主著へと再編・拡充される際，「組織理論に当る部分は若干の変化，改善を除いて殆どそのまま移し替えられている……第3部の第10章'専門化'は別として，第11章'誘因'，第12章'権威─コミュニケーション'第13章・14章'意思決定の部分が旧稿通りである'」（飯野1978：153）[15] そして「第10章'専門化'の基盤と種類'は（講義草稿）第3講に一部分論及されているが殆どが新しい。重要な追加と思われる。」（仝：156）

以上から次のような推論が可能である——第13・14章（意思決定の環境・機会主義の理論）は，もともと公式組織の3要素の1つ'目的'に対応する論述であり，主著における位置づけとしてもそうあるべきである。第10章（専門化の基礎と種類）は，もともと複合組織の形成原理の一部ないし補足説明であり，事柄が非公式組織（の形成・構造）と密接に関連するところから，主著ではその点に配慮して第10章（非公式組織及びその公式組織との関係）の後に繰り下げられた。そして何らかの理由（もしくは錯誤）によって，'公式組織の諸要素'の敷衍を課題とする第3部冒頭に置かれることになった。[16]

　以上の推論を是とすれば，バーナードの意思決定についての論述が二重に限定的なものとなっている理由がたやすく了解できる。——活動を行為そのもの（身体過程）とそれに先行する（心理過程）に分け，後者を意思決定と名づける。それを組織的と個人的とに分け，個人的意思決定を（組織に貢献するか否か，という明らかに関連密接な意思決定を含めて）組織外にあるものとして論じないことにする。組織参加者としての個人の行為の多くは習慣的，反応的であり，「非論理的組織過程は公式組織にとって不可欠」（Barnard：186）であると知りつつ，「個人行為とは対照的に，組織行為というものが最高度に論理的過程として特徴づけられねばならず，また特徴づけ得る」ことを重視し，さらに（個人のそれとは異なり）組織における意思決定については既に「経験的観察の道が開けている」（ので，かなりの程度論述可能である）として，考察の範囲を絞りこむ。すべては組織'目的'の特性記述に焦点づけてのことではないか。こういう次第で，前掲〔図11-3〕は〔図11-4〕のように描き改められるべきであろう。

　サイモンはバーナードの組織3要素解説から直結的に意思決定一般の概念規定を得た。バーナードが組織外のものとした個人的意思決定を組織の（内外を分ける）境界に位置づけ，無意識的・反応的意思決定を包容することで意思決定の全てを尽くせる。（事柄自体は殆ど自明な）組織目的を規定する2つの要素——道徳的・機会主義的——をサイモンは意思決定の価値的・事実的前提という，より一般的な用語に改称しつつ受け継いだ。（すべてが2種類の決定前提の種々なる比率での混和物であるところの）無数の決定前提の中から選択的

Ⅲ. 成形。土屋守章のバーナード・サイモン理論研究　331

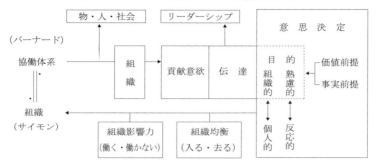

図11-4　バーナード理論とサイモン理論の相関（2）

に受容する過程，というサイモンが与えた新定義は，バーナードが論述・示唆した意思決定概念（の内容）に何物も付加せず，決定過程の記述に便利な用語の開発にすぎない。

　以上の帰結を踏まえて，程なく土屋は，バーナードの組織定義に縛られずに組織的意思決定過程を解剖したサイモンのひそみに倣い，しかも，（古典的管理論は別として）人間関係論を含む「人間の努力の集合体としての組織そのものを研究対象としていると見られる」多種多数の組織理論を視野に入れながら，独自の狙いをこめた組織理論を構想・彫琢し始めた。1970年代は，そのような最終形態としてのBS理論の熟成期となった。

4．「組織理論の一構想（上）」1970

　土屋が視野に置く様々の組織理論に共通する基本的命題は「組織というもののもつ制度的枠組……分業関係の規定の仕方，職務分担の在り方が，その中での人間の行動を左右し，また逆に長い目でみれば，組織の中に色々な多面的な価値をもちこむ人間の行動の仕方が制度的枠組を変化させていく，ということである」。（全：59）この制度的枠組と人間行動の相互作用の捉え方に大別して2つの立場がある。

　社会学ないし社会心理学的問題意識に立つ組織理論は，独立変数たる制度的枠組の中での従属変数である人間行動のメカニズムの解明を狙いとする。（さ

らにアージリス，マグレガーなどインダストリアル・ヒューマニストたちは人間行動の在るべき姿を想定し，それに適合的な組織の在り方の提案に及ぶ。）

もう1つの立場は，逆に人間行動（独立変数）が組織そのもの（従属変数）を動かしていく過程を解明しようとする。J・トンプソン『オーガニゼーション・イン・アクション』はその典型であるが，「組織の中の人間の動き方についての前提的限定」が窮屈すぎて肝心の相互作用を把握できず，組織全体と外部環境との関係解明に偏ってしまっている。

さてバーナードとサイモンはどちらの立場にも入れにくい。彼らの仕事がパイオニア的であったため，2つの立場を明確に区別せずに両方とも取入れてしまったからである。そこで日本の研究者の間でもバーナード・サイモン理論の理解において，どちらの（立場に通じる）側面を重視するかで対立が生じた。占部都美，二村敏子が第1の立場を重視するのに対し，土屋は第2の立場を重視する。——といっても「トンプソンのように人間行動を無視するのではなく，組織の中の人間行動に対するある省察を経た後に，そうした人間の行動を組織全体の動きの唯一の動因，動力源として，組織の全体が動いていく過程を理論化する」（仝：61）ことを狙っている。そうすることが，今日の経営学の戦略的に最も重要な課題だと考えるからである。——企業の行動と社会の変化との相互作用を対象とする経営学において，経済体制・市場構造など企業環境の諸側面が企業行動をどう規定しているか，という問題意識に基づく研究は多いが，企業が社会に対して影響を及ぼしていく，という企業の能動的側面に注目した研究は少ない。環境の変化が直接に企業の行動を規定するのではなく，それが「組織の中の多くの人々に情報として認識され，それぞれの人がそれぞれに得た情報に基づいて意思決定し，その意思決定が組織というフィルターないし加工過程を経て，組織全体のまとまった行動すなわち企業行動として現われ……結果として出てきた企業の行動は，要因として作用した筈の環境変化とは非常に関係が薄くなっている」。つまり「企業のもつ能動的影響力を考えるときは，その能動性を決めるものは，組織的過程そのものではないか。」組織の動き方のメカニズムを解明する理論が必要な所以はここに在る。

研究対象である組織を大ざっぱに定義すると，それは「多くの構成要素から

成り，そのそれぞれが自ら主体的に動くことができ，にも拘らず全体として体系化され，まとまりがとれている」(仝：62) そのようなシステムである。そして構成要素は'それ自体動く意思決定主体'，即ち'組織の中で意思決定をしているという面でのみ抽象した個人'(仝：63) である。(活動ないし意思決定のみというバーナードの定義に比べると抽象度が低い。)彼らはその組織を継続(的に活動)させようという意図をもち，多くの場合，その組織と多機能的につながっており，「組織をただ単に一定の固定的目的の達成のための機能的集団とのみ見るのではなく，より深く自己の個人的動機と関わりをもっているものとして，見ている」'組織メンバー'である。——従業員との間に，このような，いわば全人格的なつながりをもつようになってきつつあるという，現代企業に特徴的な性格を考慮に入れた概念構成を試みた，と土屋は云う。

　組織の各構成要素が行なう意思決定(の概念)は，バーナード・サイモンそのまま「基本的には，その時点での情報が記憶の中にある従来の経験の蓄積とミックスされ，1つの行動となって現れるまでの情報加工の過程である。」(仝：64) そして各意思決定者の認識能力には限界があるので無暗に最適を求めず，知り得る範囲内で最善の代替策で満足している。要求水準が変化して不満を覚えたときは，新たな代替策を求めて探索を始める。

　このような意味での意思決定を全ての組織メンバーが行っていることから，組織の全体に次のようなメカニズムが生まれる。

　第1に組織メンバーの全ての意思決定は，互いに決定前提となってつながり合い，'合成された意思決定'となる。

　第2に，意思決定パターンが固定化していく。各決定主体は過去の経験を記憶しており，繰返される同類の刺激に対しては記憶の中の反応プログラムどおりに行動する。行動パターンの固定化という，この全ての人間行動に共通の能率向上の途が組織にも生じるのであり，まず役割の分担と情報伝達経路の固定化として，さらに様々の職務や標準化の手続，その他管理技術の大半はその作用の結果である。

　組織の第3の特性はコンフリクトの発生であり，それは組織として当然のノーマルな現象と云わねばならない。動機的，認知的，コミュニケーション

(のバイアスに絡んだ伝達の矛盾)的という3つの源泉から生じ,それに対処し解消させる努力のなかから組織の新たな動きが生まれる契機となる。——第1に組織スラックを用いて従来プログラムのままで収拾する。第2にバーゲニングによって利害を調整して解消する。第3に探索活動によって新たな代替策を見出し,プログラムを改訂する(分析的過程による解消)。」(全:66～7)

　この辺りはマーチ・サイモン『オーガニゼーションズ』やサイアート・マーチ『企業の行動理論』などを下敷にした行論であり,引き続いてイノベーションや戦略(的環境適応)といった問題が扱われるものと予想されるのであるが,続編(下)は書かれなかった。——「組織がそれ自体のなかに動因をもち……時には環境に適応し,時には環境の変化を先取りし,時には環境に積極的に働きかけてこれを変えていくという組織独特の論理」(全67～8)の真骨頂とも云うべき部分は未公開に終わった。

5．「バーナード・サイモン理論の可能性」1979

　1979年秋,組織学会20周年大会において,土屋は,前記「構想」の更なる熟成ともいうべき言説を発表した。

　バーナードとサイモンは「同一の公準,演繹,検証のつながりの上にある。」(報告要旨:29)人間はその活動において自由意思をもち自ら決定するが,その自由意思にも決定能力にも限界がある。この1対の公準① 欲求の多様性 ② 能力の限界から'人間は意思決定者である'という定理が導かれる。この公準によって初めて協業や分業の発生,社会的分業に基づく交換の成立を説明できる。組織体の戦略や管理機構の形成といった具体的レベルにまで演繹を展開する場合にも深い洞察が得られる。

　'意思決定は常軌化する傾向をもつ'という命題も,同じ公準から導かれる重要な定理である。欲求は多様だが時間とエネルギーは有限なので節約を要する。行為そのものは節約できないので意思決定に費やされる部分を節約する——これが意思決定の常軌化であり,持続的行動の中で同類の反応を繰返すことで効率が高まり,得られた成果による満足度も増す。成果が欲求を満たさなくなれば,常軌的活動が見直されてより満足度の高い代替策の探索が始まり,

それが成功すれば新たな行動様式に移行する——「これは BS 理論における行動変更（≒革新）についての定理である。」(仝：31)

　複数の個人が相互の接触を継続している，という条件を設定して推論すると‘組織’という現象について一連の命題が得られる。——コミュニケーションに費やされる時間・エネルギーの節約のために，その手段（動作・言葉・象徴など）や暗黙の規範，目的の共有（とその達成のための役割分担）等について相互の了解が形成される。役割分担が成立すれば全体を調整する活動（管理）が必要になる。この活動に専門化したメンバー（リーダーないし管理者）と他のメンバーとの関係において，「双方の交換する便益，犠牲の関係にインバランスがあれば……この集団の中で権力関係が成立する可能性がある。」(報告要旨追加分：4)[17]そして，暗黙の了解として成立していた規範・共通目的・役割分担等のうち「いずれかのものを公式化させた集団は……これを組織ということができよう。この組織の定義は，バーナードによる定義とは異なるけれども，バーナード・サイモン理論の公準からの論理的帰結として，許されると思う。」(仝：4，傍点筆者)[18]

　組織が効率的に目的を追求するには，① メンバーの活動を確保し，② 相互の調整をはかり，③ 環境条件の変化に適応させていかねばならない。この3つの局面は相互に関連しつつもそれぞれに特有の問題を惹起し，その解決策も種々のアンビバレンスを妊む。——① では活動の質と量に関連して，それぞれ技能とモチベーションが問題になる。② は管理機構の問題であり，個々の活動の持続性を得るための分担関係の設計と，調整の確保という2つの局面の結合として理解できる。管理機構は環境やメンバーの能力などの諸条件をある一定のものと仮定した上で役割や規則を固定化したものである。諸条件は常に変化するので，ある耐用期間を超えてなお用いられると種々の逆機能現象を生じる。それがコンフリクトであり，そのバーゲニングによる解決は組織の活動効率を阻害する。効率促進的な解決のためには共通目的の明確化（→分析的方法による解決）や，メンバー間での理念，価値意識，行動様式等の同質化を促進しなければならないが，他方，「環境諸条件の変化を認知する組織の感受性との間に ambivalent な関係をもつことになる」ので，それを超克する要因と

してバーナードの云うリーダーシップがあらためて問題になる。」(報告要旨追加分：5)

以上はBS理念の展開方向について，1つの可能性の大枠を示したもので，この方向だけがBS理論の唯一の道だと主張するのではない。他の方向での展開・精緻化もあり得るが，「そうした他の可能性においても，出発点としての公準は共通のものになっている筈である。……いかなる方向に展開するにせよ，演繹された命題の1つ1つを現実世界についての吾々の観察と照合し，批判を加えていくことによって，この理論の健全な発展をすすめるべきである。」と土屋は締めくくる。

ここに至って，バーナードの組織定義は明示的に却けられた。バーナードが開発した幾つかの基本概念を継承しつつも，主としてはサイモン（とマーチなど後進たち）が精緻化あるいは新たに開発した諸概念を組合せた'バーナード・サイモン理論'が提示された。両者をつなぐ紐帯は'共通の基本的公準'に限定されることになった。

バーナードの組織定義を却ける，という明確な形で，その枠組から離脱したにもかかわらず，土屋はバーナード（の理論と思想）に対する畏敬と愛着をもちつづけた。理論（を構成している諸概念）の部分的保存・活用に努め（土屋1976），機会あれば，畏敬と愛着のあからさまな表出をためらわなかった。次項はその好例である。

6．「バーナード理論の現代的意義」1986

生誕百年記念論集への寄稿ということもあってか，バーナード顕彰的修辞に富み，行論やや厳密を欠く憾みがあるが，含蓄は深い。

(1) 『経営者の役割』は刊行当時のアメリカ思想界の潮流――全体主義の勃興に対してアメリカ的民主主義の優位性の確信を求める――に棹さすものであったが，当時のアメリカ経営学に支配的な考え方はもとより，アメリカ企業とその経営者の実践的要求から見ても「相当に時代に先駆けて」おり，当初は殆ど影響をもたなかった。バーナードが時代に先駆けた問題意識を持ち得た理

由は，AT＆Tという独占的公共事業を営む大企業に在って，ホワイトカラー労働者を対象として経営者経験を積んだことに在る。(『バーナード』：331～2)

時代は着実に変化した。大戦後の繁栄の中で主要産業において圧倒的な支配力をもつ大企業による寡占体制が形成され，行政組織や労働組合も肥大して大きな影響力をもつに至った。ホワイトカラーの比率がブルーカラーを上廻って，代表的な労働者像も次第に変化し，1960年代末ともなると「明らかにバーナード的状況が現実のものとなってきた。」本格的な'組織の時代'の到来である。社会科学の全域において組織の問題を論ずることが流行し，経営学の分野でもバーナード・サイモンの直接・間接の影響のもとに，組織とその中の人間行動について多くの著作が現れた。

日本においても，少し遅れて同様の状況が訪れ「大組織の支配力の増大と，個人の自由を抑圧する機構としての管理体制に対する，無気力でニヒルな反発」を含意する'管理社会'という言葉が流行した。(多少とも能動的な行動が大学紛争や大企業批判として現れた)。管理社会という言葉は，「個人の自由を確保しつつ組織としての活動を確保するという現実の課題に対して，バーナード以前の伝統的な人間観，組織観の無力さを表現した言葉と言えないこともない」(仝：334)

「このような状況に対して，バーナードの議論は明らかに1つの解答であった。人間の自由な意思決定を前提とし，ユニークな個人としての全人的存在と，役割を担った機能的な存在の2様の在り様を示した」(仝：334～5)ことは，組織の中での意識革命を促し，人々をして組織の拘束から解放させる福音でもあった。日本でバーナードが広く脚光を浴びたのが，丁度管理社会論が流行した1970年頃であったのも偶然ではない。

時代の流れは実に目まぐるしい。1970年頃，絶大にして永続的のように見えた大企業・大組織の支配力・影響力が，70～80年代にかけて続々と崩壊・脆弱化した。ベンチャー・ビジネスの発生・成長が相次いだが，それを推進したのは組織の力ではなく，個人の着想，個人の企業者精神であった。「管理社会という問題意識も今日では殆ど空虚になっている。……企業における管理の在り方も変化しつつある。」組織が環境変化に適応して自ら変身していくため

には，個人の自主性を生かし，上下ともども能力を向上させねばならない。経営者の役割として最も重要なことは，そのような「下から盛り上がる力を演出して作り出すこと」，歯車を回すのではなく，自ら回る歯車を作り出すことである。「今日では，個人にとって企業は生き甲斐を求める場になっている。組織の個人との対立というような姑息な問題に頭を悩ませている人は少なくなっている。」(仝：336～7)

これからの企業は激変する環境の中で，常に新しい技術を求めて自己変身を積み重ねなければならない。その必要に応えるべき「今日の組織理論の課題は，組織それ自体に内在する変化に適応するダイナミズムを理解して説明することである。このような問題意識に立ったとき，これまでの様々な組織理論の全てに優って，バーナードの組織理論が頼りになることに気付くのである。」(仝：338，傍点筆者)

ついでにもう1つ，――土屋に続くBS理論陣営の領袖，稲葉元吉も，同様の畏敬と愛着を表出している。――稲葉は前記の組織学会20周年大会において土屋とおなじセッションで「企業組織の研究方法について」を発表した際，「組織論的な観点から企業行動を説明する大まかな思考の枠組」を設定するに当って，2段階に分けた考察を行っている。まず，組織に関する概念は多様であるが，「Barnardによる組織概念は際立って卓越したものである」。この「'組織'を基本的要素としつつ，それを中心に構成された各種諸要素の複合体がいわゆる'協働体系'にほかならない。」「企業活動を遂行する行為の主体は，Barnardのいわゆる'組織'であって，それ以外のものではない（ただし……その組織概念はしばしば厳密な定義そのものよりも，活動の担い手としての複数の人間の連合体すなわち人間の集団を意味するものとしておきたい。）……我々がとりあげる組織では，後述するように，労働力管理に不可欠な制度的枠組みである雇用契約に同意した者を組織の成員と考え，これと同じ重要性をもついわゆる利害関係者については，これを企業組織のメンバーに含めていない。一般的抽象的次元では同質で必須の人間的諸力も，制度的具体的次元では上述したような区分がなされうるからである。」という。(稲葉1979：23～5)

このように「基本的にBarnard-Simon流の組織概念を用いるとしても，そ

れと密接な関連をもつ組織成員性の規定については，彼らと全く同一であるわけではない」という稲葉の論拠は不透明である。一般的抽象的次元と制度的具体的次元との差異，というだけで片付く筈はない。——バーナードがヘンダーソンの勧告に抗して，人間そのものを排し，人間の活動や諸力のみを構成要素とした組織の定義を貫いたこと，また企業組織という制度的具体的次元において顧客を従業員と同等の組織貢献者と規定する立場に固執したことは明白な事実である。抽象的次元で真とみとめる命題を具体的次元で棄却するには，それなりの手続が必要であるが，稲葉は，上記報告要旨ではもとより，同年に刊行された著作『経営行動論』においてもその手続きを示していない。「……組織は2人以上の人々の協働的な活動体系として定義されるものではあるが，意味の混乱が生じないかぎり，我々はそれを，いっそう具体的に，ときに利害の対立をもそのうちに含むところの複数の人間の連合体，として理解することができる」（同書 p.50）というのみである。バーナードの組織概念を神聖不可侵なものとして祭り上げ，実際の論議には説明ヌキで別の概念を用いるならば，読者の側で意味の混乱が生じて当然であろう。[19]

とはいうものの，バーナードの権威は濃く長く尾を引いている。前記の土屋（による顕彰），稲葉（による神聖視）の他に，稲葉と並ぶ領袖，原沢芳太郎もバーナード理論に対する全き傾倒と通暁を顕示した論文を書いた。（原沢1985）バーナード理論の原像はこの系譜の人々の心中深く包蔵され，年月を経た後にも時として噴出するのである。[20]

(2012. 4. 18)

注
1) 馬場の BS 理論研究は「米国における経営理論の新展開」1950 に始まり，以後，『経営評論』『P・R』誌上を中心に展開，初期のものは『経営学と人間組織の問題』1954 に収録された。次いで，全 45 巻に及ぶ『経営学全集』（東洋経済新報社）を構想し，自ら編集に当った。（急逝により第 7 回配本で中絶）
2) 『経営学全集』第 3 巻『米国経営学（上）』に馬場は「バーナードの組織理論と其の批判（上）」を寄稿したが，その内容は主として『経営者の役割』の前半の祖述と敷衍であって批判の部分は乏しい。その末尾に「バーナードの組織理論において最も注目すべき部分が，此書の後半の中に看出される」と記されている。続稿（下）が掲載される筈であった『米国経済学（中）』は全集の挫折によって未刊のままとなった。

3）「組織には，組織で働く諸力がたえず新しい結合に入り，不断に新しい関連が交代して生まれてくる過程がある。そして組織の人々少なくともリーダーは，その動きを見透かしえないか，あるいは殆どないし全く統制しえない。……このような無定態過程は，組織外部にあるばかりでなく，組織の内部にさえ，組織の常態において存在する。さらにそれは，組織の構成員の物的，心的過程内部にも存在する。(改行) この意味において，組織は内外の危険にさらされており，組織目的の達成が不完全にしか行われない事情が存在する。」(岡本 1980：57——無定態過程について，必要にして十分な説明なので借用した。）この無定態過程論は，かの『オーガニゼーションズ』にいうコンフリクト（組織における意思決定不能状態）論を先取りしたものといえる。そしてネーミングはコンフリクトよりも適切である。

4）この個所に付言がある。「斯くて，氏の組織論には，協働系の中の個人的体系や社会的体系は，フォーマル・オーガニゼーションと略々同じ程度に主題となっているものと言える。……」（仝：50）これに拠って推測すれば，主著第 11 章「誘因の経済」は個人的体系を，第 9 章「非公式組織およびその公式組織との関係」は社会的体系を，それぞれ公式組織と略々同じ程度に主題としているわけである。

5）オーソリティ概念においてバーナードとサイモンとは略々同一だ，とはサイモン自身の言であるが，実は対照的ともいうべき重大な相違があること，そしてその渕源はバーナードが組織における権力ないし勢力関係の存在とその作用の分析を極力無視ないし回避しようとする基本姿勢に在ること，を筆者はくりかえし主張してきた。（川端 1973→2004）

6）1965 年度（1965.10～1966.9）に行われた定例研究会 13 回のうち 5 回がバーナード及びサイモンの組織論を主題としていた。（『組織科学』創刊号 1967：91 による）

7）personality を個性と訳すのは，馬場敬治に倣ったものである。（馬場，1988 所収論文「個性並びに個性発展の機会について」）バーナード邦訳書では，人格という訳でほぼ一貫しており，とりわけ，組織人格，個人人格という語は定着しているので，以下，とくに必要な場合の他は，それに従う。

8）岡本が 86 論文をバーナードの基本的人間観（それはサイモンのそれとほぼ一致する）の提示から始めていることは，前述した再建組織学会における BS 理論学習の灼熱期（1960 年代中頃）の成果を，いまや自明の手続としてとり込んだもの，と思われる。他方，当初バーナードは組織概念 1 本であって，協働体系概念はのちに付加されたという事実を知りながら，敢て曲折に満ちた 2 本建のバーナードを論じた理由を，筆者は次のように推測している。——この新知見がもたらしたバーナード理論のさらなる混沌を全面的に分析・検討する時間と余裕を，当時の岡本は到底持ち合せなかった。それ故，86 論文の実質的内容の大半は，58 論文とおなじく，馬場の著作を手引に作られた 'かなり詳細なノート' に基づくものであろう。1950～60 年代初めの '微妙な過渡期' におけるバーナード研究の代表として取扱う所以である。

9）主として，組織人格（の非個人人格性）を指しているが，ときに，'非個人的' の意味に用いられることがあり，岡本は（注 51）において，邦訳書が重要な個所で，impersonal の意味をとりちがえている例を指摘している。「…協働体系における大抵の努力は非人格的なものである……たとえ人間が行為の担手であっても，協働体系の研究にとって重要な側面では，その行為が人格的なものではないことを意味する。」（Barnard 1938：77，訳：80）

10）先に言及したように，馬場敬治はバーナードの組織論は「単に公式組織のみを取扱うものではなく，……協働系の問題をも同時に中心対象として居る」「協働系の中の個人的体系や社会的体系は，公式組織と略々同じ程度に主題になっている」（1956：50）と指摘した。ここで岡本はバーナードが用いた personal-impersonal の語義をつきつめることによって，馬場の解釈を裏づけたものといえる。

11）貢献意欲問題の論議については（飯野 1968→78：182～7）を参照。

12) バーナードは，管理職能 executive function を「頭脳を含めた神経系統の，身体の他の部分に対する機能」に例えた。「神経系統は身体が環境により効果的に適応するのに必要な行動を指令して，身体を維持するために存在するが，身体を manage するとはいえない。身体機能の大部分は神経系統とは独立しており，むしろ反対に，神経系統が身体に依存しているのである。」(1938：216～7）これは，authority の主要な側面を発令者の受容に求める立場に照応した言明である。
13) 主著第16章「管理過程」（＝組織経済）を解説する際，土屋はバーナードの記述を無視して，協働体系というコトバを使わず，組織というコトバで代用している。「組織にはこのような4種の経済がある。」等々。これはこの個所におけるバーナードの論述の混乱を意識し，初学者が親しめず混乱するのを避けるための細心にして大胆な措置と思われる。
14) サイモンは，バーナードの組織概念について全く言及せず，後年に至っても沈黙を守っている。マーチとの共著『オーガニゼーションズ』においても，次の如くである。「公式組織とは何かということについて，この言葉を定義するよりも，例をあげた方がより簡単だし，恐らくより有益だろう。US スチール株式会社は公式組織である。赤十字も街角の食料品店も，ニューヨーク州高速道路局もそうである。」(March & Simon 1958：1，訳：3）
15) ローウェル講義草稿の構成は次の如くである。第1講，協働努力の諸原則。第2講，組織の概念。第3講，複合組織の構造。第4講・誘因の経済。第5講，権威の理論。第6講，意思決定の環境。第7講，管理職能。第8講，管理責任の性質。
16) 専門化の5つの基礎のうち，最もユニークとされる'社会結合の専門化'は明らかに非公式組織の形成・機能と密接に関連している。加藤（1996）の考証に従えば，ローウェル草稿第3講に「分業と専門化」と題する一節があり，主著第10章にいう5種類のうち a．地理的専門化，c．社会結合の専門化，e．方法の専門化に相当する部分で構成されている。b．時間的専門化は注記の形で言及され，d．作業対象の専門化について明示的言及はない。5種類個々の内容が主著では草稿にくらべずっと整理されているという。主著第10章が草稿からみて'大部分が新しい''重要な追加'とされる所以は，その第2節（の追加）に在り，それは2つの部分から成る。1）組織の有効性は殆ど全く，専門化の革新，つまりより高度な専門化を工夫し採用することによって得られる，という命題提示とその具体的説明，2）進行する専門化（分化）を統合する根拠となるものは組織目的である。組織目的を個々人が実行できる具体的手段にまで合理的に細分し，他方，組織内外の全体状況を細部状況にまで分析し，それを特定の細部目的と調整することによって，組織目的を達成しうる（ような組織活動が可能になる）という指摘。そしてこの箇所（Barnard：137）に「この二重分析過程の諸原則については第14章で論じる」という注記がある。このように，「重要な一面において'組織'と'専門化'は同意語である。協働の目的は専門化なしには成就されない。」(仝：136）してみれば，すべてのバーナード研究者が第10章を組織3要素のなかの「目的」に対応するものとみなしてきたのも尤もではある。
17) 組織における権力関係の成立を社会的交換理論に拠って説明している点に，筆者は違和感をもつ。役割分担によってリーダーとフォロワーに分化した時点で，リーダーの貢献がフォロワーの貢献を大きく上廻る（ということが，共通の認識になる）ことでリーダーが権力を得る，というのであるが，実は役割分担に（現実には同時的でも論理的に）先立つ共通目的形成の時点で，リーダーの権力が成立するのではないか。複数の個人目的が，集団内コミュニケーションにおいて相互に親和，衝突，競合するなかで特定の個人目的が多少の修正に伴いつつ，組織目的に転化し，諸個人目的は消失する——交換というよりはむしろ直截に力と力のぶつかり合いの結果としてリーダーが誕生する，というイメージを筆者は抱いている。
18) バーナードの定義する組織が非公式組織との対比で公式組織と名づけられる根拠は，定義中の'意識的に調整された'という文言の中に，3要素の1つ'目的'が含意されている（とバーナード自身が言明している）ことに在り，その点では土屋定義と両立的である。ただ，'意識的'には必

ずしも成文化,'公示された'という含意はなく,当事者たちが暗黙に了解しておれば足りる,という点で土屋とはある意味で決定的に異なる。

19) 突飛ではあるが,ここで筆者は天皇機関説を連想してしまう。大日本帝国は神聖不可侵な天皇の統治するところである。しかし,専制君主ではなく(?)立憲君主であるから,天皇による統治権の総攬は'この憲法の条項によって'行われる。その意味において天皇は統治主体たる国家の一機関というべきである。──この解釈に立って,憲法の諸条項を極力民権伸長的に読みこむことで,近代日本の政治・社会の'近代化'に貢献したのだが,軍国主義の増長につれて,天皇親政説によって粉砕された。バーナードの組織概念を'際立って卓越したもの'と認める限り,バーナード原理主義(者の砲撃)に抗しうる筈はない。バーナードの'組織'概念こそ203高地なのである。

20) 顕著な噴出例として,高橋伸夫『経営の再生』1995(有斐閣)桑田耕太郎「実践の科学としての経営学」(『経営学の思想と方法』文眞堂 2012. 所収)がある。両人の言説については(川端 2013)で詳説した。

第12章
総括に代えて——バーナード理論の現在

要　旨

　組織論の古典と近代を分かつ指標は，観察視座の転換＝拡大と組織概念の変換である。この基準に照らせば，バーナード（1938）は視座転換を果たしたが，新概念の構築を果たしえなかった先導者として，サイモン（1945）はバーナードの不備を補修しつつ概念枠組をほゞ完成した確立者として位置づけられる。本稿は，このかなり錯綜した経緯を素描しつつ両者の関連を解明し，いわゆるバーナード理論がサイモンによって実質的に解体され，その主要な有効成分がサイモンの理論的枠組の中に埋めこまれた，と結論する。併せて，バーナード著作50年記念セミナーで表明された，ウィリアムソンの主導する法学・経済学・組織論の学際的協働をもって，かつてバーナードが期待した'組織の科学'の初期的形成（としてのバーナード理論の再生）とする主張を紹介し，それがバーナード理論の機会主義的利用である所以を述べる。

はじめに——組織論の古典と近代を分かつ変革。その意味と要件

　1．組織論の古典と近代を分かつものは，E・ハイネンのいう'経営経済は組織をもつ'から'経営経済は組織である'への視座の転換である。それは同時に，組織概念の変換——管理者の活動（の一環としての組織化職能）によって構築・維持される情報とパワーの伝達経路（≒権限ライン）から，目的合理的かつ反復持続的な協働によって特徴づけられる人間集団へ——をもたらした。変換後の'組織'はウェーバーのいう経営団体 Betriebsverband にほぼ等しい。

この変革は，1930〜40年代に，主としてC・バーナードとH・サイモンによって遂行された。先導者バーナードは（視野拡大→）視座転換を充分に果たし，新たな概念枠組を構築すべく奮闘したが未完に終わった。継承者サイモンはバーナードの不備を補修しつつ新視座にふさわしい概念枠組をほぼ構築し終えた，という意味で近代組織論の確立者といってよい。

2．視座転換の歴史的前提ないし一般的機因としては，1）1920年代までの企業活動の巨大化・複雑化が，伝統的な管理機構や管理者技能の対処能力を超過したこと，2）関連して，企業レベルでの離職や怠業・罷業などの紛争，全社会レベルでの各種の階級的・反体制的政治勢力との対峙に消耗を強いられたこと，が指摘されよう。

バーナードの理論的営為を触発したより特定的な機因としては，1）大恐慌の後の長期不況，とりわけAT＆T社の業績低下に伴う労働条件の低下，ニューディール政策とその下での労働者・失業者運動の高揚に影響されたAT＆T従業員代表制度の崩壊（→独立労働組合の形成）などの諸経緯，2）ホーソン実験とその理論化努力の中で，企業（という社会）における（生活歴・家庭・心情をもつ）個人としての労働者，さらに公式権限ラインと対峙しうる凝集性と独自の掟をもつ職場集団（＝非公式組織）が'発見'されたことが重要である。

Ⅰ．バーナードによる導入・展開・創造

1．人間関係論における非公式組織は工場現場（企業体の底辺）に発生した異類（的存在）であった。バーナードは，最高経営者を含む全ての階層・部門を担っている人々が種々の形で構成している集団全てとして捉え直した。それによって非公式組織が企業活動に及ぼす作用の重要性が一段と強調され，その構造・機能の具体的把握が可能になった。さらにバーナードは，そのような（共通目的が欠如ないし不確定な）集団が，企業内外を問わず社会のあらゆる

部面に群生しており，その展開・変容の過程で何らかの共通目的が生成したとき，公式組織が成立する──2種類の組織は異形ではあっても異類ではなく，相互に転化し合う──と捉えることで，全体社会における'組織'ないし経営団体の位置と意義を確定した。

2．思考を凝らした人間観，敢えていえば'組織人'仮説の提示[1]，と'組織と人間'問題に対する鋭利な分析用具（有効性と能率）の開発はバーナードの特筆すべき創造である。

目的と動機の区別から出発して，有効性と能率との乖離可能性を経て，個人行為の有効性・能率と組織行為の有効性・能率との乖離可能性（とその調整方法）に至る理論は，個人目的と組織目的との対立・統合（?）のメカニズムとダイナミズムを解明するのに卓抜な視角を提供した。それは，一般的にはウェーバーの政策科学の方法の枢軸（の1つ）をなす'意図せざる結果'思考を組織レベルに具体化したものであり，特定的には現代大組織の普遍的な属性をなす'官僚制'の抑圧的作用（とその緩和・是正策）の解明に寄与する所大であった[2]。

3．経営団体≒組織の本質的特性は目的合理的協働である。ウェーバーは行為の目的合理性の側面を重視し，バーナードは協働（複数個人の行為）の側面を強調した，といえよう。

(1) 管理（者）を慣用の management でなく executive と命名したのは，（バーナード自身の説明はないが）管理者が意のままに組織の活動をとりしきるのではなく，メンバー全員の意思を集約した構想ないし方針を具体的な手段に操作化して執行する，という公共・民主・平等主義のイメージに指向したものであろう。「executive 職能は協働努力の体系（＝組織）を維持する作用をする。それは非人格的で……しばしば言われるように人々の集団を manage することではない。」「また executive 職能は協働努力の体系を manage するということさえも正しくない。協働努力の体系は全体として自ら manage するものであって，その一部である executive 職能によって manage されるの

ではない。」(Barnard 1938:216～7)というとき，伝統理論にまつわる権力的管理イメージを排する余り，管理する者とされる者との果たす役割や揮う権力の格差，そこから生じるコンフリクトとその解決努力の意義を正当に認知していない憾みがある。

(2) '組織'概念の過剰純化とその固執。——共通目的の達成に向けて意識的に調整された活動のみが組織であって，活動の担手である複数の個人それ自体は組織外にある。けだし，長年勤続の従業員であっても，組織に捧げているのは1年約8760時間の25%以下にすぎず，働いている筈の時間中でも「魚釣りのことを夢想し，家庭のことを思案し，前夜のブリッジを頭の中でやり直している」(ibid.:72)間は組織外の存在だからだ，というバーナードの説明は概念規定として余りに純潔でありすぎる。活動そのものに限定せず，活動する複数個人を（非活動の時間を含めて）組織の構成要素と規定すれば，経営団体とひとしく，社会学にいう'集団'の1類型として納得できる。しかしバーナードはヘンダーソンの勧告を却けてまで組織概念の純潔に固執した。集団概念棄却についてのバーナードの説明は堂々めぐりで説得力がない[3]。——徒らに奇を衒ったとはおもえないので，ただ1つ推測しうる理由として，組織を構成すべき集団メンバーのなかの非協働・反協働的存在，ひいてメンバー個々人に内在する非協働・反協働的素因に対する強烈な忌避・排斥の意思ないし情念，を筆者は想定している。この意思ないし情念の核心には，バーナードが積年努力して育成し多大の成果を上げていたAT&Tの従業員代表制の潰滅，という事実が横たわっている[4]。それはバーナードにとって受容しえない不条理であった。その不条理をバーナードは事もあろうに組織概念の構築という場で解決しようとしたのである。

この投企のコスト（意図せざる結果？）は大きかった。意識的な協働という本質のみで組織を定義したことで，逆に，意識的協働という現象さえあれば，いかに些細・短命であろうと組織と称しうることになった。組織は渦流にたとえられ，自らのエネルギーと環境条件の変化によって不断かつ無際限に，その輪郭と内部構造を変化させている存在とされた。ために組織の境界は朦朧となり，逆にいえば状況と（論者の）必要に応じて適当に設定しうる（せざるをえ

ない）ものとなった。

　道を歩いていてぶつかりそうになった2人の人物が互に体をかわすことでも組織が（瞬間的に）成立するのであれば，1回限りの財やサービスの交換も（交渉中はコンフリクトに充ちていても合意・契約の時点で）充分に組織の成立要件を具えている。経済財であれ社会財であれ，交換行為は果てしなく絡み合って社会全体に拡延し，総体として市場システムや世間（または社会網）を形成する。市場や世間それ自体も無数の意識的協働の累積であるからには，組織の1類型（としての市場あるいは一般組織）ということになる。

　複数個人の活動が意識的に調整されている，ということは，そこに形成された共通の目的が活動を規制していることを意味する[5]。にも拘らず，バーナードは「今日における組織活動が全般的調整'権限'なしに契約に基づく一時的で限定的な結合によって運営されている」(ibid.:111)ことを認め，この発想はやがて'側生組織'概念の提起にまで高められた。それは，文書・契約・条件などによって通常は短期間・特定目的に限って設立・維持される'非権威主義的組織'であって，その「目的は合意の当事者たちにとってパーソナルなもので，合意によって創立された組織に固有のものではない。合意が目的そのものになることはない。目的はそれ自体で存在するのではなく，当事者たちによって別々に維持される」(Barnard 1948：151)というのである。

　以上，組織の概念をめぐってバーナードが1）協働の側面を過剰に重視し，2）意識的調整の側面にはルースな態度をとったこと，相俟って組織の（空間的・時間的）境界の識別を困難にし，ひいて組織という範疇自体の朦朧化の途を開いたこと，を強調したい。

II．サイモンによる継承・発展。陰伏的補修と体系化

　『経営行動』に表出された中心的なアイディアの多くはバーナードに発している。けだし「バーナードは意思決定の体系的理論を樹立しなかったが，彼の議論の多くは管理者の意思決定過程に焦点を当てている」(Simon 1991：87,

邦訳：134）からである。

1．明らかな知的負債のうちの主要なもの。(ibid.:86〜7，邦訳：134)
 a．誘因と貢献の均衡。バーナードでいえば協働意志の生成，サイモンの用語では組織参加の個人的意思決定（を規定する要因）
 b．権限，'無関心圏'あるいは受容
 c．その他の基本的諸問題

aは'組織均衡理論'と命名され，「基本的には動機づけの理論」とみなされているが，本来の含蓄はより深い。かつてV・パレートは彼の社会学の構築に当たって，経済学における効用概念を鋳型として若干の融通性をもたせた'社会的効用'概念を創作し，エリートvs大衆間の利害対立とその統合（？）を論じた。それを承けてバーナードは，物的（≒経済的）効用と社会的効用との相互転換を含めた，組織内外での'効用の創造・変形・交換'を解明すべく'組織経済'の理論化を試みた。そして組織と個々の参加者の間の誘因と貢献の交換は，組織経済の基本的構成単位とされたのである。組織経済論そのものは種々の操作ミスの故に混沌のままに終ったが，その構成単位は組織論の基礎範疇としてサイモンに継承された。それは基本的に'経済学的教義の社会学的等価物'（Parsons 1937：249，邦訳第2分冊：186〜7）であり，大げさにいえば経済学帝国主義の組織論への浸透（の完成）を告げるものである。

bについてサイモンは「バーナードによって掲げられた定義と本質的に等しい定義」を用いる，としながらさりげなく補修を加え，実質的には180度逆転させた（ウェーバーのそれと基本的に等しい）権限概念を打ち出した。――上司の命令を部下が受容しないとき権限は存在しない，という認識は両者共通だが，バーナードの場合，命令とは発令者が伝達した（受令者が実行すべき）組織活動プログラムにすぎず，受令者はあくまで自主的に伝達内容を受容（＝組織活動プログラムを実行）する，というのが権限の本来の姿である。通念のように組織の上位者が権限をもつというのは仮構であり，命令違反者に対する制裁は，本来の主体的命令受容が日常化・規範化した局面に生ずる異常事態とみなされる。――この現実を仮構とみなす転倒した論理をサイモンは再転倒さ

せ,「他人の意思決定を左右する権力」と定義した。

cについて具体的言及はないが, 専門化の種類と基盤, コミュニケーションの諸形態, などは若干の展開を伴いつつ基本的に継承されている。管理'責任'についてもさきの'権限'論議の場合と同類の補修が行われている[6]。

2. バーナードに胚芽はあるが基本的にはサイモンの創造に成るもの。

(1) '組織への一体化'

このアイディアに関連がありそうな表現はバーナードの著作に少なからず認められるが, サイモン自身は1935年に既にこのアイディアに到達していた, という (Simon 1991：87, 邦訳：135)。個人は自身の意思で組織に参加するが, 参加した後の行動は個人的な動機ではなく組織にとっての結果（の善し悪し）の観点に基づいて決定される。行動の内容が, その個人の直接的な利害に反するものであるにもかかわらず, そのような行動が自発的になされうる, という意味で, 組織への'一体化'は個人の'利他心'の発現の1ケースといってよい。この点はサイモン近年の関心重点の1つに連なる発想として留意すべきである。

(2) '限定的合理性'

「バーナードの概念でこれに最も近いのは, 機会主義および戦略的要因というアイディアで」ともにJ・コモンズから得たものである。サイモン自身も「コモンズを読んでいたから,『制度経済学』は経済学者のいう主観的期待効用極大化からは逸脱した, 合理性の様々の概念についての, バーナードと私の共通の想源だったともいえよう。」(ibid.:87, 邦訳：135) しかし, 人間が, 及ぶ限り合理的に行動するが, つねに不完全な結果しか得られない, ということは古今東西を貫く事実であり, コモンズのそれとおなじ程度（あるいはそれ以上）に'限定的合理性'を示唆する言説が, 古来, 無数の賢者によって与えられている, ともいえよう。

スミスやマルクスのいう経済人は, 可及的合理性の追求者であった。'全知的合理性'は, 限界革命以後の新古典派経済学が築いた虚構であり, その現象説明力の欠如に直面してサイモンが見出した打開策が'限定的合理性'なので

ある。上記サイモンの言はその意味では少々行きすぎであろう。

(3) '意思決定'

これについてバーナードは既に多くを語っており，サイモンへの継承関係も明らかであるが，領域的には組織的意思決定に，形態的には'熟慮・躊躇'型に偏していた。サイモンは総合的・徹底的に把握し，組織論のキイ概念として全面的に適用した。誘因・貢献のバランスを個人的意思決定，組織影響力の諸形態を組織的意思決定の領域として，体系的に説明した。さらに『経営行動』ではいくつかの曖昧で互いに矛盾した説明（の散在）にとどまっていた'組織目的'について，1964年論文において'組織的意思決定に課せられたすべての諸制約'（とりわけ組織メンバーに割り当てられた役割が課す諸制約）という明確な規定を与えた。組織目的は組織均衡（＝ICバランス）と組織影響力とを媒介する位置・役割をもつ。ここに組織論の全部面への意思決定概念の貫通が成った[7]。

3. バーナードの朦朧たる組織概念については，サイモンといえども，権限概念について施したようなさりげない補修の術はなかった。おもえば異例なことであるが，バーナードへの比類なき敬意と感謝の故に（？）サイモンは『経営行動』のどこにも組織の定義を行わず，読者を常識・通念としての組織イメージに委ね，僅かにそれが'階層化され，ルースにつながった'意思決定システムであることを示唆するにとどまった。のちの『オーガニゼーションズ』においてすら，「公式組織を定義するよりも，例を挙げた方が簡単で恐らく有用であろう。USスチール，赤十字，街角の食料品店，NY州高速道路局etc…」という具合に，バーナード批判をつつしんでいる。（March & Simon 1958：1，邦訳：3）

これを要するに，サイモンによってバーナード理論は基本的に解体され，組織論体系を構成するいくつかの（むろん重要な）要素として組みこまれた。サイモンにおいて近代組織論は確立し，以後，熟成過程に入った。

ただし，この理論を有効適切に適用した経験的研究は少ない。――いわゆるコンティンジェンシイ理論は，大きくはサイモン理論の各論的展開とみなして

よいが，テーマの拡散，成果のバラツキが著しい。恣意的な対象設定と環境決定論的傾向が夙に指摘されているが，むしろ数理的分析手法への耽溺（に発する視野狭窄）が強調されるべきであろう。

III. ウィリアムソンによるバーナード理論の再生（？）

ポスト・コンティンジエンシイ諸理論はさておき，近年におけるバーナード理論再生（？）の動きについて一言したい。

1. 1988年，『経営学の役割』刊行50年記念セミナーにおいて，O・ウィリアムソンは自らバーナード理論の継承を宣言した。（Williamson 1990：172，邦訳：231）――1975～80年頃から，バーナードが（彼の枠組の適用を通しての）成立を希求した'組織科学'の初期段階が形成されつつあり，それはウィリアムソンの主導する法学・経済学・組織理論の学際的協働ないし相互促進的展開の進展である，という。

ウィリアムソンによれば「バーナードが言及した組織科学は，すぐには具体化しなかった。その理由の一部分は，後続著作の殆どが組織の科学よりもむしろ管理の科学に関連するものだったからである。さらに法・経済・組織の間の関係の正しい理解を深めるのに非常に時間がかかった。」「管理の科学は，主として内部組織に関わっている。……組織の統一科学は内部（管理）様式と市場様式が統一的方法で取り扱われることを要請する。この統一を達成する1つの方法は，市場，ハイラーキーおよび混成の契約様式を，おなじ取引を組織化するための代替的な統治構造とみなすことである。私的な順序づけを強調することで，契約関係の統治（というテーマ）も分析の対象となる。前述の法，経済，組織の結合は，それによって約束される。」（ibid.:5～6，邦訳：4～5）この新しい組織科学において「経済学と組織論がその主軸であり，契約法が追加的な支えとなっている。この組織理論構成メンバー3者をバーナードがしっかりと繋ぎとめている。」（ibid.:4，邦訳：2）

2．ウィリアムソンは自身の創始した取引費用経済学（以下，TCE という）をもって組織科学の中核なりと自負しているようであり，それに照応してか「バーナードの直観は大いに経済学者のそれであり……合理的精神と好奇心とを高度に結びつけ……公式組織の研究に強力な合理性指向をもちこんだ (ibid.: 5，邦訳：3〜4)」という。バーナード理論の解釈における，この基本姿勢自体は誤りではない。

(1) 自発的な協働 vs 誘引された協働[8]

ウィリアムソンのバーナード理論紹介 (ibid.:173〜8，邦訳：232〜9)，は2種類の協働の対置から始まる。バーナードは後者にのみ関心を払い'意識的で計画的で目的をもつような人々相互間の協働'を公式組織と定義した。新古典派の枠組で企業を記述するための用語は利潤関数と生産可能性セットのみで，このような（内部）組織を容れる余地はなかった。したがってバーナードは(i)'経済理論と経済的関心を第二義的地位に却けてはじめて組織を理解しえた'と述べている。(ii)組織の定常状態でなく移りゆく状況への適応の問題に主たる関心を寄せたものの，「もっぱら内部組織に焦点をおき」「市場のもつ顕著な適応性を無視している。」(iii)周知のように非公式組織を重視したが，「恐らく企業と市場組織とは，非公式組織の面で異なっている……にも拘らず，市場とハイラーキーの比較はバーナードの関心事ではなかった。」等々。——ウィリアムソンが挙げているバーナードの言説の多くは'市場に対する無関心'を含意している。

(2) バーナードが「公式組織の研究に強力な合理性指向をもちこんだ」ことのウィリアムソンによる挙証は(i)'雇用関係'の理論〔組織への参加および参加継続についての個人の決定が純便益の比較評価（IC バランス）を反映する〕(ii)'誘因の経済'における非物質的誘因が物質的誘因の代替物となることの重要性（の強調），に限られている。——とはいえ，内部組織認識に内在する市場原理とのささやかな接点は確かに存在している。バーナードの自然発生的協働という（命名に含まれている）F・ハイエク流の市場システム信仰をウィリアムソンは共有している。自然発生的（な社会的）分業をひとたび協働だと観ずれば，それが無意識的に生成させた作用に不可避の圧力として対応せざるを

得ないにも拘らず（むしろそれ故にこそ）最も自然なシステムにみえてくる。意識的に創出・維持されねばならぬ協働は，むしろ派生的で不自然なもの，'誘引された協働'とみなされる。「自己保守や自己満足というような利己的動機は支配的な力をもっている。一般に組織はこれらの動機を満足させうるとき，さもなければ変更しうるときにのみ，存続しうる。……経歴や義務がどうあろうと，個人は協働すべく誘引されねばならず，さもなければ協働はありえない。」(Barnard 1938：139) としたバーナードも，同様に歴史的視野を狭窄させている。――協働は本来的に意識的な社会的行為（の集合）である。複数の個人の動機満足に直結した自発的＝主体的協働が，組織の側から様々の形で誘引（→操作）される受動的な協働へと疎外されていったという，歴史性の認識を彼らは欠いている。

このルースな協働概念の共有に，Ⅰに記したバーナードのルースな組織境界（＝意識的に調整される複数個人の活動範囲）認識が加わって，組織と市場の自在な習合が可能になる。

3．ウィリアムソンが行論の随所で組織と市場を対比する際の用語法は自在を極めている。市場 vs 内部組織，企業と市場組織，市場とハイラーキー等々 (Williamson 1990：174, 176, 邦訳：234, 237)。たしかに組織というコトバを，市場を含むものとして広義に用いる例が，過去には多かったし，今日でも（経済学分科としての）産業組織論がそれに該当するが，法学・経済学・組織論の統合体の構築をめざすほどの立論では，日常・通俗的用法とは一線を画した的確性・一貫性を保つべきであろう。――ウィリアムソンの自在用語法は，ルースというより多分に意図的なものである。けだしウィリアムソンは，前記のようにバーナード・サイモンの'管理の科学'に大いに依拠しつつも「管理を超えて，あらゆる形態の組織を対称的に扱う……組織の科学を樹立すること (ibid.:187, 邦訳：250)」を目論んでいるからである。

さて，（内部）組織に焦点をおく科学を'管理の科学'とよび，市場を含む'あらゆる形態の組織'を対象とする'組織の科学'と対照させる，ということにどれだけの納得性があるだろうか？長らく組織論とよばれてきてこれという

異論もなかった科学的営為を，（組織論の一分科ないし応用分野と通常みなされている管理論とまぎらわしい）管理の科学とよびかえる必要はどこにあるか？各々が既に充分に壮大な3つの科学の統合体，いわば統合的社会科学とでも称すべきものを，（その一構成部分である組織論とまぎらわしい）組織の科学と称する必然性はどこにあるか？

ウィリアムソンの命名が上記した諸学・諸論の内容とは整合しない，ということは直ちに明らかである。ただ1つ推測しうるのは，バーナードがかつて'組織の科学'の不在を歎きその成立を希求したという事実，そして，ウィリアムソンの命名が『経営者の役割』記念セミナーの席でなされたという情況，のみである。

バーナードのいう'組織の科学'がどのような外延と内包のものか明確な示唆はないが，バーナードの不在宣言につづく論述（Barnard 1938：291〜3）から拾えば──

(i) 科学の機能は過去の現象，出来事，情況を説明することであり，技術の力および技術それ自体は科学的知識（説明と概念）の利用によって拡大しうる。(ii) 協働の発展の現状は残念ながら不充分であり，とりわけ人間の相互作用と組織の技術が（それは共和制・帝制ローマでは相対的に高かったが）工学・商学分野のそれに比して著しくおくれている。(iii)『経営者の役割』は組織の科学の模索への寄与を志向して提示した仮説的枠組であり，バーナード自身の経験と観察を若干の社会科学的知識によって補足した概説である。そこで提示された協働体系や組織の概念を用いて（社会人類学，社会学，社会心理学，制度経済学，経営学等の）社会科学者が研究し，テストしてほしい……。

以上の行論に出てくる組織が市場を含む広義の組織を意味している，という徴候は認め難い。ウィリアムソンの抄論のように，バーナードが『経営者の役割』において市場を無視して内部組織に焦点を当てた論述に終始したことを考え合わせると，バーナードの念頭にあった組織の科学（の外延）が，ウィリアムソンのそれとは異なって'内部組織'に限定されていたことはほぼ明らかである。

内部組織に焦点を限った科学を，ウィリアムソンは敢えて'管理の科学'と

称した。組織論の古典と近代を分かつ指標を，管理職能の一環への踏跡から管理者・被管理者を包括する経営団体＝組織そのものへの視座転換に求めるとすれば，ウィリアムソンの命名は明らかに不当である。

ウィリアムソンの主導する社会科学者集団が法学・経済学・組織論の統合的理論体系を構築しつつあるとすれば，それ自体，誇るに足ることであり，より狭隘なバーナードの「組織の科学」の名を冠する必要はなかろう。まして，バーナードが先導しサイモンが確立した（近代）組織論を，より狭隘な'管理の科学'に改称する必要はない──それは'法学・経済学・組織論統合体'に'組織の科学'を僭称させる，というウィリアムソンの選択から流出した単純な系論である。

もともとウィリアムソンは，バーナードの所説を全面的に検討して過不足なく祖述してその長所・欠陥を慎重に評価する意欲に乏しかったように思われる[9]。偉大な先学を顕彰することよりは，自身が主導している LEO 統合体の偉大な達成と将来性を顕示することが優先した。バーナードの'組織の科学'は，その恰好の CM として利用されたのである。

4．かくも機会主義的な投企を，他ならぬ『経営者の役割』刊行 50 年記念の場で，なぜウィリアムソンは敢えてしたのであろうか？ その由来ないし背景を推測すれば，サイモンとの年来の理論的対立に思い当たる。対立の主軸は economizing vs satisficing であるが，近年さらに機会主義 vs 利他主義を軸とする対立が加わり，深刻化している。以下，ごく簡潔に言及して稿を閉じることにしよう。

無論ウィリアムソンは「バーナードの枠組を用いて……さらに適切な概念，さらに正確な語彙を開発」したサイモン（とそのグループ）の業績を高く評価する。とりわけ限定的合理性の概念は TCE が基本財産として継承したものであり，「雇用関係の公式理論」によって IC 交換と権限についてのバーナードの概念が充分に洗練された，と云う（ibid.:178〜81，邦訳：239〜43）。ウィリアムソンがサイモンと袂を分かつのは，サイモンが全知的合理性を棄却した系論として極大化目標を満足化目標に置き換えたことに発している。満足化アプ

ローチの採用は，サイモン理論が経済学の主流から疎外されていく機因となった '運命的な選択' であった。(ibid.:179，邦訳：240) 主流に棹さしつつ新制度派の創始・発展をリードするウィリアムソンは，満足化でなく経済的効率化 economizing アプローチを採る。

私見によれば economizing は，限定的合理性仮説受容後における利潤極大化目標の妥協的表現，いいかえれば '弱い極大化' ないし可及的極大化であり，それは要求水準（と同等またはそれ）以上の代替策探究を意味する '弱い満足化' と矛盾しないどころか，実質的に同一の主張である。したがってウィリアムソンの満足化基準棄却は，サイモンの主張を '強い満足化'（要求水準どおりの代替策を模索し，それ以上は求めず，みつけても棄却する）' に限定して解釈する，という曲解に基づく謬論である。

ウィリアムソンはまた組織の科学において「限定的合理性と等しい地位をもつ」重要な行動仮説として彼自身の創作に成る '機会主義' を主張している。それが従前の諸仮説に比して現代の企業行動分析の近似度を著しく高めたメリットは大きいが，他方バーナードとサイモンがおなじタームに込めた含意がひどく損なわれたことは明らかであり，近年のサイモンが組織（における個人の）行動の説明原理にとどまらず広く人間の経済行動一般の仮説として '強い' 利他主義を提起しているのは，(機会主義との正面対決とまではいえないが) 一矢報いるの観がある。

法学はさておき経済学・組織論両戦線におけるウィリアムソンとサイモンの対立は，少なくとも過去10年，そして恐らくは今後10年にわたるであろう長期戦である[10]。その一齣——『経営者の役割』刊行50年記念セミナー——において，ウィリアムソンは，その機会主義を存分に発揮し，バーナードからサイモンに引き継がれた '組織の科学' という錦旗を奪いとろうとした。その際，バーナードの組織概念の弱点，その境界朦朧性が，攻撃の突破口となった。

(1999. 11. 2)

注
1)「…われわれは '経済的' 関心をもつが，'組織的' 関心に欠けている。企業行動において生じる事柄に対するわれわれの見方は，不幸なことに，余りにも社会学的でなく経済学的な観念にとら

われている。」(Barnard 1948:125) バーナードが'経済人'仮説を脱して'全人仮説'を立てた，というのは誤った観念である。'全人'は現実であって仮説ではありえない。強いて'経済人'に代わる仮説を立てるとすれば'組織人'とすべきであろう——引用文が，その根拠である。
2) この件について詳しくは（川端1994）参照。
3) この論点については本書第1章で詳述している。
4) この件については（川端1979）で詳述している。
5) 「…組織の要素は(1)伝達(2)貢献意欲(3)共通目的である。…第3の要素すなわち目的は組織の定義のなかに含まれている。」(Barnard 1938:82)
6) サイモンは特別の注意に価いする権限の3つの機能の(1)として，'それは権限を揮うひとびとに対する個人の責任を強制する'といい，'権限が責任を強制するために用いられる場合，制裁がおそらく，その過程において重要な役割を果たすであろう'と述べている。〔Simon 1945→1976. 3rd ed):135，邦訳:175〕周知のようにバーナードの責任概念はその客観的側面として責任能力のみを強調し，不履行の場合の制裁との関連を強く否定していた。
7) Simon, 1964, 'On the Concept of Organizational Goal' ASQ 9-1（のち『経営行動』第3版1976第12章に収録）この論点について詳しくは（川端1974）参照。
8) '自発的な協働' spontanious cooperation は，後述のように自然発生的な協働とすべきであるが，ここでは行論の便宜上，邦訳書のままとした。
9) バーナードの枠組の紹介に当たって，ウィリアムソンは'特に重要な点'として ⅰ権限の理論，ⅱ雇用関係，ⅲ非公式組織，ⅳ経済的効率化指向 economizing orientation の4項目を列挙した。しかし，本文での，最後の項目は，'誘因の経済'と題され，ごく簡単な言及で済ませている。(ibid.:174〜5，邦訳:234)
10) 「（ウィリアムソン編著書の）これら諸章および進行中の他の諸研究を考慮すると，初期組織科学がその姿を現しつつあると信ずるに足る理由がある。今後の10年が，バーナードの念願が成功するか，あるいは失敗に終わるか，を決定するであろう。」(ibid.:6，邦訳:6)

付録

経営学と経済学
——学説史的素描——

第1節　経営学と新古典派・制度派経済学

　私見によれば，経営学は主に企業（を舞台とする複数の個人および集団の活動）を対象とする実践科学——E．シュマーレンバッハ（E. Schmalenbach）のいう意味での Kunstlehre——である[1]。実践科学は，実践から直接に得られた知見に加えて各種理論科学の成果を動員し，それらを混和・交配させることによって目的合理的な手段系列の編成に導く。諸学動員の範囲・程度は環境・状況によって多様かつ自在であるが，企業を（少なくとも主要な）対象とする経営学の場合，経済学が最も主要な理論科学的基礎となることは明らかである。

1．新古典派

　今日なお有力な定義によれば，「経済学は諸目的と代替的用途をもつ稀少な諸手段との間の関係として人間行動を研究する科学」[2]である。松島敦茂によれば，いわゆる新古典派経済学は，1870～90年代に起こった限界革命に始まる"近代"的パラダイムに立っており，その基本構造は方法論的個人主義，主観主義，限界主義およびこれらの諸特徴を基礎づける稀少性システム（としての経済把握）である[3]。限界革命（を画した諸著作）が提示した限界効用分析は，(1)ミクロ経済的な極大化および配分問題の原形とその分析用具を提供し，(2)経済体系の根源ないし推進力として効用または消費者の需要を措定した。また限界革命は経済学の注目点が"個人の個人としての経済的行為"に

第1節　経営学と新古典派・制度派経済学　359

移ったことの帰結として，その中心課題を古典派における"生産と分配"から"交換"に転換させた4)。経済学のこのような歴史的変容は，結果的に，経営学の理論科学的基礎としての効能を長きにわたって著しく制約することになった。

　新古典派の中心的主題は価格である。それは，一方では競争的な市場機構を，他方では唯一の経済主体としての個人の選好に基づく合理的（意思決定→）行為を想定している。個人は消費者として効用の極大化を志向しつつ財を需要し，企業は利潤の極大化を志向しつつ財を供給する。需要と供給は基本的に価格に規定される。生産技術は与件とされ，企業家は所与の需要・供給関係から限界収益極大点を選択して生産量を決定するだけの存在である。彼は需要者たる個人と同じく全知的合理性をもっており，選択を誤ることはない。他方，古典派の中心的主題だった分配は生産諸需要の価格づけ（＝一種の交換関係）の問題に還元された5)。付け加えれば，限界主義的方法を所得分配に適用したとされる限界生産力説は完全な循環論法であって，賃金と雇用の決定を説明しえないにもかかわらず長らく通用している——こと程左様に分配問題は関心外におかれている。

　要するに，新古典派経済学が内包している企業理論（的部分）は内容希薄であって，経営現象の理解，まして経営戦略・経営技術の整備，批判，創出とはほとんど関連がない。経営学に対する経済学の貢献の多くは，各種応用経済学分野の業績（それは実態認識からの帰納と論者の政策関心の産物であって，経済理論とはほとんど無縁である）を，経営者・経営学者が個別に場あたり的に学習・受容するという形のものであった。

　とはいうものの，多少の但書は必要である。A．マーシャル（A. Marshall）の『経済学原理』には新古典派のパラダイムに納まり切れない種々の側面が含まれていた。彼のいう自由競争は完全競争ではなく，市場状態についての当事者の完全知識の想定を却けている。個人・企業の能力や行動基準に多大の差異を認め，市場の広さ，価格弾力性，類似の刺激に対して異なった意思決定を可能にする種々の時間（的射程）の差異も視野に入っている。現代の経済においては収益逓増の傾向が支配的であり，経済行動の多くは習慣や伝統に従って行

われる，市場の構造・機能の分析にもまして人々が日々行う労働とその成果の分配（の水準・態様・性質）の分析こそ重要である，等々の現実認識，とりわけ企業者範疇の認知および（歴史的時間の不可逆性を前提して）"経済を有機体の進化の過程として捉える"構想は，経営現象解明への重要な示唆を含んでいる[6]。また，大きくはマーシャルを承けてJ．シュムペーター (J. Schumpeter) が企業者性能の概念を印象的なまでに拡充し，企業（→経済）体制の漸進的進化でなく創造的革新の理論を説いたことはよく知られており，経営史学の業績を介して，経営理論の充実に大きく貢献している[7]。

2．制度派

T．ヴェブレン (T. Veblen)，J．コモンズ (J. Commons) らが創始した制度派経済学は経営学に数々の有用な知見をもたらした。ヴェブレンによって初めて経営学は拠るに足る『企業の理論』を得た[8]。コモンズが提起した取引 transaction (bargaining, managerial, rationing に3分類される) 概念は市場経済，指令経済および両者混合経済の体制における企業経営行動の分析のための共通用具を先んじて開発したものといってよい[9]。さらにヴェブレンの『不在者所有制』『技術者と価格体制』において時期尚早に告知され[10]，バーリ＝ミーンズ (A. Berle and G. Means) の『近代株式会社と私有財産』[11]，J．バーナム (J. Burnham) の『経営者革命』[12]に顕示された現代大企業認識は，企業の巨大化・組織化の必然的帰結としての所有と支配の分離→経営者による経済権力の掌握の歴史的・論理的過程を詳細かつ深刻に描出した。『経営者革命』は本来は現代政治思想の書であるが，むしろ経営学関係者によって広く読まれ，強い影響を及ぼした——というのも，それが大恐慌，ニューディール，そして第二次世界大戦を通じて大きく変容したアメリカ経済社会における企業経営者がおかれた地位・役割・責任の重大性を明示し，自信と自覚を促したからである。逆にいえば，これら諸著作によって初めて，アメリカの管理論 management は経営学 business administration へと成長すべき胎盤を授かった。制度派経済学の経営学領域への浸透はW．ウィスラー (W. Wissler) の『経営管理論』，R．ゴードン (R. Gordon) の『ビジネス・

リーダーシップ』のような経営経済学的著作を生んだ[13]。それら自体がアメリカ経営学の中核と化したわけではないが，以後，中心課題に密接に関連する基礎理論として無視しえない地歩を占めつづけている。

第2節　ドイツ経営学・批判経営学と経済学

1. ドイツ経営経済学と国民経済学

　ドイツ経営学は生成当初から経済学（からの分流）を自任し，研究内容としても，組織の問題よりは価値の流れ，即ち流通・財務・会計問題に重心を置いていた。1912年の独立宣言の後にも国民経済学を宗主と認め，選択原理（→認識対象）を異にする経営経済学を自称しつづけた。それが準拠する国民経済学とは，主として経済政策および社会政策論の色彩濃厚な歴史学派のそれであり，少なくとも生成期においては，共同経済的生産性と私経済的収益性との両立・相即的発展という形で，2つの経済学の共存共栄が期待されていた。生産管理の問題は経営科学に，労務管理の問題は経営社会政策論に委ねて，国民経済学よりも一層狭く守備範囲を限定し"人間問題"を等閑視した。第一次大戦後の激動期にH．ニックリッシュ（H. Nicklisch）が経営共同体理論を主張して規範学派を称したことで，経営経済学の問題領域は一挙に拡大し企業行動全域を覆って余りあるの相を呈した[14]。しかし，危機が去って相対的安定期に入ると，財務・会計など最狭義の価値の流れに跼蹐する理論学派が，名称も私経済学に戻して台頭した[15]。W．リーガー（W. Rieger）の私経済学そのものは，外見的には純粋経済理論の相を呈しつつ，内実においては再建期の金融資本の慢性的財務危機克服のための処方箋でもあった[16]。それはまた19世紀的な自由市場経済の理念への執着を顕示したが故に，F．シェーンプルーク（F. Schönpflug）の批判──現代の組織された資本主義における企業の性格変化を無視している，という趣旨──を蒙った[17]。さらに一層透徹したリーガー批判を日本の経営学者・中西寅雄が遂行した──マルクス経済学に基づく経営経済学（＝個別資本説）の誕生である[18]。創始した中西自身は10年足らずで

転向したが，個別資本説そのものは以後60余年の風雪をくぐり抜けてなお存続しており，1980年代以降イギリスを中心に生成・発展しつつある批判経営学 Critical Management Studies と呼応する関係にある[19]。

2．批判経営学とマルクス経済学[20]

マルクス経済学の企業像，したがって個別資本説に拠る経営学の対象領域は，ドイツ経営経済学が焦点をおく価値の流れよりも広い外延と深い内包をもっている。リーガーが無視したG……G'の中間過程（＝経営），とりわけ生産（と労働）の過程に経営学の中心課題を見出す。この点でニックリッシュの流れを汲む（現代の新）規範学派に視野・射程とも譲らず，まして新古典派経済学とは比較しようもない。

新古典派は所与の技術体系と価格水準の下で利潤極大化のための生産量の決定（の数理計算）に専心する。マルクス経済学では極大化を云々する以前に利潤の存在根拠が問われる。生産手段の私的所有の下での労働力（という商品）の購買と生産過程におけるその効率的消費を通しての，労働力価値（の消耗）を上廻る価値の生産，に利潤の源泉を見出す。生産を管理し利潤を取得する企業家ないし経営者と，生産に従事し利潤を提供する労働者ないし従業員とは，おなじ経済人といっても根本的に行動様式が異なる。両者は基本的な利害対立を内包しながら相互に協働する関係におかれている。——ここにおいて市場システムの一構成単位たる企業は，単なる質点でも同類の人間集団でもなく，利害（→思想）の対立を含みつつ協働する人間集団，したがって強者＝経営者による弱者＝従業員に対する官僚制的支配が行われる組織体として把握される。そして，その組織目的が経済体制の原理と整合的な利潤極大化にあることによって，組織論におけるさまざまの基本概念・範疇は同時に経済学の基本的な概念・範疇としても意味づけられることになる。

私財を投じた企業家が自ら経営にあたっている個人企業ないし同族企業の場合には，営業と家計との分離不全，フィランソロピイ過剰，特定の製品や管理方式への固執（→自己破壊的経営行動）など利潤極大化に反する事象も生じうるが，やがて淘汰される。所有と支配の分離を経て専門経営者に委ねられた現

代企業では，そうした事象は絶無ではないが例外的であろう。

　マルクス経済学は徹底した労働価値説に立つ。価値の流れと組織とは，ドイツ経営学におけるように二大問題として並列しているのではなく，もう一段下向した抽象次元において均しく労働として把握される。〔経済―資本―企業〕の理論と組織の理論とは不可分一体なのである。そして，組織的協働の大規模化に伴う分業・専門化，機械装置体系を中軸とするその一層の展開は，近代企業発展の歴史的画期を刻んだ。現代情報技術革命に伴う企業活動のグローバル化とネットワーキングの趨勢は，企業理論と組織理論の一体的把握の必要性をますます顕示しつつある。

　企業家の管理労働と従業員の作業労働とは，前者が「社会的労働過程そのものの遂行のために必須の，ひとつの現実的生産条件」21)をなすかぎり，後者とひとしく生産的労働とみなされる。むしろ，管理労働は当該企業組織が体現している生産力の中心的契機をなしている。最上層の管理職能が生産現場から遠く離れたオフィスの企業家に担われているとしても，彼が行う戦略的意思決定は生産力増強・生産性向上の決定的な梃子でありうる。事業部体制への組織再編成によって市場動向に即応した価格と生産量の調整が敏速に行われ，結果的に著しい生産性向上効果が得られる，グローバル企業によるアジア・カーの構想が部品メーカーからの収奪やその従業員の労働強化を伴いつつ全体としての生産性を高める，等々。

　資本主義的管理労働の"二重性"のもう1つの側面――搾取（剰余労働の創出と取得）と抑圧（企業家の意思の受容を従業員に強制すること）――も企業理論と組織理論との一体化を促迫する。平等な自由人が協働する生産活動であれば，管理機能の担手は当該生産活動に関する知識・技能や一般的統率力の優越，人柄の良さ，声の大きさ，等々で選ばれるか，順番で交代ということになるであろう。集権的社会主義下の企業では上級機関が任命する。資本主義企業の管理は投資した企業家自身または代理人に専属の機能である。従業員の中から次々と代理人が選抜され彼らが最高管理者層を占めるに至っても，事態の本質は変わらない，ということは，1970年代以降のアメリカで進行した"株主反革命"で実証された22)。――大塚久雄がM．ウェーバーに拠って説いたよう

に，企業とは利潤を目的とする行為すべてを指す。経営 Betriebsverband は一定種類の持続的な合目的行為であって管理スタッフを具えた団体（＝集団活動）をなし，一定の規律とそれへの内面的服従に裏付けられた組織 Organisation，いいかえれば官僚制的支配の関係を含む団体である。企業と経営とは互に別種の独自な範疇であり，種々の形で結合したり分離したりするが，近代資本主義社会では「経営が同時に企業として，企業が同時に経営として現われ」る[23]。

マルクス経済学は資本主義経済の構造だけでなく動態をも取り扱う。マルクスは『資本論』のなかで"資本主義的蓄積の歴史的傾向"と題して資本主義の生成・発展・消滅の必然性を展望した。以後，R．ヒルファディンク（R. Hilferding），W．レーニン（W. Lenin）をはじめ多数の論者が，資本主義体制の歴史的推移を調査・分析し，資本の蓄積様式の変容，国家権力・政治過程との交絡や世界政治・国際関係の変動との関係など，波瀾万丈の諸相を，顧みれば実に精力的に追跡してきた[24]。金融資本，帝国主義，国家独占資本主義等々のタームは，そうした動態解明のために案出された段階区分に関連している。それは，幾多の誤謬を含みながらも質量ともに豊富な体系的認識であり，経営学が果たすべき戦略提言や技法精練にあたって前提となるところの，企業行動が基本的に条件づけられている歴史的・社会的諸条件（の意義）を過剰なまでに強調しつつ，経営政策・経営技術のさまざまなコンテキストについて有益な情報を提供してきた。1930〜40 年代のアメリカでいえば，バーリ＝ミーンズの株式会社支配論を実証的に検討し，複数集団による共同支配および家族・会社複合支配の概念をもって批判（→補完）した TNEC 調査[25]や，当時の企業経営の最重点課題であった労使関係についての理論的・実態的研究の多くは，マルクス経済学的視角に拠るものであった。戦前戦後を通じて，日本経済の現状分析および日本的労使関係や日本的経営（の内容・文脈）の解明に対するマルクス経済学の寄与はきわめて大きい[26]。

第3節　近代組織論（→近代管理学）と経済学

　会計学分野は別格として，アメリカ経営学の主流は管理論である。それは，必ずしも企業の枠にこだわらない，という弱い意味での組織一般の管理技術論であるが，実際の対象である企業活動の実態研究や制度派をはじめとする各種の経済学（大抵は純粋理論でなく応用経済学）的知見の（個別的・場あたり的）導入によって，実質的には企業経営の学らしい内容になっている。

　管理職能のなかで企業色の最も稀薄な組織化（およびその所産としての組織）の部面については，法学・行政学などの知見を導入しつつ抽象的・体系的な理論が生れたが，それを契機に管理論の全面的な体系化ないし科学性向上過程が始動するには至らなかった。例えば，A. ブラウン（A. Brown）『経営組織』は企業を構成する個々人が遂行する（遂行せねばならぬ）職務を鍵概念とする精緻な組織論であるが，責任（それは徹頭徹尾個人に属する）の意義を強調するあまり，極端な個人還元主義（的組織論）となっている。還元の結果としての個人は生身ではなく職務遂行機械としての個人，全く非人格的な管理の用具でしかない。要するに，ブラウンの組織論は仕事の組織に徹した（伝統的）組織論の最高の達成であり，管理論の枠組を震撼するものではなかった[27]。

1．バーナードとパレート

　C. I. バーナード（C. I. Barnard）に始まる近代組織論が伝統的管理論に衝撃を与え，近代管理学への変革をもたらした，というのが今日の常識であって，私見も同様である。以下，その近代組織論の内容のかなりの部分が（新古典派経済学の内容不全を補塡する意味で）実は経済学に属するものだ，といういささか非常識な（？）私見を述べたい。

　バーナードは『経営者の役割』に展開された組織（と人間）の行動についての理解が，

(1)　「権威の起源と本質に関する……法律万能主義」と

(2) 「過去150年間における経済思想の発展過程と，初期の経済理論における定式化によって便利に使われすぎるようになったところの，人間行動の経済的側面の誇張」

とから脱却し，それらを第二義的な地位に却けたことによって初めて達成された，と述べている。「A．スミスとその後継者たちによって有効に構築されかなり発達した諸理論は……経済的関心のみを過度に強調した。さらに純粋経済学においては動機というものに対する適切な配慮が排除されており，また社会的行動において情緒的・生理的過程とは別個の知的過程の占める地位について，ひどく誤った考えが一般に普及している。」その結果「人間は経済人であって経済以外の属性は少ししかもっていない」と多くの人々は考えている。しかしバーナードの考えでは，世の中には政治的，教育的，宗教的等々の重要な非経済的組織が存在しているばかりでなく，企業組織においてすら「非経済的な動機，関心および過程が経済的なそれらと同様に，取締役会から末端従業員に至るまで，その行動において基本的である。」したがって「このような体験および信念から生じた有形の結果」である『経営者の役割』は，共同行為一般を対象とする"公式組織の社会学"と表裏の関係に立つ"経済学批判"の書である，と期待してよいはずである[28]。

ところで，『経営者の役割』第11章は「誘因の経済」と題して，組織存続の基礎条件としての誘因と貢献のバランスについて論じている。また第16章「管理過程」は管理職能が具体的に展開して生ける体系としての組織を形成していく過程を扱っているが，その中心部分は組織（および協働体系）における"効用の創造，変形および交換"の見地からする組織経済の理論として説かれている。

2ヶ所とも，バーナードの立論の枢要な部分であるが，なぜ"経済"と題しているのか？

この事態は一見したところ矛盾である。どのように整合的に理解したらよいか——遡って，そもそもバーナードは経済というものを，どのような範囲・内容のものと考えていたのか？ 150年にわたる経済理論（の変転）のどのあたりに重点をおいた経済学像を抱いていたのか？

第 3 節　近代組織論（→近代管理学）と経済学　367

軽々に扱えない難問であるが，さしあたりバーナード自身の言葉を探してみると，上記第 16 章第 2 節に次のように記されている[29]。

「効用の創造・変形・交換の見地からすれば，協働体系には a．物的経済，b．社会的経済，c．個人的経済，d．組織の経済，という四種の異なる経済がある。これら諸経済から，効用の創造および変形とは別に，効用の交換に関係のある範囲だけを経済学 economics あるいは政治経済学 political economy という名称のもとに抽出することは多くの目的にとって便利である。」

「理論経済学は，組織的観点とは別に，これらの四経済を横切り，それらのある部分を含み，他の部分を排除している……一般に経済学は意識的な交換，ないしは貨幣一般で評価される側面にかかわっている。」

企業については，「産業組織では物財ないしサーヴィスの生産が目的である」として次のような注が記されている[30]。

「……利潤は目的ではない。利潤は通常，所有者，投資家とよばれる貢献者たちの動機を充たす誘因を供給するために必要であり，また彼らの貢献は他の貢献者たちに対する誘因を供給するのに必要である。利潤の可能性とそのある程度の実現は，ある種の経済では継続的に誘因が供給されるための条件として必要である。しかし，いかなる組織もその客観的目的は利潤ではなくサーヴィスである。産業人のなかではフォード氏および若干の公益事業会社によってこのことが最も強調されてきた。」

また『経営者の役割』刊行の 3 年後に行った講演では，"企業の長期的な存続の可能性"を強調し，そのためには「結果として企業自体の利益はゼロの状態であるべきで，生産性向上の成果は組織の構成員である株主，債権者，消費者，従業員，国家地方公共団体，取引先等の所得の増大に振り向けられるべき」であり，ただ「不可避的に生じる損失や失敗に備えて，ある程度の企業自体の留保を保有している必要がある」と述べている[31]。

こうした企業観には，公益事業経営者にありがちなバイヤスに彩られた，組織均衡論の企業への（やや硬直的な）適用がうかがわれる。

それはさておき，効用の交換にのみかかわって創造と変形（企業でいえば生産）は扱わない，というバーナードの経済学像は，かなり狭隘かつ特異であ

る。ドイツ風にいえば，G……G'の中間過程（としての経営）を排除したリーガー私経済学の同類，150年間の経済学説史のなかでは限界革命以後，それもかなり純度の高い新古典派に限られることになる。わけてもV. パレート (V. Pareto) はバーナードが最も強く依拠した経済学者（かつ社会学者）だと推定できる。なぜなら組織経済論において「パレートが述べたことと，ここで述べようとすることは，確信はないが，原則的に等しいものと思われる」とまでいっているからである[32]。

　パレートにおいて経済学の対象は人間の合理的・論理的行為であり，物質的欲求充足の行為がその典型的な領域である。社会学の対象は人間の感情に根差した非論理的行為であり，その範囲はすべての行為領域に及ぶ。そしてパレートは二種類の行為が志向する目標（の達成）をそれぞれ物的効用 ophelimita, 効用 utilita と名づけて区別している。前者は"ある個人の所有する物が彼に与える快楽"であり，全く主観的であって規範的含意をもたず，他人のそれと通約不能である。後者を日常語で定義すれば，"ある物の1個人，1民族あるいは全人類の繁栄と発展にとって望ましい属性"であり，前者に比べるとより精神的・価値的（で快楽的でも禁欲的でもありうるよう）な欲求の実現を意味している。これもまた基本的には主観的な性質のものであるが，物的効用と比べれば多少の客観性があって他人のそれとの間である程度の通約が可能であり，集合体（例えば組織）にとっての効用 Utility for（集合体を構成する諸個人の効用の総計）と共に集合体の効用 Utility of（諸個人の効用が通約・合成された，集合体自身が評価し支配する効用）の存在を想定することができる[33]。

　さて，確信はないが，組織経済にいう物的効用（→物的経済）と社会的効用（→社会的経済）は，ほぼパレートの ophelimita と utilita とに対応している。パレートの ophelimita は各個人に主観的なもので互いに通約不能であり，まして ophelimita と utilita との間の通約・変換や組織自体による再評価などありえないように思える。しかし，バーナードの組織経済では，2種類の効用それぞれの創造と交換のみならず，両者間の変形が組織自体による評価と調整を通して大いに行われている[34]。

第3節　近代組織論（→近代管理学）と経済学　369

　このバーナードの認識は正しい。職務評価（による報酬決定）ひとつとってみても，それぞれに複雑多様な諸要因に規定された各従業員の労働（の効用）を，一応の納得性はあるものの一歩掘り下げて考えれば根拠薄弱な手続・尺度によって統一的に評価しており，かつ尺度・手続自体も労使の力関係等々の状況によって変化し，苦情や紛争のテーマとなっている。（パレートのいう集合体の効用の形成〈のための通約〉は専ら国家とその支配エリートたちが担うもので，企業など組織体レベルは関心外であった。）遡っていえば，ophelimitaとutilitaとの境界（？）はどこにあるのか，重畳ないし両性具有もありうるのか，といったこともパレートの論述からは分明でなく，バーナードとしてもその適用は難儀な作業だったであろう。恐らくバーナードにとって心強いパレート解説者だったに違いないT．パーソンズ（T. Parsons）によるパレート効用理論の総括[35]――3つの極大，すなわち社会にとってのophelimitaの極大；社会にとってのutilitaの極大；社会のutilitaの極大，が3つの分析レベルに即して階層的に配列されており，"新たな各ステップは前のものよりヨリ広い考慮を伴っている"ところの，（パレートのいう）現実への逐次的近似の各ステップである――を受容することによって，抽象的次元では不可能にみえる効用の変形が組織の具体的な動態においては（現実にバーナード自身が実践している，という実感に支えられて）理論的にも可能だ，と決断したものであろう。

　上記のようなパーソンズのパレート解釈については，社会の目的の存在，別言すれば大多数の社会成員が何らかの目的を共有することで，安定的で進歩可能な社会体系の存立可能性を肯定する理論（の構築）を希求したパーソンズの我田引水であって，「パレート自身の主張はもっと懐疑論的な色彩が強く……いわばひいきの引き倒しとも言うべきもの」という馬場啓之助の批評がある[36]。パーソンズに基本的に賛同する松島敦茂も，パレートが「人間のこれら2つの活動領域相互の内的関連を立ち入って分析することはなかった……パレート経済学は社会学体系の中に整合的かつ有意味な形で'総合'されているとは言い難い」と結論的には判定している[37]。してみれば，バーナードは期せずして大いに意義あるパレート批判（＝発展的継承）を遂行した，ということができよう。

とはいうものの，パーソンズはパレートの社会的効用 utilita の理論について次のように記している[38]。

「この理論の源が経済理論の問題に発することはきわめて明白である。社会的効用の理論においてパレートは，極大満足という経済学的教義の社会学的等価物を作成すべく試みつつあった，といってよい。」

経済学における効用理論を基準として，それに似せて（若干は融通性をもたせた）社会（学）的効用概念を構成したのち，パレートは社会的効用の埒内でのエリート対大衆間の利害対立とその統合を論じた。バーナードは物的効用と社会的効用との相互転換を含めた，組織内外での"効用の創造・変形・交換"の諸相を論じ，それによって組織の具体的・動態的な均衡過程の理論化を試みた。叙述は混沌として難解をきわめるが，それが彼の組織論の核心的内容を担保していることは確かである。

経済的動機・関心の過度の強調から解脱し，その上に構築されたというバーナードの組織論，その実体は経済学アダムとその肋骨で作られた社会学イヴとの近親交合であった。思えば，パレートによる社会学の構築は，心理学，政治学をはじめ，滔々と社会科学の全域に浸透していった経済学帝国主義の先駆であった，ともいえよう。バーナードの組織論はその意図せざる後続部隊であった。してみれば，例えバーナードが何と名づけようと，組織の動態的均衡過程の実相は組織経済以外のものではありえなかったのである。

2．サイモンと新古典派・新制度派[39]

政治学─組織論─経済学─認知科学─哲学……Ｈ．Ａ．サイモン（H. A. Simon）は広大な学際的空間を自由に往来するルネサンス・マンである。組織論者としての彼は，その探究に必要なときに必要なだけの経済学を（折々の協力者と共に）自ら構築してきた。

巨大で複雑な環境に対峙する限られた能力の人間が，そのギャップをどのように切り抜けるか？　サイモンのすべての探究はこの一点に集約される。そして，環境を構成する事物の多くはほぼ分解可能な──したがって，短期的には要素間の連結（→相互作用）をほとんど無視して取り扱える──階層システム

をなしているので，人間の限られた能力でも何とか対処できる，というのがサイモンの基本的な世界認識である。また，彼は人間を考える人として，身体運動よりは思考（≒意思決定過程）を中心に捉える。そこでは全知的ではない"限定的合理性"がキーワードとなる。

『経営行動』において，サイモンは"個人間の関係の安定的なパターン"としての組織の構造と行動を，意思決定論的枠組を用いて統一的に説明した。まず個人の意思決定過程を決定前提から論理的に決定結果を導くメカニズムとして定式化した上で，そのような諸個人の意思決定の間に作用する組織の影響力（とその諸類型）の理論を展開し，さらに"組織の境界で何が起きているのか"を組織均衡の概念を用いて定式化した。理論化のための素材は主に行政組織から得たのだが，『経営行動』は企業をはじめ各種の組織を対象とする無数の後続研究者が今なお共有している一連の基礎概念・基本用語を開発した。

組織均衡（誘因と貢献のバランス）の概念はバーナードの枠組みの継承であって，それ自体，経済学（的思考）に沿ったものである。サイモンは，この組織論における均衡概念を厳密に定義して企業理論の均衡概念と比較した。［誘因─貢献関係］は企業理論における供給スケジュールに，組織の存続条件は企業の正利潤条件に対応している。したがって，組織均衡は生存可能解に相当し，企業均衡＝最適解を包括しうるヨリ一般的な均衡概念である[40]。

また，サイモンは組織均衡の理論を組織影響力の一種である権限関係と結びつけて「雇用関係の定式的理論」を示した。それは，雇用関係を雇主の側からみた選択の繰延──流動的資源が貨幣でなく従業員の時間である場合の流動性選好の一種──とみなすことによって「伝統的企業理論が提供してきたものよりもはるかに現実的な」モデルを提供した[41]。

以上の経過は，伝統的な企業理論を，(1) 複数の構成員をより対称的に扱い，(2) 不確実性（への対処）という条件を導入することで，内容豊かにしたのであるが，そこではまだ限定的合理性は登場せず，伝統理論の全知的合理性の仮定を（恐らくは意識的に）共有している，という条件の下での限定的収穫であった。

もともとサイモンは能率ないし合理性（の向上）を信条としており，その強

力な用具である数理的手法とそれを体現している現代の経済学を賞讃してきた。『経営行動』においても「意思決定過程の事実的な部分，科学的処理になじむ部分は，管理活動の生産関数の問題に還元しうる」と断じているほどである[42]。しかし，現実世界——例えば，ミルウォーキー市の公共レクリエーション施設——では維持・運営の資金配分をめぐって教育委員会と土木部との間で争いが絶えず，限界生産性を定量的に抽出しうるような生産関数は存在しなかった。そうした状況下での意思決定の困難を突破するために，(1) 最適ではなくまずまずの選択を求め，(2) 業務を効果測定が可能な下位目標に分割し，(3) 多数の専門家に分割・委譲し，伝達と権限の機構を通して調整する，という方法がとられていた。このような現実への直面を通して，サイモンは「生産および統治活動のために人間が創り出した精巧な組織」を「複雑性と不確実性に直面しての，人間の理解力・計算力の限界に対処する機構」として理解したのである[43]。

　限定的合理性の理論は，その後，要求水準を軸とした探索と満足化，という選択メカニズムに結びつけられることで，古典派的な全知的合理性にとって代わるものとして認知されるようになり，かつ「企業における現実の意思決定を扱った多数の実証研究が限定的合理性の仮定への合致を示した。」1950年代時点の展望では，この仮定に立つ理論が経済学的思潮の主流を占める日も遠くないように見えたが，新古典派の側がその「伝統的な限界のいくつかを克服し，さらに心理学的な仮説を組みこむ」ことで新たな展開を見せたことによって，その実現はかなり繰り延べられた。

　この間，さらに多くの実証研究は，人間の選択行動が主観的期待効用の予測とは大きく乖離している——問題状況の客観的諸特性によって一義的に定まるのではなく，決定に到達するまでに用いられる特定のヒューリスティックな過程に依存している——ことを明らかにした。決定過程の経験的・事例的研究も蓄積された。1960年代以降，数多く提起された企業理論の大部分は，短期的利潤極大化の仮定から離れるか，（維持している場合でも）それが実現できない何らかのメカニズムを組み込んだものであった[44]。60年代に流行した組織スラック——その大きさ自体は環境的および動機的諸変数の関数であって，企

業の意思決定と環境との間の緩衝器として作用する——の理論は，満足化基準の下での極大化志向の周期的発動として企業行動の動態を画くもので，2つの仮説の相剋と妥協，という企業理論の当時の問題状況を象徴している[45]。

1970年代末に至っては，企業の「環境諸事象への対応はもはや状況の要件の分析だけでは予測できず，企業が用いる特定の意思決定過程にも依存する」，「もし同一の環境条件の下で異なった意思決定のメカニズムが異なった企業行動を生むとすれば，過程に対する結果についてのそのような感度は，市場レベルや（全体）経済レベルの分析に対して重大な影響を与え得る」，「その上，行動理論の諸仮定はほぼ確実に古典派のそれよりも現実に近い。これら2つの事実は，あいまって，（新）古典派理論の仮定がたとえ非現実的であっても有害ではない，という議論に対する直接の反論を構成する」ことが明らかになった。ノーベル賞記念講演におけるサイモンは「実際に何が行われているかについて，はるかに正しい近似をもたらすところの，より優れた代替（的理論）によって，古典派および新古典派の理論が置き換えられてしまったことは，今や明白である」と断定することができた[46]。

サイモンの著しい影響の下でなされた共同研究の成果『企業の行動理論』は企業理論と組織理論の間の本格的な相互浸透の開始を告げるものであった[47]。その中の1章を分担したO．ウィリアムソン（O. Williamson）は，組織スラックの概念を存分に活用した経営者効用極大化企業モデルを提示・彫琢して株式会社支配の諸理論に親近したが，やがてR．コース（R. Coase）の取引費用（transaction cost）概念を軸として市場と（企業）組織の比較・代替の諸相に焦点をおく取引費用経済学（TCE）を構築し，以後長きにわたってその多面的な展開・精緻化（を推進する研究者集団）を主導している[48]。

取引の概念がJ．コモンズに由来し，また取引の諸形態およびそれを実際に規定している法規・慣行などの制度的諸条件に注目するところから，この理論潮流は"新制度派"と自称している。彼らは概して極大化基準（の維持・適用）に執着するが，限定的合理性の仮定は明示的に受容している。他方，従来は人間の行動基準としてせいぜい暗黙の了解事項とされてきたところの狡猾な自己利益追求を意味する"機会主義"の仮定を敢て顕示するのみか存分に活用

して，組織内・組織間の多種多様な取引形態の効率比較と動態分析に励んでいる[49]。それは，一面では企業社会に生きる人々の日常的行動をリアルに画き出すのに有効な武器であるが，他面では権限・相互調整・（組織への）一体化など，組織内取引の核心を構成する諸様式の適切な認識・評価を妨げる——市場取引 bargaining の論理で割り切ってしまう——傾向を強くもっている。

　新制度派のこのような特徴は，サイモンが開拓した企業理論の新地平に対する，新古典派のなりふりかまわぬ逆進攻の1つの現れともいえよう。今日，滔々と進行しつつある企業活動のグローバル化，情報化，規制緩和，大競争，大失業……の果てに到来しうべき資本主義企業体制の大破綻の可能性，そしてその根源が企業利己心の野放図な解放にあるとすれば，経済理論のレベルにおけるその公然たる追認のもつ意味は深長である。

　サイモンが近代組織論の塹内で発展させてきた企業理論が"組織の経済学"として自立するや否や，かつてのケインズ経済学の場合とおなじく新古典派的総合（のミニチュア版）が始まったのである。全知的合理性（という仮構）は支えきれないので限定的合理性の仮定を受容せざるを得ず，受容したからにはむしろ積極的に活用するが，そのマイナス（？）を利己的動機（という現実）の強化で代償する，という心理作用はともかく，制度化された経済学（者集団）の慣性はまことに力強い。

　してみれば，限定的合理性の勝利を宣言したサイモンが，その後幾何もなく利他主義に注目しはじめ，モデルの構築と理論的裏付けに努めていることの意味もまた深長といわねばならない。[50] それは，認知的・動機的の両面にわたるA．スミス（A. Smith）以来の経済人批判の完成，言葉の真の意味における現代経済学批判（の始まり）を告げるもの，といってよい。その端緒が，生成期には利潤追求の学と指弾され（ドイツ），あるいは逆にその尖兵を自負した（アメリカ）経営学の，曲折に充ちた発展の中から紡ぎ出される，という逆説的な成行に筆者は感概を禁じえない。

注

1) Schmalenbach, E., *Die Privatwirtschaftlehre als Kunstlehre. Zeitschrift für Handelswissenschaftliche Forshung*, 1912.

2） Robins, L., *An Essay on the Nature and Significance of Economic Science*, 1932 (3rd, ed, 1984), p.16. 辻六兵衛訳『経済学の本質と意義』東洋経済新報社, 25ページ。
3） 松島敦茂『現代経済学史』名古屋大学出版会, 1996年, 18ページ。
4） 仝, 15～17ページ。
5） 仝, 29ページ。傍点を付した名辞は, Hutchson, T., *A Review of Economic Doctorines*, 1953, p.16.からとられている。
6） Marshall, A., *Principles of Economics*, 1898. 馬場啓之助訳『経済学原理』(Ⅰ～Ⅳ), 東洋経済新報社。
7） Schumpeter, J., *The Theory of Economic Development*, 1926. 中山伊知郎他訳『経済発展の理論』(上下), 岩波文庫, ほか。
8） Veblen, T., *The Theory of Business Enterprise*, 1904. 小原敬士訳『企業の理論』勁草書房, 1965年。
9） Commons, J., *Institutional Economics*, 1924.
　　Commons, J., *Economics of Collective Action*, 1934.
10） Veblen, T., *The Engineers and the Price System*, 1921.
　　Veblen, T., *Absentee Ownership and Business Enterprise in Recent Times*, 1924.
11） Berle, A. & Means, G., *Modern Corporation and Private Property*, 1932. 北島忠男訳『近代株式会社と私有財産』文雅堂, 1958年。
12） Burnham, J., *Managerial Revolution*, 1941. 武山泰雄訳『経営者革命』東洋経済新報社, 1965年。
13） Wissler, W., *Business Administration*, 1931.
　　Gordon, R., *Business Leadership in Large Corporation*, 1945. 平井泰太郎・森昭夫訳『ビジネス・リーダーシップ』東洋経済新報社, 1945年。
14） Nicklisch, H., *Der Weg aufwährts! Organisation/Versuch einer Grundlegung*, 1920.
　　Nicklisch, *Die Wirtschaftlicher Betriebslehre*, 5 Aufl., 1922.
15） Rieger, W., *Einführung in der Privatwirtschaftlehre*, 1926.
16） 吉田和夫『ドイツ企業経済学』ミネルヴァ書房, 1968, 99～100ページ。
17） Schönpflug, F., *Die Methoden Probleme der Einzelwirtschaftlehre*, 1936 (2 Aufl, 1954), SS. 394～403. 大橋昭一・奥田幸助訳『経営経済学』有斐閣, 1970年, 34～53ページ。
18） 中西寅雄,『経営経済学』日本評論社, 1931年。
19） Alvesson, M & Willmot, H. (ed), *Critical Management Studies*, 1992. が, その研究内容の概要を知るに便利である。
20） Marx, K., *Das Kapital* Dietz Verlag, Ⅰ～Ⅲ, 1867～1894. 向坂逸郎訳『資本論』岩波文庫ほか。
21） a. a. O., I. S. 346.
22） '株主反革命'の実態解明と理論的評価は, 現時点では, なお不透明でありすぎる。が, 少なくとも, この言葉の印象的な使用例が高橋伸夫『経営の再生』有斐閣, 1995年, 94～96ページおよび114～118ページに見出される。
23） 大塚久雄「経済史学からみた経営史の諸問題」, 大塚久雄著作集, 第9巻, 1968年, 475ページの記述を要約した (直接の引用はカッコ内のみ)。
24） Hilferding, R., *Das Finantzkapital*, 1910. 岡崎次郎訳『金融資本論』岩波文庫。
　　Lenin, W., *Imperialismus*, 1916. 岡崎次郎訳『帝国主義論』岩波文庫。
25） Temporary National Economic Committee, Monograph, 29, The Distribution of Ownership in Non-Financial 200 Large Corporations, 1940.
26） いわゆる「三種の神器」その他さまざまの名辞で表象され常識と化している'日本的経営'論の

端初をJ．アベグレン『日本の経営』1958 と思っている経営学研究者が少なくない。しかし日本的労使関係の厖大な歴史的研究と詳密な実態調査にもとづいた的確な理論が1955年前後には，ほぼ完成していた。それは，とりわけ大河内一男の社会政策理論を批判的に継承し，(俗称)東大社研グループが行った労働調査における中心的な存在であった氏原正治郎の業績（『日本労働問題研究』東京大学出版会，1966年）に代表される。アベグレンの著作が，それら諸研究に付加した実質は限りなくゼロに近い。上記のような通念が生成したについては，Abbegren, J., *Japanese Factory*, 1958 が日本の経営学者・占部都美によって訳され，『日本の工場』でなく『日本の経営』と題して刊行された，という事情を無視できない。

27) Brown, A., *Organization of Industry*, 1945. 安部隆一訳『経営組織』日本生産性本部。
28) Barnard, C., *The Functions of the Executive*, 1938, pp.ix～xi. 山本安次郎・田杉競・飯野春樹訳『経営者の役割』（新版）ダイヤモンド社，1968年，39～41ページ。
29) *ibid*., p.241. 邦訳，251ページ。
30) *ibid*., pp.154～5, f.n., 邦訳，161ページ。
31) 真野脩『バーナードの経営理論』文眞堂，1987年，65ページ。
32) Barnard, *op. cit.*,p.224, f.n., 邦訳，255ページ。
33) Pareto, V., *Trattato di Sciologia Generala*, 1916, §2110～2139. 北川隆吉・広田明・松倉達文訳『社会学大綱』青木書店，1987年，25～38ページ。
34) Barnard, *op. cit.*, pp.240～6, 251～7. 邦訳，251～257ページ，262～268ページ。ただし，ここでの議論は『経営者の役割』ではなく，原形であるローウェル講義（1937）における「組織経済の理論」に即して行っている。そこでは，物的経済と社会的経済の2つが組織経済によって調整されていた。I．ヘンダーソンの勧告を受容（?）して，著書では組織の外枠として'協働体系'の概念が導入され，それに伴って'個人的経済'が追加されて複雑な構造をもつ協働体系の四経済となり，叙述が混乱してしまった（この経緯については飯野春樹『バーナード研究』1987年による）。原形に戻して論ずる所以である。
35) Parsons, T., *The Structure of Social Action*, 1937 (PB, 1968), p.249. 稲上毅・厚東洋輔・溝部明男訳『社会的行為の構造（2）』木鐸社，186～187ページ。
36) 馬場啓之助「タルコット・パーソンズの『社会行動の構造』の示唆するもの」，『木鐸』No.38, 1986年，3ページ（『木鐸』は木鐸社のPR用パンフレット）。
37) 松島敦茂『経済から社会へ——パレートの生涯と思想』みすず書房，1985, 261～262ページ。
38) Parsons, *op, cit.*, p.241. 邦訳，174ページ。
39) 稲葉元吉「現代組織論と現代経済学」，『組織科学』Vol.27, No.1，1993年。同「H. A. サイモン：その思想と経営学」，『経営学史学会第4回大会報告要旨』，1996年。本項の記述は，この2つの論稿に大いに教示を受けている。本文では，教えられた内容と，筆者独自（?）の見解とがないまざっており，そのため非礼ではあるが，ひとつひとつの引照を省略し，包括的に謝意を表したい。当然文責は筆者にある。
40) Simon, H., "A Comparison of Organization Theories", 1952.→Simon, *Models of Man*, 1957, Chap. 10. 宮沢光一監訳『人間行動のモデル』同文舘，1970年，323～339ページ。
41) Simon, "A Formal Theory of the Employment Relation", 1951.→Simon *Models of Man*, Chap. 11. 邦訳，341～359ページ。
42) Simon, *Administrative Behavior*, 1945 (3rd ed, 1976), p.188. 松田武彦；高柳暁・二村敏子訳『経営行動』（新版）ダイヤモンド社，1989年，240ページ。
43) Simon, "Rational Decision Making in Business Organizations, "*American Economic Review*, Vol.169, No.4, 1979, p.500. 邦訳「企業組織における合理的意思決定」，稲葉元吉，吉原英樹訳『システムの科学』パーソナルメディア社，1987年，338～339ページ。以下の記述の大部

分は，このノーベル賞記念講演に依拠している。
44) *ibid.*, pp.508〜9. 邦訳，361〜362 ページ。ここでサイモンは，R．サイヤート＝J．マーチの共著（後出），W．ボーモルの売上高極大化理論，R．マリスの成長率極大化理論，H．ライベンシュタインのX非効率理論，J．コルナイの『反均衡』，O．ウィリアムソンのTCE（後出），R．ネルソン＝S．ウィンターの進化モデル，R．サイヤート＝M．デ・グルートの'適応的学習の概念を導入した'モデル，R．ラドナーの明示的な満足化モデルを挙例している。
45) *ibid.*, p.509. 邦訳，362〜363 ページ。
46) *ibid.*, pp.509〜510. 邦訳，363〜367 ページ。
47) Cyert, R & March., J., *A Behavioral Theory of the Firm*, 1963. 松田武彦・井上恒夫訳『企業の行動理論』ダイヤモンド社，1967 年。
48) Williamson, O., *Markets and Hierarchies*, 1975. 浅沼萬里・岩崎晃訳『市場と企業組織』日本評論社，1980 年。
Williamson, *Economic Institution of Capitalism*, 1985.
など，おびただしい数の単著・共著が生産されている。
49) Williamson, *Economic Organization*, 1986, esp. pp.47〜9.
50) Simon, H., "Organizations and Markets", *Journal of Economic Perspectives*. Vol.5, No.2, 1991, pp.25〜44.
Simon, "Altruism and Economics", *AFR Papers and Proceedings*, 1993, pp.156〜161, etc..
高巖『H・A・サイモン研究』文眞堂，1995 年，527〜553 ページ。

参照文献

(付録の引用文献は含んでいない。)

馬場敬治　1941　『組織の基本的性質』日本評論社
───　1946　『組織の調整力とその理念型』日本評論社
───　1954　『経営学と人間組織の問題』有斐閣
───　1956　バーナードの組織理論とその批判（上）（『米国経営学』上　東洋経済新報社所収）
───　1988　『馬場敬治博士遺作集』組織学会
Barnard. C　1938　'The Functions of the Executive' 邦訳『経営者の役割』ダイヤモンド社
───　1940　Comments on the Job of the Executive. HBR, 1940, spring
───　1948　'Organization and Management' 邦訳『組織と管理』文眞堂
───　1950　(Book Review) "Bureaucracy in a Democracy" by Hyneman──American Political Science Review. vol.XLIV No.4
───　1955　Elementary Conditions of Business Morals──California Management Review vol.1, No.1
Brown. I　1947　Organizations of Industry. 邦訳『経営組織』日本生産性本部
中條秀治　1988 a　『組織の概念』文眞堂
───　1988 b　N・ルーマンの組織概念　中京経営研究 8-1
Copeland. M　1940　The Job of an Executive. HBR, 1940, winter
Durkheim. E　1926　'De la division du travail social' 邦訳『社会分業論』青木書店
Etzioni. A　1961　'A Comparative Analysis of Complex Organizations' 邦訳『組織の社会学的分析』培風館
───　1964　'Modern Organizations' 邦訳『現代組織論』至誠堂
藤井一弘　1995　責任優先の論理──バーナード「責任優先説」の展開に向けて──甲子園大学紀要 No.27
───　2009　関係としての企業　経営情報研究（摂南大学）16-2
Haire. M ed　1962　'Organization Theory in Industrial Practice'（邦訳『現代の企業組織』日本能率協会
原沢芳太郎　1985　公式組織の定義と組織成立の 3 要素『経済学』（東北大学）No.156
平井泰太郎　1932　『経営学入門』千倉書房
───　1950　経営学本質論の諸問題（『経営学再建の諸問題』巌松堂所収）
飯野春樹　1978　『バーナード研究』文眞堂
───　1992　『バーナード組織論研究』文眞堂
稲葉元吉　1979 a　『経営行動論』丸善
───　1979 b　企業組織の研究方法について（組織学会年次大会報告要旨）
磯村一郎　1993　権威の理論の要点　経済論叢（京都大学）152-3
───　1995　組織における権威の一側面　商学論集（福島大学）63-4
───　2000　『組織と権威』文眞堂
Kaufman. H　1964　Organization Theory and Political Theory (American Political Science Review 58-1)

春日淳一	1998	社会システムとしての組織　経済論集（関西大学）47-6
──	2003	『貨幣論のルーマン〈社会の経済〉講義』勁草書房
加藤勝康	1978	（書評）飯野春樹著『バーナード研究』商学論集（関西大学）23-2
──	1980	『バーナード・経営者の役割』に寄せて　『書斎の窓』（有斐閣）12月号
──	1996	『バーナードとヘンダーソン』文眞堂
川端久夫	1974a	組織目的論の一考察　経済学研究（九州大学）39-1/6
──	1974b	組織均衡理論の誕生　全上　40-3
──	1979	近代管理学の労使関係観　全上　44-4・5・6
──	1997a	組織概念をめぐるウェーバーとバーナード　熊本学園商学論集3-1/2
──	1997b	バーナード・サイモン理論の命運　全上　3-3/4
──	2001	バーナードにおける組織と市場（『経営学パラダイムの研究』文眞堂所収）
──	2003	技術概念の探求　産業経営研究（熊本学園大学）No.22
──	2007	冗舌的組織概念論　熊本学園商学論集13-3
──	2013	冗舌的［組織＝経営］論　全上　18-1
河本英夫	1991	マトゥラーナ＆ヴァレラ『オートポイエーシス』訳者解題　国文社
北野利信	1996	『経営学原論』東洋経済新報社
Luhmann. N	1964	'Funktion und Folgen formaler Organisation' 邦訳『公式組織の機能とその派生的問題』（上・下）新泉社
──	1984	'Soziale Systeme' 邦訳『社会システム理論』（上・下）恒星社厚生閣
──	1988a	Organisation in küpper und Ortmann (Hrsg) Miko politik
──	1988b	Die Wirtschaft der Gesellschaft. 邦訳『社会の経済』文眞堂
──	1997	Die Gesellschaft der Gesellschaft
──	2000	Organisation und Entscheidung
March. J & Simon. H	1958	'Organizations' 邦訳『オーガニゼーションズ』ダイヤモンド社
増地庸治郎	1929	『経営経済学』改造社
Maturana. H & Varela. F	1980	'Autopoiesis and Cognition: The Realization of the Living' 邦訳『オートポイエーシス』国文社
真野　脩	1978	『組織経済の解明』文眞堂
──	1987	『バーナードの経営理論』文眞堂
──	1990	バーナードとサイモンの組織均衡論　経済学研究（北海道大学）39-4
──	1997a	『講義・経営学総論』文眞堂
──	1997b	バーナード経営学の構想（経営学史学会編『アメリカ経営学の潮流』所収）
宗像正幸	1989	『技術の理論』同文館
長岡克之	1998a	自己組織化・オートポイエシスと企業組織論（経営学史学会編『経営学研究のフロンティア』所収）
──	1998b	経営組織のオートポイエシス（『新しい時代と経営学』ミネルヴァ書房所収）
──	2006	『ルーマン／社会の理論の革命』勁草書房
西田芳次郎	1989	C.I.バーナードの四重経済概念について　同志社商学 40-5
庭本佳和	2006	『バーナード経営学の展開』文眞堂
──	2010	経営理論における組織概念の生成と展開（経営学史学会『経営学の展開と組織概念』所収）
──	2008a	バーナードの方法再論(1)　甲南経営研究 48-3
──	2008b	全　　上　　(2)　全上　48-4
小笠原英司	1974	バーナード理論の基礎概念　北海道産業短期大学紀要 No.8

岡本康雄　1958　アメリカ経営学の一系譜としての組織論について（上）　武蔵大学論集 6-1
　　―――　1980　馬場敬治組織理論――その問題意識と現代的意味　組織科学 14-1
　　―――　1986　組織の全過程の理論としてのバーナード理論（『バーナード』文眞堂所収）
Parsons. T　1937　'The Structure of Social Action' 邦訳『社会的行為の構造』木鐸社
Perrow. C　1972　'Complex Organizations' 邦訳『現代組織論批判』早稲田大学出版部
佐々木恒男　1988　ファヨールとバーナード（飯野春樹編『人間協働』文眞堂所収）
沢田善太郎　1997　『組織の社会学』ミネルヴァ書房
Selznick. P　1957　'Leadership in Administration' 邦訳『組織とリーダーシップ』ダイヤモンド社
Simon. H　1945　'Administrative Behavior' 邦訳『経営行動』ダイヤモンド社
　　―――　1957 a　'Authority' in Arensberg. C et al ed 'Research in Industrial Human Relations
　　―――　1957 b　'Models of Man' 邦訳『人間行動のモデル』同文館
　　―――　1991 a　'Models of My Life' 邦訳『学者人生のモデル』岩波書店
　　―――　1991 b　Organizations and Markets. Journal of Economic Perspective 5-2
　　―――　1992　Altruism and Economics. American Economic Review 83-2
Simon. Smithberg & Thompson　1951　'Pubic Administration' 邦訳『組織と管理の基礎理論』ダイヤモンド社
髙橋公男　1987　バーナードの管理過程論をめぐって（関東学院大学ワーキングペーパー No. 7）
髙橋伸夫　1995　『経営の再生』有斐閣
武谷三男　1946　『弁証法の諸問題』（→武谷三男著作集Ⅰ　勁草書房）
田中求之　1993　合意と目的――側生組織と公式組織理論の整合性　経済論叢（京都大学）152-3
土屋守章　1968 a　経営管理学の基本問題（『現代経営学の研究』日本生産性本部）
　　―――　1968 b　バーナード・サイモン理論の展開　経済学論集（東京大学）34-3
　　―――　1969　バーナードの組織および管理の理論（『現代経営学の系譜』日本経営出版会所収）
　　―――　1970　組織理論の一構想（上）　組織科学 4-4
　　―――　1979　バーナード・サイモン理論の可能性　組織学会年次大会報告要旨
　　―――　1986　バーナード理論の現代的意義（『バーナード』文眞堂所収）
津田真澂　1982　（編著）『現代の日本的経営』有斐閣
富永健一　1987　組織における機能的要件充足と個人欲求充足との分離の問題をめぐって　組織科学 20-4
Tönnies. F　1963　'Gemeinschaft und Gesellschaft'（邦訳『ゲマインシャフトとゲゼルシャフト』岩波文庫）
渡瀬　浩　1966　バーナード研究序章　経済研究（大阪府立大学）No.45
　　―――　1968　組織論および経営学における基礎的術語の概念規定　全上　No.52
　　―――　1972　組織の概念　全上　No.76・77
　　―――　1973　組織目的論　全上　No.80
　　―――　1974　組織権力の問題　全上　No.84
　　―――　1981　『権力統制と合意形成――組織の一般理論』同文館
　　―――　1983　『組織と人間』同文館
　　―――　1984　『経営組織と家族集団――組織論を超えて』中央経済社
　　―――　1989　『日本の組織』晃洋書房
Williamson. O　1975　'Market and Hierarchies' 邦訳『市場と企業組織』日本評論社
　　―――ed　1990　'Organization Theory――From Chester Barnard to the Present and Beyond' 邦訳『現代組織論とバーナード』

Wolf. W & Iino. H, ed　1986　Philosophy for Managers: Selected Papers of Chester I Barnard'
　　　　　　邦訳『経営者の哲学』文眞堂
吉田民人，鈴木仁示　1995　『自己組織性とは何か』ミネルヴァ書房
吉田和夫　1992　『日本の経営学』同文舘
吉原正彦　2006　『経営学の新紀元を拓いた思想家たち』文眞堂

人名索引

(付録に掲出された人名は含んでいない)

ア行

アージリス, C. 332
アッターバック, J. 240
アロー, K. 120
アンゾフ, E. 240
アンドリウス, K. 12
飯野春樹 2, 98, 111, 118, 134, 154, 253, 287, 315, 317, 329
磯村和人 125, 128
稲葉元吉 338
稲村毅 4
岩田龍子 88
ヴァレラ, F. 167, 170, 190, 191
ウィスラー, W. 325
ウィリアムソン, O. 3, 271, 343, 351, 355, 356
ウェーバー, M. 1, 5, 11, 31, 64, 80, 85, 86, 87, 88, 120, 179, 193, 270, 291, 305, 322, 343
上田貞次郎 197
占部都美 135, 325, 333
エールリッヒ, E. 56
エツィオーニ, A. 281, 291
小笠原英司 317
岡本康雄 3, 303, 309
尾高邦雄 291

カ行

カウフマン, H. 294
春日淳一 183, 194, 379
カッツ, D. 281
加藤勝康 1, 6, 30, 46, 49, 136, 207, 211, 315, 341
河本英夫 379
カーン, R. 281
ギアーツ, C. 88
北野利信 2, 64

キャボット, P. 51
クラップ, S. 241, 273
クロジェ, M. 166
桑田耕太郎 342
小泉良夫 2, 24, 239
小林敏男 64, 70, 81, 82, 126
コープランド, M. 1, 12, 13, 14, 22, 24, 29, 187, 227
コモンズ, J. 349

サ行

サイモン, H. 3, 20, 101, 104, 106, 107, 166, 185, 201, 215, 216, 219, 220, 221, 237, 249, 289, 307, 327, 329, 336, 343, 347, 349
サイヤート, R. 166, 240, 334
佐々木恒男 62, 380
沢田善太郎 380
シェパード, A. 240
ジジェック, S. 129
シュッツ, A. 64, 87, 88, 144
スコット, W. 281
鈴木幸毅 4
鈴木仁示 195, 381
スチュアート, J. 240
ストーカー, G. 166
スペンサー, H. 293
セルズニック, P. 64, 65, 66, 67, 69, 89, 92, 93, 95, 96, 149, 150, 251

タ行

高田保馬 291
高橋公夫 62, 380
高橋伸夫 236, 342, 380
高宮晋 309
武谷三男 61

人名索引　　383

田杉競　30
田中求之　226, 237, 380
チューデン, A.　281
中條秀治　5, 158, 159, 163, 176
津田真澂　380
土屋守章　3, 303, 324, 382
テイラー, F.　291
デュルケム, E.　11, 292, 296
テンニース, F.　293
ドゥオーキン, R.　89, 90, 93, 94
ドナム, W.　51
富永健一　380, 309
トンプソン, J.　281, 332

ナ行

ナイト, K.　240
長岡克行　158, 167, 168, 176, 180, 195
中川敬一郎　324
西田芳次郎　236, 379
ニュートン, I.　52
庭本佳和　2, 51, 62, 122, 133, 158, 159, 170, 172, 187, 190, 295

ハ行

ハイエク, F.　352
ハイネン, E.　343
パーソンズ, T.　6, 291, 292
ハート, H.　93
馬場克三　382
馬場敬治　3, 30, 135, 303
原沢芳太郎　339
原田実　382
パレート, V.　11, 57, 58, 348
バーンズ, T.　166
ヒポクラテス　52, 53, 54, 57
平井泰太郎　2, 197
藤井一弘　62, 129, 158
フォレット, M.　325
二村敏子　333
ブラウ, P.　281
ブラウン, I.　131
プリゴジーン, I.　170
ヘアー, M.　110
ベッカー, S.　240

ベラー, R.　298
ペロー, C.　263, 269, 270, 286, 380
ヘンダーソン, L.　7, 8, 9, 32, 51, 53, 54, 57, 58, 59, 60, 62, 63, 140, 156, 211, 237, 251, 305, 346
ホッブス, T.　295
ホプキンズ, T.　287
ホワイトヘッド, T.　51

マ行

マーチ, J.　20, 166, 217, 240, 334, 336
マグレガー, D.　332
増地庸治郎　198
マズロウ, A.　297, 302
マッキーバー, R.　291
マトゥラーナ, H.　167, 170, 190, 191
真野脩　2, 24, 197, 239
マルクス, F.　167
ミヘルス, R.　166
ミンツバーグ, H.　237
宗像正幸　379
村田晴夫　4
メイヨー, E.　51, 291

ヤ行

山崎正和　298
山本安次郎　30, 33, 135, 137, 273, 382
吉田和夫　381
吉田民人　195, 381
吉原英樹　382
吉原正彦　2, 51, 62, 380

ラ行

ルーマン, N.　2, 149, 158, 159, 163
レスリスバーガー, F.　51
ロースビー, B.　273

ワ行

ワイク, K.　88
渡瀬浩　3, 96, 275

初出一覧

(原題)

第1章	バーナード組織概念の一詮議	経営学史学会編『現代経営と経営学史の挑戦』 2003
第2章	書き下ろし	
第3章	3つの視点の出会いと加藤勝康	熊本学園商学論集 19-1　2014
第4章	'企業価値の創造'と北野利信	全上　18-2　2014
第5章	'責任・権威'の理論と飯野春樹	全上　11-1　2004
第6章	『バーナード経営学の展開』と庭本佳和	全上　14-2/3　2008
第7章	A　組織概念をめぐるルーマンとバーナード	全上　9-3　2003
	B　〃　〃　・再論	全上　15-1/2　2008
第8章	組織経済の理論と真野脩	全上　12-1　2005
第9章	側生組織の理論と小泉良夫	全上　13-1　2006
第10章	HO-SO モデルと渡瀬浩	全上　13-2　2006
第11章	バーナード・サイモン理論の中の馬場・岡本・土屋	全上　17-2　2013
第12章	バーナード理論の現在——解体と再生	全上　6-3　2000
付録	工業経営研究と経済学	『工業経営研究の方法と課題』(工業経営研究学会10周年記念出版)　1997

あとがき

　本書は私の2冊目，そして恐らく最後の単独著書である。
　学に志して60余年，その成果の貧しさとは対照的に，私を導き支えて下さった人々はあまりに数多く，到底算え記すことが出来ない。──総てに眼をつぶり，どうしても逸し得ない極く少数の人々を記すにとどめたい。

　誰よりもまず，恩師馬場克三先生。──先生は正規の門弟ではない中途採用の私を「経営学」講座の後継者に推して下さった。にも拘らず，私は就任直後から（授業では先生の著書をテキストに用いたが）バーナードをはじめとする近代組織論の学習に心を奪われていった。馬場経営学の名に負う個別資本説の研鑽を怠って組織論に没入しチャッてる，などと蔭口を叩く向きもあったが，先生は何も仰ッしゃらなかった。4年後，私は日本経営学会で「オーソリティ論の一考察」を発表し，山本安次郎先生や土屋守章，吉原英樹氏ら何人かの厳しい質疑を浴び，精一杯応戦の末，どうやら切り抜けた。その様子を会場で見聞して居られた先生は，その場では黙っておられたが，後日，ポツンと一言「君のバーナードも堂に入ったようだネ」と呟かれた──私は無量の光の中に居る心地だった。
　つぎに，先生の正規の門弟にして，20余年にわたる同僚であった原田実氏。彼は組織論の先輩で学習初期の私にとって身近に居て信頼できる唯1人のチューターであり，奇矯な解釈に奔り勝ちな私をやんわりと窘（タシナ）めてくれた。学部・学界の管理運営の面でも，無能でぎこちない私を終始過不足なく援護し，大過なからしめた。彼の支えがなければ，私は必ずや挫折したに違いない。
　そして私の拙い講義やゼミ指導に対して寛容と忍耐をもって応えてくれた学生諸君──昨今の大学の有様を仄聞するにつけ，昔はよかった，とつくづく思う。

2度目の勤め先として10年間お世話になった熊本学園大学。ここで私は長年の重圧感から解放され，自由な雰囲気の中で存分に研究を進めることが出来た。40余篇の論文を書き，最初の著書を出す際には刊行助成を頂いたし，退職後10余年を経た現在でも『熊本学園商学論集』に研究ノートを掲載して貰える，という特別扱いを受けてきた。──本書はひとえにこの破格の好意の賜物である。

　もう1つの破格の好意の提供者は文眞堂である。前著『管理者活動研究史論』では編集者前野隆氏に散々ご苦労をかけた。今回はそれ程でもないと思うが，前著と同様，大して売れる筈はない。せめて，その内容において文眞堂の手に成る幾つものバーナード理論関連著作に比して大きく劣ることなきを念ずるのみである。

　最後に，妻，伊勢子に──
　　長い間，色々と有難う
　　もう少しの辛抱です

(2014.12.18)

著者紹介

川端久夫（かわばた　ひさお）

1929年　福岡県に生まれる。
1952年　九州大学経済学部卒業。
　　　　同学部助手，大阪社会事業短期大学講師・助教授，九州大学経済学部助教授，教授，熊本学園大学商学部教授を歴任。
現　在　九州大学名誉教授。

著　書
『経営学方法論』（馬場克三編）ミネルヴァ書房，1968年。
『経営学概論』（馬場克三編）有斐閣，1969年。
『経営労務論』（副田満輝編）ミネルヴァ書房，1976年。
『経営理念と企業責任』（中谷哲郎・川端久夫・原田実共編）ミネルヴァ書房，1979年。
『組織論の現代的主張』（川端久夫編）中央経済社，1995年。
『管理者活動研究史論』文眞堂，2001年

日本におけるバーナード理論研究

2015年5月15日　第1版第1刷発行　　　　　　　検印省略

著　者　川　端　久　夫
発行者　前　野　　　隆

発行所　株式会社　文　眞　堂
東京都新宿区早稲田鶴巻町533
電話　03（3202）8480
FAX　03（3203）2638
http://www.bunshin-do.co.jp
郵便番号(162-0041)　振替00120-2-96437

組版・モリモト印刷／印刷・モリモト印刷／製本・イマキ製本所
©2015
定価はカバー裏に表示してあります
ISBN978-4-8309-4848-0　C3034